Comportamento do consumidor

Conceitos e casos

Beatriz Santos Samara
Marco Aurélio Morsch

Comportamento do consumidor

Conceitos e casos

© 2005 by Beatriz Santos Samara e Marco Aurélio Morsch

Todos os direitos reservados. Nenhuma parte desta publicação poderá ser reproduzida ou transmitida de qualquer modo ou por qualquer outro meio, eletrônico ou mecânico, incluindo fotocópia, gravação ou qualquer outro tipo de sistema de armazenamento e transmissão de informação, sem prévia autorização, por escrito, da Pearson Education do Brasil.

Gerente Editorial: Roger Trimer
Gerente de Produção: Heber Lisboa
Editora de Desenvolvimento: Sabrina Cairo
Editora de Texto: Luciana Garcia
Preparação: João Rocha Campos
Revisão: Thelma Babaoka e Alexandre Boide
Capa: Marcelo Françozo
Editoração Eletrônica: Laser House

Dados Internacionais de Catalogação na Publicação (CIP)
(Câmara Brasileira do Livro, SP, Brasil)

Samara, Beatriz Santos
   Comportamento do consumidor : conceitos e casos / Beatriz Santos Samara, Marco Aurélio Morsch.
— São Paulo : Prentice Hall, 2005.

ISBN 978-85-7605-009-4

1. Consumidores – Comportamento I. Morsch, Marco Aurélio. II. Título.

04-6819   CDD-658.8342

Índices para catálogo sistemático:

1. Comportamento do consumidor : Administração de empresas 658.8342
2. Consumidor : Comportamento : Administração de empresas 658.8342

Printed in Brazil by Reproset RPPZ 219268

Direitos exclusivos cedidos à
Pearson Education do Brasil Ltda.,
uma empresa do grupo Pearson Education
Av. Francisco Matarazzo, 1400,
7º andar, Edifício Milano
CEP 05033-070 - São Paulo - SP - Brasil
Fone: 19 3743-2155
pearsonuniversidades@pearson.com

Distribuição
Grupo A Educação
www.grupoa.com.br
Fone: 0800 703 3444

À minha mãe Nilda, meu pai Habib, minha irmã Maria Lúcia, meus sobrinhos Heloísa, Flávio, Letícia, Lorena e especialmente ao Beto.
In Memoriam ao meu irmão Márcio, que está sempre presenta em minha vida.

Beatriz Samara

*Com eterno devotamento e admiração
à minha mãe Rita, por sua benção, amor e fé constante,
ao meu amigo Marco Antonio, por sua fraternidade,
bondade e inspiração iluminante e
à minha amada Raquel, por seu carinho, ternura e
graça deleitante!*

Marco Aurelio Morsch

Agradecimentos

Os seres humanos tem evoluído graças, em parte, às trocas e à interação entre seus semelhantes. As transações de consumo se tornaram essenciais para a transformação e o bem-estar da sociedade. Neste sistema vivo de relacionamentos, trocamos conhecimentos e experiências significativas, e satisfazemos, por meio da compra e venda permanente de bens e serviços, nossas mútuas necessidades. Com um livro didático não é diferente. Ele é ao mesmo tempo um simples bem de consumo e um poderoso veículo de transformação na geração de conhecimento e valor para as partes envolvidas — leitores, editores e autores, enfim, a sociedade em geral. É um meio catalisador, onde eventualmente centenas de pessoas se envolvem em seu processo de produção, e possivelmente milhares de pessoas em seu processo de consumo.

Este livro resulta desse tipo de envolvimento: a participação direta ou indireta de um grupo de pessoas que, com seu talento, energia e dedicação, se empenhou em materializar nossa idéia inicial: a de fornecer uma contribuição para o estudo do ser humano enquanto consumidor, provendo para seus leitores um guia auxiliar na nobre missão de compreender e satisfazer as necessidades e os desejos de seus parceiros e clientes, propiciando-lhes assim ganhos mútuos e uma vida melhor. Esse esforço coletivo se somou aos conhecimentos e experiências acumulados ao longo de nossa jornada profissional e acadêmica, quando tivemos ricas oportunidades de discutir, amadurecer e implantar os conceitos aqui apresentados a clientes, alunos e colegas de profissão. Estes companheiros da maravilhosa viagem pelo conhecimento de alguma forma contribuíram para a construção do mapa de referências e o arcabouço teórico que compõem este livro. A todos eles, somos profundamente gratos.

Agradecemos especialmente aos diretores e professores Victor Mirshawka, Sílvio Passarelli, Rubens Fernandes Jr, Luiz Alberto Machado e Artur Marega, da Fundação Armando Álvares Penteado — FAAP, Oduvaldo Cardoso, da Faculdade Osvaldo Cruz, pela adição de valor e qualidade à nossa consciência e por seu constante apoio e inspiração. Agradecemos carinhosamente aos parceiros de trabalho na vida acadêmica, professores José Bétio, João Lúcio Neto, Edilberto Camalionte, Richard Vinic, Márcio Amadi, Valdir Cimino, Elenice Rampazzo, Mário Pascarelli, Antonio Cláudio Queiroz e Silvia Liberatore, da FAAP, professores Paulo Lopes, José Paulo Fernandes Jr. e Crivan Morais de Oliveira, da Universidade Santana — por suas idéias, companheirismo e entusiasmo, e também aos professores Antonio Cesar Amaru Maximiano, da USP, Sara da Viá, da Unibero, e Saul Faingaus Bekin, por suas lúcidas orientações.

Agradecemos ainda aos executivos e profissionais que, na nossa convivência, muito nos ensinaram não somente sobre consumidores e relações humanas: os amigos Jesus de Moura Estery, Ayrton Silveira (in memoriam), Maria Cláudia Reis da Motta, Janete Veloso, Mário Haag, José Carlos Barbosa, Luci Morsch, Moysés Pluccienik, Oscar Simões, Humberto Barreto, Margarida Ramos, Timótheo Morsch Filho e Irma Passoni.

Agradecemos afetuosamente aos nossos companheiros de trabalho da BSS Consultores Associados e da Campos Advocacia Empresarial, especialmente o Dr. Marco Antonio Bezerra Campos, por sua colaboração, ensinamentos e confiança.

Além dos especialistas e empresários que entrevistamos para este projeto, contamos também com a colaboração inestimável de algumas agências de propaganda e publicidade e empresas que nos cederam gentilmente os anúncios que ilustram o conteúdo do livro. Às equipes das Agências W/Brasil (Andréia Chamas), PublicisSallesNorton (Vivian Ferraz), Ogilvy (Mariane Göebel), Africa (Rodrigo Suarez), Lowe (Erica Pereira), Dez Propaganda (Delmar Gentil Jr.), FisherAmérica (Luis Pontes), Torres-Público Alvo (Vanise Mellaci), DPZ (Sheila Farah), e das empresas Embraer (Ana Cecília de Paula e Silva), IG (Flávia Hecksher), Onodera (Antonio Park), C&A (Carlos Querino) e TAM (Nelson Shinzato), o nosso muitíssimo obrigado!

Finalmente, queremos fazer um agradecimento especial à equipe editorial da Pearson — Prentice Hall, principalmente ao gerente editorial Roger Trimer e às editoras Sabrina Cairo e Luciana Garcia, que com sua eficiência e criatividade conceberam este projeto gráfico e deram dicas valiosas para melhoria do texto. E também, nossos mais ternos agradecimentos aos nossos alunos e clientes, razão final de nosso trabalho, por continuamente nos aguçarem e estimularem com seus questionamentos inteligentes e idéias provocadoras.

Sumário

Prefácio xv

Capítulo 1 Compreendendo o Consumidor 1

O que É o Comportamento do Consumidor? 2
O Consumidor É Como um Iceberg 4
O Estudo do Comportamento do Consumidor e a Gestão de Marketing 6
*As Tendências e o Desenvolvimento do Campo do Comportamento
do Consumidor* 10
Compreendendo os Mercados 13
Tipologia do Consumidor 15

Capítulo 2 Comportamento de Compra do Consumidor 21

*Tipos de Comportamento de Compra e a Busca de
Informação e o Envolvimento* 23
O Processo de Decisão de Compra do Consumidor 26
Estágios do Processo de Decisão de Compra do Consumidor 27
Papéis no Processo de Decisão de Compra 40

Capítulo 3 Influências Socioculturais 53

Cultura 55
Subculturas 62
Classe Social 65
Grupos de Referência 71
Família 73
Papéis do Homem e da Mulher 84

Capítulo 4 Influências Psicológicas 101

Por que Consumimos? 102
Motivação (Necessidades) 102
Aprendizado 107
Atitudes 117
Percepção 123
Personalidade, Estilo de Vida e Autoconceito 131

Capítulo 5 Fatores Situacionais 153

Ambiente Físico 156
Ambiente Social 158

Tempo 160
Razão de Compra 161
Estado de Espírito e Predisposição 162
Implicações dos Fatores Situacionais 164

Capítulo 6   O Consumidor Organizacional   179

Comportamento de Compra Empresarial 182
O Processo de Decisão do Comprador Organizacional 183
O Centro de Compras e os Papéis de Compra Organizacional ... 190
Principais Influências sobre os Compradores Organizacionais ... 192

Capítulo 7   Satisfação   203

Custos 209
Respostas do Consumidor à Insatisfação 211
Descarte do Produto 214
Gerenciamento de Produtos 217
Difusão de Inovações 219
A Influência da Comunicação na Adoção de Inovações 223
Consumir ou Não Consumir: Eis a Questão! 224

Capítulo 8   O Consumidor Global   235

A Globalização e o Consumidor Internacional 236
O Consumo em Transformação 246
O Novo Consumidor 246

Bibliografia 253

Índice 257

Prefácio

O consumidor é soberano. No mundo atual, dinâmico e complexo, onde as empresas competem pela conquista e preferência do consumidor, compreender as motivações dos consumidores e se adaptar a elas não é uma alternativa, mas uma necessidade absoluta para a sobrevivência de qualquer negócio. Conscientes de que seu sucesso depende do perfeito alinhamento com o interesse de seus clientes, as empresas têm dedicado cada vez mais tempo, energia e recursos para entender profundamente a dinâmica do processo de tomada de decisão de compra dos consumidores.

Nos últimos anos, o estudo do comportamento do consumidor se desenvolveu muito. Como área do saber inserida no espectro de conhecimento da ciência mercadológica, esse campo tem conquistado cada vez mais espaço e atenção entre profissionais de marketing e administradores, instituições civis e públicas, escolas e universidades, empresas e organizações. Resultado da multidisciplinaridade de áreas como psicologia, sociologia, direito e filosofia, o comportamento do consumidor estuda o ser humano na sua dimensão de consumo e das relações de troca. Somos todos consumidores. Em qualquer instante do nosso dia, estamos consumindo alguma coisa.

Como consultores, temos acompanhado nas empresas os esforços para implementação de programas de pesquisa e relacionamento, bem como ações de marketing interno e transformação cultural, observando cada vez mais a disposição na busca e na análise de dados e informações sobre seus consumidores com vistas à sua conquista e fidelização. Ferramentas como reuniões avaliativas periódicas com os clientes ou até mesmo o desenvolvimento de produtos compartilhado com o envolvimento direto do consumidor são comuns em várias empresas focadas no consumidor. Igualmente, temos notado que cursos do ensino superior, como administração, marketing, comunicação e direito, além de cursos de pós-graduação, especialização e MBAs, têm dedicado cada vez mais espaço e atenção ao tema.

Em nossa experiência acadêmica, como professores nos cursos de graduação, pós-graduação ou MBA, temos percebido um interesse crescente e até uma certa dose de empolgação em boa parte dos alunos quando conduzimos discussões e analisamos estudos de caso sobre o comportamento do consumidor. Falar sobre a motivação humana sempre desperta interesse e até mesmo entusiasmo em qualquer platéia. Entender o comportamento do ser humano é um desafio para qualquer estudante, professor ou profissional.

Inspirados por esse desafio e pelo interesse de nossos alunos, resolvemos escrever este livro. Optamos por um livro acessível, que tratasse o assunto de forma didática e objetiva, almejando atingir estudantes que desejem se inteirar nesta cativante e fundamental área do conhecimento, cada vez mais crucial no mundo dos negócios. Professores e pesquisadores poderão, igualmente, fazer uso deste trabalho em suas atividades.

Tema eclético e abrangente, o estudo do comportamento do consumidor tem despertado interesse em diversas áreas e profissões, como marketing, educação, comunicação, política, direito e proteção do consumidor. Neste trabalho, optamos por uma abordagem mais orientada para o marketing, não apenas pela nossa familiaridade docente e profissional com a área, mas também por acreditarmos que é aí que o tema está ganhando maior expansão e importância, ocupando, nos últimos anos, lugar de destaque estratégico nas empresas.

No ambiente dinâmico do mercado competitivo, entender o consumidor é um imperativo para o sucesso organizacional. Todos nós já nos deparamos com o dito popular "O cliente tem sempre razão". No meio empresarial, consolidou-se o jargão "O consumidor é rei" e a noção de que a função do negócio é servi-lo. As empresas que ignorarem esses ditames poderão não prosperar ou até mesmo não sobreviver no mercado. Hoje, mais do que nunca, os consumidores se tornaram mais poderosos. Mais conscientes, independentes e bem informados, eles são pessoas com poder, capazes de construir ou quebrar qualquer negócio, independentemente de seu porte ou tamanho, em qualquer tempo ou lugar.

O consumismo tem se expandido extraordinariamente no mundo em que vivemos. Da mesma forma, o nível de exigência e a maior consciência ética dos consumidores têm gerado movimentos em defesa e proteção dos consumidores em todo o mundo — o consumerismo. No Brasil, o Código de Defesa do Consumidor e os Juizados Especiais têm sido cada vez mais amplamente utilizados pela população brasileira, um mercado consumidor que já está entre os 10 maiores do planeta. Com uma população de cerca de 170 milhões de habitantes e com potencial de consumo na ordem de US$ 425 bilhões, nosso país representa a décima quinta economia mundial. Ao considerarmos esses dados e o consumo anual per capita do brasileiro — US$ 2.508 —, pode-se perceber a importância deste tema para empresas, estudiosos e professores envolvidos com o assunto.

Em nossas aulas, construímos uma metáfora que define o consumidor *como um iceberg*. Apenas uma parte do seu ser está visível e, como nos blocos de gelo polares, a sua maior parte, mais poderosa e relevante, reside oculta e invisível aos nossos olhos. Essa metáfora não só ajuda a compreender o conceito das diversas variáveis 'submersas' que influenciam o comportamento das pessoas, seres complexos e em constante evolução, como explica fundamentalmente as razões do fracasso de muitas empresas e profissionais de marketing ao subestimarem o que vêem. Ao não vislumbrarem a imagem total do corpo em movimento, não são capazes de perceber sua real dimensão, forma e conteúdo, cometendo facilmente equívocos e julgamentos que podem levá-los a um verdadeiro desastre.

Em marketing, inferências são perigosas e podem ser fatais. Como veremos ao longo do texto, a satisfação total do consumidor só é possível quando o conhecemos profundamente e quando administramos os elementos mercadológicos com base em dados e fatos. Muitas empresas já perceberam que o conhecimento acurado sobre os hábitos e as motivações do consumidor, e principalmente de seus clientes, deve integrar o capital intelectual da organização. Se o conhecimento é a grande fonte de vantagem competitiva em nossa era, as empresas que melhor souberem acessar a parte submersa dos icebergs que povoam o mercado e transformar esse conhecimento em soluções concretas que forneçam o provimento da sua satisfação serão aquelas que triunfarão.

Sabemos, todavia, que nem todas as empresas estão adequadamente aculturadas para essa necessidade, e que em geral não dispõem, eventualmente, de ferramentas e procedimentos capazes de apoiá-las nessa gestão. Embora a seleção natural do ambiente competitivo esteja compulsoriamente exigindo respostas rápidas, muitas empresas não possuem o conhecimento de como proceder. Este livro se propõe também a prover os elementos básicos para que qualquer profissional de administração, marketing, comunicação e direito que tenha o desafio de desenvolver uma cultura voltada para o consumidor possa ampliar o capital intelectual de seu negócio e obter vantagem competitiva.

Muitos autores diferenciam os significados das palavras cliente e consumidor. Para alguns, consumidores se referem aos indivíduos e às famílias que compram ou adquirem produtos e serviços para consumo pessoal, e clientes se referem exclusivamente ao mercado empresarial, no qual as organizações compram bens e serviços a serem usados na produção de outros produtos e serviços, que são revendidos ou fornecidos para terceiros. Outros classificam o cliente como aquele consumidor assíduo, que repete a compra. Preferimos utilizar o termo consumidor por razões didáticas, considerando-o sinônimo da expressão cliente, mais comumente praticada pelo mercado.

Nos oito capítulos do livro, procuramos abranger todos os aspectos que julgamos fundamentais num estudo que objetiva ser ao mesmo tempo básico e completo para compreender o comportamento do consumidor. Em consonância com um enfoque mais mercadológico, nossa abordagem teórica se expressa na perspectiva de decisões gerenciais que requerem o conhecimento dos diversos aspectos integrantes do estudo do comportamento do consumidor e que didaticamente sintetizamos em oito áreas específicas, englobando todas as dimensões relevantes que envolvem a análise do consumidor: a identificação e a compreensão do consumidor como uma entidade que possui necessidades e desejos e singularidade de perfil, influenciado por um conjunto de fatores intra-pessoais e inter-pessoais (Capítulo 1); o estudo do processo e das etapas que integram a decisão de compra do consumidor (Capítulo 2); o conhecimento das várias teorias e a análise das diversas influências que afetam o seu comportamento, por nós agrupadas em influências socioculturais, psicológicas e situacionais (capítulos 3, 4 e 5, respectivamente); a distinção do comportamento do consumidor organizacional (empresarial) e suas peculiaridades de compra (Capítulo 6); a satisfação e os elementos que afetam a fase pós-compra (Capítulo 7) e a análise de uma nova tipologia de consumidor, o consumidor global, que inclui o consumidor digital, o consumidor cidadão e o consumidor sem fronteiras do mundo globalizado (Capítulo 8).

Como todo conhecimento, para ter validade, precisa ser aplicado e transformado em resultados, procuramos dar um enfoque prático à abordagem teórica, orientando, sempre que oportuno, os tomadores de decisão sobre os aspectos gerenciais dos conceitos e teorias abordadas. Assim, além da estruturação teórica que agrupa o tema em oito capítulos distintos, o texto inclui diversos exemplos e estudos de caso da realidade brasileira para melhor explicar e ilustrar os pontos essenciais deste estudo. Dessa forma, o livro inclui adicionalmente quatro seções específicas:

 Interface — esclarece conteúdos mais abrangentes citados no texto ou relaciona outros assuntos e temas conexos com a teoria abordada, permitindo ao leitor visualizar uma ponte para busca de aprofundamento e pesquisa.

 Consumidor em Close — quadro que explora mais detalhadamente aspectos do texto, ilustrando o conteúdo por meio de foco na realidade do cotidiano brasileiro.

 Consumidor no Cinema — quadro que indica determinadas cenas de filmes de longa-metragem, disponíveis em vídeo e DVD, que envolvem situações de consumo e que podem servir como fonte de análise e aprendizado.

 Estudo de Caso — apresenta uma situação real do mercado brasileiro, para ser debatida com os alunos, sobre a aplicabilidade da teoria na prática.

Além disso, os exercícios propõem algumas questões de revisão e discussões para serem resolvidas/ analisadas pelo leitor, de modo a fixar seu conteúdo.

O livro possui também um site exclusivo, com transparências em Power Point, manual de soluções e informações adicionais.

Esperamos que o leitor encontre nestas páginas um guia prático e um referencial teórico, didaticamente estruturado, para orientação de seu estudo básico e genérico sobre o comportamento desse ser complexo que é o consumidor e para fundamentação das decisões gerenciais que precisará tomar em relação aos seus clientes. Estamos certos de que a compreensão mais acurada das diversas variáveis e das motivações que impulsionam as escolhas do *iceberg humano* possibilitará a você uma especialização fundamental na gênese do processo de administração mercadológica, função cada vez mais essencial para o sucesso dos negócios, contribuindo, conseqüentemente, para uma gestão mais eficaz das expectativas de seus consumidores e para um relacionamento mais lucrativo e duradouro com seus clientes.

Beatriz S. Samara e Marco Aurélio Morsch

Capítulo 1

Compreendendo o Consumidor

O que É o Comportamento do Consumidor?

O propósito do marketing é satisfazer as necessidades e os desejos dos consumidores por meio da produção de produtos e serviços. Assim, conhecer as pessoas, suas necessidades, seus desejos e seus hábitos de compra torna-se fundamental para a eficaz administração mercadológica.

Compreender o consumidor é uma função essencial do marketing para que ele possa cumprir plenamente seus objetivos no desenvolvimento, na produção e na colocação no mercado de bens e serviços apropriados e capazes de satisfazer as necessidades e os desejos dos consumidores, contribuindo, assim, efetivamente para o sucesso do negócio. É nessa função primordial que se inicia todo o processo de administração mercadológica e é em torno do consumidor que giram todas as atividades de marketing da empresa. Dessa forma, o estudo que tem como objeto conhecer profundamente o comportamento das pessoas, suas necessidades, seus desejos e suas motivações, procurando entender o processo de como, quando e por que elas compram é uma área de conhecimento fundamental do marketing, a qual denominamos simplesmente Comportamento do Consumidor.

Entender o comportamento do consumidor, todavia, não é tarefa fácil. Pela complexidade que cerca o ser humano, esse estudo envolve diversas áreas do conhecimento, como psicologia, sociologia, antropologia, religião e outras. Analisar e compreender os diversos fatores que influenciam as pessoas em suas decisões de compra é, pois, atividade desafiadora para os profissionais de marketing.

Seja na forma de um indivíduo ou de uma empresa, o consumidor é toda **entidade compradora** potencial que tem uma necessidade ou um desejo a satisfazer. Essas necessidades e esses desejos podem variar dentro de um amplo espectro, que vai desde fome e sede até amor, status ou realização espiritual. Consumimos bens e serviços a todo instante em nossa vida e estamos cercados por milhares de alternativas para nos satisfazer. E, não raro, as motivações de compra têm estímulos muito subjetivos e pessoais, fazendo surgir até mesmo uma relação de afeto com o produto ou com o serviço consumido. Por exemplo, no Mundo da Coca-Cola, em Las Vegas, centenas de visitantes, quando questionados "O que a Coca-cola significa para você?", respondem que há uma forte ligação emocional com a marca (Solomon, 2002).

Interface — Necessidades e Desejos

O conceito mais básico ao qual o marketing se vincula é o das necessidades humanas. As necessidades fazem parte da condição humana e são caracterizadas como situações de privação. Entre as necessidades humanas estão as necessidades físicas básicas (alimentação, vestuário, habitação e segurança), as necessidades sociais (afeto e pertencimento), e as necessidades individuais (conhecimento e auto-realização). Por outro lado, desejos são a forma que as necessidades humanas assumem quando são particularizadas por determinada cultura e pela personalidade do indivíduo (Kotler, 2000). Um jovem carioca precisa comer, mas deseja um hambúrguer com batatas fritas e refrigerante; um jovem baiano precisa comer, mas deseja moqueca de camarão, e um jovem gaúcho precisa comer, mas deseja churrasco. Os desejos são compartilhados por um grupo social ou comunidade com base nas influências socioculturais e psicológicas daquele ambiente. É importante função do marketing converter as necessidades em desejos ao destacar os benefícios dos produtos ofertados.

"O consumidor é rei", afirma o dito popular. Tudo o que as empresas fazem gira em torno da satisfação dele. Ele é o centro e o foco de todo negócio e as empresas competem ferozmente para conquistar sua atenção e preferência, não poupando esforços nessa busca (veja *Interface — Quem Sou Eu?*). Peter Drucker (1998) considera que o propósito de todo negócio é servir ao cliente. Sem ele, não há razão para uma empresa existir. Assim, conhecer os mecanismos internos que levam o consumidor à decisão de compra é, pois, atividade estratégica para as empresas no desenvolvimento e fornecimento de bens e serviços oportunos, garantindo a conquista e a manutenção de clientes.

O perfil, as características, as motivações e os interesses do consumidor sofrem todo tipo de influências. Desde aspectos sociais, demográficos, culturais, psicológicos e situacionais até importantes estímulos de marketing (produto, preço, praça e promoção) afetam e impulsionam as atitudes e as ações dos indivíduos em suas decisões de consumo.

O comportamento do consumidor se caracteriza como processo: um conjunto de estágios que envolve a seleção, a compra, o uso ou a disposição de produtos, idéias ou experiências para satisfazer necessidades e desejos (veja o Capítulo 2). E esse processo é contínuo, não se limitando apenas ao momento da compra, quando a troca se efetiva. Embora a troca (uma transação em que duas ou mais entidades dão e recebem algo de valor) seja a essência do marketing, o entendimento mais amplo compreende todo o processo de consumo, o que inclui os aspectos que influenciam o consumidor antes, durante e depois da compra.

Schiffman e Kanuk (2000) partilham dessa visão em sua definição do comportamento do consumidor: "É o estudo de como os indivíduos tomam decisões de gastar seus recursos disponíveis (tempo, dinheiro, esforço) em itens relacionados ao consumo. O comportamento do consumidor engloba o estudo de o que compram, por que compram, onde compram, com que freqüência compram e com que freqüência usam o que compram".

Interface — Quem Sou Eu?

A compreensão, pelas empresas, de que a satisfação contínua do cliente gera valor ao negócio é fonte de vantagem competitiva e contribui decisivamente para o sucesso do negócio, levando os profissionais de marketing, muitas vezes em conjunto com os departamentos de recursos humanos, a desenvolverem ações dirigidas aos colaboradores para conscientizá-los da importância do atendimento ao cliente. As empresas costumam investir milhares de reais em treinamento interno de seus funcionários, palestras e reuniões para discutir os objetivos estratégicos, sobretudo mercadológicos, orientar e motivar para atender bem aos clientes.

Definidas como ações de **Endomarketing®** por Saul Faingaus Bekin (2004), essas "ações gerenciadas de marketing eticamente dirigidas ao público interno (funcionários) das organizações e empresas focadas no lucro, das organizações não-lucrativas e governamentais e das do terceiro setor, observando condutas de responsabilidade comunitária e ambiental" fornecem a base para a organização cumprir "o que o marketing promete". Com a "função de integrar a noção de cliente e seus valores nos processos internos da estrutura organizacional, proporcionando uma melhoria na qualidade de produtos e serviços, com produtividade pessoal e de processos" (Bekin, 2004), o Endomarketing® é uma poderosa ferramenta para auxiliar na conquista e na manutenção do cliente. Afinal, o cliente é a pessoa mais importante em qualquer tipo de negócio.

Em nossos cursos universitários e em treinamentos empresariais costumamos usar alguns textos, como o que apresentamos a seguir, para analisar a importância do consumidor e o papel dos funcionários na sua satisfação:

> "Eu sou o homem que vai a um restaurante, senta-se à mesa e pacientemente espera enquanto o garçom faz de tudo... menos atender meu pedido! Eu sou o homem que vai a uma loja e espera calado enquanto os vendedores terminam a sua conversa particular.
>
> Sou também o homem que entra no posto de gasolina e nunca toca a buzina, mas, ao contrário, espera pacientemente que o frentista termine de dar uma espiadinha no jornal. Eu sou o homem que explica sua desesperada e imediata necessidade de uma determinada mercadoria, mas não reclama nem exige nada quando entra num estabelecimento comercial; aquele homem que parece estar pedindo favor, ansiando por um sorriso ou esperando ao menos ser notado.
>
> Eu sou o homem que entra no plantão da imobiliária e aguarda tranqüilo que os vendedores terminem de conversar com seus amigos; que espera pacientemente enquanto os funcionários trocam idéias entre si ou, simplesmente, baixam a cabeça e fingem não ver.
>
> Você deve estar pensando que eu sou uma pessoa quieta, paciente, do tipo que nunca cria problemas, não é mesmo? Pois se engana...
>
> Sabe quem sou eu?
>
> Eu sou o cliente que não volta nunca mais... Que se diverte — um tanto sadicamente, é possível — vendo milhões e milhões de cruzeiros sendo gastos todos os anos em anúncios de toda ordem para levar-me de novo à sua loja ou a preferir seus produtos e serviços... Quando eu fui lá no seu negócio pela primeira vez, tudo o que deviam ter feito era apenas a pequena gentileza, tão fácil e barata, de um pouco de cortesia..."

(Autor desconhecido)

O Consumidor É Como um Iceberg

Os grandes blocos de gelo que flutuam nas águas geladas dos pólos possuem uma característica singular. A maior parte de sua estrutura fica submersa, deixando visível aos olhos do observador apenas uma pequena parte. Enquanto ele se movimenta, é impossível ter uma compreensão clara e total da sua real dimensão e poder.

Analogamente, pode-se dizer que o consumidor é como um iceberg. Ele se movimenta no mercado e todos podem visualizá-lo, como a ponta de um iceberg, mas suas reais intenções, motivações e atitudes permanecem ocultas. Apenas analisando-o mais profundamente, por meio da imersão em seu interior, será possível conhecer o seu todo, enxergando-o de forma integral e descobrindo as verdadeiras razões que o levam a agir de determinada forma. Esses motivos, que variam desde crenças, atitudes, preconceitos e valores até interesses, necessidades ou desejos, são as forças motrizes que estimulam o comportamento humano e variam de indivíduo para indivíduo. Influenciados por diversos fatores, que podem ser tipificados como variáveis culturais, demográficas, psicológicas ou situacionais, os hábitos e o comportamento de compra dos consumidores podem, de certa forma, se tornar previsíveis. Todavia, por mais que se conheçam essas influências genéricas, o risco de análise incorreta poderá existir em um caso específico. Na Figura 1.1, visualiza-se a imagem do *iceberg humano*, com seus componentes, e a relação das ações e comportamentos com os conteúdos submersos.

Capítulo 1 • Compreendendo o Consumidor

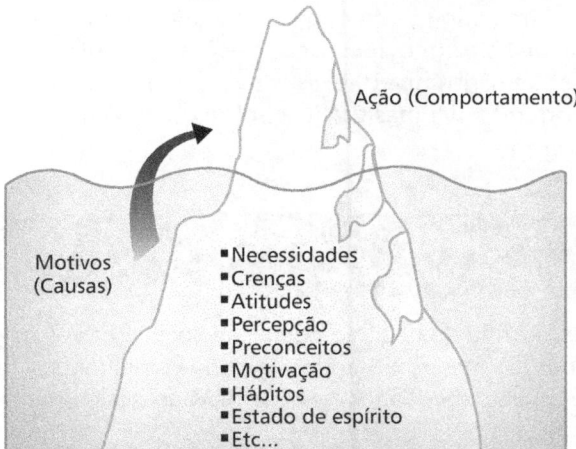

Figura 1.1   *Iceberg humano*: o consumidor é como um iceberg.

Imagine um aluno desconhecido que está assistindo a uma palestra, sentado ao seu lado, em um auditório da escola. Subitamente, ele se levanta, percorre o longo corredor entre as poltronas e sai porta afora. Você o observa sair, mas desconhece a intenção que está por trás de seu ato. O comportamento é visível, mas os motivos são ocultos. O que o teria levado a se retirar? Imediatamente você pensa algumas possibilidades: uma necessidade fisiológica o levou ao banheiro; ele se lembrou de uma ligação urgente que precisava fazer; a palestra está chata e ele preferiu sair; alguma coisa dita pelo palestrante o chocou; algum distúrbio emocional o fez querer ficar sozinho... Quantas alternativas! Todas elas, entretanto, são apenas inferências de sua mente: deduções que seu raciocínio estão formulando com base no fato percebido, seguido de interpretação ou juízo de valor. O motivo real só será obtido após uma investigação mais profunda. O melhor mesmo será perguntar diretamente ao aluno.

A metáfora do iceberg ajuda a compreender que o consumidor é movido por influências 'submersas' que justificam seu comportamento. Alerta também para os riscos de interpretações incorretas em que o profissional de marketing pode facilmente incorrer. Ao não vislumbrar a imagem total do iceberg, o especialista mercadológico pode subestimar ou prejulgar equivocadamente o que vê, não conseguindo evitar o possível desastre. Assim, cabe ao profissional de marketing estudar as influências submersas que impulsionam e, não raro, moldam o comportamento das entidades compradoras antes de tomar quaisquer decisões de marketing, como o desenvolvimento, a precificação, a promoção e a distribuição de um produto ou serviço, sob pena de não atingir efetivamente seus objetivos de venda, o que seria um desastre!

O consumidor é antes de tudo um ser humano. As ciências que têm estudado os diversos aspectos da complexa espécie humana são como submarinos auxiliares para nos apoiar na iluminação necessária à investigação da parte submersa do iceberg e na melhor compreensão de sua extensão e estrutura. Psicologia, sociologia, antropologia e economia, por exemplo, podem nos esclarecer muito sobre o *iceberg humano*. Giglio (2002) descreve as dimensões que compõem a natureza humana: natureza *racional* (cujo comportamento é ditado pela razão), *emotiva* (movido por emoções conscientes e inconscientes), *social* (movido pelas regras do grupo), *dialética* (movido por oposições), *complexa* (movido por determinações e indeterminações de vários níveis) e *gregária* (movido por natureza, com algum poder de arbítrio — daí decorrendo algumas práticas sobre o consumo, ou por necessidade, buscando fazer parte dos grupos).

O Estudo do Comportamento do Consumidor e a Gestão de Marketing

Marketing é uma filosofia de negócio que estabelece como princípio atender às necessidades e aos desejos dos clientes. Analisando algumas das definições de marketing, podemos relacionar claramente a interdependência entre estudo do comportamento do consumidor e gestão mercadológica.

Philip Kotler (2000) diz que o "conceito de marketing afirma que a chave para atingir os objetivos da organização consiste em determinar as necessidades e desejos dos mercados-alvo e satisfazê-los mais eficaz e eficientemente do que os concorrentes". Peter Drucker (1998) afirma que "marketing é primeiramente uma dimensão central do negócio inteiro. É o negócio como um todo visto do ponto de vista do seu resultado final, isto é, do ponto de vista do cliente".

A American Marketing Association (AMA) define marketing como "o processo de planejamento e execução de concepção, precificação, promoção e distribuição de idéias, bens e serviços para criar trocas que satisfaçam metas individuais e organizacionais".

Ciência recente, natural de meados do século XX, como a conhecemos hoje, o marketing (mercadologia, em português) é uma das áreas do conhecimento humano que mais dinamicamente vem evoluindo ao longo dos anos. A evolução de seu conceito pode ser descrita em cinco orientações:

- a orientação do produto;
- a orientação de vendas;
- a orientação de marketing;
- a orientação de marketing societal;
- a orientação de marketing de relacionamento.

A **orientação do produto** caracteriza a fase em que as empresas, com base em suas capacidades, focavam todo seu esforço produtivo no desenvolvimento de produtos em quantidade necessária para atender à demanda crescente que marcou o período da revolução industrial. No início do século XX, Henry Ford foi a referência desse modelo de produção, que valorizava a eficiência e a produtividade para colocar no mercado um produto acessível. Seu modelo T, por exemplo, popularizou o automóvel. Nessa era da produção, a famosa frase do grande fabricante de automóveis ("Você pode ter qualquer automóvel desde que seja preto") refletia bem a falta de foco no interesse do consumidor. Após a crise econômica de 1929, o foco das indústrias passou a ser a **orientação de vendas**. Numa época de recessão e desemprego, os produtos ficavam parados nas prateleiras e todo esforço visava ao aumento de vendas. A ordem era empurrar o produto, dando descontos, parcelamentos e outros benefícios. Tudo para seduzir e persuadir o consumidor. A publicidade cresceu nesse período.

Nos anos 50, a economia americana sofreu extraordinária expansão, a renda do consumidor aumentou e a diversidade de produtos proliferou em todas as áreas. Com dinheiro no bolso, os consumidores passaram a exigir produtos específicos, ao mesmo tempo em que as indústrias experimentavam altos índices de inovação em produtos. Surgia a **orientação de marketing**: a ciência como conhecemos hoje — o desenvolvimento contínuo de novos e diversificados produtos para atender às necessidades e aos desejos dos consumidores, gerando a lucratividade empresarial. Embora de modo ainda não tão imperativo como nas décadas seguintes, o consumidor ganha voz e torna-se rei, podendo agora escolher, e mais: até demandar que a indústria fabrique o tipo de automóvel que ele deseje comprar. Lembramos que foi em 1962 que o presidente John Kennedy promulgou a Lei de Direitos do Consumidor nos EUA.

Em meados da década de 70 e início dos anos 80, as empresas se tornaram conscientes de sua responsabilidade social e a ética corporativa ganhou espaço nas decisões de marketing. Na **orientação de marketing societal**, não basta que o produto satisfaça as necessidades dos consumidores e traga ganhos de lucratividade para a empresa. Agora, é necessário que os produtos também não degradem o meio ambiente, não impactem negativamente a comunidade e contribuam para o bem-estar geral da sociedade. Aqui, o consumidor está mais bem informado, vigilante e eticamente mais consciente de suas escolhas.

A abordagem mais contemporânea é a **orientação de marketing de relacionamento**. Na era de competitividade acirrada e de multiplicidade de ofertas, o marketing enfatiza as ações de conquista e a manutenção de um grupo específico de consumidores, por meio de produtos e serviços personalizados, no qual os compradores identificam, selecionam e obtêm o melhor valor para a satisfação de suas necessidades e de seus desejos. Agora, mais do que nunca, o entendimento do comportamento do consumidor e a antecipação ante as mudanças de suas necessidades e de seus desejos tornaram-se fatores críticos de sucesso para as organizações.

As estratégias de marketing de uma empresa estão obrigatoriamente condicionadas ao profundo conhecimento do comportamento do consumidor por seus profissionais. Administradores, publicitários, gerentes de produto e analistas de marketing dependem da exata compreensão dos hábitos e das atitudes de seus clientes para poder cumprir de forma competente suas atividades funcionais e realizar eficazmente o propósito organizacional de servir aos consumidores e ao mercado. Sobretudo pela característica dinâmica do mercado, em que a inovação e diversificação de produtos é crescente, e pela natureza evolucionária do ser humano, decorrente principalmente da abundância de informação, o consumidor do século XXI se tornou mais exigente, mais consciente e mais poderoso em suas relações de consumo.

Assim, as ferramentas da gestão mercadológica, como pesquisa de marketing, segmentação de mercado, posicionamento de marca e composto mercadológico (*marketing mix*), devem trabalhar de maneira integrada e com base no comportamento do consumidor, incorporando no planejamento de marketing mecanismos e procedimentos de coleta, monitoramento e análise de dados, bem como métodos de avaliação da resposta do consumidor (veja *Interface — Administração Mercadológica e as Influências no Comportamento do Consumidor*).

Interface — Administração Mercadológica e as Influências no Comportamento do Consumidor

Não só o consumidor exerce decisiva influência nas estratégias de marketing, uma vez que a essência do marketing é satisfazer as necessidades dos consumidores, como, em sentido reverso, o marketing e suas estratégias afetam diretamente as decisões de compra do consumidor.

Sobretudo por meio do composto mercadológico (produto, preço, praça e promoção), o profissional de marketing pode estimular o comportamento do consumidor. A Figura 1.2 detalha os aspectos dos 4Ps. Seja na forma de propagandas persuasivas, decoração atraente de lojas e preços promocionais convidativos, os consumidores podem ser seduzidos pelas estratégias mercadológicas. Esse poder é muito forte e, não raro, nossa percepção e nosso conhecimento são filtrados pelos profissionais de marketing. A cultura popular, por exemplo, pode ser 'modelada' por produtos desenvolvidos no âmbito do marketing. Muitos consumidores adotam tendências de moda, estilos de dança e expressões idiomáticas a partir da influência de telenovelas, filmes e cantores.

Os atributos de uma marca, sejam racionais ou emocionais, ou seu posicionamento na mente do indivíduo (por meio de efetiva comunicação que enfatize os diferenciais competitivos do produto) podem também oferecer forte influência na decisão de compra do consumidor. Muitos pensam imediatamente em Coca-Cola ou guaraná Antarctica quando sentem sede.

Como veremos adiante, o consumidor é freqüentemente submetido a estímulos internos e externos, que afetam suas motivações e influenciam na decisão de compra. Entre os estímulos externos, o composto mercadológico, sobretudo a propaganda, exerce

Figura 1.2 O composto mercadológico: *marketing mix* (fonte: Philip Kotler. *Administração de Marketing*, 10ª edição. São Paulo: Pearson Prentice Hall, 2000, p. 37).

preponderante influência. Na Figura 1.3, mostramos um anúncio de marketing que pode servir como estímulo externo.

Ao conhecer em profundidade as necessidades, motivações e preferências dos consumidores, o profissional de marketing poderá desenvolver produtos mais apropriados aos interesses do público-alvo, agregando-lhes atributos e características que este valoriza, ao preço que está disposto a pagar e no local em que deseja transacionar. Além disso, o profissional de marketing poderá escolher os meios de comunicação mais eficazes para promover seus produtos com a mensagem mais pertinente, bem como estabelecer canais de relacionamento com os clientes.

Figura 1.3 A propaganda é um estímulo externo ao consumidor (fonte: Ogilvy).

> **Produto** é um conjunto de atributos tangíveis e intangíveis que proporciona benefícios reais ou percebidos com a finalidade de satisfazer as necessidades do consumidor.
> O termo produto, conforme usado aqui e em vários estudos de marketing, inclui toda a gama de ofertas possíveis ao mercado, inclusive produtos de prestação de serviços (como serviços bancários ou jurídicos).
> **Preço** é o que é dado em troca para adquirir um produto ou serviço. Expresso em unidade monetária, ele representa o valor que é pago pelo consumidor para receber o conjunto de benefícios fornecidos pelo produto.
> **Praça (ou ponto-de-venda)** é o local onde se realizam as trocas entre produtores e consumidores. Envolve a logística e a distribuição, que tornam o produto acessível aos consumidores.
> **Promoção** refere-se ao composto de elementos promocionais que divulgam e comunicam o produto ao mercado-alvo, como publicidade, propaganda, promoção de vendas, relações públicas e outros.

Como vimos, a perspectiva do marketing se modificou por meio de um processo de mútua influência e sincronicidade com a evolução do consumidor. Ao mesmo tempo em que a evolução do ser humano e o amadurecimento do consumidor influíram na orientação da abordagem mercadológica, constantemente atualizando-a, as próprias atividades de marketing evoluíram e afetaram o desenvolvimento do consumidor e seu nível de conscientização. Elemento fundamental em todas as perspectivas atuais, a satisfação das necessidades e dos desejos do consumidor é a função primordial do marketing. Essa realização só é possível pela parceria e pelo relacionamento entre cliente e fornecedor. Como revela a sintética definição de marketing de Theodore Levitt (1991) — "a arte e a ciência de conquistar e manter clientes rentáveis" —, o atual desafio dos profissionais de marketing é desenvolver ofertas que não somente atraiam, mas também mantenham os clientes satisfeitos e em contato com a empresa. Paralelamente, isso só será vantajoso se a empresa obtiver o retorno financeiro necessário para o cumprimento de seus objetivos organizacionais.

As Tendências e o Desenvolvimento do Campo do Comportamento do Consumidor

Embora o interesse pelo comportamento do consumidor remonte ao final do século XIX, quando estudos como o de Thorstein Veblen, por exemplo, avaliaram os exageros do consumo no auge da revolução industrial, os primeiros manuais sobre o assunto foram escritos apenas nos anos 60 (Engel, 2000). A psicologia, com suas idéias e teorias, sempre serviu durante o século XX como referência para uma melhor compreensão da dinâmica do comportamento de compra das pessoas. A proliferação de estudos comportamentalistas que influenciaram sobremaneira a ciência da administração, como as teorias sobre a motivação humana, teve forte influência nos anunciantes e em seu discursos persuasivos nos anos 50. Foi naquela década, quando surgia o conceito de marketing, que o estudo do comportamento do consumidor finalmente ganhou corpo como uma área própria de conhecimento.

A orientação de marketing e o reconhecimento de que a sobrevivência de uma empresa depende da sua capacidade de satisfazer eficazmente as necessidades e vontades do consumidor, compreendendo totalmente seus parceiros de troca, isto é, seus clientes, tornou o estudo do consumidor essencial desde a segunda metade do século XX.

Inicialmente, o estudo do comportamento do consumidor visava a capacitar as empresas a prever como os consumidores reagiriam a mensagens promocionais e a entender por que eles decidiam comprar o que compravam. No paradigma do homem econômico, que prevaleceu na primeira metade do século XX, as empresas supunham que as decisões humanas eram eminentemente racionais, isto é, os consumidores avaliariam os bens e os serviços conforme a equação resultante da utilidade e da satisfação máximas ao custo mínimo.

A **era modernista**, a partir dos anos 50, é o período no qual os positivistas (pesquisadores que endossaram suas hipóteses nas bases do modernismo) realizaram inúmeros estudos objetivos (empirismo lógico) por meio de experimentos, técnicas de levantamento e observação para prever as ações do consumidor. Utilizando dados coletados quantitativamente e resultados descritivos e empíricos, os positivistas podiam propor generalizações em bases estatísticas. Concluíram que os consumidores são racionais (tomam decisões depois de pesar as alternativas), que as causas e os efeitos podem ser identificados e isolados, que os indivíduos solucionam problemas e se envolvem no processamento da informação, que existe uma realidade única, que os eventos podem ser medidos objetivamente, que as causas do comportamento podem ser identificadas, que, pela manipulação das causas, a empresa pode influenciar o comportamento, e que os resultados podem ser generalizados para populações maiores (Schiffman e Kanuk, 2000).

O desenvolvimento da pesquisa motivacional, pelo psicanalista austríaco Ernest Dichter, permitiu às empresas entenderem que os consumidores nem sempre tinham consciência das razões que embasam suas decisões de consumo. Utilizando técnicas psicanalíticas freudianas, Dichter revelou motivações ocultas e subjetivas dos consumidores. Conhecida como pesquisa qualitativa, a pesquisa motivacional é freqüentemente utilizada para gerar idéias novas para campanhas promocionais (Schiffman e Kanuk, 2000).

Posteriormente surgiu o **pós-modernismo.** Os pesquisadores pós-modernistas, também chamados de experimentalistas ou interpretativistas, mais interessados no ato do consumo do que no ato da compra, começaram a incrementar experiências com os consumidores, usando metodologias como etnografia, semiótica e entrevistas pessoais. Suas pesquisas qualitativas permitiram compreender que não existe uma verdade única, objetiva: a realidade é subjetiva, as causas e os efeitos não podem ser isolados, cada experiência de consumo é única, as interações pesquisador-pesquisado afetam os resultados da pesquisa e as descobertas normalmente não são generalizáveis para populações maiores (Schiffman e Kanuk, 2000). Hoje, as empresas percebem os dois paradigmas — positivismo e interpretativismo — como complementares. A pesquisa positivista tornou possível a previsão e a pesquisa interpretativista, o entendimento perceptivo. Juntas, elas possibilitam uma visão mais rica e consistente do comportamento do consumidor.

As mais diversas formas de pesquisa têm sido utilizadas para desvendar as motivações conscientes ou inconscientes dos consumidores. A pesquisa de marketing é uma ferramenta útil para orientar os profissionais de marketing e fornecer pistas esclarecedoras sobre o *iceberg humano* (veja *Interface — Pesquisa de Marketing*).

Outro aspecto a ser observado na evolução do estudo do consumidor é a extraordinária expansão do consumo ocorrida nas últimas décadas do século XX. O consumismo, uma característica do mundo em que vivemos, tem sido muito discutido, principalmente sob a perspectiva de seu significado. Estudos têm apontado que consumimos não apenas pelo suprimento de uma necessidade com base na utilidade dos produtos, mas igualmente pelo sig-

Interface — Pesquisa de Marketing

Aceitando-se o conceito de marketing, seus princípios e implicações, compreende-se que todas as decisões mercadológicas devem se centrar no cliente e não no produto ou na empresa. Ao fornecer continuamente o que o cliente quer, criando valor por meio de sua satisfação, a empresa obtém como recompensa o lucro e a longevidade. Mas como saber o que os clientes querem, como querem, quando querem e por que querem?

Mais do que meramente traçar perfis dos consumidores, os profissionais de marketing devem realizar análises estatísticas, quantitativas e qualitativas, entrando, inclusive, no domínio da psicologia para compreender a alma do consumidor. A chave para abrir a mente do consumidor, penetrando na estrutura submersa do *iceberg humano*, é a pesquisa de marketing.

"Pesquisa de marketing consiste em projetos formais que visam à obtenção de dados de forma empírica, sistemática e objetiva para a solução de problemas ou oportunidades específicas relacionadas ao marketing de produtos ou serviços" (Samara e Barros, 2002). Por meio de uma metodologia adequada, que identifica o problema, define os objetivos, utiliza técnicas estruturadas de coleta, análise e interpretação, o profissional de marketing poderá obter informações necessárias e precisas para a tomada de decisões relativas à satisfação da necessidade do consumidor. "Uma das mais notáveis diferenças entre os melhores profissionais de mercado e o restante da massa é que as empresas líderes do setor de consumo e suas agências de propaganda globais fazem um volume inacreditável de pesquisa" (Hiam,1999).

Qualquer coisa pode ser pesquisada. O tomador de decisão poderá utilizar duas metodologias: a quantitativa (quando, por exemplo, deseja conhecer o perfil do consumidor) e a qualitativa (quando, por exemplo, deseja identificar os motivos de compra de um produto). Os tipos de pesquisas de marketing incluem: pesquisa de mercado, avaliação de eficácia da propaganda, pesquisa e testes de novos produtos, testes de embalagem, pesquisa de satisfação do cliente, grupos de foco, análise demográfica, entrevistas de percepção da marca e posicionamento, análise da concorrência e pesquisa de imagem corporativa.

---

nificado dos próprios produtos, pelo que eles nos dão como benefício adicional (imagem, pertencimento, status etc.). O consumo pode representar uma experiência (reação emocional ou estética a objetos de consumo), uma integração (conhecer e manipular objetos de consumo para expressar aspectos do eu ou da sociedade), uma classificação (atividades em que os consumidores se envolvem para comunicar, para si próprios ou para outros, sua associação com objetos) ou um jogo (usando objetos para participar de uma experiência mútua e fundir suas identidades com a do grupo) (Solomon, 2002).

Uma outra preocupação dos estudiosos do comportamento do consumidor é buscar compreender o todo do comportamento humano para descobrir, por exemplo, o que leva alguns indivíduos a consumir de forma compulsiva. Alinhados com a visão interpretativista, esses pesquisadores buscam também entender o chamado "lado negro" do comportamento do consumidor e a associação de doenças como vício de drogas, alcoolismo ou furto em lojas, contribuindo, assim, para sua redução.

As tendências e as mudanças econômicas, sociais e tecnológicas ocorridas nas últimas décadas, como a globalização dos mercados, o acirramento da concorrência, o desenvolvimento tecnológico, o consumerismo (veja o Capítulo 8) e o crescente nível de exigência dos consumidores, contribuíram ainda mais para consolidar a importância e a necessidade do estudo do comportamento do consumidor pelas empresas.

Compreendendo os Mercados

O processo de troca entre o grupo de produtores/ vendedores e os consumidores acontece no ambiente que denominamos de mercado. Esse local de troca, que no passado era geralmente um espaço físico específico e delimitado, como mercado público ou feira, por exemplo, hoje se expandiu e envolve até mesmo um espaço virtual, como o ciberespaço e as compras pela Internet. O mercado representa também o conjunto de compradores reais ou potenciais em posição de demandar produtos. O Sistema Simplificado de Marketing, apresentado na Figura 1.4, ilustra essa relação de trocas num determinado mercado. Para satisfazer as necessidades e os desejos dos consumidores, os produtores/ vendedores buscam informações no mercado sobre o contexto (macroambiente, demanda, situação do setor específico da indústria, concorrência e perfil dos compradores potenciais) para desenvolver bens e serviços apropriados e oferecê-los ao mercado. A comunicação para o mercado da criação e a disponibilidade do produto informará o público-alvo sobre sua existência, estimulando a compra e fechando o ciclo do processo de troca — o objetivo e o denominador comum de toda atividade do marketing.

Os mercados possuem dinâmica e características próprias, condicionadas por aspectos como o ordenamento legal, a natureza do comércio e dos produtos envolvidos na troca, o perfil dos agentes participantes na transação e as forças econômicas e comerciais existentes, como oferta e procura. Podemos segmentar os mercados conforme sua natureza geográfica, demográfica ou psicográfica e conforme a natureza dos bens e serviços comercializados (veja *Interface — Segmentação de Mercado*). Um país como o Brasil, por exemplo, pode ser caracterizado como um mercado único, em que grupos produtores/ vendedores e grupos consumidores realizam trocas entre si. Esse mercado possui também relações comerciais com outros países e mercados. O Brasil pode também ser segmentado em outra classificação, como mercado agrí-

Figura 1.4 Sistema simplificado de marketing.

cola, mercado industrial e mercado de serviços. O mercado de serviços pode, por sua vez, fracionar-se em outros tipos, como mercado bancário, mercado hoteleiro, mercado de saúde e assim por diante. Outras classificações poderão incluir fatores demográficos, como idade e sexo (hotéis para terceira idade e hospitais para crianças, por exemplo) e fatores psicográficos (investimentos financeiros para pessoas conservadoras e investimentos financeiros para pessoas arrojadas). O mercado brasileiro poderá ainda ser segmentado por região (mercado do Sudeste, por exemplo). Portanto, as possibilidades de configuração dos mercados são variáveis e ilimitadas.

Com a globalização e o 'fim' das barreiras entre os mercados, com o avanço das telecomunicações e o advento das compras pela Internet, pode-se considerar o mundo como um mercado único, em que consumidores globais escolhem facilmente entre produtos de diversos países a opção que melhor preencherá suas necessidades e interesses. Nesse novo contexto, surge também um novo consumidor, como veremos no Capítulo 8.

Interface — Segmentação de Mercado

A segmentação de mercado — processo de divisão do mercado em grupos homogêneos significativos (segmentos ou nichos) —, é uma importante estratégia de marketing que tem sido cada vez mais utilizada pelos profissionais de marketing. Através da segmentação de mercado, a empresa ajusta racionalmente o composto mercadológico para atender às necessidades específicas de um ou mais segmentos e aumenta, como conseqüência, sua eficácia junto às exigências diferenciadas de cada grupo específico de consumidores. Essa individualização e adequação no atendimento das necessidades e preferências diferenciadas de cada segmento, respeitando suas características e peculiaridades distintas, tornou-se uma ferramenta poderosa para atingir com maior precisão e efetividade os consumidores, sobretudo num ambiente em que novos grupos homogêneos surgem periodicamente.

Os mercados podem ser fracionados de acordo com critérios variáveis em função das características relativas às pessoas, grupos ou organizações que os compõem: segmentação geográfica, demográfica (por idade, sexo, renda, ciclo de vida da família ou etnia), psicográfica (personalidade, motivação e estilos de vida), por benefícios e por taxa de uso (quantidade comprada de um produto).

As empresas poderão adotar três estratégias de segmentação: marketing indiferenciado (ofertando um composto mercadológico indiferenciado para todo o mercado), marketing concentrado (enfocando seus produtos apenas em um segmento ou nicho específico) e marketing diferenciado (diferentes produtos para diferentes segmentos). A Editora Abril, por exemplo, adota a estratégia de segmentação de mercado diferenciado, comercializando uma ampla linha de revistas dirigidas a públicos diferentes, segmentados com base nas suas características demográficas, psicográficas e por benefícios (revistas infantis, como *Pato Donald* e *Zé Carioca*, revistas femininas, como *Nova*, *Claudia* e *Uma*, cada uma para perfis específicos de mulheres, revistas para jovens, como *Supersurf*, *Capricho* e *Usina do Som*, revistas para a família, como *Casa Claudia* e *Boa Forma*, e revistas de negócios, como *Exame* e *Você S/A*, para homens e mulheres executivos e empresários).

Veja também, no Capítulo 2, *Estudo de Caso — TV Paga: Canais sob Medida para Cada Consumidor*.

Tipologia do Consumidor

O consumidor assume várias formas, desde uma criança de sete anos que pede uma boneca ou figurinhas para seus pais até um diretor de uma grande empresa que decide a compra de um novo sistema de computador. O termo consumidor é freqüentemente utilizado para descrever dois tipos diferentes de entidades consumidoras (Schiffman e Kanuk, 2000):

- o consumidor pessoal;
- o consumidor organizacional.

O **consumidor pessoal** compra bens e serviços para seu próprio uso (creme dental ou xampu, por exemplo), para o lar (geladeira) ou para um amigo, como um presente (livro ou CD). Nessas situações os bens são adquiridos para uso final dos indivíduos, que são conhecidos como *usuários finais* ou *consumidores finais*.

Nem sempre o consumidor ou usuário é a mesma pessoa que compra o produto. Por exemplo: a mãe (compradora) pode comprar um computador para o filho (usuário) e o presente poderá ser pago pelo pai (pagador). Para entender melhor a diversidade de papéis que pode envolver o consumidor no processo de compra, Philip Kotler (2000) distinguiu cinco diferentes papéis:

- **Iniciador**: pessoa que sugere a idéia de comprar um produto ou serviço.
- **Influenciador**: pessoa cujo ponto de vista ou conselho influencia na decisão.
- **Decisor**: pessoa que decide sobre quaisquer componentes de uma decisão de compra: comprar, o que comprar, como comprar ou onde comprar.
- **Comprador**: pessoa que efetivamente realiza a compra.
- **Usuário**: pessoa que consome ou usa o produto ou serviço.

Uma vez que os papéis de compra mudam e a tomada de decisão de compra pode envolver mais de uma pessoa, como ocorre em alguns grupos (família, por exemplo), os profissionais de marketing precisam ser muito cuidadosos na análise dos fatores que envolvem o comportamento do consumidor e nas decisões estratégicas de comunicação. Uma fábrica de pisos de cerâmica, por exemplo, poderá melhorar suas vendas se direcionar sua comunicação para as mulheres, com base na descoberta de que a dona de casa influencia decisivamente na maioria das vezes a escolha de cor, tipo e modelo de pisos para cozinhas e banheiros do lar.

O **consumidor organizacional** inclui empresas, órgãos governamentais, instituições civis (escolas, hospitais) e entidades sem fins lucrativos. Uma empresa do ramo industrial, por exemplo, precisa adquirir matérias-primas e componentes de fornecedores para poder produzir seu produto, assim como uma escola precisa comprar diversos materiais, como produtos de escritório e limpeza, para realizar efetivamente suas atividades.

O processo de decisão de compra organizacional envolve certas peculiaridades e, não raro, possui maior complexidade do que a compra pessoal, principalmente em virtude do envolvimento de diversos departamentos e do extenso procedimento operacional decisório. Uma compra de um novo software para uma rede de varejo, por exemplo, implicará demoradas análises das opções disponíveis no mercado e suas compatibilidades operacionais, bem como avaliações de custos e benefícios para as diversas áreas da empresa. A decisão, embora esteja a cargo de uma diretoria de tecnologia, envolverá inevitavelmente a participação direta de outros departamentos, como operações, marketing e finanças, e a indireta de filiais e pontos-de-venda, fornecedores e distribuidores. Decisões desse tipo, que envolvem membros e papéis diferenciados no processo, possuem relevância estratégica e econômica, pelos altos custos normalmente envolvidos, e precisam ser cuidadosamente avaliadas.

Como em outras ciências, o marketing utiliza recursos metodológicos de classificação e generalização. Para facilitar seu estudo, os profissionais de marketing criaram tipologias específicas a partir de critérios comuns à química, física e biologia, como os métodos de indução (generalizar a partir de alguns exemplos) e dedução (inserir um exemplo numa generalização preexistente) (Giglio, 2003).

Embora possam sofrer críticas, como toda generalização e classificação, diversos autores e profissionais têm usado a tipologia como base referencial para analisar o comportamento do consumidor. Uma categorização geralmente utilizada classifica os consumidores por critérios culturais, demográficos, psicográficos, estilos de vida, ciclo de vida do produto e modo de compra. Essa classificação, todavia, não esgota as possibilidades de tipificação. Dependendo dos objetivos e dos critérios utilizados, outras formas de abordar o estudo de consumo e compra pelas entidades consumidoras poderão ser validadas pelo profissional de marketing.

A bibliografia existente sobre esse tema oferece diversas classificações sobre as variáveis que influenciam o comportamento do consumidor. Como essas variáveis representam o núcleo conceitual e a referência teórica sobre os quais se desenvolveram todas as teorias e abordagens sobre o estudo do comportamento do consumidor, as variações em sua segmentação não são muito significativas, embora possam causar eventualmente alguma dificuldade cognitiva. Como vimos, as tipificações ou classificações servem muito mais como referência didática e analítica para o estudo, não devendo ser encaradas como barreiras monolíticas e agrupamentos intransponíveis para que o leitor compreenda, de forma abrangente, todos os diversos aspectos que moldam o comportamento do consumidor em sua análise. Apresentamos a seguir uma visão geral dessas variáveis e influências, agrupadas em função de sua natureza e por critério didático, por meio do modelo classificatório escolhido pelos autores (veja as figuras 1.5 e 1.6).

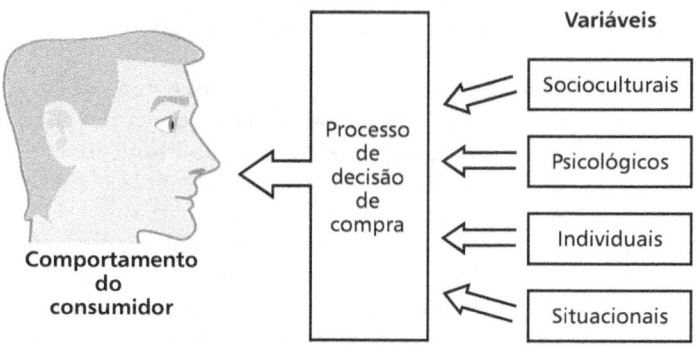

Figura 1.5 Variáveis que influenciam o comportamento do consumidor.

Capítulo 1 • Compreendendo o Consumidor

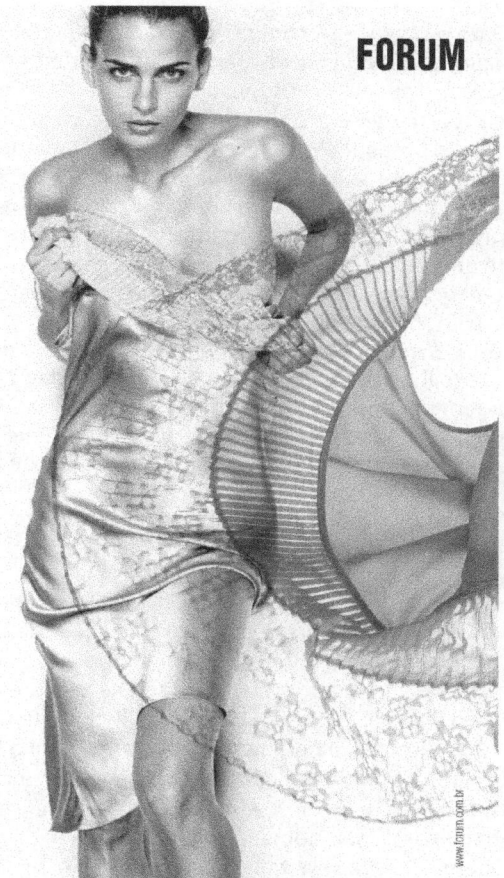

Figura 1.6 O comportamento do consumidor é influenciado por diversas variáveis — anúncio dirigido a mulheres (fonte: W/Brasil).

Estudo de Caso — São Paulo, Cidade das Pizzas

São Paulo é conhecida como a capital brasileira da gastronomia. Com seus milhares de restaurantes, de todos os tipos e categorias, a cidade é literalmente um prato cheio para quem gosta de comer bem.

Freqüentar restaurantes é um hábito arraigado na vida do paulistano. Quer pela vida agitada que leva durante a semana de trabalho, quer pela busca de lazer e diversão nas noites, finais de semana e feriados, muitas das refeições do paulistano, de todas as classes sociais, acontecem fora de casa.

Um dos programas favoritos do morador de São Paulo, que já integra seu folclore sociocultural, é o costume de se reunir com a família e os amigos no sábado ou no domingo à noite para saborear as deliciosas opções das milhares de pizzarias e deliveries existentes na cidade. Após assistir a um lançamento cinematográfico ou a uma peça teatral, por exemplo, é muito provável que o paulistano comum escolha uma pizzaria para encerrar seu fim de semana e confraternizar com familiares e amigos, discutindo os fatos da semana e saboreando uma pizza marguerita, siciliana, portuguesa ou napolitana. A escolha dos sabores da pizza e a sua divisão fazem parte desse ato de confraternização, que pode se tornar um ato democrático. Essa tradição acompanha o hábito e o estilo de vida dos habitantes da maior metrópole brasileira desde os anos 20, quando surgiram as primeiras pizzarias da cidade. Trazidas da Europa pelos imigrantes italianos, as pizzarias foram se espalhando a partir de bairros tradicionais como Brás, Cambuci e Bixiga. Uma das primeiras pizzarias de que se tem notícia é a Castelões, fundada em 1924 no Brás, bairro de classe média da zona leste de São Paulo. Lá os paulistanos se reuniam para relaxar após o futebol na várzea do Carmo ou após o trabalho, num autêntico happy hour.

Hoje, cerca de 3,5 mil pizzarias e deliveries competem acirradamente para conquistar a preferência dos onze milhões de habitantes da cidade. Desde estabelecimentos tradicionais até tele-pizzas que surgem da noite para o dia, procurando atrair e fidelizar os consumidores com a oferta de uma ampla variedade de cardápios, preços e ambientes para satisfazer suas necessidades e seus desejos, o paulistano conta com inúmeras opções e é um dos mais privilegiados consumidores do planeta.

A história da pizza remonta à Roma Antiga, antes da era cristã. Conta-se que os nobres da época comiam o pão de Abraão, uma massa de farinha, água e sal que era levada ao forno bem forte. A ele eram acrescidos ervas e alho. Outras variações de cobertura só foram adicionadas mais tarde, como o tomate, trazido por Cristóvão Colombo. Vendida por ambulantes, a pizza foi se tornando popular e logo barracas ofereciam a massa em formatos diferenciados, de acordo com o pedido do cliente.

O primeiro pizzaiolo da história foi Don Rafaelle Espósito, proprietário de uma famosa pizzaria de Nápoles, a Pietro il Pizzaiolo. Don Rafaelle ficou famoso quando, em 1889, foi cozinhar no palácio Capodimonte para o rei Humberto e a rainha Margherita de Sabóia, que estavam em visita à cidade. O pizzaiolo, para prestar uma homenagem à rainha, resolveu fazer a pizza com as cores da bandeira italiana — branco, vermelho e verde. A rainha gostou tanto que Don Rafaelle a batizou com o seu nome.

Embora a origem da pizza seja italiana, seu sucesso maior ocorre no outro lado do atlântico. Os Estados Unidos e o Brasil são seus maiores consumidores, com destaque para Nova York e São Paulo. No Brasil, após a instalação das primeiras pizzarias em São Paulo, a redonda começou a se espalhar pelo país nos anos 50 e é hoje um dos pratos mais saborosos e desejados da nossa culinária. A capital paulista tem, inclusive, o Dia da Pizza, comemorado no dia 10 de julho desde 1985, instituído pelo então secretário de turismo Caio Luís de Carvalho. Essa celebração veio concretizar o amor incondicional dos paulistanos pela redonda.

Assim, a cidade não poderia ficar de fora da estratégia da Pizza Hut, maior rede de pizzarias fast-food do mundo. No início dos anos 90, ela chegou a São Paulo. Com 12 mil lojas em todo o mundo, a gigante americana, entretanto, quase desapareceu do mercado paulistano no final da década passada. Entre 1997 e 1998, a Pizza Hut fechou 27 lojas em São Paulo. O alvoroço inicial que levou cerca de 10 mil pessoas só na primeira semana a saborear pizzas com gosto de novidade na av. dos Imarés, em Moema, e que lotava as 54 lojas da rede em 1995, tinha esvanecido. Foram fechados, principalmente, os estabelecimentos de rua, preservando-se os pontos das praças de alimentação dos shoppings.

Especialistas no mercado de fast-food trataram o episódio como crise. A Tricon, holding da marca, que respondia pelos negócios das redes KFC, Taco Bell e Pizza Hut, tentou negociar com a direção da Arby's brasileira a venda das lojas restantes. Mas o contrato não se concretizou. Analistas creditam as causas do insucesso aos planos grandiosos de expansão da franquia, à sua estrutura organizacional superdimensionada, aos preços acima do mercado, à localização inadequada (pontos caros numa cidade onde há milhares de pequenas e grandes tradicionais pizzarias), à intensa concorrência e, finalmente, à questão do paladar. "A pizza, com características exageradamente americanas, não caiu no gosto do público", inferiu Percival Maricato, presidente da Associação de Bares e Restaurantes, em entrevista à Vejinha em agosto de 1998. Mais tarde, a empresa finalmente adaptou sua estratégia e portfolio, mais ao gosto nacional, e uma das novas pizzas, a 'brasileira', passou a incluir um dos ingredientes preferidos do público paulistano: queijo com catupiry. Passou-se a dar mais ênfase para o sistema de entrega (delivery) e suas lojas de bairro remanescentes adotaram um perfil mais tradicional e aconchegante, incluindo mudanças no cardápio (que passou, por exemplo, a oferecer saladas).

A preferência do brasileiro por pizzas é tão grande que algumas pizzarias oferecem rodízio de vários tipos para os consumidores. No restaurante Livorno, por exemplo, o consumidor pode saborear 39 tipos de pizzas diferentes. O preço da redonda, um prato acessível se comparado com outros cardápios mais elaborados, também é um fator que influencia na sua preferência. É comum ver grupos de jovens estudantes reunidos em uma das diversas pizzarias paulistanas.

Marcas mais conhecidas, como as tradicionais Speranza, Cristal, Camelo, Michellucio, são referências no mercado paulistano de pizzarias, que consome 1 milhão de redondas por dia. Suas casas fervilham na vida noturna da metrópole que serve 12 pizzas por segundo e foi saudada pela revista *Cozinha Internacional* como a cidade que possui as pizzas mais saborosas do mundo. Com 1.500 pizzarias e 2.000 deliveries, São Paulo é um banquete permanente para seus consumidores, que não têm do que reclamar, pelo menos no que se refere a pizzas.

Fontes: "Gato no Telhado", *Veja São Paulo*, 26 ago. 1998, p. 22; Alessandra Zapparoli, "450 Anos de São Paulo", *Veja São Paulo*, 21 jan. 2004, p.12; Cybercook, www.1.uol.com.br/cybercook.

Consumidor no Cinema — Uma Linda Mulher

Elenco: Julia Roberts, Richard Gere, Hector Helizondo, Paul Dooley, Laura San Giacomo. *Sinopse*: um jovem e rico executivo, Edward Lewis (Richard Gere), aborda na rua uma jovem prostituta, Vivian (Julia Roberts), a quem, durante uma semana, ensina a se vestir e a se comportar, e com ela acaba se envolvendo.

Cenas recomendadas:
Cena 1 (40 minutos):
Vivian, ainda vestida com a roupa com a qual foi abordada por Lewis em uma esquina, sai do hotel onde passou a noite com ele e vai às compras com o dinheiro extra que ele lhe deu a fim de comprar um vestido para o jantar especial da noite seguinte. Escolhe o melhor lugar de Beverly Hills: as butiques da avenida Rodeo Drive. Quando entra em uma loja fina, é atendida de forma preconceituosa pelas vendedoras, que, julgando-a pela aparência, pedem-lhe para se retirar da loja. Ofendida, Vivian volta triste para o hotel. Auxiliada pelo gerente, acaba comprando um vestido em uma loja próxima. No jantar, ela mal sabe como se comportar.
Cena 2 (64 minutos):
Edward leva Vivian a uma outra loja da Rodeo Drive para escolher mais roupas. Ao som da música-tema "Pretty Woman", Vivian experimenta diversos modelos no provador, escolhendo aqueles que melhor combinam com ela. Ao sair da loja, cheia de pacotes e irreconhecível, vestida de forma sofisticada, ela volta à loja onde fora mal atendida e 'esnoba' a vendedora, mostrando-lhe o quanto gastou na loja concorrente.

Exercícios

1. Utilizando as cenas recomendadas na seção *Consumidor no Cinema — Uma Linda Mulher* comente aquelas do filme nas quais a protagonista Vivian é mal atendida em uma loja da Rodeo Drive e volta mais tarde a essa loja com vários pacotes na mão. Utilize o que você sabe sobre o poder do consumidor para embasar seus comentários.
2. Na segunda cena recomendada de "Uma Linda Mulher", que critérios Vivian está utilizando para escolher as roupas no provador? Justifique sua resposta com os conceitos introdutórios apresentados neste capítulo.
3. Analise a seção *Estudo de Caso — São Paulo, Cidade das Pizzas* e responda às seguintes questões:
   - Por quais motivos o consumidor paulistano adotou o hábito de freqüentar assiduamente as pizzarias da cidade? Utilize o modelo *iceberg humano* para relacionar suas respostas.
   - Com base na experiência da Pizza Hut, explique como a adequação do produto ao ambiente, mercado e consumidores é vital para o sucesso do negócio.
   - Relacione os fatores que você considera importantes na escolha de uma pizzaria para jantar com amigos.
4. Com base no que você estudou neste capítulo, explique a importância do estudo do comportamento do consumidor no contexto da administração de marketing.
5. Como o consumidor foi percebido ao longo do tempo em cada uma das orientações de marketing?
6. Qual a diferença básica entre o consumidor pessoal e o consumidor organizacional?
7. Analise as frases a seguir e enquadre-as conforme a orientação da evolução do conceito de marketing: a) "um bom produto vende por si mesmo"; b) "propagandas criativas vão vencer a resistência e convencer os consumidores a comprar nosso produto"; c) "o consumidor é o rei; vamos encontrar suas necessidades e seus desejos e satisfazê-los"; d) "relacionamentos de longo prazo com clientes e parceiros nos levarão ao sucesso".
8. Compare as abordagens modernista e pós-modernista sobre o estudo do comportamento do consumidor. Exemplifique.
9. A partir de critérios específicos que você mesmo estabeleça, identifique e caracterize o maior número de segmentos de mercado possíveis entre seus colegas de classe. Relacione o perfil e os comportamentos similares existentes entre os componentes de cada segmento.
10. Discuta com seus colegas a seção *Interface — Quem Sou Eu* e qual o papel e a importância dos funcionários da empresa no atendimento e na satisfação das necessidades do consumidor. Explique como o Endomarketing® pode ajudar.

Capítulo 2

Comportamento de Compra do Consumidor

Comportamento do Consumidor

O comportamento do consumidor pode ser visto como um processo decisório. Embora a decisão de compra pareça desorganizada e casuística, precisamos percebê-la como um processo lógico e estruturado de tomada de decisão em que a demanda exerce um papel preponderante no comportamento do consumidor. Uma vez que o consumidor é influenciado por um conjunto de múltiplos fatores (culturais, sociais, psicológicos e pessoais), sua decisão de compra se desenvolve por meio de um processo complexo que envolve diversas etapas seqüenciais e integradas, afetando sua percepção e sua escolha em relação à relevância e à adequação dos produtos.

Como vimos, os consumidores se dividem em compradores pessoais e compradores organizacionais. Apesar de fatores comuns influenciarem o processo de compra de ambos, os compradores empresariais enfatizam suas decisões muito mais em aspectos econômicos e racionais do que em pessoais e emocionais. Por suas peculiaridades, inclusive no que se refere à decisão de compra, estudaremos o consumidor empresarial em um capítulo à parte — o Capítulo 6.

Os profissionais de marketing precisam entender a natureza diversificada do comportamento do comprador e a extensão pela qual a imagem e a realidade influenciam o processo de escolha dele.

O comportamento de compra do consumidor pessoal é algo mais elaborado do que o comportamento de compra organizacional em razão do maior número de opções de compra e da maior gama de influências exercidas sobre os indivíduos. Seja para quem for que a empresa esteja vendendo seus produtos ou serviços, é essencial que se tenha o conhecimento de como ocorre a decisão de compra nos mercados em que atua para que a empresa e o profissional de marketing possam desenvolver um composto mercadológico adequado à satisfação e ao valor esperados pelo consumidor. Por isso, estudaremos detalhadamente neste capítulo o processo decisório do consumidor e os estágios que o compõem, discutindo especificamente desde o reconhecimento de sua necessidade até o comportamento pós-compra. A Figura 2.1 mostra que o processo de decisão do comprador envolve um conjunto de seis etapas: 1) reconhecimento da necessidade; 2) busca de informação; 3) avaliação das alternativas do produto; 4) avaliação das alternativas de compra; 5) decisão de compra; 6) comportamento pós-compra.

Figura 2.1   O processo de decisão de compra do consumidor.

Você pode explicar por que compra a sua pasta dental? Ou o pão, a bolacha, o sabão em pó? E o seu aparelho de som, o seu relógio, os seus sapatos? Se é difícil para cada um de nós descrever *por que* compramos o que compramos, imagine como é difícil para os profissionais de mercado entender (e tentar prever) o nosso comportamento. Os profissionais mais astutos chegaram à conclusão de que a melhor maneira de tentar entender o comportamento de compra do consumidor doméstico é considerá-lo como um aspecto do comportamento humano básico dentro de um contexto específico: o consumo.

As atividades de consumo, desde a decisão do que comprar até o uso e a posse dos produtos, desempenham um papel importante na vida das pessoas. Em razão da difusão do consumo, os profissionais de mercado recorreram a conceitos ligados à psicologia, à sociologia, à antropologia e à recém-estabelecida matéria do comportamento do consumidor para melhor entender o comportamento de compra (Semenik e Bamossy,1996).

Como já afirmamos, compreender os tipos de decisões tomadas pelos consumidores e também os fatores que influenciam essas decisões é fundamental para o profissional de marketing. Ao entender o que os consumidores 'fazem' e que influências determinam suas atividades, as empresas podem, com mais efetividade, desenvolver e comercializar seus produtos e serviços visando à maior satisfação daqueles que os compram e os usam. Assim, penetrar no *iceberg humano* e desvendar o processo decisório do consumidor em todas as suas etapas, entendendo escolhas que incluem *se devem* comprar, *o que* comprar, *quando* comprar, *de quem* comprar e *como* pagar, são uma forma de abordagem útil para o sucesso da organização.

Tipos de Comportamento de Compra e a Busca de Informação e o Envolvimento

Cada compra possui aspectos diferenciados em relação ao comportamento do consumidor. O comportamento de compra de uma pasta dental, por exemplo, difere muito do comportamento envolvido na compra de um automóvel zero-quilômetro. As decisões poderão ser mais ou menos complexas, envolvendo a necessidade de maior ou menor quantidade de informações e de maior ou menor envolvimento por parte do consumidor nas questões relativas ao processo de decisão de compra. Dessa forma, *compras complexas* exigem maior envolvimento do que *compras habituais,* pois aquelas abrangem maior necessidade de informação por serem compras pontuais, que envolvem maior risco, e são expressivas, além de haver diferenças significativas entre as marcas dos produtos.

Para descrever os tipos básicos de decisão de compra dos consumidores individuais, torna-se necessário, portanto, entender primeiro dois fatores subjacentes fundamentais à decisão de compra do consumidor: a busca de informação e o envolvimento. Esses dois fatores afetam o modo como os indivíduos meditam sobre suas compras e a maneira como as fazem, e, portanto, têm um efeito fundamental sobre o comportamento.

A busca de informação refere-se à quantidade de tempo e de energia que um indivíduo dedica ao processo de coleta de dados antes de tomar uma decisão. Alguns consumidores buscam informações com tenacidade e demoram para decidir; já outros são menos preocupados e pouco se esforçam para obter informações. A intensidade da busca de informação varia de um indivíduo para outro e depende do tipo de produto considerado para compra e da orientação do comprador para o consumo (Semenik e Bamossy, 1996). Um aluno que deseja cursar pós-graduação em marketing, por exemplo, coletará todas as informações sobre as opções disponíveis no mercado. Dados como credibilidade e reputação da instituição de ensino, qualificação do corpo docente, preço e grade curricular, entre outros, serão mais ou menos acuradamente detalhados conforme o nível de informação do interessado sobre qual a melhor opção para cursar.

O **envolvimento** é o grau de preocupação e cuidado que o consumidor emprega na decisão de compra. Refere-se ao nível em que uma determinada compra está voltada ao ego ou ao valor. Quanto mais uma compra está ligada à auto-imagem da pessoa, mais envolvida ela estará no processo de decisão. As compras de alto envolvimento referem-se tipicamente a produtos e serviços que refletem o status social do indivíduo, seu estilo de vida, o autoconceito ou a participação no grupo de referência. Produtos de baixo envolvimento são aqueles de natureza menos simbólica e que tendem a servir funções utilitárias bastante comuns (Semenik e Bamossy, 1996). No exemplo da pós-graduação, o envolvimento do aluno poderá ser maior ou menor em função de quem estará custeando o investimento: ele próprio ou a empresa para a qual trabalha.

O grau de envolvimento depende da orientação do indivíduo para o consumo e da natureza do produto considerado. Alguns produtos, como automóveis, roupas e outros produtos de pesquisa de compra, têm alto valor simbólico e tendem a despertar um alto envolvimento. Os produtos de conveniência, por sua natureza utilitária, são menos interessantes para o consumidor típico. Todavia, qualquer consumidor pode estar altamente envolvido na compra de qualquer item, dependendo de sua orientação específica para aquela decisão.

O envolvimento e o processo decisório estão intimamente relacionados, como mostra a Figura 2.2. Como o envolvimento pode ser baixo ou alto, a tomada de decisão do consumidor poderá ser relativamente passiva ou muito ativa, sempre afetada pelos fatores que influenciam o comportamento do consumidor.

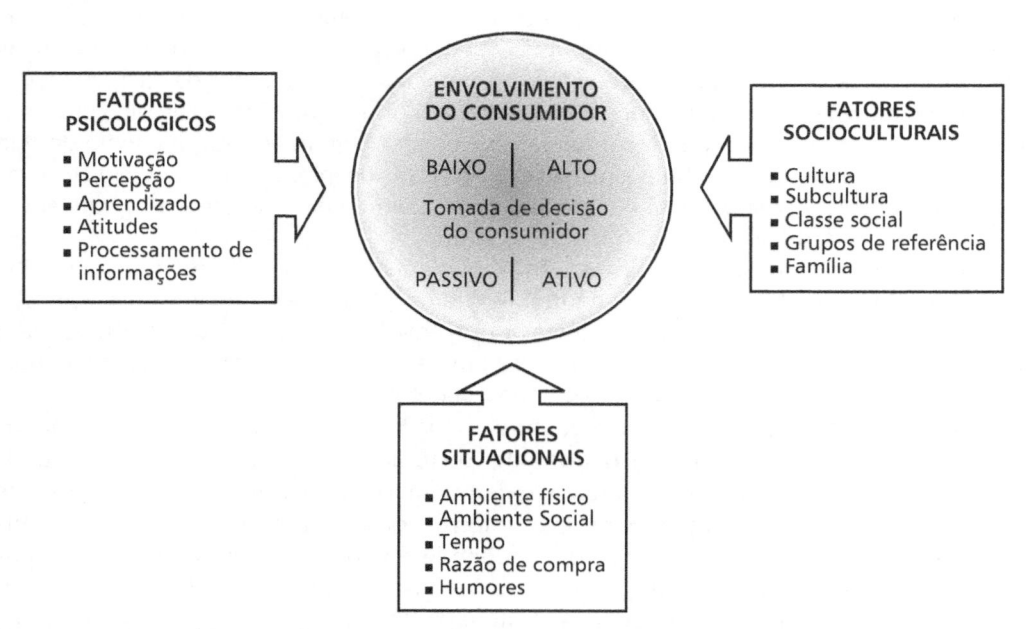

Figura 2.2 O envolvimento do consumidor e o processo de tomada de decisão.

A busca de informação e de envolvimento estabelece a orientação geral do consumidor na decisão de compra. O importante é como esses dois fatores se combinam para produzir tipos diferentes de circunstâncias de compras. Com base em Semenik e Bamossy (1996), analisamos as combinações de tipos de comportamento de compra resultantes dos fatores de envolvimento e busca de informação quando analisados em conjunto:

- *Busca de informação extensa e de alto envolvimento (racional)*. Esse tipo de decisão ocorre tipicamente em circunstâncias nas quais um produto é comprado com pouca freqüência e tem preço alto, como a maioria dos produtos de pesquisa de compra (ou de comparação). As compras de automóveis, móveis, serviços financeiros ou viagens de férias representam decisões de compra em que a auto-imagem do consumidor ou o alto valor simbólico do produto pode ser uma força motivadora da decisão. Em conseqüência, o que geralmente ocorre é a intensa coleta de fatos relativos às diferentes alternativas disponíveis, gerando uma decisão de compra que classificamos como racional.

- *Busca de informação escassa e de alto envolvimento (lealdade à marca)*. Nessa situação, o ego do consumidor está altamente envolvido na decisão, embora ele dedique pouco ou nenhum tempo à busca de informação. Produtos de uso pessoal, como xampu, desodorante, cerveja, refrigerante e perfume, são exemplos típicos dessa categoria de compras. Normalmente, esses produtos não possuem diferenças significativas entre as marcas ofertadas. Embora o consumidor possa ver esses produtos como reflexo de sua auto-imagem, a busca de informação é escassa por causa da freqüência de compra e do desenvolvimento de lealdade à marca, isto é, o consumidor descobriu um produto que é satisfatório e coerente com sua auto-imagem e se sente confortável comprando sempre a mesma marca.

- *Busca de informação mediana e baixo envolvimento (inexpressivo)*. Nessa categoria, os produtos não são percebidos pelos consumidores como expressivos de seus valores ou de sua auto-imagem, embora haja suficientes diferenças entre as marcas para motivar alguma comparação (geralmente no ponto-de-compra). Há um comportamento de compra voltado para a busca de variedade. Muitos produtos e um número substancial de decisões de compra entram nessa categoria. Salgadinhos, cereais, limpa-vidros e gasolina são produtos representados aqui. Trata-se de compras freqüentes, de risco relativamente baixo, em que predomina a mudança de marcas. A troca de marcas resulta mais da variedade do que da insatisfação.

- *Busca de informação escassa e baixo envolvimento (inércia)*. Nesse caso, os consumidores vêem conseqüências pouco relevantes como resultado da escolha entre uma marca ou outra. Essa categoria é muitas vezes caracterizada pela inércia, isto é, o consumidor pode comprar habitualmente a mesma marca, porém não por um senso de lealdade, mas por uma falta de desejo de investir tempo no processo de decisão da compra. Produtos como sabão em pó, toalhas de papel e detergente são comprados dessa forma por muitos consumidores.

- *Busca de informação mediana e alto envolvimento (curiosidade)*. É a situação em que o consumidor deseja muito determinado produto e possui informações insuficientes, gerando uma compra que o leva à experimentação do produto por curiosidade. Produtos inovadores ou em fase de lançamento atraem o interesse e a curiosidade do consumidor.

- *Busca de informação extensa e baixo envolvimento (desinteresse).* Nesse caso, há grande volume de informação disponível e pouca necessidade ou desejo de aquisição do produto pelo consumidor. Como não há desejo ou necessidade latente, o comportamento do consumidor não está voltado para o interesse de compra, não havendo estímulo para pesquisa, embora as informações estejam disponíveis. Por exemplo, muitos leitores não lêem o caderno de imóveis dos jornais, no qual são anunciados grande quantidade de imóveis, pois já possuem casa própria e não têm interesse em uma nova aquisição.

Na matriz apresentada na Figura 2.3, identificamos os tipos de comportamento de compra com os perfis resultantes das combinações entre busca de informação e envolvimento. Embora essas seis categorias forneçam toda a base das diferentes formas que os consumidores adotam para as decisões de compra, elas representam perfis meramente descritivos daquilo que os consumidores 'fazem' e não de 'como' o fazem. Para melhor entender o comportamento de compra do consumidor em relação às suas motivações de compra, é necessário examinar o modo como os consumidores tomam suas decisões e os estágios que integram o processo decisório de compra.

	BUSCA DE INFORMAÇÃO		
	Extensa	Escassa	Mediana
Alto	Racional	Lealdade	Curiosidade
ENVOLVIMENTO			
Baixo	Desinteresse	Inércia	Inexpressivo

Figura 2.3 Tipos de comportamento de compra em relação à busca de informação e envolvimento.

O Processo de Decisão de Compra do Consumidor

Como vimos na Figura 2.1, a decisão de compra é um processo que envolve o seqüenciamento de seis etapas. Raramente os consumidores estão conscientes de que sua decisão de compra resulta do desenrolar articulado dessas etapas, que trabalham sistematicamente em seu comportamento. Todavia, a observação dos consumidores por especialistas indica que um processo estruturado está efetivamente em curso no seu interior, como estudaremos a seguir:

1. Reconhecimento da necessidade.
2. Busca de informação.
3. Avaliação das alternativas de produto.
4. Avaliação das alternativas de compra.
5. Decisão de compra.
6. Comportamento pós-compra.

Embora estruturado de forma padrão, o grau de elaboração e a duração de cada estágio poderão variar em função do grau de envolvimento e de busca de informação. Para produtos de compra habitual, baixo custo e pouco envolvimento, os consumidores podem dedicar pouco tempo a cada etapa. Há poucas conseqüências negativas resultantes da compra de um produto inadequado e um erro de decisão pode ser rápida e facilmente corrigido.

De fato, existem evidências de que, em situações de baixo envolvimento, como no caso de compras freqüentes e de baixo custo, a maioria dos consumidores nem olha o preço desses produtos, a ponto de nem se dar conta de que o item que acabou de comprar estava sendo vendido com desconto especial! Mas, se o envolvimento for alto e o produto for caro e de vida longa (como um automóvel, por exemplo), o processo decisório poderá ser longo e bem meditado. Não raro, em situações de alto envolvimento, pesquisa e intensa comparação de marcas alternativas são realizadas acuradamente pelo comprador por várias semanas.

Cada etapa do processo de decisão de compra do consumidor tem implicações específicas no projeto de um *marketing mix* adequado. Dessa forma, é importante examinar detalhadamente a natureza de cada estágio.

Estágios do Processo de Decisão de Compra do Consumidor

Reconhecimento da Necessidade

O processo de decisão de compra do consumidor se inicia com o reconhecimento de uma necessidade (ou problema), isto é, o consumidor sente a diferença entre o seu estado atual e algum estado desejado. O reconhecimento do problema, ou seja, a detecção de uma necessidade ou desejo a ser satisfeito, desencadeia o processo em busca de sua satisfação — a compra ou uso de um bem ou serviço para atingir o estado de equilíbrio desejado. O reconhecimento do problema pode ocorrer por meio de um estímulo interno ou externo. Os *estímulos internos* são estados percebidos de desconforto — físicos ou psicológicos (por exemplo, fome ou aborrecimento, respectivamente). Os *estímulos externos* são sugestões do mercado que levam o consumidor a conscientizar-se do problema (Sheth, 2000). A publicidade de uma academia, por exemplo, pode servir de estímulo externo para despertar no consumidor o reconhecimento de uma necessidade de cuidados com o corpo.

Semenik e Bamossy (1996) identificam três tipos de reconhecimento de necessidade: de reposição, funcional e emocional.

A **necessidade de reposição** é a mais simples das três. É a situação comum em que um item de baixo custo, comprado com freqüência, é regularmente reabastecido. Pasta dental, sabão em pó e alimentos são produtos típicos dessa categoria. O consumidor sente pouco desconforto durante o processo decisório e normalmente dedica pouco tempo às fases seguintes.

A entrada no processo decisório por reconhecimento de uma **necessidade funcional** tem importância consideravelmente maior para os consumidores. Uma necessidade funcional surge quando o consumidor está em busca de uma solução para uma exigência específica e geralmente mais importante. A necessidade de transporte (um automóvel), de um ambiente mais confortável (móveis e aparelhos domésticos), ou de roupas exemplifica essa categoria. As necessidades funcionais podem surgir como resultado da quebra ou obsolescência dos itens possuídos, ou de uma mudança significativa na vida do consumidor (a compra de uma casa, por exemplo). Elas são geralmente atendidas por produtos de custo mais alto e vida mais longa. Portanto, o reconhecimento de uma necessidade funcional resulta numa progressão mais demorada e meditada em cada fase do processo decisório.

A entrada do consumidor num processo decisório motivado pelo reconhecimento de uma **necessidade emocional** constitui um desafio para os tomadores de decisões de marketing. A dificuldade decorre do fato de que tais necessidades podem se manifestar no desejo por uma ampla gama de produtos. Os consumidores costumam buscar a satisfação de necessidades emocionais como status, prestígio, conquista ou um senso de "fazer parte" em produtos de escolha de compra e especialidades caras. Por exemplo, o desenvolvimento do setor de entretenimento doméstico, decorrente da tendência das pessoas de ficarem mais tempo em casa (veja *Interface — Tendências de Faith Popcorn*), tem despertado o desejo em muitos consumidores de adquirir home theaters. Aparelhos de DVD e televisores de tela grande se inserem nos diversos produtos oferecidos a consumidores que desejam ter o prestígio e a emoção do "cinema em casa".

Qualquer produto pode produzir satisfação emocional, dependendo do indivíduo. Por exemplo, a maioria dos consumidores iniciará o processo decisório de compra de um amaciante de roupas pelo reconhecimento da necessidade de reposição. Mas, se o consumidor que compra o referido produto está sinceramente preocupado com que sua família fique satisfeita com o resultado, então, nesse contexto, há um elemento emocional.

O profissional de marketing deve entender que diferentes estados de precisão podem dar início ao processo decisório. Dependendo do estado de necessidade, os consumidores darão diferentes graus de importância à decisão. Além disso, os desejos de informação variam de um estado de necessidade para outro. Sabendo quais são esses estados, os profissionais de mercado podem adequar o design, o preço ou a estratégia promocional de seu produto de modo a atender aos desejos de seus clientes potenciais. Isso pode ser ilustrado pelo caso da mudança de embalagem do catchup de vidro para o plástico, facilitando o manuseio do produto pelo consumidor.

Igualmente, não apenas estímulos internos podem levar ao reconhecimento da necessidade por parte do consumidor. Muitas vezes, as necessidades surgem de estímulos externos, provocados pelo ambiente. Nessa dimensão, os profissionais de marketing têm importância destacada, pois, não raro, atividades promocionais eficazes, como anúncios e publicidade, acabam gerando desejos na mente do consumidor. Uma campanha promocional realizada pela cervejaria Schincariol, em outubro de 2003, para o lançamento da cerveja Nova Schin, teve forte impacto nos consumidores, aumentando significativamente suas vendas e a participação no mercado (veja a Figura 2.4).

Figura 2.4 O reconhecimento da necessidade pode ocorrer por meio de estímulos externos (fonte: FischerAmérica).

Interface — Tendências de Faith Popcorn

A consultora americana Faith Popcorn, especialista em tendências culturais e autora dos livros *O Relatório Popcorn* e *Click,* identificou 16 tendências que estão afetando a economia:

1. Retorno às origens: a tendência de utilizar práticas antigas, como meditação e aromaterapia, como âncoras ou suporte para os estilos de vida modernos.
2. Viver: o desejo de viver mais e de desfrutar mais a vida. Vegetarianismo, medicina alternativa, ioga e outras práticas para uma vida melhor e mais longa integram essa tendência.
3. Mudança de vida: o desejo de seguir um estilo de vida mais simples e menos agitado, como no caso de um executivo que abre mão de emprego na cidade grande por uma vida mais tranqüila no interior.
4. Formação de clãs: a crescente necessidade de se associar e pertencer a grupos para enfrentar um mundo cada vez mais caótico.
5. Encasulamento: o impulso de proteção quando o que acontece lá fora é muito assustador. As pessoas estão transformando suas casas em ninhos: redecorando os ambientes, assistindo a programas de TV e a filmes em vídeo, comprando por catálogos ou via Internet e utilizando secretárias eletrônicas para filtrar o mundo exterior.
6. Volta ao passado: a tendência das pessoas agirem e se sentirem como se fossem mais jovens que sua idade cronológica.
7. Egonomia: o desejo de oferecer a si mesmo posses e experiências.
8. Aventura da fantasia: a necessidade de encontrar válvulas de escape emocionais para compreender as rotinas diárias, como ir a safáris e gostar de comidas exóticas.

9. FemininaMente: o reconhecimento de que homens e mulheres agem e pensam de maneira diferente.
10. Queda de ícones: a idéia de que "se é grande, é ruim", estimulando formas de pensar, agir e parecer menor.
11. Emancipação: a emancipação dos homens de seus papéis masculinos estereotipados, como o tipo machão, distante e forte.
12. 99 vidas: a tentativa de aliviar as pressões do tempo, fazendo muitas coisas de uma só vez, como falar ao telefone enquanto se navega na Internet.
13. Revanche do prazer: a busca clara e assumida do prazer em oposição ao autocontrole e à privação, como pessoas que, cansadas da onda de saúde do início dos anos 90, voltam a comer carnes vermelhas, gorduras e açúcares.
14. SOS — Salve o Social: o desejo de tornar a sociedade mais responsável em relação à educação, à ética e ao meio ambiente.
15. Pequenas indulgências: uma inclinação para se satisfazer com pequenos exageros a fim de obter um estímulo emocional ocasional, como um consumidor que pode comer com moderação toda semana para se esbaldar com um pote inteiro de sorvete Häagen-Dazs no fim de semana.
16. Consumidor vigilante: a intolerância para com produtos de baixa qualidade e serviços inadequados. Os consumidores vigilantes querem que as empresas sejam mais conscientes e sensíveis. Por isso, reagem, boicotam, escrevem cartas e compram "produtos verdes".

Fonte: extraído de Philip Kotler, *Administração de Marketing*, 10ª edição. São Paulo: Pearson Prentice Hall, 2000, p.160-161.

Busca de Informação

O segundo passo no processo de decisão de compra é a busca de informação. Uma vez surgida uma necessidade, o consumidor começa a reunir as informações ligadas à consecução do estado desejado. Em situações de baixo envolvimento, essa busca pode ser rápida ou simplesmente nem existir. Em contextos de alto envolvimento, a busca de informação pode ser muito intensa. Um dos elementos que caracteriza esse estágio do processo de decisão são as **fontes de informações**. O consumidor pode recorrer a dois tipos básicos de informação: informações internas e externas (Semenik e Bamossy, 1996).

As fontes de **informações internas** consistem nas experiências passadas e nas informações relevantes armazenadas pelo consumidor. Isso inclui experiências ou observações atuais, além de lembranças de comunicações pessoais ou exposições a esforços de marketing persuasivos. Experiências prévias com marcas fornecem ao consumidor os primeiros dados relativos à capacidade que um determinado produto tem de satisfazer uma necessidade. As informações armazenadas podem também provir de outras fontes que não sejam de experiência direta. Informações armazenadas sobre vários produtos e marcas são criadas pela exposição à mídia ou pelo uso reportado por amigos. Novamente, os dados desses contatos são retidos na memória e contribuem para uma predisposição geral (sentimentos favoráveis ou desfavoráveis) em relação a diferentes marcas. Uma loja que veicula anúncios de forma intensiva e repetitiva na mídia, por exemplo, pode ao mesmo tempo servir como uma referência interna, memorizada, para a solução de um problema, ou cansar o telespectador, fazendo com que ele não se torne um consumidor de seus produtos.

Se o acesso às informações internas não gerar alternativas claras e suficientes para a satisfação da necessidade, o consumidor se voltará ativamente para as fontes de **informações externas**: mídia, amigos ou parentes e avaliações objetivas do produto (como guias de compras ou testes de produtos). A propaganda veiculada em revistas, jornais, rádio e televisão lhe fornecerá informações mais precisas sobre as alternativas disponíveis do produto. Os amigos e os parentes poderão oferecer informações com base em seu uso atual ou passado daquele produto. Os compradores mais conscienciosos, sobretudo os consumidores organizacionais, costumam recorrer a publicações especializadas que testam os produtos e tais informações poderão compor o processo decisório. Um consumidor que deseja comprar um automóvel recém-lançado no mercado poderá, por exemplo, analisar os testes técnicos realizados por revistas especializadas como *Quatro Rodas* ou *Auto Esporte*, consultar o Website da empresa fabricante e, além disso, requerer um test drive na concessionária, para reunir a quantidade de informações necessárias para sua tomada de decisão.

No exemplo já citado do consumidor que deseja adquirir um home theater, incluindo uma TV de tela grande, diversas informações poderão ser obtidas. Para identificação das alternativas existentes (TVs de plasma, de retroprojeção, de tubo e outras opções, inclusive projetores de multimídia e telas), ele poderá fazer consultas a amigos que já possuem o produto, leitura de revistas especializadas e visitas a showrooms com modelos em demonstração para identificação das alternativas possíveis.

Além das fontes de informações, outros dois elementos importantes na busca de informações são a estratégia de busca e a quantidade de busca. Ambos estão vinculados aos dois fatores fundamentais subjacentes à decisão de compra abordados no início deste capítulo — a busca de informação e o envolvimento.

A **estratégia de busca** é o padrão de aquisição de informações que os consumidores utilizam para resolver seus problemas de decisão. Em função do investimento em termos de tempo e esforço físico e mental, os consumidores medem os custos contra os prováveis ganhos de informações, decidindo, conseqüentemente, a quantidade de informações e as fontes a serem pesquisadas. Dessa forma, as estratégias podem ser de *solução rotineira de problemas* (não são consideradas novas informações), *solução limitada de problemas* (o consumidor investe tempo e energia na busca e na avaliação de soluções alternativas) e *solução ampliada de problemas* (a busca é ampliada e a deliberação é prolongada).

A **quantidade de informação** depende de fatores como envolvimento, risco percebido, experiência anterior, pressa e sobrecarga de informações. Como já vimos, o envolvimento será maior ou menor dependendo da importância percebida do produto. Da mesma forma, o risco percebido (grau de perda, isto é, valor em jogo no caso de má escolha), seja ele de natureza social (status ou referência perante amigos), psicológica (identificação pessoal), financeira (valor dispendioso) ou de desempenho (má qualidade), influenciará no quanto o consumidor investirá na quantidade de informações. A experiência prévia (que envolve o histórico da compra e registros anteriores a respeito do produto) ou o grau de *expertise* (compreensão e conhecimento especializado sobre o produto) refletirá a necessidade de maior ou menor quantidade de informações. Dois aspectos característicos da vida moderna, como a vida agitada e o excesso de informações a que somos submetidos diariamente, salientam a importância dos dois últimos fatores que afetam a quantidade de busca: a pressa (ou a falta de tempo para análises mais cuidadosas e demoradas) e a sobrecarga de informações (exposição a informações demasiadas e maior dificuldade de processamento). Atento a esses determinantes críticos, o profissional de marketing poderá administrar de forma seletiva, gradual e prioritária as informações úteis e relevantes para subsidiar o levantamento e a análise por parte dos consumidores.

Uma vez que o comprador potencial se sinta confortável com a quantidade de dados obtidos das fontes internas e externas, ele dará continuidade ao processo decisório.

Avaliação das Alternativas de Produto

O terceiro passo no processo de decisão do consumidor é avaliar as alternativas existentes de produto (bens ou serviços) que satisfaçam a necessidade detectada. Embora vários autores não façam distinção entre a avaliação das alternativas de produto e as alternativas de compra, unificando-as em um único estágio, optamos por separá-las em duas fases, já que existem peculiaridades analíticas diversas em cada caso. É difícil também separar completamente a segunda e a terceira (e a quarta) etapa, já que alguma avaliação acontece simultaneamente com o processo de busca de informações. Enquanto aceitamos, discutimos e analisamos informações diversas, estamos automaticamente julgando-as, adaptando-as ou rejeitando-as. Todavia, isolamos a terceira e a quarta etapa, pois é aqui que efetivamente pesaremos as alternativas mais apropriadas, conforme suas proposições de valor e seu encaixe mais adequado na solução específica para o nosso problema, quando, finalmente, promoveremos uma escolha.

Às vezes, a busca de informação sugere para o consumidor a escolha de um produto nitidamente superior. Em muitos casos, contudo, vários produtos poderão parecer adequados e é nesse momento que ocorre a avaliação das alternativas disponíveis. De acordo com os tipos de satisfação procurados pelos consumidores, estes podem avaliar as alternativas de produto usando três critérios gerais: características funcionais do produto, satisfação emocional percebida em cada produto e benefícios que podem resultar de sua posse e uso (Semenik e Bamossy, 1996).

Em relação às **características funcionais do produto**, o consumidor pode avaliar fatores como preço, características de desempenho, características exclusivas e quaisquer garantias oferecidas com o produto. A avaliação de características funcionais costuma estar ligada aos aspectos econômicos e a outros aspectos 'racionais' da compra. Por exemplo, uma máquina de lavar louça, para ser adquirida por uma consumidora, será analisada em relação à sua capacidade, tamanho, consumo de energia, design e preço.

A **satisfação emocional** de cada alternativa é uma percepção, que pode ser estimulada pela maneira como o fabricante retrata seu produto e o interliga com uma imagem. Os produtos podem ser avaliados de acordo com seu potencial de oferta de prestígio ou sucesso junto ao sexo oposto, por exemplo. No caso da máquina de lavar louça, a futura proprietária poderá sentir satisfação, orgulho e bem-estar em relação à sua posse.

A avaliação de produtos com base em **benefícios de uso e posse** consiste na área intermediária entre os critérios de avaliação funcional e emocional. A compra da máquina de lavar louça proporciona à proprietária o benefício de dispor de maior tempo para outras atividades, garantindo-lhe maior conforto e qualidade de vida. Na Figura 2.5, ilustramos os três critérios de avaliação das alternativas de produto.

Inúmeros produtos são projetados para que suas características funcionais produzam benefícios de uso, como a vantagem de tempo para lazer resultante do uso da máquina de lavar louça. Os consumidores costumam se concentrar nos benefícios quando não são capazes de avaliar as características funcionais ou simplesmente não estão interessados em gastar tempo na condução de uma rigorosa avaliação dessas características. Em nosso exemplo do consumidor que deseja comprar um home theater, os três critérios referidos poderão ser úteis em sua avaliação (especificamente da TV de tela grande), auxiliando-o da seguinte

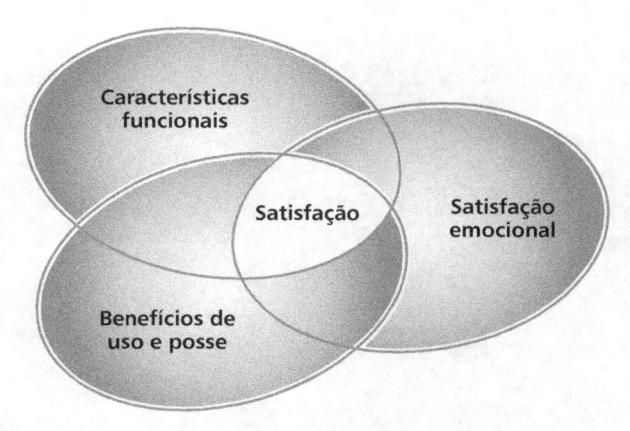

Figura 2.5 Critérios de avaliação das alternativas de produto.

maneira: as *características funcionais*, que afetam avaliações como tamanho da tela, tecnologia utilizada, preço, qualidade de imagem — definição, luminosidade e brilho e design; a *satisfação emocional*, que avalia o prazer da diversão em casa, e os *benefícios de uso e posse*, que relacionam o custo do investimento com os benefícios obtidos, sobretudo a comodidade e o conforto resultantes de poder assistir a filmes em casa, sem precisar enfrentar possíveis filas no cinema. Se nosso consumidor não for daqueles que desejam investir tempo na avaliação dessas informações, sobretudo as funcionais, ele poderá simplesmente confiar a um amigo especialista a indicação da melhor opção com base em determinados critérios básicos, como qualidade da imagem e tamanho da tela.

Diferentes compradores abordam as avaliações de produto com diferentes graus de ênfase nos critérios que acabamos de discutir. Para os compradores empresariais, como veremos no Capítulo 6, o critério funcional é decisivo, enquanto o critério emocional quase não possui nenhum interesse. Como os critérios de escolha (ou modelos de escolha) podem variar de consumidor para consumidor, de acordo com o envolvimento, a complexidade e o risco da compra, é recomendável que o modelo adotado priorize os atributos e as expectativas com maior valor na perspectiva do consumidor (veja a Figura 2.6).

É fundamental que os profissionais de marketing identifiquem com toda precisão os critérios que estão sendo usados pelos consumidores. A menos que a empresa identifique acuradamente quais atributos são valorizados pelo segmento-alvo, ela não terá sucesso na conversão desses compradores em clientes de seu produto ou na efetiva comunicação dos valores de seu produto. Comunicar características funcionais para um segmento comprador que valoriza os benefícios de uso e posse, por exemplo, será completamente inútil. Crianças valorizam o uso e a posse de um jogo de videogame muito mais do que suas características funcionais. Em alguns casos, os consumidores não fazem nenhuma avaliação. Seja comprando por impulso ou intuição, seja não ouvindo ninguém, eles simplesmente decidem. Todavia, algum critério de avaliação foi utilizado. Descobrir como os compradores fazem sua avaliação, isto é, processam as informações e concluem qual marca comprar, é o grande desafio do profissional de marketing para tomar as medidas adequadas para influenciar a decisão do consumidor.

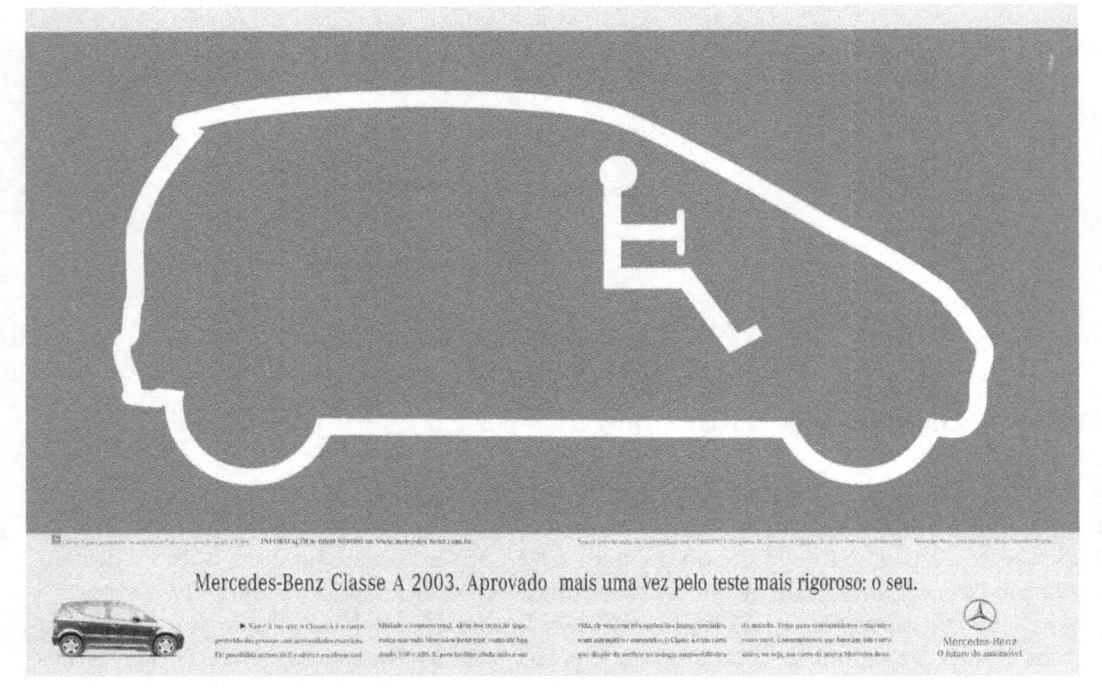

Figura 2.6 Anúncio que enfatiza atributos do produto — avaliação das alternativas de compra (fonte: W/Brasil).

Avaliação das Alternativas de Compra

Após a avaliação do produto, o consumidor começará a avaliar as alternativas de compra, isto é, as opções de *onde* comprar. Aqui o consumidor considerará as vantagens e os benefícios de todos os meios de acesso para obtenção do produto, e não apenas os canais de distribuição tradicionais, como o varejo clássico. Dessa forma, os profissionais de marketing devem atentar para não descartar outras alternativas de varejo, como venda porta a porta, vendas diretas por catálogo, vendas por telemarketing e o comércio eletrônico (Internet). Após avaliar as opções de produto, o consumidor pode descobrir que é possível adquiri-lo por um desses canais alternativos e preferir a facilidade e a conveniência dessa opção.

A grande maioria dos gastos de consumo ocorre nos pontos-de-venda de varejo e os consumidores geralmente recorrem a uma visita à loja como a oportunidade final para obter informações e avaliar o produto. Especialmente para itens de custo mais alto e de produtos de pesquisa de compra, a experiência de loja pode ser decisiva. A compra de muitos produtos requer julgamento e avaliação no ponto-de-compra, forçando os consumidores a ir até a loja. Assim, vendedores de lojas podem ser importantes fontes de informação e aconselhamento.

Em nosso exemplo do home theater, nesta fase, o consumidor avaliará as lojas, inclusive as virtuais, e as condições e os serviços diversos que elas oferecem, escolhendo aquelas que mais atendam a seus interesses e requisitos de compra, que, no caso específico, podem ser vantagens como parcelamento, instalação, garantia e assistência técnica estendida.

É comum muitos consumidores adotarem um conjunto de lojas onde costumam comprar regularmente. Logo, não procedem a uma reavaliação cada vez que tomam uma decisão de compra. Um executivo, por exemplo, que invariavelmente compra seus ternos em lojas masculinas como VR, Hugo Boss e Bruno Minelli muito provavelmente não buscará informações sobre outras alternativas de varejo.

Esse estágio é muito relevante nas compras de uma nova área de produtos, quando o consumidor não possui informações claras sobre as diversas opções disponíveis. É importante lembrar que, assim como na avaliação de produto, no estágio anterior, a definição de critérios ou modelos de escolha foi ferramenta útil para melhor análise das alternativas, também aqui o consumidor poderá criar uma matriz em que quantifique e avalie as forças e as debilidades de cada distribuidor e varejista em relação aos seus atributos de valor.

Com base nesta fase do processo decisório, quando o consumidor identifica diversos fatores a serem examinados no programa de marketing, o profissional de marketing poderá desenvolver mais adequadamente o mix mercadológico, sobretudo a distribuição, atendendo assim plenamente às preferências e aos desejos do consumidor quanto à compra do produto (loja de varejo *versus* catálogo) e à natureza da loja de varejo onde o produto pode ser adquirido.

Decisão de Compra

Nesta etapa, o consumidor incorpora o conhecimento obtido com a busca de informação, a avaliação do produto e a avaliação de compra, e faz sua escolha. Uma decisão final é tomada para satisfazer uma necessidade, e essa decisão inclui a seleção do tipo de produto, a marca, a loja (ou outra fonte) e a forma de pagamento. Finalmente, efetiva-se o ato de compra. Embora pareça uma decisão direta e isolada, mesmo aqui temos um comportamento que envolve certa complexidade (veja a Figura 2.7). O ato de compra abrange três subetapas: a identificação da alternativa preferida, a intenção de compra e a implementação da compra. Embora possam parecer automáticas, essas fases são mais sistemáticas e complexas de acordo com o porte da compra. A aquisição de um apartamento, por exemplo, envolve diversos aspectos formais diferentes a serem efetivados durante a intenção de compra (levantamento de documentos, pesquisas cadastrais) e durante a implementação da compra (arranjos contratuais e transferência da posse). Pode ocorrer, ainda, algum percalço ou desvio na efetivação da compra, como a inexistência do modelo preferido em estoque (implicando uma alteração de cor, por exemplo) ou barreiras nos termos do financiamento, posteriormente percebidas, inviabilizando ou retardando a implementação da compra.

É nesse momento que o consumidor de nosso exemplo hipotético já escolheu a marca de seu home theater, especialmente a TV de tela grande, o local onde vai comprá-lo e a for-

Identificação da alternativa preferida ⇨ Intenção de compra ⇨ Implementação da compra

Figura 2.7 O ato de compra e suas subetapas.

ma de pagamento. Definida sua intenção de compra, agora ele vai à loja escolhida e efetua formalmente a aquisição, procedendo aos arranjos contratuais de parcelamento. Efetiva-se, então, a compra.

Muitos imaginam que, efetuada a compra, está concluído o processo de compra. Na verdade, ele ainda não se completa nesse estágio. Ainda resta uma fase igualmente importante e fundamental para o consumidor e para o profissional de marketing: o comportamento pós-compra.

Comportamento Pós-Compra

Muitas empresas não consideram ou ignoram o fato de que o consumidor pode ter uma variedade de comportamentos *depois* que a compra é feita. Esses comportamentos têm implicações importantes na tomada de decisões estratégicas de marketing. Após a compra, um consumidor pode ficar satisfeito ou insatisfeito, e seu estado emocional resultante da compra representa especial interesse para o profissional de marketing, pois, a partir desse conhecimento, poderá criar as condições em seu composto mercadológico que garantam a satisfação do cliente e a realização de compras adicionais no futuro.

Compreender o que determinou a satisfação ou a insatisfação do consumidor com a compra é, portanto, fundamental, ou seja, torna-se necessário avaliar a relação entre as *expectativas* do consumidor e o *desempenho percebido* do produto. Se o produto não atendeu às expectativas, o cliente fica insatisfeito; se atendeu, ele fica satisfeito, e, se excedeu às expectativas, o cliente fica encantado. Quanto maior a lacuna entre a expectativa e o desempenho, maior a insatisfação do consumidor. Esses sentimentos definem se o cliente voltará a comprar o produto e se falará positivamente sobre ele para outras pessoas (Kotler, 2000). Na era do marketing de relacionamento, é crucial para o tomador de decisão monitorar o comportamento pós-compra do consumidor e procurar adotar proativamente medidas que garantam seu encantamento, pois eventuais frustrações do cliente podem vir a impactar sobremaneira a sobrevivência da organização.

Semenik e Bamossy (1996) identificaram dois tipos de comportamento pós-compra: busca de informações adicionais e aquisição de produtos relacionados.

Busca de informações adicionais — A motivação para busca de informações adicionais após a compra resulta da tentativa do consumidor de aliviar uma dissonância cognitiva. **Dissonância cognitiva** — ou desconforto — é a ansiedade que resulta da tomada de decisão e do compromisso da compra (veja *Interface — Dissonância Cognitiva*). A intensidade da ansiedade pós-compra depende de várias condições anteriores ao ato de compra, como o valor unitário do item, a quantidade de alternativas próximas identificadas antes da compra, a longevidade do produto e a importância da decisão para o comprador. Quanto mais aumenta o nível de cada um desses fatores, maior é o conflito pós-compra, isto é, a dissonância cognitiva resultante.

Praticamente todas as grandes compras, em que há alto grau de envolvimento, resultam em dissonância cognitiva. O desconfortável estado mental criado pela ansiedade leva os consumidores a buscar informações adicionais para se reassegurar de que tomaram a decisão certa de compra. Em nosso exemplo do home theater, nosso comprador, ao deparar-se com o vultoso valor do investimento realizado e com o alto impacto que as prestações terão em seu orçamento, poderá buscar reafirmação em anúncios da mídia ou junto a amigos e parentes para ter certeza de que sua compra foi acertada. O elogio de sua namorada, por exemplo ("Seu home theater é ótimo! Acho que foi uma excelente compra"), poderá servir como reasseguramento.

É importante que o profissional de marketing busque identificar antecipadamente as situações em que a dissonância cognitiva pode afetar o comprador e desenvolver estratégias que ajudem a aliviar a ansiedade. É comum empresas inserirem mensagens de congratulações dentro das embalagens do produto para fornecer um imediato reasseguramento ao comprador.

Como já afirmamos, o reconhecimento do potencial de ansiedade pós-compra pela empresa, além de proporcionar o desenvolvimento de abordagens para aliviar o desconforto da dissonância cognitiva, servirá também para estimular no consumidor a repetição de um comportamento que lhe seja gratificante e agradável. A ansiedade pós-compra prejudica o nível de satisfação associado à aquisição do produto. A ansiedade se destaca como um dos principais custos ao qual o consumidor pode se sujeitar. Assim, se a empresa espera promover a lealdade à marca e o comportamento de repetição de compra, deve desenvolver abordagens que ajudem a aliviar a ansiedade do consumidor como um tipo de custo. Todavia, é necessário perceber que o mais importante elemento isolado na redução da ansiedade pós-compra é um produto que ofereça um alto nível de satisfação.

Aquisição de produtos relacionados — A aquisição de um produto pelo consumidor resulta muitas vezes na demanda de outros produtos ou serviços que complementem o item original. Compradores de carros novos freqüentemente compram itens relacionados, como CD players, tapetes e capas de banco. Seja por necessidade ou pelo entusiasmo decorrente da nova compra, os consumidores costumam adquirir diversos outros itens relacionados à compra inicial. Esse comportamento comum de adquirir produtos relacionados oferece às empresas oportunidades de ampliar suas linhas de produto e atender aos desejos dos consumidores, simultaneamente também atendendo aos objetivos organizacionais de maior geração de receita.

O processo decisório analisado neste capítulo destaca que os consumidores não são tão impulsivos ou pouco sistemáticos como se poderia acreditar. Os caminhos do comportamento humano nem sempre são óbvios, e os estágios do processo decisório do consumidor procuram mostrar que, na verdade, o comportamento de consumo pode ser muito metódico. Entretanto, esta descrição do processo de decisão de compra do consumidor não deve induzir à conclusão de que os consumidores são sistemáticos, calculistas e puramente racionais. Este raramente é o caso. Como veremos adiante, há uma variedade de influências culturais, sociais, psicológicas e até situacionais que afetam o processo decisório e, por sua vez, a decisão final de compra do consumidor.

Interface — Dissonância Cognitiva

Os consumidores experimentam, em graus variáveis, os **custos de ansiedade** na aquisição de um produto. No processo de decisão de compra, essa ansiedade é chamada de "dissonância cognitiva" — um desconforto psicológico gerado por incoerências de opiniões, atitudes e comportamentos. Conhecida na linguagem popular como **remorso do comprador**, a dissonância cognitiva, para a psicologia, é uma "tensão entre dois pensamentos opostos, tipicamente manifestada depois que um cliente comprou algo, mas não tem certeza de ter feito a escolha correta" (Sheth, Mittal e Newman, 2001).

Trata-se de uma reação humana bastante normal ao ato de tomar uma decisão numa variedade de circunstâncias da vida, incluindo a decisão por um produto. Embora a ansiedade possa ocorrer tanto antes como depois de uma decisão de compra, é a ansiedade pós-decisão que está mais diretamente relacionada aos custos de aquisição.

Se um consumidor compra um produto ou usa um serviço e sente muita ansiedade, isso representa não somente um custo para ele, mas também uma subtração da satisfação experimentada (isto é, afeta a inequação satisfação > custo). Se a ansiedade for forte demais, aquele consumidor poderá sentir que o custo (ansiedade) é excessivamente alto, impedindo a repetição da compra no futuro (por exemplo, a compra de uma passagem aérea para quem nunca viajou de avião).

As empresas precisam reconhecer as formas pelas quais podem proporcionar satisfação e, por outro lado, as formas pelas quais podem reduzir custos. Ao fazê-lo, elas darão aos clientes um bom motivo para que as prestigiem. Novamente, na ausência da manutenção de uma *satisfação* aos olhos do cliente que seja maior do que os *custos percebidos de aquisição*, não haverá razão para que os consumidores comprem o produto ou o serviço de uma empresa. O entendimento desses fatores e da inequação dá à empresa alternativas estratégicas de mercado para atrair e manter os clientes: ou pelo aumento dos fatores de satisfação ou pela redução dos custos (monetários ou outros).

Nem sempre todas as cognições de um indivíduo se encontram em equilíbrio: pode haver incoerências entre seu conhecimento, suas atitudes e seu comportamento. Muitas vezes as pessoas fazem algo que sabem que não deviam fazer, ou em que não acreditam, ou sobre o que têm dúvidas; outras vezes, expressam opiniões contrárias a aquelas que defenderam anteriormente. Isso gera comumente desconforto psicológico que, por sua vez, provoca impulso para a ação orientada no sentido de reduzir ou eliminar tal desconforto (Rocha e Christensen, 1999).

O psicólogo Leon A. Festinger define dissonância como "a existência de relações discordantes entre cognições", e cognição como "qualquer conhecimento, opinião ou convicção sobre o meio ambiente, sobre nós próprios ou sobre nosso comportamento" (Festinger, 1975). Em suas experiências, Festinger notou que, depois de passado algum tempo da decisão, a avaliação que a pessoa fazia tornava-se positiva, mas antes, logo após a compra, ela sentia dúvida, incerteza e ansiedade. Isso porque duas cognições estão em dissonância, ou seja, em conflito: a opinião de que a decisão de compra foi tomada contra a avaliação de que a compra pode não ter sido a melhor. Segundo o estudioso, a ocorrência de dissonância motiva o indivíduo a tentar reduzi-la ou eliminá-la, e, assim, produzir a consonância.

A dissonância é uma conseqüência natural de uma decisão. Uma escolha sempre implica a rejeição de outras alternativas. Consideremos, por exemplo, a escolha entre uma TV de plasma (produto A) e uma de tubo (produto B). Se o comprador potencial escolhe A, essa decisão estará em consonância com suas preferências estéticas; mas, se escolher B, a decisão será consonante com sua disponibilidade de recursos. Quer ele escolha A ou B, entrará em dissonância: no primeiro caso, por adquirir um produto mais caro do que aconselharia sua situação financeira; no segundo caso, por contrariar suas preferências estéticas.

A magnitude da dissonância depois de tomada a decisão de compra seria uma função da importância da decisão propriamente dita e da atratividade da alternativa preterida com relação à alternativa escolhida. Na Figura 2.8 são apresentados os diferentes graus de importância na cognição com base nos eixos da magnitude da dissonância pós-decisória e atratividade relativa da alternativa preterida.

Rocha e Christensen (1999) explicam que, há um ou dois séculos, as oportunidades para a ocorrência de dissonância cognitiva eram muito mais reduzidas. As crenças, as atitudes e os valores dos indivíduos eram mais arraigados e menos questionados em sociedades pouco expostas a comunicações externas e debates intelectuais como ocorre atualmente. A dissonância pode ser o resultado de inconsistência lógica, ou seja, o indivíduo tem duas ou mais cognições em conflito, que logicamente não se podem harmonizar. Pode ocorrer também em relação a hábitos culturais. Quando uma pessoa "fere a etiqueta", isto é, age de forma discordante do que a sociedade definiu como regras adequadas de conduta, regras es-

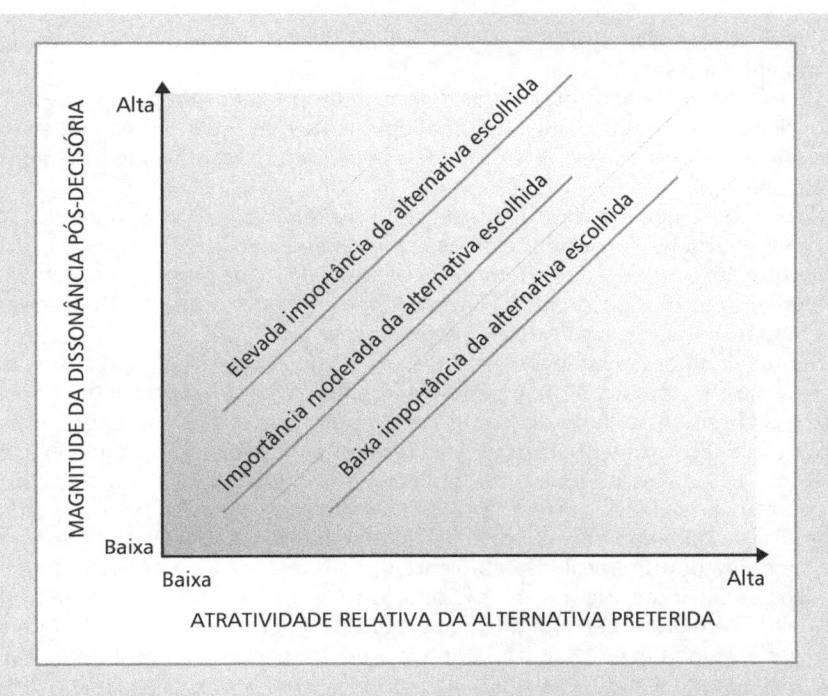

Figura 2.8 Magnitude da dissonância após a decisão (fonte: Leon Festinger, *Teoria da Dissonância Cognitiva*. Rio de Janeiro: Zahar, 1975, p. 42).

sas que tal pessoa reconhece e aceita, ocorre uma dissonância cognitiva, explicam os autores. A dissonância existe simplesmente porque a cultura define o que é ou não consonante. Outra forma de ocorrência de dissonância se dá pelo desacordo entre a experiência atual e alguma experiência anterior.

No impulso de reduzir a dissonância depois que uma decisão de compra foi tomada, os indivíduos podem reagir de diferentes formas (Rocha e Christensen,1999):

- revogando a decisão tomada;
- mudando seu conhecimento sobre as alternativas;
- redefinindo os resultados finais das alternativas como similares ou idênticos.

No primeiro caso, não é necessário que a decisão seja de fato revogada, mas basta que ocorra revogação psicológica da decisão, seja atribuindo a outra pessoa a responsabilidade pela escolha errada (por exemplo, maus conselhos) ou atribuindo a responsabilidade às circunstâncias (por exemplo, azar). Nos casos extremos, a remoção ou a devolução do produto adquirido poderá reduzir a dissonância. O método mais utilizado para reduzir a dissonância, no entanto, consistiria na busca de novas informações que dessem suporte à decisão tomada, reforçando os elementos consonantes associados a ela (Rocha e Christensen, 1999).

Como vimos em nosso exemplo do home theater, o comprador poderá buscar ativamente informações em revistas especializadas, com o propósito de obter suporte para a sua escolha. Nesse sentido, a propaganda do produto poderia funcionar como elemento de apoio, reduzindo a dissonância pós-decisória do comprador. A busca de informação provavelmente levará em conta as informações favoráveis à redução da dissonância e tenderá a evitar aquelas que poderiam aumentar a dissonância.

Festinger (1975) relata uma pesquisa na qual proprietários de carros novos liam muito mais anúncios sobre o modelo que haviam adquirido do que sobre outros modelos, evitando, inclusive, a leitura de anúncios sobre os modelos que haviam considerado, mas ao final preterido na escolha.

A terceira forma de reduzir a dissonância é a redefinição, real ou imaginária, dos resultados finais das alternativas, considerando-as como similares ou idênticas. Se nosso comprador estiver inseguro ao optar por uma determinada marca de TV de plasma entre várias pesquisadas, ele poderá reduzir a dissonância convencendo-se de que as demais alternativas consideradas na hora da decisão eram "similares e igualmente boas".

É comum existirem resistências à redução da dissonância, em grande parte porque quase sempre a decisão tomada é dissonante em alguns aspectos e consonante em outros. Por exemplo: x pode ser dissonante de y, mas consonante com a, b, c e d. Logo, uma mudança em x, para torná-lo consonante com y, pode resultar em dissonâncias com a, b, c e d (Rocha e Christensen, 1999). Resistências ainda podem ocorrer quando: a) a mudança cognitiva esperada contraria a realidade percebida pelo indivíduo (por exemplo, um comprador adquire um automóvel acreditando que, em caso de algum defeito de fabricação, a falha será imediatamente corrigida por um recall do fabricante); b) a mudança é dolorosa ou pode redundar em prejuízos para o indivíduo (por exemplo: o consumidor que adquiriu um imóvel financiado, no final de sete anos, percebe que as parcelas do financiamento já cobriram o valor do imóvel e que ele ainda deve 13 anos de financiamento, passando a considerar a desistência do imóvel); c) quando é impossível efetuar a mudança, em função, por exemplo, de bloqueios emocionais (como forte reação de medo ou vergonha) ou a própria natureza irrevogável de determinadas decisões.

Papéis no Processo de Decisão de Compra

Nem sempre o processo de decisão de compra será exercido por apenas um indivíduo. A escolha de alguns produtos pode envolver mais de uma pessoa. A decisão de uma família, por exemplo, de comprar um apartamento na praia envolverá a participação de todos os seus membros. O **grupo familiar** é uma boa referência para visualizarmos uma unidade de consumo que envolve mais de um indivíduo na decisão de compra de produtos para uso comum. Essa unidade de tomada de decisão compreenderá vários papéis que as pessoas envolvidas poderão desempenhar na decisão de compra:

- *Iniciador* é o indivíduo que primeiro sugere a idéia de compra de determinado produto.
- *Influenciador* é a pessoa cuja opinião ou ponto de vista tem forte peso para que se chegue à decisão final.
- *Decisor* é pessoa que determina a decisão de comprar.
- *Comprador* é a pessoa que efetivamente realiza a compra.
- *Consumidor* (ou usuário) é a pessoa que consome ou utiliza o produto.
- *Avaliador* é o indivíduo que julga se o produto é adequado ao uso.

Essa classificação é semelhante à apresentada no Capítulo 1, quando falamos da tipologia do consumidor, com a diferença de que aqui incluímos o papel do *avaliador*. Embora a classificação desses papéis eventualmente varie (Sheth, Mittal e Newman, 2001, por exemplo, distinguem apenas três: usuário, comprador e pagante), é importante para o profissional de marketing reconhecer que o consumidor pode, ocasionalmente, não envolver apenas um indivíduo que englobe todos os papéis, mas um grupo de pessoas, e que cada membro poderá ter uma contribuição diferente e específica para o processo de compra. Essa multiplicidade é muito mais evidente no comprador organizacional, como veremos adiante.

A Figura 2.9 representa o intercâmbio dos seis papéis do consumidor na decisão de compra. Imagine a seguinte situação: dois adolescentes estão em casa assistindo à TV. Quando um comercial apresenta um novo modelo de telefone celular (iniciador), um deles comenta "Uau! Olha só isso. É dez!", e o amigo responde "Este modelo é demais! Eu tenho um!" (influenciador). No dia seguinte, o jovem conversa com sua mãe, dizendo-lhe que gostaria de ganhar um aparelho celular daquele modelo. Ela concorda (decisora), mas diz que o pai terá de comprar (comprador). Alguns dias depois, o jovem ganha o celular, usa o aparelho (consumidor) e comenta com sua mãe sobre a excelente qualidade do produto (avaliador).

Muitas vezes, um mesmo indivíduo pode desempenhar todos os papéis do processo. Por exemplo: uma pessoa hospedada em um hotel (iniciador), sozinha (sem influência), sente fome durante a madrugada. Ela se lembra dos chocolates e salgadinhos que vira à venda em uma máquina no saguão de entrada. Imediatamente, levanta-se, veste-se e vai até lá. Escolhendo uma das opções (decisor), coloca o dinheiro na máquina (comprador) e, após consumir o alimento, experimenta considerável satisfação (avaliador).

Em uma unidade básica de compra que envolve diferentes membros, comumente poderão surgir conflitos. A complexidade familiar sugere a possibilidade de diferenças e, não raro,

Iniciador
⇩
Influenciador
⇩
Decisor
⇩
Comprador
⇩
Consumidor
⇩
Avaliador

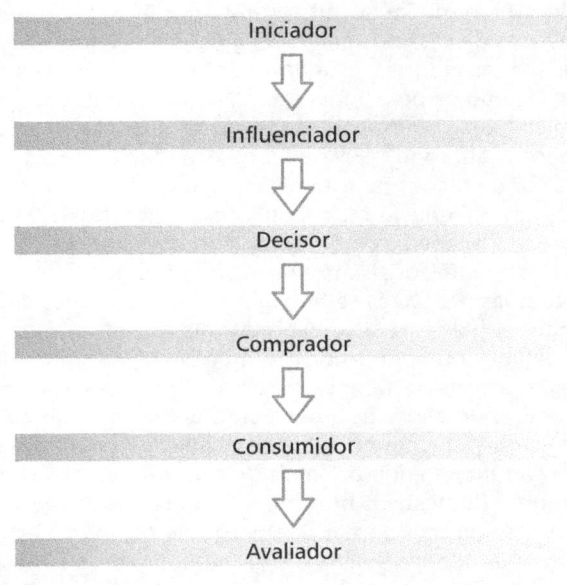

Figura 2.9 Os diferentes papéis do consumidor.

exige consenso na tomada de decisão de compra. Em países como o Brasil, com elevado índice de crianças e jovens, o consumidor menor exerce forte influência nas decisões de compra da família, principalmente sobre produtos de consumo em conjunto (férias, por exemplo), em compras habituais, como biscoitos e refrigerantes, e até em produtos de alta tecnologia, como computadores e aparelhos de som.

Muitas crianças, jovens, e até mesmo adultos e idosos estão tendo que enfrentar o consenso para tomar decisões de compra diariamente para satisfazer seu melhor amigo e 'membro' da família. Como ilustra o *Consumidor em Close — Doce Vida de Cachorro*, esse peculiar consumidor envolve inevitavelmente uma unidade básica de compra.

Por fim, é importante salientar que todo o processo de decisão de compra do consumidor será sempre permeado pela interferência direta das diversas variáveis que influenciam seu comportamento, como vimos na Figura 2.2.

Consumidor em Close — Doce Vida de Cachorro

Shirra acorda cedo para fazer sua caminhada na Praça Buenos Aires, em São Paulo. Como está frio na manhã de inverno, ela usa uma blusinha de malha da Daslulu. É um momento feliz, pois ela pode rever seus vizinhos do bairro que, como ela, saem cedo, guiados por suas babás ou donos, para se exercitar e cheirar a terra. Na volta, uma ração macia e saborosa lhe espera para o desjejum. No final da manhã, ela se dirige à pet shop mais próxima para um tratamento de beleza completo: banho, tosa, desembaraço de nós e clareamento dos pêlos. No final da tarde, acompanha sua dona ao Shopping Higienópolis para lhe fazer companhia nas compras. Ela aguarda no estacionamento de cachorros. À noite, retorna ao lar cansada para, no máximo, se acomodar na sala junto com a família diante da televisão.

Assim como Shirra, milhares de animais domésticos como cães e gatos levam uma vida de rei em São Paulo ou em qualquer outra capital do Brasil. Segundo o IBGE, existem aproximadamente 3 milhões de cães e 1 milhão de gatos na Grande São Paulo. Para atender essa enorme parcela de 'consumidores', está havendo uma expansão extraordinária de produtos e serviços no país, como as pet shops, exclusivamente voltadas para este segmento. Lojas especializadas em animais domésticos, as pet shops já alcançam a quantidade de aproximadamente 19 mil pontos em todo o Brasil. Só na Grande São Paulo, que possui a maior concentração demográfica de bichos de estimação do país, são cerca de 5.500 lojas oferecendo todo tipo de serviços imagináveis. Em 2003, foram abertas 750 pet shops na capital paulista — uma impressionante média de duas inaugurações por dia.

Desde o banho e a tosa tradicionais até a venda de produtos descolados como lacinhos e óculos escuros para cães, as pet shops se transformaram nos salões de beleza da bicharada, atendendo, no conjunto, milhares de animais por dia.

O crescimento espetacular do *petbusiness* — que envolve animais de estimação e produtos destinados a eles — inverteu a famosa máxima e hoje o mercado já considera "o homem como o melhor amigo do cão". Tratados como gente, os animais domésticos são o centro de um negócio lucrativo que reúne pet shops, clínicas veterinárias e a indústria de rações. Todo esse segmento tem crescido até mais do que setores dedicados ao consumidor humano. O setor de animais domésticos movimenta 14 bilhões de reais por ano no Brasil e é o segundo maior mercado do mundo em população de bichos de estimação. Só o setor de rações, estimado em 200 milhões de reais, cresceu duas vezes e meia mais que o setor de alimentos humanos (5% contra 2%). O de vacinas e remédios cresceu 30% em 2003.

Capítulo 2 • Comportamento de Compra do Consumidor

O mercado consumidor cresceu tanto que a diversificação de serviços oferecidos chega a ser comparada a nichos humanos em que muitas das mordomias semelhantes não são acessíveis a todos. Serviços como psicólogo, táxi para cães, butique de luxo, banho de ofurô e hotéis especiais estão entre as inúmeras ofertas para os bichinhos. The Dog Bakery, por exemplo, é uma doceria paulistana voltada para cães e em sua vitrine estão expostos pirulitos, brigadeiros e bolos de casamento para cachorros.

Até novas profissões estão surgindo, como o *dog walker*, por exemplo. Como uma espécie de babá, o passeador de cachorros é um profissional especializado em levar os cães para passear. Por cerca de R$ 30 por saída, muitos deles têm noções de adestramento, primeiros socorros e comportamento animal. "Como um ser humano, o cão também tem necessidade de passear, movimentar o corpo, sentir outros cheiros, ver outras paisagens", explica o zootecnista Alexandre Rossi em entrevista ao jornal *O Estado de São Paulo* (10/03/04). Para a adestradora Maria Fernanda Faria dos Santos, que chega a ganhar R$ 1.300,00 por mês como *dog walker*, nos passeios, "o cão fica mais dócil, se socializa e gasta energia".

Diante de tantas alternativas de escolha, os consumidores acabam tendo que se especializar, buscando diversas informações sobre os produtos e os serviços do *petbusiness* para melhor satisfazer seus animais. Hoje, existem até shopping centers exclusivos para animais. A Cobasi, por exemplo, possui quatro megalojas na capital paulista e vende 18 mil produtos, como capas de chuva, calcinhas para cadelas no cio e sacolas acolchoadas para transporte. De olho no público que não tem tempo para fazer compras em horário convencional, a Pet Center, outra mega pet shop, funciona 24 horas por dia. Seis publicações brasileiras especializadas em animais domésticos são vendidas nas bancas, fornecendo informação e reportagens variadas. Na TV aberta, um programa de variedades sobre pets, "Late Show", é exibido semanalmente.

Até de psicologia comportamental de cães os donos precisam entender. Um dos cães adestrados por Fernanda ficou enciumado depois que os donos tiveram um filho. "Ele roía objetos da casa, o que mostra o seu estado psicológico", explicou ela. Para tratar da solidão, de traumas e fobias dos bichinhos, a saída é procurar um profissional do ramo. Os 'psicólogos' de cachorros chegam a cobrar R$ 230 a sessão. Segundo a veterinária e psicóloga de cães Hannelore Fuchs, um cão sente dores parecidas com as de qualquer ser humano. "Quando o dono morre, por exemplo, ele também fica de luto e se recolhe", diz a especialista.

"O cachorro de estimação deixou de ser um animal para ser um filho", observa a médica-veterinária Carla Alice Berl, dona do Hospital PetCare, em entrevista à revista *Exame* n. 749. Eles saíram do quintal para o quarto de seus donos, deixaram de comer restos para consumir rações de carne e carneiro enriquecidas com nutrientes e vitaminas. Recebem tratamento de primeira, como serviços de estética, assistência médica classe A, ficam em hotéis-fazenda quando os donos viajam e até recebem educação esmerada — o adestramento.

O PetCare, o maior hospital veterinário da cidade, com uma equipe de 23 médicos, atende em média 60 consultas por dia. O Palo Verde, maior hotel canino do país, localizado em Campo Limpo Paulista, na Grande São Paulo, recebeu para hospedagem e ceia, no réveillon de 2001, 170 animais (100% de sua ocupação).

O aumento de gente morando sozinha e as famílias com menos filhos também influenciaram nessa mudança. "As pessoas precisam de trocas afetivas e, por isso, muitas adotam um cachorro, que não pede nada em retribuição", afirma a dra. Berl.

Fontes: Celso Arnaldo, "Tem Mercado pra Cachorro", *Exame*, n. 749, set. 2001, p. 10-15; Luciana Vicária, "A Revolução dos Bichos", *Época*, n. 272, ago. 2003, p. 83-85; Bárbara Souza, "Profissão em Alta: Levar Cães para Passear", *O Estado de São Paulo*, 10 mar. 2004, p. C4.

Estudo de Caso — TV Paga: Canais Sob Medida Para Cada Consumidor

O mercado de TV por assinatura (TV Paga) no Brasil possui aproximadamente 3,5 milhões de assinantes (12 milhões de telespectadores), está presente em 509 cidades, por cabo ou MMDS, ou no país inteiro, se considerarmos a transmissão por satélite, e é disputado por 153 operadoras (prestadoras de serviços do setor e distribuidoras dos sinais aos assinantes, como NET, SKY, TVA e DirecTV). São mais de 100 canais distribuídos em 17 gêneros diferentes, de acordo com os pacotes oferecidos pelas distribuidoras. Essa diversidade de opções permite uma segmentação ampla na programação dos canais pagos, conforme o estilo de vida, o perfil sociocultural e demográfico do público assinante.

Além de distribuir os canais abertos de radiodifusão que atingem toda a população brasileira gratuitamente, a TV Paga oferece dezenas de opções de canais fechados exclusivamente por meio da cobrança de assinaturas (adesão e mensalidades). Como o serviço de TV Paga utiliza complexas tecnologias de transmissão de sinais, como satélite (Direct to Home), cabo, ou MMDS (microondas terrestres), seu custo elevado ainda não possibilitou a democratização do acesso. Embora pacotes básicos com menor valor de mensalidade sejam oferecidos ao consumidor, o sistema de TV Paga, surgido no Brasil incipientemente na década de 80, e consolidado em meados dos anos 90, ainda é privilégio de poucos: menos de 10% dos brasileiros, principalmente as classes A e B das principais cidades brasileiras, têm acesso à sua programação variada e diferenciada.

O brasileiro assiste em média a três horas e meia de televisão por dia, segundo informação da ABTA — Associação Brasileira de Telecomunicações por Assinatura. Com perfil mais qualificado tanto em termos de classe socioeconômica (80% AB) quanto em relação ao grau de instrução (34% superior) e renda (51% recebe entre 10 a 30 salários mínimos) e caracterizado como formador de opinião, o público consumidor de TV Paga demonstra, por meio de seus interesses, hábitos e posse de bens, um estilo de vida mais sofisticado em relação aos não assinantes (veja o Quadro 2.1).

O público de TV por assinatura se concentra principalmente nas faixas de 10 a 24 anos (38%), de 35 a 44 anos (26%) e de 25 a 34 anos (20%). Assim, é comum, em boa parte das residências dos assinantes, crianças e adolescentes concorrerem com os adultos na escolha da programação. Para atender aos diferentes interesses individuais, muitas famílias possuem mais de um receptor em casa, possibilitando aos filhos assistirem a programas diversos dos pais simultaneamente. Os menores, por exemplo, podem ver programas infantis nos canais Discovery Kids ou Nickelodeon, enquanto os adolescentes podem ver seriados no Sony Entertainment Television ou programas educativos no Futura e os pais podem assistir à novela na Rede Globo ou a um filme nos canais Telecine ou HBO.

Os critérios de decisão dos consumidores na escolha dos canais que assistem são influenciados principalmente por aspectos vinculados à sua personalidade e ao seu estilo de vida, bem como a sua formação intelectual e profissional, sem desconsiderar ainda os aspectos ligados ao seu perfil psicológico e demográfico. De acordo com pesquisas do setor, o assinante de TV Paga procura conteúdo diferenciado, variedade de opções, diversão para a família, qualidade de imagem e de prestação de serviços. Assim, no mercado de TV Paga, fortemente caracterizado pela diferenciação de canais e pela segmentação de seu público-alvo, as programadoras (empresas voltadas exclusivamente para geração e produção de conteúdo) se baseiam no perfil de seus consumidores para compor seu *marketing mix*, criando posicionamentos únicos em nichos específicos, com conteúdo variado e qualidade superior.

Quadro 2.1 Perfil do público de TV Paga

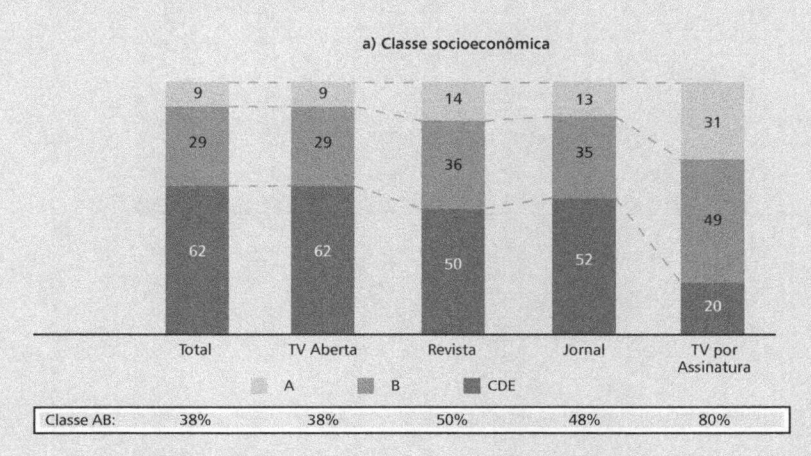

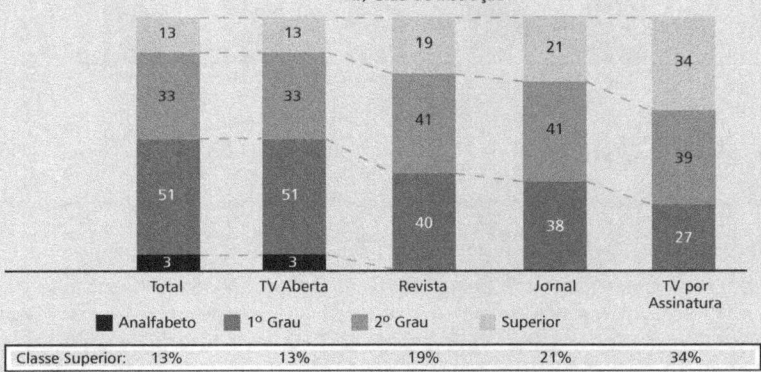

a) Classe socioeconômica

	Total	TV Aberta	Revista	Jornal	TV por Assinatura
A	9	9	14	13	31
B	29	29	36	35	49
CDE	62	62	50	52	20
Classe AB:	38%	38%	50%	48%	80%

b) Grau de instrução

	Total	TV Aberta	Revista	Jornal	TV por Assinatura
Analfabeto	3	3			
1º Grau	51	51	40	38	27
2º Grau	33	33	41	41	39
Superior	13	13	19	21	34
Classe Superior:	13%	13%	19%	21%	34%

c) Renda familiar

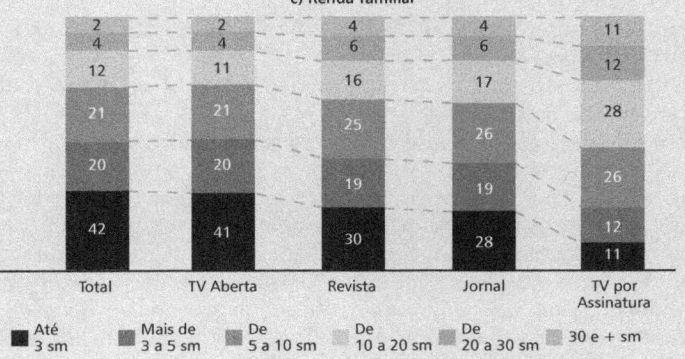

	Total	TV Aberta	Revista	Jornal	TV por Assinatura
Até 3 sm	42	41	30	28	11
Mais de 3 a 5 sm	20	20	19	19	12
De 5 a 10 sm	21	21	25	26	26
De 10 a 20 sm	12	11	16	17	28
De 20 a 30 sm	4	4	6	6	12
30 e + sm	2	2	4	4	11

Comportamento do Consumidor

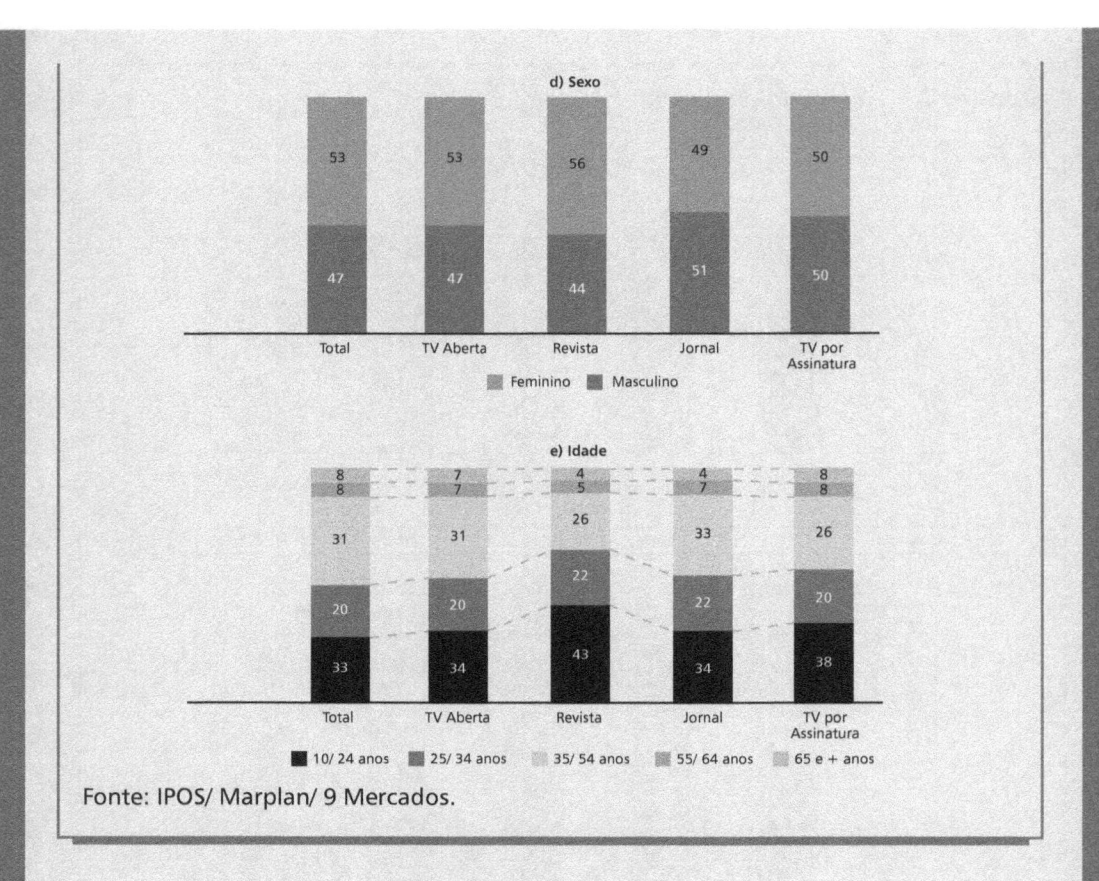

d) Sexo

	Total	TV Aberta	Revista	Jornal	TV por Assinatura
Feminino	53	53	56	49	50
Masculino	47	47	44	51	50

e) Idade

	Total	TV Aberta	Revista	Jornal	TV por Assinatura
65 e + anos	8	7	4	4	8
55/64 anos	8	7	5	7	8
35/54 anos	31	31	26	33	26
25/34 anos	20	20	22	22	20
10/24 anos	33	34	43	34	38

Fonte: IPOS/ Marplan/ 9 Mercados.

A Globosat, uma programadora pertencente às Organizações Globo e líder no mercado de TV por Assinatura, controla um grupo de canais pagos segmentados e com programação diferenciada: Globo News (notícias e informação), GNT (Documentários e Cultura), Multishow (Artes e Variedade), Shoptime (Vendas pela TV), Sexy Hot (Erótico), Sportv (Esportes) e Futura (Educação). A Globosat possui também participação no Canal Brasil, voltado exclusivamente para o cinema brasileiro, e é sócia da Rede Telecine, com cinco canais de cinema internacional segmentados por gêneros de filmes: TC Premium (lançamentos e produções recentes), TC Action (ação, terror, suspense, ficção científica e policial), TC Emotion (drama, romance e musicais), TC Happy (comédia, aventura e fantasia) e TC Classic (filmes antigos e clássicos do cinema). Nessa rede, os assinantes podem optar pelo estilo de filme que melhor se adapte a sua personalidade ou estado de espírito do momento.

A Globosat possui também quatro canais Première, dedicados a programações exclusivas pelo sistema pay-per-view, em que o assinante paga separadamente para assistir a eventos esportivos, shows, filmes e outros eventos (como boxe e luta livre ou o Big Brother Brasil 24 Horas). Consumidores fanáticos por futebol, por exemplo, podem assinar o pacote exclusivo de exibição dos jogos do Campeonato Brasileiro e assistir em casa às partidas de seu time favorito.

O modelo de segmentação da Globosat exemplifica a tradição de diferenciação utilizada pelas programadoras do mercado, que se classificam de acordo com 17 gêneros de programação, contemplando os mais variados interesses dos públicos infantil, adolescente e adulto (feminino e masculino):

- Filmes e séries: 24%
- Jornalísticos e informativos: 11%
- Étnicos: 9%
- Esportivos: 6%
- Infanto-juvenis: 6%
- Variedades e entretenimento: 6%
- Documentários: 5%
- Eróticos: 5%
- *Lifestyle*: 5%
- Musicais: 5%
- Educativos e profissionalizantes: 4%
- Política: 3%
- Agribusiness: 2%
- Religiosos e esotéricos: 2%
- Televendas: 1%
- Animação adulta: 1%
- Meteorológico: 1%

Pesquisas do Ibope apontam que, dos cinco canais considerados fundamentais para manutenção da assinatura, quatro são da Globosat. "Um espaço onde o gosto e a decisão do consumidor são soberanos", afirma o Website da programadora.

O Futura, por exemplo, que se autodefine como o "canal do conhecimento", é um canal com programação exclusivamente educativa e dirigido principalmente a escolas e professores. Seus espectadores recebem desde informações sobre tudo o que acontece na área educacional até conteúdos diversos sobre as mais variadas áreas do conhecimento. Muitos professores aprofundam seus conhecimentos e utilizam na sala de aula os programas veiculados pelo canal para melhor ilustrar suas abordagens. Assim, crianças e jovens têm uma fonte adicional e qualificada de informação para auxiliar na elaboração de seus trabalhos escolares.

Outros canais muito utilizados como fonte de pesquisa, além de lazer e entretenimento, são os canais de documentários, como Discovery Channel, A&E Mundo, Animal Planet, Discovery Travel & Adventure, The History Channel, People + Arts e Discovery Health. Muito assistidos por jovens universitários, professores e adeptos de informações sobre as diversas áreas da ciência, artes, história e tecnologia, esses canais fornecem variadas informações interessantes e de qualidade, possibilitando acesso profundo a temas científicos e estimulantes, propiciando maior conhecimento aos assinantes. Um dos episódios de Corpo Sano, programa exibido no Discovery Health, por exemplo, acompanhou o dia-a-dia de um casal de 50 anos de idade, avaliou sua qualidade de vida e recomendou um programa completo de alimentação e exercícios ("plano de 20 anos") para uma vida mais plena. Suas instrutivas informações técnicas, apresentadas de forma clara e divertida, contribuem para que os espectadores possam ter uma vida melhor, mais saudável e mais longa.

Com um novo conceito de entretenimento, informação e lazer, a TV Paga soube se adequar perfeitamente ao perfil de seus consumidores, focando em nichos de audiência específicos com conteúdo diferenciado, maior variedade de opções e qualidade superior de imagem e prestação de serviços. Seus assinantes têm acesso a conteúdos completos e diversificados: cinema nacional e internacional, jornalismo 24 horas, shows inéditos e exclusivos, seriados diversos, programas infantis, documentários, cobertura completa dos maiores eventos esportivos, *homeshopping* e entretenimento variado. Canais sob medida para uma audiência que busca qualidade e diversidade (veja a Figura 2.10).

Uma mídia segmentada e qualificada, que soube captar a riqueza de segmentação da audiência televisiva e perceber os diferentes estilos de vida e personalidade do público brasileiro, traduzindo-os em programação variada e diferenciada, a TV Paga ainda tem um grande desafio pela frente: ampliar sua base de assinantes e atingir outras faixas da população.

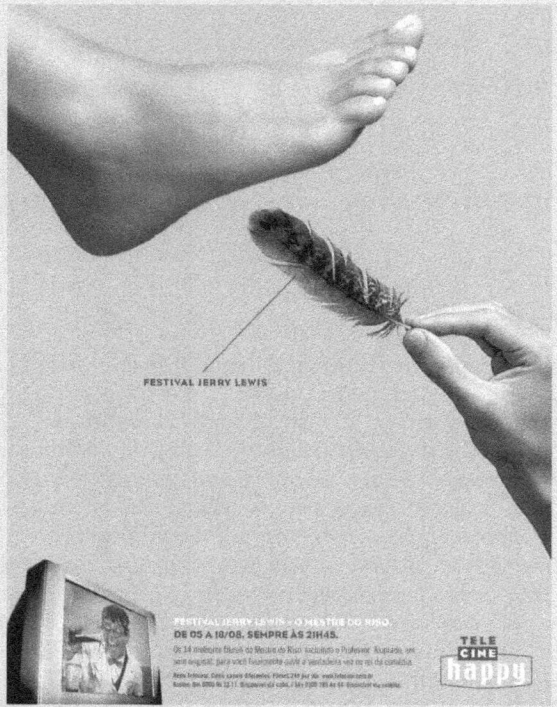

Figura 2.10 Anúncio direcionado ao consumidor da TV Paga (fonte: Publicis Salles Norton).

Fontes: ABTA, www.abta.org.br; Globosat, www.globosat.com.br.

Consumidor no Cinema — Mensagem para Você

Elenco: Tom Hanks, Meg Ryan, Greg Kinnear, Parker Posey, Jean Stapleton, Dabney Coleman. *Sinopse*: um casal se comunica por e-mails, sem nunca terem se encontrado. Ela é dona de uma pequena livraria e ele é o empresário bem-sucedido que está abrindo uma megalivraria que vai arruiná-la.

Cenas recomendadas:
Cena 1 (17 minutos):
Em uma breve cena, Joe (Tom Hanks) pega um café na Starbucks, a maior rede de cafeterias dos EUA, e explica: "A única utilidade de cafés como Starbucks é fazer com que pessoas que não têm capacidade de tomar decisões tenham que tomar seis decisões somente para comprar uma xícara de café. Curto, longo, puro, com leite, normal, descafeinado, light, desnatado... etc. Assim, pessoas que não sabem o que estão fazendo na Terra ou quem elas mesmas são, por apenas US$ 2,95 não apenas conseguem comprar um café, mas também um senso de si mesmas que as define." Logo depois, um cliente pede um "mocha frappuccino grande"; Kathleen (Meg Ryan) aparece e também pede um, e outro cliente chega depois e pede um "cappuccino descafeinado grande".
Cena 2 (24 minutos):
Kathleen está lendo histórias infantis para diversas crianças em sua pequena livraria. Joe entra com duas crianças e pergunta sobre um livro usado com ilustrações coladas à mão. "É por isso que ele custa tanto?", pergunta. "Não, é por isso que ele vale tanto", responde o vendedor. Nesse meio tempo, as crianças escolhem livros para comprar. Ao pagar, Joe ouve de Kathleen: "O mundo não é movido por descontos... Minha mãe não apenas vendia livros, estava também ajudando as pessoas a se tornar quem seriam depois. Quando você lê um livro quando criança, ele se torna parte da sua identidade...". "Você me fez sentir... sua mãe era encantadora", responde Joe.
Cena 3 (85 minutos):
Decidida a fechar sua pequena loja, Kathleen vai visitar a loja concorrente Fox & Sons. No setor de livros infantis, escuta despropositadamente um vendedor que não sabe responder à dúvida de uma cliente que está à procura de um livro, sem, todavia, conhecer o nome do autor. Com lágrimas nos olhos, Kathleen informa o nome do autor para a cliente e para o vendedor. Enquanto Joe a espia, o vendedor pergunta a Kathleen como se soletra o nome daquele autor.

Exercícios

1. Com base nas cenas indicadas na seção *Consumidor no Cinema — Mensagem para Você*, responda às seguintes questões: a) comente sobre a relação que Joe faz, na cena 1, entre as decisões que os consumidores tomam sobre o tipo de café que escolhem e sua definição de si mesmos; b) explique a filosofia de Kathleen sobre atendimento aos consumidores (cena 2); c) explique como as histórias infantis contadas por Kathleen às crianças influenciam no hábito dos consumidores infantis; d) avalie a busca de informação da cliente, na cena 3, e a resposta (comportamento) do vendedor.

2. As questões a seguir referem-se ao *Consumidor em Close — Doce Vida de Cachorro:* a) com base nos conceitos do Capítulo 2, comente como os diversos aspectos abordados no texto se aplicam aos "consumidores pet"; b) se você, algum parente ou amigo possui um animal doméstico, relembre uma compra recente de produto para uso do pet, e descreva quais e como os diversos papéis do consumidor foram desempenhados na situação; c) imagine e relacione novos produtos ou serviços que possam ser criados para satisfazer as necessidades do "consumidor pet". Descreva como você comunicaria para o mercado seus atributos funcionais, emocionais e de uso e benefício; d) se você possuísse um cão em casa e fosse viajar com a família para o exterior por 24 dias, precisando deixar o animal em um hotel para cães, co-

mo você se comportaria em cada estágio do processo de decisão de compra para se assegurar que seu pet ficaria bem?

3. As questões a seguir referem-se ao *Estudo de Caso — TV Paga: Canais sob Medida para Cada Consumidor*: a) com base na matriz do tipo de comportamento de compra resultante da busca de informação e envolvimento (Figura 2.3), avalie como um consumidor interessado em assinar um pacote de TV Paga se posicionaria em cada uma das seis combinações possíveis. O que a operadora de TV Paga poderia fazer em cada perfil para influenciar positivamente o consumidor em sua decisão de compra? b) faça uma pesquisa em sua sala de aula para identificar quais alunos preferem que canais da TV Paga; como você os tipificaria como segmentos específicos e distintos? Descreva o critério adotado para a segmentação (psicográfico, estilo de vida, classe social, demográfico ou outros); c) quais os atributos funcionais, emocionais e de uso e benefício do consumidor que possui em seu pacote de TV Paga canais como Futura, Telecine Classic, Globo News, Cartoon Network, Sony, Discovery Health e Multishow? (analise isoladamente cada canal); d) comente como a NET pode obter e manter maior fidelidade de seus assinantes; e) indique algum novo segmento ou nicho potencial para a criação de um novo canal pago; f) você deseja assinar o pacote premium de TV Paga, mas está em dúvida quanto à melhor marca. Com base no **grid de avaliação** sugerido abaixo, faça uma pesquisa e avalie as alternativas, colocando o sinal (+) quando o atributo for maior, mais forte ou uma vantagem competitiva e (-) quando for o contrário. Utilize pesos (P) de importância se desejar, conforme a relevância dos atributos, e adicione outras opções de operadoras e critérios de análise das alternativas se necessário.

	GRID DE AVALIAÇÃO PARA ANÁLISE DE ALTERNATIVAS					
Marcas		Características comuns				
	Qualidade da tecnologia	Variedade	Programação	Preço	Serviços	Outros
	Peso	Peso	Peso	Peso	Peso	Peso
NET						
SKY						
DIRECTV						
TVA						
Outras						

4. Recorde alguma compra que você tenha feito recentemente e relate os passos realizados de acordo com o processo de decisão de compra estudado neste capítulo. Avalie sua satisfação atual em relação ao produto adquirido e analise se algum estágio do processo poderia ter sido melhor ou mais cuidadosamente executado.

5. Explique com suas próprias palavras o que é dissonância cognitiva. Exemplifique. Dê sugestões de como o profissional de marketing pode minimizar uma eventual dissonância cognitiva do consumidor.

6. Quais dos produtos a seguir são suscetíveis de maior dissonância cognitiva após a compra por parte do consumidor? Por quê?

   a) automóvel
   b) xampu
   c) home theater
   d) filme em DVD
   e) livro de marketing

7. Recorte (ou copie) um anúncio recente que ilustre como a propaganda pode fornecer informações ao consumidor sobre os atributos e diferenciais do produto, subsidiando sua busca de informações.

8. Relacione a primeira coluna com a segunda, indicando quais itens dizem respeito às fontes do consumidor na busca de informações:

   a) família, amigos, vizinhos e conhecidos   ( ) fontes comerciais
   b) manuseio, exame, uso do produto   ( ) fontes pessoais
   c) propaganda, vendedores, embalagens, mostruários   ( ) fontes experimentais
   e) meios de comunicação de massa, Procon, órgãos de defesa do consumidor   ( ) fontes públicas

9. Considerando os produtos abaixo listados e o continuum a seguir, que apresenta um continuum de envolvimento do consumidor, relacione-os em seqüência, indicando entre os parênteses qual a posição apropriada:

   a) sabão
   b) DVD
   c) bombom de chocolate
   d) refrigerante
   e) imóvel
   f) computador
   g) tênis
   h) carro

   Continuum de envolvimento

   ( ) ( ) ( ) ( ) ( ) ( ) ( ) ( )

   Baixo envolvimento ⟷ Alto envolvimento

Capítulo

3

Influências Socioculturais

Começaremos a desvendar as influências que moldam o *iceberg humano* pelo estudo das forças mais abrangentes que o formam: as influências socioculturais. As influências socioculturais consistem em uma vasta gama de circunstâncias que incluem as variáveis sociais e as variáveis culturais do macroambiente (veja *Interface — Os Ambientes que nos Afetam*) que nos envolve. Essas influências referem-se ao conjunto de forças mais amplas que afetam o comportamento dos consumidores independentemente de suas características pessoais e psicológicas, que serão analisadas neste capítulo.

Apoiados na sociologia e na antropologia, os estudiosos do comportamento do consumidor têm abordado as variáveis socioculturais com certa diversidade classificatória. Muitos autores, como Kotler (2003), abordam essas variáveis de forma segmentada, analisando seus fatores separadamente e enquadrando-os, conforme o caso, em variáveis sociais de um lado e em variáveis culturais de outro. Outros estudiosos, como Pride e Ferrel (2001), incluem as variáveis sociais dentro das variáveis culturais, entendendo que aquelas estão contidas nestas. Outros autores, como McCarthy e Perreault (1997) e Semenik e Bamossy (1996), ao contrário, abordam as variáveis culturais como fatores pertencentes ao conjunto de influências sociais ou sociológicas. Outros ainda, como Solomon (2002), preferem analisar os fatores componentes de cada variável isoladamente, sem agrupá-las em uma dimensão social ou cultural, optando por classificações mais particulares. Como vimos no Capítulo 1, as diversas classificações adotadas pela bibliografia para abordar as influências que afetam nosso comportamento de compra servem muito mais como referência didática e analítica para o estudo do comportamento do consumidor e não devem ser encaradas pelo leitor como paradigmas absolutos ou barreiras para sua compreensão.

Neste livro, como já esclarecemos anteriormente, sobretudo em função dos nossos propósitos didáticos, que incluem a objetividade e o enfoque geral do tema, além da fonte comum e da natureza similar que modelam ambas as variáveis (as duas se originam de influências interpessoais), optamos por reunir em uma única seção as variáveis que influenciam os consumidores em suas dimensões sociais e culturais — tipificadas de **influências socioculturais**.

Os consumidores não tomam decisões no isolamento. Pelo contrário, quando consomem bens e serviços, eles funcionam num contexto social. Freqüentemente os consumidores respondem a um conjunto de influências externas e interpessoais, decidindo suas compras baseados no que eles acreditam que projetarão imagens favoráveis aos demais e que atenderão às expectativas que os outros têm dele. Seja no seio familiar, no contexto escolar, nos grupos universitários, no ambiente profissional ou nos clubes sociais, estamos interagindo com outras pessoas o tempo todo, sofrendo suas influências sociais e sendo afetados pelas culturas e pelos valores inerentes a esses grupos. Embora esses fatores não possam ser controlados pelos profissionais de marketing, eles devem ser constantemente levados em consideração, pois suas forças moldarão as pessoas que vivem naquele contexto social.

As influências socioculturais que exercem o mais amplo e profundo impacto no comportamento do consumidor e nos fornecem uma visão mais abrangente do *iceberg humano* podem ser segmentadas em:

- cultura;
- subcultura;
- classe social;
- grupos de referência;
- família;
- papéis desempenhados pelo homem ou pela mulher.

Capítulo 3 • Influências Socioculturais

Interface — Os Ambientes que nos Afetam

Como estudamos no Capítulo 1 as empresas e os consumidores realizam trocas para satisfazer suas necessidades e seus interesses em um determinado mercado. Esse mercado é envolvido por um meio ambiente que engloba o macroambiente e o microambiente.

O macroambiente é formado por forças societais maiores que afetam o microambiente — forças econômicas, sociais, políticas, demográficas, naturais, tecnológicas e culturais. O microambiente compreende forças mais próximas à empresa, que afetam sua capacidade para atender os clientes — empresa, fornecedores, concorrentes, parceiros e distribuidores, públicos e mercado de clientes.

Tanto as organizações como as pessoas são sistemas orgânicos (interagem com o meio) e como tais precisam se adaptar às condições ambientais para sobreviver. Como não podemos controlar a maioria dessas forças, é fundamental para o profissional de marketing conhecer como todas elas afetam os mercados, as organizações e as pessoas, adotando proativamente estratégias e ações que se aproveitem das oportunidades do ambiente e se previnam de suas ameaças.

O comportamento do consumidor é resultante da interação das determinantes interpessoais e intrapessoais.

Boone & Kurtz (1998), com base no trabalho de Kurt Lewin, que classificou o comportamento humano como resultante da interação de influências pessoais e das pressões nelas exercidas pelas forças ambientais, explicam que o comportamento do consumidor pode ser representado pela seguinte fórmula: $C = f(I,P)$, onde comportamento do consumidor (C) é uma função (f) da interação de determinantes interpessoais (I), como cultura, família e grupos de referência, e determinantes pessoais (P), como atitudes, aprendizado e percepção. As influências externas e de terceiros afetam o comportamento de compra tanto quanto a constituição psicológica individual.

Cultura

A cultura é "a herança social total da humanidade", segundo o antropólogo Ralph Linton. Ela tem uma influência profunda, cujo efeito resulta em normas para a sociedade. O termo pode designar também as variantes locais da herança social, características de um grupo de indivíduos. Nesse sentido, a cultura pode ser definida como a acumulação de valores, crenças, costumes, conhecimento, conceitos, preferências e gostos passados de uma geração para outra dentro de uma sociedade. Por exemplo, o samba, a caipirinha e a capoeira são tradições típicas da cultura brasileira, repassadas de geração para geração.

Esse conjunto de costumes, crenças e valores evolui por meio de comportamentos, artefatos e símbolos significativos que ajudam as pessoas a se comunicar, a interpretar e avaliar a realidade como membros de uma sociedade. A cultura fornece aos indivíduos um senso de identidade e uma compreensão do comportamento aceitável dentro da sociedade. Alguns autores, como Engel, Blackwell e Miniard (2000), dividem a cultura em dois componentes: os elementos abstratos e os elementos materiais. Os *elementos abstratos* incluem valores, idéias, atitudes, tipos de personalidade e constructos sumários, como a religião. Os *componentes materiais* incluem coisas como livros, ferramentas, edifícios e produtos específicos, como o último CD do Gilberto Gil. Os elementos materiais são muitas vezes descritos como manifestação material da cultura, e não como elementos próprios.

Para exemplificar o efeito que a cultura tem sobre o indivíduo, costumamos contar uma história do tempo dos descobrimentos marítimos. Certo navegador espanhol descobriu uma ilha no Pacífico sul e lá encontrou uma densa tribo de nativos indígenas. Após uma breve e assustada confrontação, a estranheza tomou conta sobretudo dos nativos, que ficaram tentando compreender as vestes e os artefatos dos espanhóis, muitas vezes tocando-os e cheirando-os. Depois de um certo tempo, confraternizaram-se. Comunicando-se por gestos e sinais, festejaram a nova amizade. O capitão espanhol, depois de receber presentes típicos, decidiu retribuir. Como vira que a tribo usava arcaicos machados de pedra, decidiu doar vários machados de aço, então a mais avançada tecnologia. Alguns dias depois, os navegadores seguiram viagem.

Anos mais tarde, os mesmos espanhóis passavam em frente à ilha, quando o velho capitão decidiu parar para visitar seus antigos conhecidos. Qual não foi sua surpresa quando viu que os indígenas continuavam usando os velhos machados de pedra. Curioso ao ver todos seus presentes empilhados e enferrujando numa tenda, com muita dificuldade ele ouviu a história contada pelo cacique. Ao completar 14 anos, o jovem do sexo masculino precisava passar por um importante ritual: ficar sozinho, sem proteção e sem comida durante uma semana, isolado na selva, enfrentando todo tipo de ameaça, inclusive animais, utilizando apenas os recursos fornecidos pela natureza. Ao final, encontrando pedras lascadas, galhos e cipós, deveria construir um machado de pedra com as próprias mãos. Se regressasse, haveria uma grande festa. Ele seria considerado homem e se tornaria membro da tribo!

Essa pequena história esclarece muito sobre os comportamentos dos indivíduos de determinada sociedade. A comunicação e o idioma, o vestuário e a aparência, a culinária e os hábitos alimentares, os rituais, as crenças e as normas, os hábitos de trabalho, os relacionamentos e os processos de aprendizagem — tudo depende da cultura.

Esses diversos elementos subjacentes — valores, costumes, idiomas, normas, rituais e objetos que moldam o comportamento da cultura — são listados no Quadro 3.1. Embora com características muito diversificadas e heterogêneas, o que dificulta a síntese de seus elementos, incluímos no quadro alguns exemplos de traços pertinentes à cultura brasileira. Em *Interface — A Cara Brasileira*, exploraremos um pouco mais este perfil.

Como a cultura permeia nossa vida diária, suas influências têm efeitos inevitáveis sobre os indivíduos quando buscam atender a seus desejos e necessidades de consumo. Os valores culturais aprendidos pelas pessoas são parcialmente transferidos para a avaliação dos produtos. Desde quando éramos pequenos, nosso comportamento sempre foi influenciado pelo grupo ou pela sociedade em que crescemos: nós nos alimentamos com o que nossos pais nos dão para comer, vestimo-nos com as roupas que os nossos pequenos amigos e colegas de escola consideram 'bacanas' ou 'maneiras', brincamos conforme os jogos que os grupos estabelecem. (Em *Interface — A Personalidade e o Caráter Social*, exploramos como os fatores culturais afetam também a nossa personalidade.) Assim, a cultura é uma forte determinante do que vamos comer, vestir e fazer, da maneira como compramos e usamos os bens e serviços e da satisfação que advêm deles. Em função disso, as mudanças culturais

Quadro 3.1 Componentes da cultura e alguns exemplos pertinentes à cultura brasileira

Componentes	Exemplos
Valores	Trabalho e labuta; ênfase nos relacionamentos pessoais; otimismo; alegria; criatividade; pluralismo racial e cultural; jeitinho; esperteza/ malandragem.
Crenças e superstições	"Deus é brasileiro"; entidades do candomblé (crença afro-brasileira); tomar banho de sal grosso.
Idioma	Português como idioma oficial.
Mitos	Papai Noel traz presentes para crianças no Natal; Tiradentes morreu em nome da liberdade.
Costumes	Banho diário; assistir a telenovelas; ir à praia; aperto de mãos e beijos no rosto ao cumprimentar pessoas; dançar forró, axé e pagode (bailões), roda de samba; beber cerveja ou cachaça com amigos; gorjeta padrão de 10%.
Rituais	Ir ao estádio de futebol no domingo; freqüentar igreja aos domingos; comer peru e dar presentes no Natal; brincar no Carnaval; pular sete ondas no réveillon; ir à feira fazer compras.
Normas (leis)	Código Civil; Código de Defesa do Consumidor; Código de Trânsito.
Objetos e artefatos	Amuletos religiosos; correntes e pulseiras; chinelos de dedos; berimbau; rede.

exercem preponderante influência no desenvolvimento, promoção, distribuição e apreçamento desses produtos.

A vida acelerada dos últimos anos e o maior número de mulheres trabalhando fora de casa trouxeram profundas mudanças nos hábitos alimentares e nos produtos do setor de alimentos. Tomaram conta do mercado desde restaurantes fast-food, como Bob's e Habib's, até uma vasta categoria de produtos congelados. A linha Prato Pronto da Sadia, líder no ramo de alimentos, por exemplo, representa 42% de seu faturamento em um setor que cresceu, de 1997 a 2001, quase 100%. Nesse segmento, 85% dos consumidores são mulheres que valorizam, além do sabor e da qualidade, a praticidade de um prato pronto.[1]

A conveniência é uma variável essencial na cultura ocidental e brasileira, e seus efeitos são difundidos e manifestados no marketing. Produtos fáceis de abrir, fáceis de usar e descartáveis entram cada vez mais no mercado à medida que os profissionais de marketing reconhecem o desejo nacional de conveniência. Os congelados foram a primeira reação a essa influência, sendo seguidos por produtos pré-preparados ou em sacos plásticos — prontos para preparar e servir. Agora podemos usar e descartar isqueiros, aparelhos de barbear, câmeras e literalmente toda embalagem de produtos que compramos.

Setores inteiros surgiram do desejo da conveniência, como a indústria de fast-food e as lojas de conveniência de alimentos. Da mesma forma, operações tradicionais orientadas para o consumidor, como bancos e supermercados, adaptaram seus serviços, respondendo ao desejo de conveniência dos consumidores por meio de bancos 24 horas e lojas

---

[1] Fonte: AC Nielsen, ABIA e dados publicados pela empresa.

com horários de funcionamento ampliados, como os shopping centers que abrem nos fins de semana.

Estreitamente ligado à conveniência está o valor que se dá à importância do *tempo*. Os consumidores americanos são obstinados em economizar tempo e usá-lo com efetividade. As agendas cheias fizeram surgir produtos que nos permitem usar o tempo de forma mais inteligente e efetiva, como as opções de gravação programada dos videocassetes e o sempre presente *day timer*, que nos ajuda a espremer o último minuto utilizável do dia (Semenik e Bamossy, 1996).

A sociedade ocidental tem desenvolvido continuamente novos hábitos e comportamentos entre seus membros. Uma importante influência no comportamento do consumidor é a ênfase dada à *saúde* e à *boa forma*. Esse valor da sociedade contemporânea fez surgir setores multibilionários. "Conforme os consumidores foram se tornando mais atentos e informados com relação à vida saudável, a indústria de *health clubs* e academias de ginástica evoluiu de instalações misteriosas conhecidas como spas para milhares de academias e centros modernos e altamente procurados e freqüentados" (Semenik e Bamossy, 1996).

No Brasil, as academias de ginástica e os spas urbanos já se integraram à agenda e aos hábitos de milhares de consumidores. Palavras como *aeróbica* e *fitness,* cujos significados apenas uns poucos sabiam no início da década passada, hoje integram o estilo de vida de milhões de brasileiros. Produtos com baixos teores de sódio e colesterol e aqueles ricos em cálcio tornaram-se predominantes no mercado à medida que os consumidores passaram a dar atenção a suas dietas. Cervejas light e não-alcoólicas e produtos com baixos teores de gordura, sódio e colesterol ganharam espaço nas prateleiras dos supermercados para atender aos desejos do crescente número de consumidores que buscam a cada dia uma vida mais saudável.

Interface — A Personalidade e o Caráter Social

De acordo com alguns teóricos, a personalidade pode sofrer a influência do que é denominado caráter social. Esse termo, utilizado principalmente por Riesman, define o desenvolvimento de determinados tipos de personalidade a partir da estrutura social da sociedade na qual se vive.

Segundo Riesman, teríamos o caráter tradicional, o intradirigido e o extradirigido. O caráter tradicional seria oriundo de sociedades que se caracterizariam por uma lenta mudança e uma baixa mobilidade social com cultura controladora. O caráter intradirigido é proveniente de sociedades nas quais ocorrem grandes modificações tecnológicas, maior mobilidade social e menor segurança individual em função da forte concorrência. A pessoa intradirigida internalizou esses valores. Acredita mais em si do que nos outros, pois se sente num mundo instável. Seu consumo é orientado para os símbolos de *status* que lhe confirmam seu sucesso e de cuja propriedade e permanência tem certeza.

O caráter extradirigido é próprio da sociedade do supérfluo e da abundância. Determina um tipo de personalidade que, em termos de consumo, se guia por seu grupo de referência, de cuja opinião é fortemente dependente. Seu consumo é determinado pela própria inveja e também pela inveja dos outros. Consome para não ficar atrás dos outros, mas também não consome mais porque a inveja dos outros o impede.

Natureza da Cultura

A cultura é aprendida — Ao analisarmos a sociedade e suas necessidades, podemos observar que os membros de uma sociedade vivem e trabalham em conjunto para atender às suas necessidades. Trabalhar em conjunto é o fundamento dos grupos culturais. Schewe e Smith (1982) nos lembram de quando os caçadores pré-históricos constataram que era inútil caçarem sós, juntaram-se com outros indivíduos e seus sacos de caça ficavam freqüentemente menos vazios. Assim, o desejo de sobreviver deu origem aos primórdios da vida grupal, cujo propósito principal era garantir a própria sobrevivência. Para atender a essa necessidade avassaladora, os membros do grupo desenvolveram regras de conduta. Atualmente, chamamos essas regras de normas, que estabelecem fronteiras de comportamento aceitável dentro de um grupo cultural. Quer o grupo seja uma família, uma tribo ou uma nação, seus membros precisam aprender as normas e segui-las. Desde cedo na vida, os membros do grupo aprendem que certo comportamento será aprovado ou recompensado, que outro será apenas tolerado e que um certo comportamento será condenado e punido. Os grupos culturais têm normas e eles esperam que seus membros as aprendam e as sigam — essa é sua característica básica.

Esse processo pelo qual um indivíduo aprende as normas culturais é chamado de *socialização*. Absorvemos valores, idéias e atitudes culturais de numerosas fontes, mas principalmente da família. Aprendemos esse comportamento também por meio da religião e do processo educacional. Além disso, mais tarde, nosso comportamento é refinado por amigos, pares e pela cultura em geral — tudo, desde a arte até a televisão.

A cultura é incutida — Em suma, somos doutrinados. Ensinam-nos os valores da sociedade desde a mais tenra idade. E tendemos a aceitar os valores e as normas da sociedade em vez de correr o risco de desaprovação ou punição social (Schewe e Smith, 1982). Essa introdução se transmite, de uma geração para outra, principalmente por instituições como a família, a religião e a escola. Experiências iniciais de vida e colegas também transmitem valores. A Figura 3.1 mostra o processo de como a cultura é incutida.

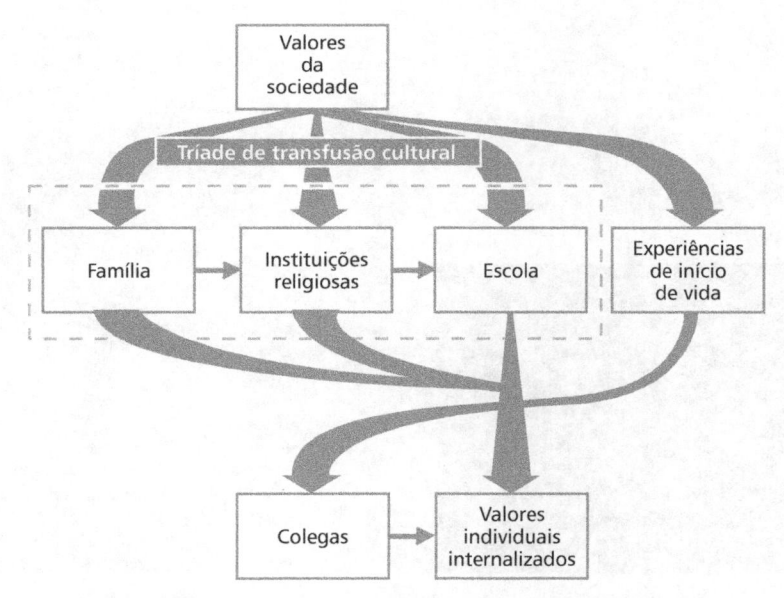

Figura 3.1 O processo de transmissão da cultura de geração para geração.

As artes têm um papel preponderante na cultura dos povos. Por meio da música, da dança, do teatro, do cinema, da literatura, da pintura e da escultura, os grupos sociais e as nações expressam seus costumes, seus valores e suas crenças populares. O samba, o carnaval, o modernismo, o cinema novo, o candomblé e a capoeira são apenas alguns exemplos das expressões artístico-culturais vivas do nosso povo. Incutidas na alma de cada brasileiro, essas formas de expressão são transmitidas pela família, pela escola, pelos amigos e pelos meios de comunicação, passando a integrar a cultura popular. Uma campanha feita há alguns anos pela agência W/Brasil para a Hering, com o nome "O Básico do Brasil", valorizou os aspectos da cultura brasileira, utilizando, em seus anúncios de TV, como fundo, a música "Com que roupa eu vou?", de Noel Rosa, cantada por Gilberto Gil. Outros anúncios da mesma campanha exibiam ícones básicos da cultura brasileira, como futebol, música, mulher bonita, praia, sorvete, malhação. A Figura 3.2 mostra um desses anúncios.

A cultura é adaptável — Felizmente, essa visão restritiva da cultura é compensada por uma outra característica: a cultura é *adaptativa*. À medida que as necessidades da sociedade se modificam, o mesmo ocorre com seus valores para que tais necessidades sejam atendidas. Por exemplo, a visão, comum até há pouco tempo, de que o *produto* mais importante da sociedade eram as pessoas, conduziu ao crescimento populacional e à maior produtividade e, com ela, passamos a ter melhor padrão de vida. Encorajava-se a formação de grandes famílias. Mais recentemente, porém, foram induzidas famílias menores, uma vez que a sociedade enfrenta atualmente os desafios da escassez resultante do aumento da população. Essa característica de adaptação da cultura — sua capacidade para alteração a fim de atender às necessidades — usualmente é um processo muito lento. Tendo em vista que os valores culturais são passados de geração para geração, a mudança evolui lentamente (Schewe e Smith,

Figura 3.2 Anúncio que utiliza elementos da cultura brasileira (fonte: W/Brasil).

1982). Todavia, a sociedade da informação e da tecnologia de hoje, que nos interconecta em tempo real, impinge uma velocidade mais rápida para a mudança e inclusive a encoraja. Paralelamente, os valores e as normas dos grupos menores a que pertencemos podem mudar mais depressa do que os valores culturais globais.

Se um habitante do início do século XX pudesse viajar no tempo até os dias de hoje, certamente se surpreenderia com a quantidade de mudanças culturais que encontraria. Talvez se chocasse ao ver jovens dançando tecno e agitando luzinhas de néon em uma balada, ou ao ver pessoas *hipnotizadas* e se divertindo por horas diante do aparelho de TV de plasma, ou ao ver garotas de fio dental fazendo bronzeamento artificial em spas urbanos.

Já que a cultura define os valores e as idéias de uma sociedade e que as normas culturais influenciam como as pessoas vivem e se comportam, é óbvio que a cultura tem implicações importantes para os profissionais de marketing. Nossos desejos e necessidades são, em grande parte, determinados pelos valores culturais, que igualmente estabelecem as fronteiras para ações de marketing aceitável. Os profissionais efetivos de marketing precisam estar cônscios do ambiente cultural em que operam.

Valores

Os valores representam o componente mais forte da cultura de uma sociedade. Podemos defini-los como as crenças partilhadas ou as normas de grupo internalizadas pelos indivíduos, eventualmente com algumas modificações. Na história do machado de pedra, por meio de um ritual compartilhado e carregado de significado, todos os jovens masculinos vivenciavam uma crença do grupo — conhecimento e auto-suficiência — como meio para sua maturidade. Esse valor era um princípio inerente à tribo, uma crença em que todos acreditavam, valorizando-a e cultuando-a. O machado era 'apenas' o artefato simbólico desse valor social, mas talvez dele dependesse toda a perpetuidade daquela tribo.

Os valores culturais ou sociais são aqueles partilhados por grupos de pessoas, enquanto os valores pessoais, que veremos no capítulo seguinte, referem-se às metas e aos comportamentos dos indivíduos. Todavia não se pode separá-los, já que valores sociais, como família, religião ou nacionalidade, estão intimamente relacionados aos nossos valores e metas pessoais.

Com as profundas mudanças sociais e culturais que têm marcado o complexo e dinâmico ambiente contemporâneo, principalmente a globalização, a evolução tecnológica e a interdependência global — como veremos no Capítulo 8 —, os valores culturais têm evoluído significativamente nos últimos anos.

Os **valores culturais emergentes** têm sido muito discutidos no âmbito do marketing, pois se tem percebido que os consumidores estão mudando sua orientação de vida. Essa mudança revela o surgimento de valores culturais novos e diferentes. Tais valores culturais, por sua vez, modificarão o comportamento do mercado. Por exemplo, o avanço tecnológico e a rede de computadores mudaram o hábito de nos comunicarmos e o *e-mail* passou a ser o formato usual de contato no mundo empresarial, a Internet trouxe o comércio eletrônico e surgiu um novo consumidor — o consumidor digital (como estudaremos no Capítulo 5).

Vários novos e diferentes critérios de consumo estão surgindo como resultado dessa mudança de valores culturais. Com uma visão mais conservadora da vida e menos desejo de esbanjar, a *qualidade* está passando a ser um fator primordial na avaliação dos produtos. Apesar de a qualidade ter sempre estado presente no processo decisório dos consumidores, há evidências de que eles estão dispostos a gastar mais para obter mais. Além disso, as preocupações com o barateamento dos custos, com o esgotamento dos recursos naturais, com a redução do impacto ambiental dos produtos e com a degradação do meio ambiente pelas empresas, uma maior exigência ética dos consumidores e a busca de maior transparência entre empresas, fornecedores e acionistas, bem como a ênfase na responsabilidade social das empresas (veja o Capítulo 8), têm influenciado radicalmente os cenários culturais no qual se realizam as relações de consumo.

Como vimos também, outra importância crescente de consumo é a *preocupação com a nutrição* e a *saúde*, estreitamente ligada ao valor existente de saúde e de boa forma, que se manifesta, sobretudo, em consumidores mais informados e mais cuidadosos na hora da compra. Filtros solares, cremes rejuvenescedores, novos tipos de cirurgias estéticas, pastas dentais controladoras do tártaro e alimentos ricos em fibras são alguns exemplos atuais da maior preocupação com a saúde demonstrada por esses consumidores. A *preocupação com o meio ambiente* é um valor que está motivando os consumidores a comprar e a usar cada vez mais produtos embalados em materiais recicláveis e biodegradáveis.

Subculturas

Em uma sociedade complexa e heterogênea, como a brasileira, temos a existência de subculturas. Subculturas são grupos, dentro de uma cultura, que exibem padrões de comportamento característicos o bastante para distingui-los de outros, dentro da mesma cultura. Esses fatores incluem a raça ou a origem étnica, a nacionalidade, a religião, a faixa etária e a identificação urbano-rural (região geográfica) e exercem influência sobre as regras de comportamento individual. O Quadro 3.2 apresenta os tipos de subculturas.

As pessoas sentem orgulho de sua ascendência e de sua posição baseadas em agrupamentos subculturais. Esses grupos subculturais possuem situação e experiências de vida comuns e compartilham os mesmos sistemas de valores, que são transmitidos e estabelecem normas entre seus membros. Eles são diferentes por força do desejo de manter uma identidade separada. Já que diferentes sistemas de valores e tendências comportamentais

Quadro 3.2 Tipos de subculturas

Características	Exemplos
Idade	Crianças, adolescentes, adultos, jovens, meia-idade, idosos
Religião	Católicos, judeus, protestantes, muçulmanos
Raça	Negros, orientais, descendentes de europeus
Níveis de renda	Ricos, classe média, baixa renda
Nacionalidade	Italianos, espanhóis, japoneses, portugueses
Sexo	Mulher, homem
Tipo de família	Mãe/ pai solteiro, divorciado/ sem filhos, pai/ mãe/ filhos
Ocupação	Médico, advogado, professor, sacerdote, mecânico
Região geográfica	Nordeste, Sudeste, Sul
Comunidade	Rural, subúrbio, cidade pequena, cidade grande

são gerados pelas influências subculturais, é importante para os profissionais de marketing estar atentos para esses segmentos, sobretudo quando representam significativas parcelas da população.

As subculturas étnicas têm se expandido rapidamente e, em alguns países, como os Estados Unidos, já representam uma força gigantesca de consumo. O mercado latino nos Estados Unidos, por exemplo, que envolve norte-americanos descendentes de cubanos, mexicanos, sul-americanos e porto-riquenhos, é formado por 30 milhões de consumidores, o que representa 20% da população do país. Mirando esse importante segmento de mercado, as indústrias de alimentos, bebidas, cosméticos e entretenimento, por exemplo, têm lançado extensa variedade de produtos e explorado essas diferenças raciais dos consumidores com lançamentos diferenciados, como xampus e batons, congelados e cervejas, revistas e canais de TV.

No Brasil, a raça negra é um grupo étnico importante de consumidores. Segundo o IBGE, a população negra brasileira representa 6,2% dos habitantes no Brasil. (Se somados aos pardos, que representam 38,8%, obtém-se um segmento que atinge quase metade da população brasileira — os brancos representam 53,3%; veja a Figura 3.3). Nos últimos anos, diversas empresas têm se voltado para o desenvolvimento de produtos, embalagens e apelos especiais para atender às necessidades e aos desejos desse grupo. Segunda maior nação negra do mundo, com 76 milhões de consumidores (45% da população) — 10,4 milhões negros e 66 milhões pardos —, atrás apenas da Nigéria (120 milhões), o Brasil oferece perspectivas promissoras para os profissionais de marketing desenvolverem compostos mercadológicos diferenciados voltado a esse segmento específico.

Segundo a Associação Brasileira da Indústria da Higiene Pessoal e Cosméticos, o mercado de higiene e beleza faturou R$ 25 bilhões, dos quais R$ 1,3 bilhões referem-se a produtos étnicos. Desde 1999, a Unilever lançou quatro linhas de produtos exclusivas para esse segmento (hidratantes, sabonetes, desodorantes e produtos para o cabelo). A revista *Raça*, da Editora Símbolo, com tiragem média de 60 mil exemplares, dedica-se exclusivamente a temas de interesse da raça negra.[2]

Outros grupos étnicos significativos existentes no país incluem os imigrantes e seus descendentes. Entre os principais grupos, destacamos as seguintes comunidades: judaica,

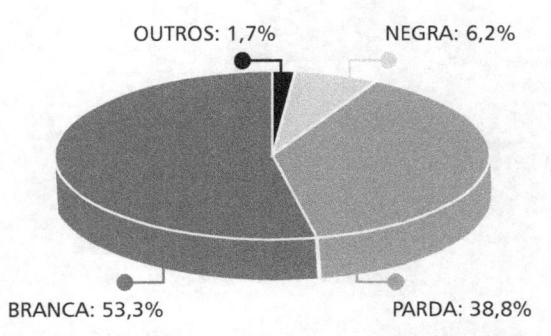

Figura 3.3 Distribuição da população por raças no Brasil (fonte: IBGE).

---

[2] Fonte: Camilo Vannuchi, Liana Melo e Sara Duarte, "Cheios de Raça", *IstoÉ*, 21 jan. 2004, p. 56.

árabe, italiana (sobretudo na capital paulista e na serra gaúcha), germânica (principalmente nas regiões sulistas, como o Vale do Itajaí) e japonesa (no estado de São Paulo). O número de descendentes italianos no Brasil, por exemplo, chega a 23 milhões de habitantes, dos quais cerca de 1 milhão detém dupla cidadania: brasileira e italiana. No Capítulo 8, ao analisarmos o consumidor global, estudaremos as interações entre as subculturas e suas mútuas influências.

Grupos etários, como os adolescentes ou os indivíduos da terceira idade, também podem se constituir em segmentos subculturais atraentes. A terceira idade, ou consumidores maduros, pessoas com mais de 60 anos, representa hoje uma parcela significativa da população brasileira e tem estimulado os profissionais de marketing a desenvolver produtos específicos. O *Estudo de Caso — Consumidores da Melhor Idade* explora um pouco esta oportunidade.

Outras subculturas envolvem comunidades regionais, como os gaúchos, que, por razões históricas ou ambientais, desenvolveram alguns padrões específicos, distintos da cultura brasileira predominante. As figuras 3.4a e 3.4b mostram anúncios de campanha promocional feita

Figura 3.4a   Anúncio que destaca a subcultura gaúcha (fonte: Dez Propaganda).

Figura 3.4b Anúncio que destaca a subcultura gaúcha (fonte: Dez Propaganda).

pela Agência Dez Propaganda para o jornal *Correio do Povo* na comemoração da Semana Farroupilha — evento típico do folclore rio-grandense. A seção *Consumidor em Close — O Gaúcho: Arquétipo dos Pampas* analisa um pouco mais os aspectos culturais distintos da subcultura gaúcha.

Identificar os grupos subculturais, os valores e a cultura de uma nação é fundamental para o desenvolvimento das estratégias mercadológicas pelo profissional de marketing. A escolha por alimentos, roupas, atividades de lazer e metas profissionais do consumidor brasileiro, entre outras, será influenciada por nossa cultura, nossos valores e nossa subcultura.

Classe Social

Outra influência ampla e importante que atua sobre o consumidor é a **classe social**. Praticamente toda sociedade possui alguma forma de estrutura de classes sociais e todas as pessoas que a compõem possuem uma posição específica dentro dessa sociedade. O comportamento de compra dessas pessoas, com freqüência, é fortemente influenciado pela classe à qual elas pertencem ou desejam pertencer.

As classes sociais são divisões ordenadas e relativamente permanentes de uma sociedade cujos membros possuem valores, interesses e comportamentos similares. Segundo o sociólogo Lloyd Warner, a pesquisa sobre a vida social das tribos e das civilizações no mundo mostra claramente que alguma forma de categorização está sempre presente, sendo uma necessidade para o nosso tipo de sociedade (Rocha e Christensen, 1999). As classes sociais tendem a surgir naturalmente, como um fenômeno sociológico no qual grupos relativamente distintos e homogêneos, em função de seus valores, atitudes e estilos de vida, dividem-se hierarquicamente. As atitudes, os valores individuais e os estilos de vida — elementos enfatizados nesta definição — são influências fundamentais que determinam o comportamento do consumidor e serão mais bem analisadas no Capítulo 4, que trata de influências psicológicas. Diferentemente dos valores culturais, que podem levar anos e até gerações para mudar, os valores da classe social podem se alterar rapidamente.

A análise da natureza da classe social proporciona uma visão mais ampla de como as influências sociais atuam sobre os consumidores. Por isso, é necessário descrever os fatores usados na identificação das classes sociais:

- escolaridade;
- ocupação;
- área em que reside;
- tipo de residência;
- fonte de riqueza.

Observe que a **renda** não é um dos fatores usados nessa classificação. E o motivo dessa ausência é muito simples: a renda não provou delinear claramente as classes sociais. Embora possa auxiliar nessa determinação, é arriscado associar uma coisa a outra. Por si só, ela não é uma boa medida indicativa da posição social e da capacidade de gasto, mas serve como um indício das preferências e do estilo de vida do consumidor. Pessoas de classes sociais diferentes podem gastar, economizar e fazer empréstimos de maneiras muito diferentes. Um encanador de meia-idade e um jovem executivo médio, por exemplo, podem auferir a mesma renda, porém, como membros de classes sociais diferentes, seus gostos, histórias de vida, aspirações e sistemas de valores também são diferentes. Assim, seus gastos com vestuário, moradia, alimentação e atividades de lazer poderão variar radicalmente. Por isso, aqui, estamos usando a expressão *fonte de riqueza* como reflexo do fator renda.

O sociólogo Georges Gurvitch definiu classes sociais como "grupos específicos de grande envergadura, que representam macrocosmos de grupamentos subalternos, macrocosmos cuja unidade é fundamentada sobre sua superfuncionalidade, sua resistência à penetração pela sociedade global, sua incompatibilidade radical entre eles, sua estruturação arrojada, implicando consciência coletiva predominantemente e obras culturais específicas" (Karsaklian, 2000). As classes sociais caracterizam-se por ser: *grandes agregações* (a comunicação entre os membros não é direta como na família); *hierarquizadas* (noção de superioridade ou inferioridade relativa); *evolutivas* (ao contrário das castas, não constituem faixas permanentes); *multidimensionais* (não podem ser reduzidas a categorias socioprofissionais ou nível de instrução ou renda); e *relativamente homogêneas* (seus membros compartilham da mesma posição e dos mesmos valores, tendendo a ter comportamento similar).

Qual é a classe social com a qual você se identifica? Essa pergunta sugere que as diferentes classes sociais podem ser enumeradas e que podemos avaliar em qual delas nos enquadramos. Utilizando os critérios acima relacionados, podemos identificar a qual classe pertencemos. O esquema de classificação de classes sociais pode variar de país para país.

Vários métodos foram propostos, sobretudo pelos sociólogos e economistas, para **medir uma classe social**. Duas correntes se destacam: a abordagem subjetiva, que se baseia na consciência de pertinência dos membros, e a abordagem objetiva, baseada em indicadores externos e observáveis. A primeira envolve a *autodefinição*, pela qual um indivíduo, ao ler uma lista de agrupamentos, identifica sua posição. A outra envolve o método da *reputação*, no qual se recorre a um especialista para aferir quais as posições do grupo, por percepção em relação às atividades superiores e inferiores nele desenvolvidas, e a posição do indivíduo nesse grupo. Desde Karl Marx, seu pioneiro, a abordagem objetiva tem sido mais habitualmente utilizada. Ela pode apresentar pequenas variações de nação para nação, mas os principais indicadores, como renda, instrução e ocupação, por exemplo, são bastante utilizados universalmente. É muito adotada nos Estados Unidos a classificação objetiva desenvolvida por Lloyd Warner, que divide a sociedade em classe alta, média e baixa, subdividindo-se cada nível em dois outros. O Quadro 3.3 mostra como se estrutura esse esquema e quantifica percentualmente a população existente em cada classe social.

Quadro 3.3   Estrutura de classes sociais da sociedade americana

1. Alta-Superior (*Upper-Upper*)

    Aristocracia — 1,4% da população americana
    Composta por famílias com riqueza herdada de duas ou mais gerações. Seus principais valores são viver com abundância, manter a reputação da família, refletir a excelência da educação e apresentar um sentido de responsabilidade comunitária.

2. Alta-Inferior (*Lower-Upper*)

    Novos ricos — 1,6%
    Embora as famílias que compõem essa classe sejam tão ou mais ricas do que as da classe superior, sua riqueza é de primeira geração. Essa falta de tradição faz com que eles não sejam aceitos pela classe alta. As pessoas dessa classe são executivos bem-sucedidos, médicos, advogados e proprietários de grandes empresas.

3. Média-Superior (*Upper-Middle*)

    10,8%
    As rendas dessa classe social são derivadas de salários, lucros ou honorários profissionais e seu impulso em favor do sucesso profissional e participação nas classes superiores é muito forte. As pessoas que compõem essa classe social tentam copiar as classes superiores em seus modos de vida.

4. Média-Inferior (*Lower-Middle*)

> 28,1%
> As ocupações dessa classe incluem serviços de escritório, propriedade de pequenas empresas, bancários, corretores de seguros, agricultores. As pessoas dessa classe social procuram usar sua renda para alcançar a respeitabilidade.
>
> 5. Baixa-Superior (*Upper-Lower*)
>
>   32,6%
>   São operários especializados, trabalhadores de indústrias, policiais, balconistas, sem muita preocupação com a respeitabilidade.
>
> 6. Baixa-Inferior (*Lower-Lower*)
>
>   25,2%
>   Trabalhadores não especializados, faxineiros, porteiros, desempregados. Classe responsável por parte da delinqüência juvenil americana.

No Brasil, uma classificação útil e muito usada pelos profissionais de marketing, sobretudo como ferramenta para segmentação de mercado, é a categorização de **classes socioeconômicas**. Essa classificação utiliza variáveis sociais e econômicas como critério para o agrupamento das classes, dividindo-as de acordo com interesses similares, atitudes, valores, comportamentos e posse de bens econômicos. Baseando-se em uma pontuação atribuída para cada grupo de fatores, esse critério permite ao profissional de marketing avaliar e posicionar o consumidor em uma das cinco classes sociais ordenadas: A, B, C, D e E.

Durante muitos anos, o critério ABA/Abipeme (Associação Brasileira de Anunciantes/ Associação Brasileira dos Institutos de Pesquisa de Mercado) de classificação socioeconômica foi considerado o padrão do mercado. Atualmente, utiliza-se o critério de classificação econômica Brasil (CCEB), desenvolvido pela ANEP — Associação Nacional de Empresas de Pesquisa. Cada família é classificada com base no número de pontos associados à posse de bens (veja no site do livro, www.prenhall.com/samara_br).

Podem-se identificar diferenças muito importantes no comportamento de consumo das classes mais altas e mais baixas. Semenik e Bamossy (1996) esclarecem que as classes sociais mais altas valorizam a imagem que podem passar com a posse dos produtos. São valorizados os produtos que transmitem prestígio ou status ou que indicam a classe social. Tais classes simplesmente manifestam mais o seu consumo. Esse aspecto do comportamento precisa ser analisado no contexto dos valores culturais emergentes discutidos anteriormente. Além disso, os membros dessas classes são proprietários de suas casas e investem intensamente em produtos que complementem seus lares.

Por outro lado, as classes sociais mais baixas dão valor e ênfase maiores à família. Assim, são mais importantes os produtos que tornem sua vida mais confortável e enriqueçam o convívio familiar. Os membros dessas classes não têm grandes aspirações de mudar seus estilos de vida ou torná-los mais entusiasmantes. Um estudo americano revelou que os consumidores de classes mais baixas não se interessavam por aparelhos telefônicos coloridos e decorativos, mas simplesmente desejavam os que fossem duráveis e que funcionassem bem (Semenik e Bamossy, 1996).

O segmento de baixa renda é um dos mais atraentes mercados do país, representando 31 milhões de domicílios e cerca de 380 bilhões de reais por ano, segundo pesquisa feita pela consultoria Target Marketing (Revista *Exame*, n. 802, 01/10/03). As faixas C, D e E consomem o equivalente a 42% do consumo nacional, mais do que a classe A (24%) e a classe B (34%) isoladamente (veja o Quadro 3.4).

Capítulo 3 • Influências Socioculturais

Quadro 3.4   Os consumidores de baixa renda no Brasil

RUMO AO POTE DE OURO Conheça o consumidor brasileiro de baixa renda

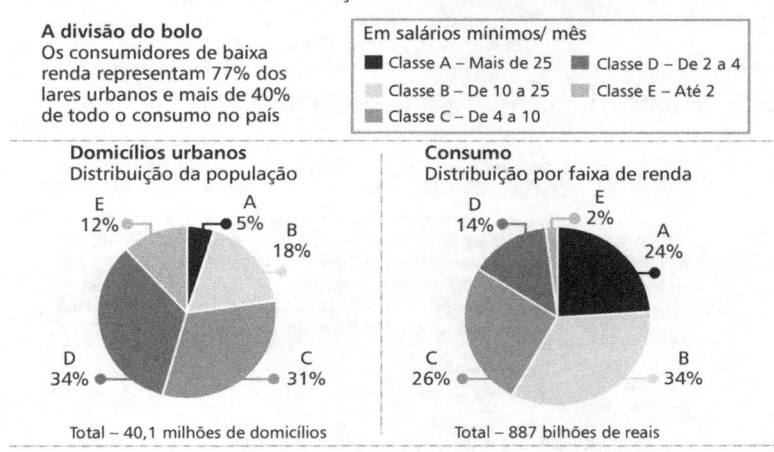

A divisão do bolo
Os consumidores de baixa renda representam 77% dos lares urbanos e mais de 40% de todo o consumo no país

Em salários mínimos/ mês
- Classe A – Mais de 25
- Classe B – De 10 a 25
- Classe C – De 4 a 10
- Classe D – De 2 a 4
- Classe E – Até 2

Domicílios urbanos
Distribuição da população
- A 5%
- B 18%
- C 31%
- D 34%
- E 12%

Total – 40,1 milhões de domicílios

Consumo
Distribuição por faixa de renda
- A 24%
- B 34%
- C 26%
- D 14%
- E 2%

Total – 887 bilhões de reais

EVOLUÇÃO (a)
Crescimento do consumo por faixa de renda, entre 1995 e 2002

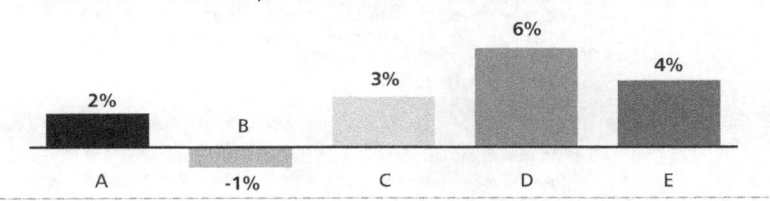

- A: 2%
- B: -1%
- C: 3%
- D: 6%
- E: 4%

PARA ONDE VAI O DINHEIRO (b)
Perfil de consumo dos lares das classes C e D

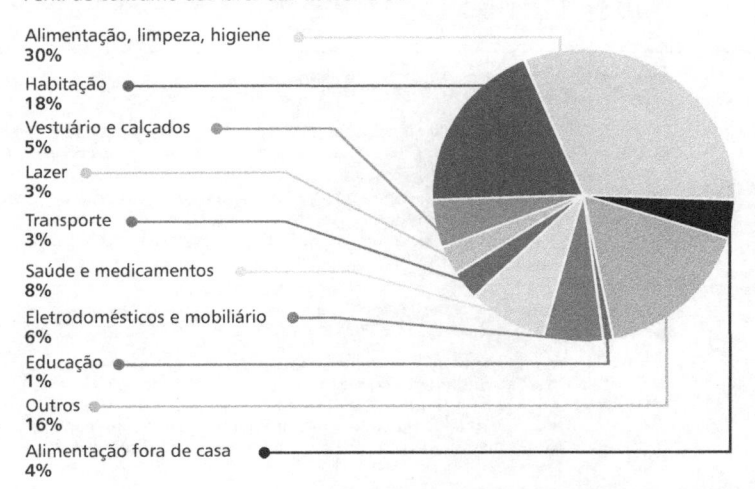

- Alimentação, limpeza, higiene: 30%
- Habitação: 18%
- Vestuário e calçados: 5%
- Lazer: 3%
- Transporte: 3%
- Saúde e medicamentos: 8%
- Eletrodomésticos e mobiliário: 6%
- Educação: 1%
- Outros: 16%
- Alimentação fora de casa: 4%

Fontes: (a) Target. In: Nelson Blecher e Sérgio Teixeira Jr., "O Discreto Charme da Baixa Renda", *Exame*, 1º out. 2003, p. 40. (b) Target, Booz Allen Hamilton. In: Nelson Blecher e Sérgio Teixeira Jr., "O Discreto Charme da Baixa Renda", *Exame*, 1º out. 2003, p. 40.

Comportamento do Consumidor

A revista *Exame* encomendou ao instituto Ibope uma pesquisa nacional para determinar os hábitos dos consumidores de baixa renda. O resultado classificou as consumidoras em cinco tipos específicos, como mostra o Quadro 3.5, a seguir.

Quadro 3.5   Hábitos dos consumidores de baixa renda

26% — "EU ME AMO"
A maior parcela das consumidoras da classe C se diz plenamente satisfeita com a vida familiar e consigo mesma. Elas consideram ter alcançado um nível de vida melhor do que tinham no passado. São auto-indulgentes e não têm medo de experimentar novos produtos ou serviços. Sensualidade e saúde são dois aspectos importantes de sua vida. Ao mesmo tempo, valorizam seu papel de mãe.

23% — "EU ACREDITO"
Outro grupo importante das consumidoras da classe C é composto de mulheres vaidosas e atraídas pelo novo. Valorizam marca e novos produtos. Querem consumir mais (roupas, serviços financeiros, livros, convênios de saúde), mas precisam equilibrar esse impulso com a responsabilidade de mãe. Apesar dos desejos de consumo, têm amor ao bairro, aos vizinhos e à casa e sentem orgulho de sua vida.

21% — "EU SOBREVIVO"
Uma porcentegem significativa das consumidoras é pessimista, de acordo com a pesquisa do Ibope. São mulheres com auto-estima baixa, que não sentem prazer em comprar roupas nem produtos relacionados à beleza. Sua principal motivação no momento do consumo é o preço. Permitem-se luxos apenas nas despesas com os filhos, em quem projetam seus sonhos e suas realizações.

14% — "VOU CONSEGUIR"
O foco no desenvolvimento pessoal é a principal característica de 14% das mulheres entrevistadas. São as que mais sonham com um bom emprego ou um negócio próprio — e acreditam que esses objetivos estão a seu alcance. São ativas e independentes — não têm e não querem ter filhos por enquanto nem encontram prazer em tarefas domésticas. Mostram preocupação com valores individuais e são combativas na luta por seus direitos.

10% — "NÃO ACEITO"
Um décimo das consumidoras entrevistadas tem uma atitude muito negativa perante a vida. São desiludidas com as pessoas, com o trabalho e consigo mesmas. Não têm confiança nem sequer na família ou na religião. Entre os perfis levantados pelo Ibope, é o único que não dá valor à família nem ao papel de mãe. No momento do consumo, são inconseqüentes e impulsivas.

Nota: 6% das entrevistadas não se encaixaram em nenhum dos perfis identificados na pesquisa.
Fonte: Pesquisa Abril/ Ibope com 3000 mulheres em sete capitais brasileiras. In: Nelson Blecher e Sérgio Teixeira Jr., "O Discreto Charme da Baixa Renda", *Exame*, 1º out. de 2003, p. 42.

Grupos de Referência

Uma das fontes mais poderosas de pressão persuasiva e influência sobre o comportamento é exercida pelo grupo (ou grupos) de referência de que faz parte o indivíduo. Grupo de referência é o grupo com o qual um indivíduo se identifica e serve como ponto de comparação — ou referência — para formação geral ou específica de valores, atitudes ou comportamentos, ditando-lhe um determinado padrão.

Esses grupos podem ser grandes e diversos, como grupos universitários, grupos étnicos ou membros de um partido político. Eles podem também ser pequenos e íntimos, como a família, os colegas de trabalho ou os sócios de um clube social. Há uma forte tendência de os indivíduos seguirem as normas dos grupos com os quais se identificam e adotarem comportamentos considerados adequados pelos demais. Há pouco mistério nessa relação, uma vez que a pessoa valoriza sua participação no grupo, tendo a ele se ligado por atitudes e interesses semelhantes. O grupo torna-se uma referência de julgamento de comportamento, determinando os comportamentos futuros (Semenik e Bamossy, 1996).

O conceito de *grupo* de referência é amplo e pode incluir indivíduos e instituições, sejam reais ou imaginários, aos quais uma pessoa recorre para orientar seu próprio comportamento e que o afetará positiva ou negativamente. Você já se deixou influenciar em seu comportamento juvenil por algum super-herói das revistas em quadrinhos? Ou agiu conforme o padrão da 'tribo' de adolescentes de que fazia parte? É muito provável também que você tenha emulado algum comportamento dos seus ídolos da música ou do cinema e tenha incorporado algum hábito ou crença da instituição religiosa ou cultural que freqüentava. A maioria desses comportamentos pode ter tido vida curta, mas é muito provável que alguns permaneçam até hoje. O filme *Uma Tragédia Americana*, de Tony Kaye, serve para ilustrar a força do grupo de referência. A trama conta a história de um adolescente de classe média que tem seu comportamento influenciado de forma negativa depois que se filia a um grupo de jovens neonazistas. A Figura 3.5 indica os principais grupamentos sociais que influenciam o comportamento de consumo dos indivíduos.

Os grupos de referência influenciam os consumidores de três formas (Solomon, 2002):

- *Influência informativa*: o indivíduo busca informação sobre o produto em grupos de profissionais especialistas ou associações que trabalham com o produto como profissão.

- *Influência utilitária*: a decisão de compra é baseada no desejo de satisfazer os colegas de trabalho ou pessoas com as quais o indivíduo tem interações.

- *Influência expressiva de valor*: o indivíduo acha que a compra ou o uso de determinada marca promoverá a imagem que os outros têm dele e lhe agregará a imagem que ele deseja ter ou aspira ser (senso de identidade e idealização).

Lamb Jr., Hair Jr. e McDaniel (2001) classificam os grupos de referência em dois tipos: diretos e indiretos. Os *grupos de referência diretos* dizem respeito àqueles que interferem diretamente na vida das pessoas em virtude da sua interação regular e face a face. Eles podem ser primários (grupos pequenos e informais) ou secundários (grupos grandes e formais). Já os *grupos de referência indiretos* se referem a grupos aos quais o indivíduo não pertence. Eles podem ser aspiracionais (aqueles aos quais o indivíduo deseja se associar) ou não-aspiracionais (ou de evitação: os quais o indivíduo não quer se identificar e procura evitar).

No âmbito de marketing, o conhecimento da teoria dos grupos de referência pode ter utilidades variadas. Por exemplo, por meio da influência normativa os consumidores

Comportamento do Consumidor

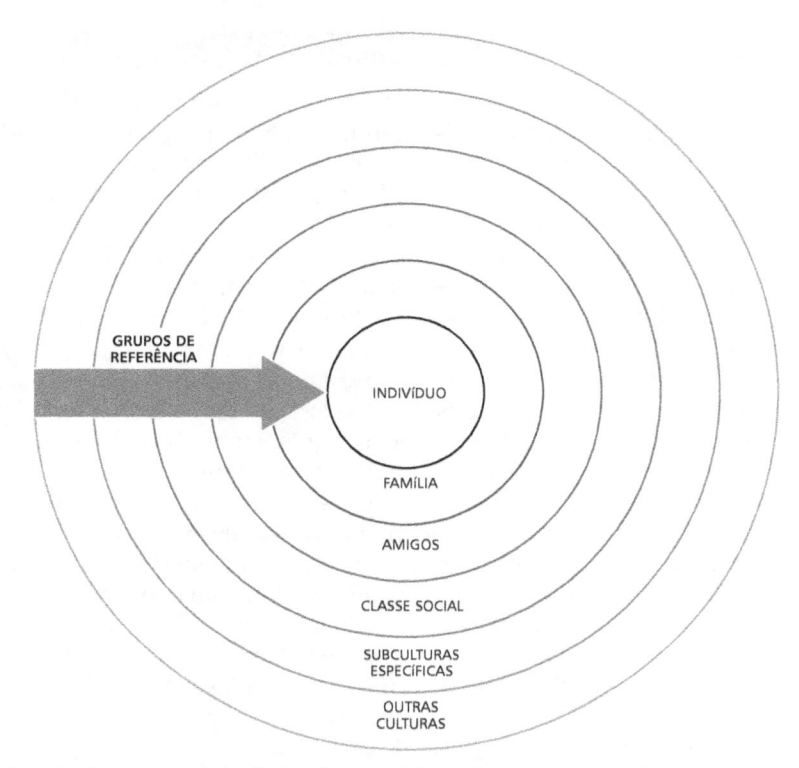

[Diagrama de círculos concêntricos mostrando, do centro para fora: INDIVÍDUO, FAMÍLIA, AMIGOS, CLASSE SOCIAL, SUBCULTURAS ESPECÍFICAS, OUTRAS CULTURAS. Uma seta externa indica GRUPOS DE REFERÊNCIA apontando para o indivíduo.]

Figura 3.5 Principais grupos de referência que influenciam o consumidor.

podem substituir as informações objetivas do produto pelas informações do grupo de referência. Se os membros do grupo estão usando um produto e dele obtendo satisfação, o consumidor poderá então se basear nessa informação para sua tomada de decisão.

Outra aplicação usual, que se vale da influência expressiva de valor, é o *endorsement* (endosso) do produto por uma celebridade ou uma pessoa 'comum' representativa de um *modelo* com o qual o consumidor-alvo se identifique (grupo de influência de associação) ou que almeje ser (grupo de influência por aspiração). No *endorsement*, o retrato que o profissional de marketing fizer de um produto usado por um membro de um grupo de referência pode servir como um importante elemento adicional das informações de compra. Quando os consumidores vêem num anúncio uma pessoa com quem se identificam ou que almejam ser, isso acrescenta uma outra dimensão à imagem e à significação do produto (associando-o ao seu *ego ideal* — veja Capítulo 4). A presença de pessoas altamente visíveis e admiráveis, como heróis do esporte, artistas de cinema, top models e celebridades da TV, na propaganda de muitas categorias de produtos é baseada nesse tipo de influência de grupo de referência. A Figura 3.6 ilustra uma aplicação de endosso de produto por uma celebridade. O *Estudo de Caso — Brad Pitt Alavanca Vendas do Corolla* aborda a situação na qual uma celebridade é utilizada como referência para associar os atributos do produto e gerar identificação no consumidor. A seção *Interface — Celebridades Ajudam a Vender Produtos*, que apresentamos a seguir, relaciona outros exemplos dessa freqüente prática da propaganda e publicidade.

Alguns autores, como Boone e Kurtz (1998), incluem a classificação líderes ou formadores de opinião entre as influências sociais. Indivíduos encontrados em todos os segmentos da população, esses "criadores de tendências" têm o poder de exercer influência sobre outras pessoas, geralmente por seu maior *expertise* em alguma área ou por serem os primeiros compradores de produtos inovadores. Articulistas, professores, intelectuais, líderes comunitários e artistas são alguns exemplos de pessoas formadoras de opinião.

No todo, a teoria do grupo de referência é uma abordagem útil e importante que possibilita ao profissional de marketing a capacidade de identificar diversas condições em que grupos de referência possam influenciar as decisões de compra do consumidor.

Família

A família é um grupo de referência de tamanha importância em termos de seus efeitos sobre o comportamento do consumidor que merece ser examinada separadamente. De todos os nossos grupos de referência, a família é, sem dúvida, o mais influente. De fato, ela serve como um filtro para os valores e as normas de todo o nosso ambiente social — cultura, classe social e outros grupos de referência. Definida como uma unidade social na qual as pessoas são ligadas pelo sangue e/ou casamento, a família é o nosso grupo de referência primário. Ela se caracteriza, geralmente, por uma residência em comum, pela presença de laços de afeto, por uma obrigação de apoio e cuidado mútuo e por um senso comum de identidade (Sheth,

Figura 3.6 Utilização de celebridade como influência de grupo de referência no endosso de produto.

Mittal e Newman, 2001). Pense nos seus próprios valores e hábitos de consumo. Quantos deles resultam da maneira como sua família costumava fazer as coisas? Boa parte dos nossos comportamentos foi modelada pelo convívio familiar.

Interface — Celebridades Ajudam a Vender Produtos

Além de Brad Pitt (veja *Estudo de Caso — Brad Pitt Alavanca Vendas do Corolla*), que serviu como garoto-propaganda do novo Toyota Corolla no Brasil, inúmeras celebridades têm emprestado sua imagem para promover a venda de produtos e serviços no país. Técnica comum e antiga na propaganda (quem se lembra de Roberto Carlos anunciando os paletós da Confecções Camelo, em 1966?), a utilização de figuras famosas como porta-vozes e promotores de produtos e serviços se baseia na influência dos grupos de referência no comportamento do consumidor. Associar marcas a personalidades pode trazer riscos ou glória para os profissionais de marketing, uma vez que a imagem (incluindo comportamentos, personalidade, atitudes e defeitos) dessas pessoas imediatamente forma vínculos com o posicionamento do produto anunciado. O sucesso do endosso depende muito de quão digna de crédito e cativante é a personalidade, bem como de quanto sua associação com o produto pode ser razoavelmente estabelecida.

Uma das garotas-propaganda mais lembradas pelo público, a atriz de teatro, cinema e TV Ana Paula Arósio, celebrou um contrato milionário para anunciar os serviços de longa distância da empresa de telecomunicações Embratel. A associação de sua imagem à campanha "Faz um 21" foi tão bem-sucedida que a atriz renovou o contrato por novas temporadas e vem representando o visual da marca em publicidade desde 1999.

A Loja C&A, há quase dez anos associada ao modelo negro Sebastian, teve um fenomenal incremento nas vendas quando em 2001 atrelou a sua imagem à top model número um do planeta, a gaúcha Gisele Bündchen. Uma campanha agressiva exibida em TV, jornais e revistas ajudou a propagar a imagem de uma loja fashion, com roupas chiques e diferenciadas e... baratas. A estratégia voltada para ampliar a participação da empresa no mercado, buscando maior apelo junto à classe média, acabou dando certo: suas vendas cresceram 20% em um ano e o *market share* subiu de 26,2% para 31,5%.

Outra gaúcha que ajudou uma empresa a aumentar suas vendas e a crescer foi Xuxa, a 'rainha dos baixinhos'. No início dos anos 90, a empresa de calçados Grendene contratou a apresentadora de programas infantis para anunciar seu inovador calçado de plástico para crianças: a Melissinha.

Pelé, o maior jogador da história do futebol mundial, com mais de sessenta anos, representa vigor, saúde e energia. Talvez por isso a marca de vitaminas Vitassay procurou se associar à imagem dele na comunicação de seus produtos. Pelé, uma personalidade muito requisitada para ser garoto-propaganda, anunciou por muito tempo o Biotônico Fontoura e também o participou do lançamento do medicamento contra a disfunção erétil Viagra, da Pfizer, e emprestou sua imagem para as embalagens da Tetra Park. Ronaldinho, outro jogador de futebol, craque da seleção brasileira e com fama mundial, ídolo de milhares de jovens torcedores em todo o mundo, também emprestou seu endosso para os calçados esportivos Nike, supermercados Carrefour e cerveja Skol. O tenista Guga foi garoto-propaganda das sandálias Rider. Malu Mader e outras atrizes, como Carolina Dieckmann e Deborah Secco, sustentaram uma bem-sucedida campanha das sandálias Havaianas.

A modelo e apresentadora de televisão Luciana Gimenez participou de campanha publicitária da clínica estética Onodera, de São Paulo (veja Figura 3.7). Sua influência expressiva de valor desperta nas outras mulheres o desejo aspiracional de cuidados de beleza e estética que a empresa oferece em seus serviços.

O compositor Zeca Pagodinho ajudou a Cervejaria Schincariol a provocar um fenomenal incremento nas vendas da Nova Schin, quando lançada no final de 2003. A dupla de cantores sertanejos Zezé Di Camargo e Luciano não só canta os jingles das Lojas Marabraz, como também aparece em seus anúncios promovendo a estratégia de menor preço da rede de lojas de móveis.

Listamos a seguir alguns endossos de celebridades a marcas famosas, associando sua imagem aos atributos do produto:

Celebridade	Marca	Atributo associado
Brad Pitt	Toyota	Beleza, modernidade, sensualidade
Ana Paula Arósio	Embratel	Determinação, beleza, simpatia
Gisele Bündchen	C&A, Credicard, Nivea	Beleza, estilo, sofisticação
Pelé	Vitassay/ Viagra	Saúde, vigor, energia
Ronaldinho	Nike, Skol, Carrefour	Garra, destreza, vitória
Luciana Gimenez	Onodera	Juventude, beleza, boa forma
Zezé Di Camargo e Luciano	Marabraz	Popularidade, simplicidade
Xuxa	Grendene	Alegria, pureza, fantasia
Guga	Rider, Olympikus	Dinamismo, despojamento
Zeca Pagodinho	Nova Schin	Descontração, popularidade

Figura 3.7   Exemplo de endosso de marca por celebridade (fonte: Onodera).

Do ponto de vista mercadológico, a família difere dos grupos de referência maiores porque seus membros precisam satisfazer suas necessidades individuais e partilhadas, recorrendo a um suprimento de recursos comuns e relativamente fixos. Embora a vida em família seja uma situação comum e cotidiana, algumas de suas características são muito importantes para os profissionais de marketing — e nem todas óbvias. Por exemplo, um aspecto muito interessante da estrutura da família é que, tipicamente, somos membros de duas famílias. Primeiro, da família em que nascemos, chamada *família de orientação*; mais tarde, no entanto, a maioria estabelece uma *família de procriação*, por meio do casamento. Esse padrão resulta em uma *família nuclear*, que consiste em pais e filhos vivendo em conjunto, e também em uma *família extensa*, que inclui a família nuclear e tias, tios, avós e parentes por afinidade. Todas essas pessoas influenciam nossa vida e nosso comportamento de compra (Schewe e Smith,1982).

Esse sistema de duas famílias têm alguns efeitos definitivos em marketing. A maioria dos jovens casais começa do zero em termos de habitação, mobiliário, carros e centenas de outros produtos. Obviamente, isso cria um grande mercado a ser servido. Depois, precisam ser estabelecidos mais domicílios, porque atualmente é menos comum que membros de grandes famílias vivam em conjunto. No passado, era comum os avós e outros parentes viverem com a *família nuclear*, mas hoje o tamanho das unidades familiares se tornou mais limitado. A vida e a estrutura da família também são afetadas por outras tendências, como menor quantidade de filhos, esposas e mães que trabalham fora, divórcio, mobilidade geográfica, pai ou mãe que vive só, maior renda disponível e mais tempo de lazer. Uma vez mais, todos esses fatores produzem efeitos no mercado, desde máquinas de lavar que recebem cargas menores e conjuntos de cozinha para um número menor de pessoas, até automóveis que transportam quatro passageiros em vez de seis.

O estilo de vida da família também influencia o comportamento de seus membros. Aspectos como educação, lazer, experiência e objetivos particulares ou comuns determinam os hábitos familiares, como leitura, assistir a televisão ou jantares fora de casa. Pesquisadores nos Estados Unidos identificaram que a "união da família", que antes significava fazer as coisas juntos, hoje em dia significa ficar no mesmo domicílio fazendo suas próprias coisas (Schiffman e Kanuk, 2000), como mostra a Figura 3.8.

O **processo decisório familiar** é complexo e deve ser compreendido pelos profissionais de marketing para que possam direcionar apropriadamente seus esforços. Dentro do contexto da família, vários aspectos da decisão de consumo podem ser controlados por seus diferentes membros. Durante a fase de *coleta de informações*, os adultos e as crianças da família podem contribuir para a obtenção de conhecimento sobre os produtos. Qualquer pessoa que tenha filhos pequenos sabe que eles representam fontes bem informadas sobre diversas áreas, como brinquedos e alimentos tipo snack. Além disso, há a influência exercida sobre a definição dos critérios a serem usados na avaliação das marcas. As *decisões* sobre produtos e marcas podem ser tomadas por uma única pessoa da família ou pela combinação de vários de seus membros. O *comprador* final pode tanto ser o tomador da decisão quanto outro membro da família, que simplesmente faz o papel de "anotador de pedidos". E, finalmente, há o *consumidor real*, que (particularmente no caso de bebês) pode não ter participado em qualquer das outras influências sobre o processo decisório. Em alguns casos, chega a cinco o número de diferentes membros da família que estão envolvidos numa única decisão de compra (Semenik e Bamossy, 1996).

Uma vez que os fatores de influência são importantes para a decisão final, os profissionais de marketing devem considerar todos os participantes potenciais do processo e decidir que fatores do composto de marketing se coadunam com a forma como são tomadas as decisões da família. Por exemplo, na indústria de comida para animais domésticos, o consumidor

Capítulo 3 • Influências Socioculturais

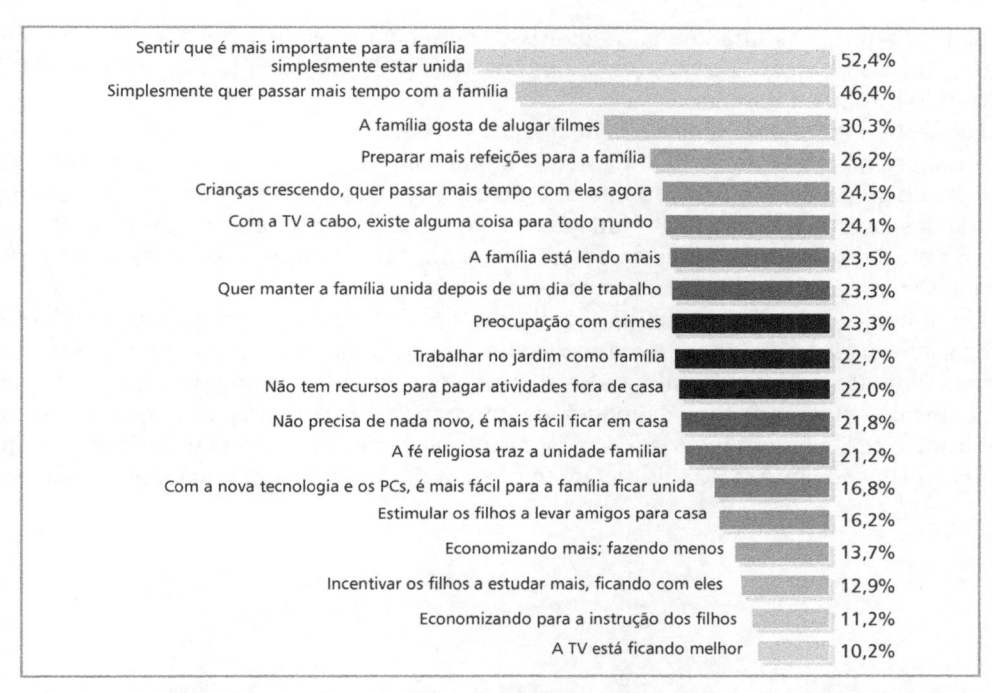

Razão	%
Sentir que é mais importante para a família simplesmente estar unida	52,4%
Simplesmente quer passar mais tempo com a família	46,4%
A família gosta de alugar filmes	30,3%
Preparar mais refeições para a família	26,2%
Crianças crescendo, quer passar mais tempo com elas agora	24,5%
Com a TV a cabo, existe alguma coisa para todo mundo	24,1%
A família está lendo mais	23,5%
Quer manter a família unida depois de um dia de trabalho	23,3%
Preocupação com crimes	23,3%
Trabalhar no jardim como família	22,7%
Não tem recursos para pagar atividades fora de casa	22,0%
Não precisa de nada novo, é mais fácil ficar em casa	21,8%
A fé religiosa traz a unidade familiar	21,2%
Com a nova tecnologia e os PCs, é mais fácil para a família ficar unida	16,8%
Estimular os filhos a levar amigos para casa	16,2%
Economizando mais; fazendo menos	13,7%
Incentivar os filhos a estudar mais, ficando com eles	12,9%
Economizando para a instrução dos filhos	11,2%
A TV está ficando melhor	10,2%

Figura 3.8 Razões por que as famílias estão ficando mais em casa (fonte: Leon G. Schiffman e Leslie Lazar Kanuk. *Comportamento do Consumidor*. Rio de Janeiro: LTC, 2000).

real (cão ou gato) não participa do processo de decisão. Por isso, os fabricantes de comida para cães e gatos precisam tornar a aparência e o cheiro desses alimentos atraentes para o dono (comprador) e para o animal. Se o comprador achar uma determinada marca de comida visualmente desagradável, ela provavelmente será descartada.

A expansão do papel feminino na família no momento de influenciar ou tomar as decisões de compra, bem como o reconhecimento de que muitas decisões são tomadas em conjunto pelo casal, merece a atenção do profissional de marketing.

Conhecer o comportamento dos vários membros da família em cada estágio do processo decisório é de grande importância para os profissionais de marketing. Os papéis da família são os meios pelos quais ela atende às suas necessidades cotidianas: quem pagará as contas? Quando serão feitas as compras no supermercado? Quem lavará as roupas? Quem fará o jantar? Essas perguntas não são difíceis de responder quando uma pessoa solteira mora sozinha. Mas, quando ela se casa, a situação se modifica. Forma-se um lar e seus membros se confrontam com as várias decisões que refletem as necessidades da unidade familiar: essas decisões podem ser tomadas em conjunto ou podem ser divididas entre os vários membros da família. No início do casamento, podem ser tomadas mais decisões em conjunto, pois os parceiros ainda estão se conhecendo e interessados em saber as necessidades e os desejos de cada um. E há mais tempo disponível para discutir como as decisões devem ser tomadas. Mas, quando chegam os filhos e a pressão do trabalho e do tempo aumentam, há uma necessidade maior de alocar decisões e tarefas para os membros individuais. A maneira pela qual os papéis são alocados em uma família é de grande importância para os profissionais de marketing, já que isso influencia suas decisões sobre o desenho, embalagem, distribuição e promoção de um produto. A Figura 3.9 ilustra a campanha de um produto dirigido à família.

Papéis tradicionais da família. Inúmeros fatores determinam como os papéis são distribuídos para os membros da família. O modo como uma pessoa é criada, os valores culturais, os valores do grupo de referência, o interesse de cada um dos parceiros na decisão e a personalidade dos membros da família — tudo tem efeito nesse processo. Mesmo assim, geralmente são empregadas regras simples de decisão na alocação de papéis. Além disso, os vários segmentos etários da população costumam usar diferentes regras.

Geralmente, as tarefas da família são distribuídas de forma a garantir sua execução efetiva. Nos lares mais tradicionais, o marido sai de casa para trabalhar enquanto a esposa permanece cuidando do lar e dos filhos. Nesse modelo, o marido assume papéis *externos* em relação ao lar — buscando financiamento, comprando seguro e assim por diante — enquanto a esposa executa tarefas *internas* — compras no supermercado, decoração, limpeza. Embora essa distinção entre os papéis certamente esteja diminuindo à medida que as mulheres

Figura 3.9   Anúncio de produto dirigido para a família (fonte: Africa).

modernas, mas ainda tradicionais, se tornam mais ativas fora de casa, essa situação ainda se mantém para grande parte da população. As tarefas da família são distribuídas também conforme o valor instrumental ou expressivo que refletem. Os valores *instrumentais* são principalmente econômicos: são mais meios do que fins. E, nas famílias tradicionais, o elemento masculino atende às tarefas instrumentais, as que envolvem questões funcionais, como a solidez de uma construção, a eficiência de um motor, ou requisitos de serviço e reparos. Por outro lado, o elemento feminino toma conta das tarefas que refletem *valores expressivos* — tomar providências para reuniões sociais, escolha de cor e tecido para móveis estofados e seleção de grande parte do vestuário da família. Essa distinção entre valores instrumentais e expressivos se aplica mesmo quando o principal usuário do produto é a outra pessoa (Schewe e Smith, 1982).

Papéis contemporâneos da família. Historicamente, os papéis domésticos foram divididos entre homens e mulheres em função do estilo de vida do casal: homens trabalhando fora e mulheres cuidando do lar. Diversas tendências modernas, que afetam principalmente as mulheres e seu ingresso no mundo do trabalho, têm modificado essas tradicionais atribuições de papel nas famílias contemporâneas. As técnicas de controle da natalidade (que têm permitido controlar o tamanho da família e o momento da chegada dos filhos), a maior longevidade (que possibilita mais mulheres de idade continuarem trabalhando), a elevação do custo de vida (que fomenta a necessidade de renda adicional), a proliferação de produtos economizadores de trabalho doméstico, o senso de independência e outros significados associados ao trabalho, que expressam as atitudes da mulher moderna e a maior aceitação cultural desse seu novo papel, têm destruído velhos rótulos como "O lugar da mulher é no lar" e "Um homem é o senhor de seu castelo" (Schewe e Smith, 1982). Esse aumento do papel da mulher fora de casa teve um apreciável impacto sobre os valores, os direitos, as responsabilidades e o comportamento de compra tanto das mulheres como dos homens nas famílias modernas (veja *Consumidor em Close — A Nova Família*).

Consumidor em Close — A Nova Família

Pai, mãe e filhos: será que a família tradicional como a conhecemos está desaparecendo? Certamente não, mas já existem milhares de famílias que, por suas diferentes configurações, podem indicar um crescimento de um novo tipo de unidade doméstica (*household*). Há dois tipos de unidades domésticas: a familiar (casal casado, casados com filhos, pai/ mãe solteiro(a) com filhos e família estendida) e a não-familiar (pessoa solteira, companheiro de quarto e residentes de pensões). Ao contrário das famílias tradicionais dos anos 50, quando a média de fecundidade brasileira se situava em 6 filhos, as novas unidades familiares estão se configurando em grupos bem menores, com 2 filhos em média.

Podemos classificar as famílias da seguinte forma:

- *Família unicelular*: solteiros, divorciados ou viúvos que moram sós.
- *Família com um dos pais*: divorciados ou viúvos com filhos.
- *Família com os dois pais*: casados com filhos, casais que têm filhos de outras uniões.
- *Família sem filhos*: jovens casais; casais com filhos casados.

Mudanças comportamentais decorrentes dos novos papéis do homem e da mulher têm influenciado profundamente os hábitos de consumo. Um estudo nos EUA revelou que 77% de todos os homens são os principais adquirentes de alimentos, comprando sozinhos ou com a mulher (Boone e Kurtz, 1998).

A família *típica* mudou drasticamente. Hoje temos uma família não-tradicional. É muito comum encontrarmos na sociedade atual famílias compostas por uma mãe e filhos, sem a presença do pai, em decorrência de divórcios e separações. Segundo o IBGE, as mulheres são chefes de família em 26% dos lares brasileiros. As mulheres são maioria no país, têm vida média mais elevada que os homens e assumem cada vez mais o comando das famílias. No Brasil, não é incomum também jovens adolescentes terem engravidado inesperadamente e viverem como mães solteiras, morando com seus pais. Embora em muito menor número no país, outras reuniões inusitadas têm tomado forma familiar: um casal composto por duas mulheres, sem filhos ou com filhos de uma delas ou adotados, ou um casal masculino em situação semelhante. Como veremos abaixo, em outros países, como os EUA, esse grupo já é bastante significativo.

Homens e mulheres, nessas *novas* unidades familiares, assumem responsabilidades que modificam seus valores, personalidade e autoconceito, alterando profundamente seus hábitos de consumo. Quem não se lembra da comédia cinematográfica *Três Solteirões e um Bebê* e do desafio de comprar os produtos certos para um bebê?

Nos Estados Unidos, uma reportagem da *Business Week* intitulada "Unmarried America" (América Descasada), revelou que uma nova demografia está caracterizando os lares americanos do século XXI, provocando grandes influências na sociedade e no consumo. Segundo o U.S. Census Bureau, o número de lares com casais tradicionais — o modelo predominante desde a fundação do país — caiu de cerca de 80% nos anos 50 para apenas 50,7% em 2003. Os adultos solteiros (86 milhões de americanos) já podem se tornar a maioria dos donos de casa na América. Eles representam também 42% da força de trabalho, 40% dos compradores domésticos e 35% dos eleitores. Essa mudança de paradigma trará fortes implicações para o consumo, para as empresas e para os profissionais de marketing.

Uma das razões decorre do fato de que os americanos estão se casando mais tarde: a média preponderante de 23 anos para os homens nos anos 50 está hoje em 27 (e de 20 anos para 25 no caso das mulheres). Outras razões incluem a co-habitação entre pessoas de sexos opostos (cerca de 5 milhões de pessoas), o aumento de divórcios (de 2% para 11% no caso de mulheres) e o aumento da expectativa de vida (de 71 para 80 anos, no caso das mulheres, e de 66 para 74 anos no dos homens). Outro dado (do Urban Institute) aponta que o número de casais homossexuais em que os parceiros residem juntos aumentou muito em 10 anos:

- *Casais de homossexuais masculinos com filhos*: de 5% em 1990 para 22% em 2000 (sobre o total de casais de homens homossexuais).

- *Casais de homossexuais femininas com filhos*: de 22% em 1990 para 34% em 2000 (sobre o total de casais de mulheres homossexuais).

Mesmo que essa nova família, a família não-tradicional, ainda seja parcela quantitativamente variável em outros países ou regiões, é útil para o profissional de marketing estar atento a essa tendência, já que produtos específicos serão certamente demandados para satisfazer suas expectativas e desejos diferenciados.

Fonte: Michelle Conlin, "Unmarried America", *Business Week*, 20 out. 2003.

Embora haja pouca diferença no comportamento de compra entre as mulheres tradicionais e contemporâneas para grande parte dos produtos, muitos benefícios adicionais têm sido buscados pela nova mulher, como a maior preocupação com sua aparência e com suas condições físicas. Esses valores se refletem no desejo de projetar uma imagem jovem e da moda. A moderna orientação feminina reflete uma atitude cosmopolita, confiante e móvel. Os horizontes de viagem das mulheres se ampliaram para incluir fronteiras internacionais, e elas vêem o lazer como uma oportunidade para o prazer, e não para as atividades tradicionais, como trabalhar no quintal, fazer compras, cozinhar e conversar com amigos e parentes. As mulheres contemporâneas já respondem por 51% da força de trabalho no país, passam a maior parte do tempo fora de casa e necessitam de produtos práticos, que reduzam o tempo gasto na cozinha e em casa. Elas também estão ganhando mais. Segundo o IBGE, o rendimento das mulheres cresceu quase o dobro da média nacional entre 1993 e 2000. Além disso, participam cada vez mais de atividades fora de casa, como trabalho voluntário, academia, transporte da família e outras. Como resultado desses novos papéis, as mulheres contemporâneas têm uma influência mais poderosa sobre as principais decisões de compra da família e sobre sua orientação de classe social.

As auto-imagens modificadas das mulheres também forçaram uma revisão dos estereótipos masculinos e os homens contemporâneos também apresentam mudanças. Já não estão mais limitados a cumprir um papel de caçadores e guerreiros ou decisores na mesa de jantar. Muito mais homens atualmente estão considerando os deveres do lar e as responsabilidades de criar filhos tanto aceitáveis quanto agradáveis. O homem moderno é mais sensível e não teme expressar suas emoções, bem como tem procurado um maior equilíbrio entre o trabalho e a vida pessoal. A seção *Consumidor em Close — Homens Vaidosos ou Metrossexuais*, no Capítulo 4, discorre mais sobre o comportamento do *novo* homem. Todas essas mudanças influenciam profundamente o comportamento de compra do novo homem e da nova mulher que integram a família moderna. Conseqüentemente, é extremamente importante para o profissional de marketing perceber as evoluções nas auto-imagens desses consumidores para lhes fornecer pacotes de utilidade que os satisfaçam.

O Ciclo de Vida da Família

O **ciclo de vida familiar** constitui uma série de estágios relativos ao modo como uma família se forma, cresce, desenvolve e muda seus padrões de consumo. À medida que uma pessoa nasce em uma família, cresce e estabelece sua própria família, ocorrem muitas modificações em seus valores e em seu comportamento geral. O Quadro 3.6 considera algumas das diferenças que surgem quando as pessoas passam pelo ciclo de vida da família. Por exemplo, uma nova família que acaba de formar um lar tem uma série de necessidades de produtos, como aparelhos eletrodomésticos, móveis e utensílios. A compra de uma casa ou a chegada de um filho gera novas necessidades de produtos e serviços: a contratação de babás, equipamentos de jardinagem e seguros de vida são exemplos. Quando os filhos crescem, entram na escola, aprendem a andar de bicicleta ou a dirigir o carro, surge a necessidade de um outro conjunto de produtos. Famílias com adolescentes, por exemplo, demonstram gastos desproporcionalmente altos com alimentos, se comparadas às famílias em outras fases do ciclo de vida. O processo evolui até que o lar volta a ter apenas dois membros, usualmente referido como fase do "ninho vazio".

Vale salientar, como vimos em *Consumidor em Close — A Nova Família*, que as diversas mudanças sociais que vêm ocorrendo e suas conseqüentes alterações na estrutura da família contemporânea podem tornar os estágios do ciclo de vida das famílias mais ou menos variáveis em seu período temporal e mais ou menos flexíveis em seus comportamentos característicos. A Figura 3.10 mostra um anúncio de produtos dirigido ao estágio de adolescentes e jovens.

Quadro 3.6 Os estágios do ciclo de vida da família

Grupo etário	Idade	Características comportamentais	Produtos de interesse
Primeira infância	0-5	Dependência total dos pais; desenvolvimento dos ossos e músculos e uso da locomoção; propensão a acidentes e doenças; egocentrismo; cochila; acompanha as compras de quem toma conta.	Alimentos para bebês; berços; roupas; creches; serviços pediátricos; vaporizadores de quarto; cereais para desjejum; balas; brinquedos; livros infantis.
Segunda infância	6-12	Menor dependência dos pais; crescimento mais lento e mais uniforme; vasto desenvolvimento na capacidade de pensar; competição com os colegas; cônscio de ser aliviado pelos outros; começa a freqüentar a escola.	Alimentos; refrigerantes; brinquedos mais complexos; roupas; lições; assistência médica e dentária; cinema; videogames; doces, balas, uniformes; gibis; animais domésticos.
Início da adolescência	13-15	Puberdade; passagem do grupo de referência da família para o de colegas; início da preocupação com a aparência física; desejo de mais independência; transição iniciada para a vida adulta.	Comida pouco saudável; gibis e livros de aventuras ou de ficção científica; cinema, CDs/DVDs, vídeos; roupas; hobbies; cosméticos e artigos de limpeza pessoal.
Final da adolescência	16-18	Continua a transição para a vida adulta; obtém autorização para trabalhar; tira carta de motorista; aumenta o interesse pela aparência pessoal; namoro; atividades esportivas; menos leitura para distração.	Gasolina; peças para carros; computador; telefones celulares; câmeras fotográficas e de vídeo; jóias e bijuterias; tênis e artigos esportivos; refrigerantes e sucos, cigarros, livros e revistas.
Jovens solteiros	19-24	Ingresso no mercado de trabalho em base integral; ingresso na faculdade; permanece alto o interesse pela aparência pessoal; mais namoro; vários graus de independência; diminui a atividade esportiva.	Automóvel; roupas; danceterias; viagens; artigos de toalete; academias de ginástica; cabeleireiros e salões de beleza; comida rápida e fácil de preparar.
Jovens casados	25-34	Primeiro casamento; transição para comportamento centrado nos colegas; otimismo financeiro; ainda alto interesse pela aparência pessoal; aprendem a administrar a casa; esposa e marido trabalham.	Aluguel de casa; mobília; principais eletrodomésticos; segundo carro; alimento; entretenimento; academias de ginástica; cabeleireiros e salões de beleza; pequenos itens para o lar.
Jovens divorciados sem filhos	28-34	Estilo de vida pode voltar ao do jovem solteiro; tanto homens como mulheres em pior situação financeira do que quando casados; a maioria dos homens e mulheres vai casar de novo.	Discotecas; terapeutas; roupas; automóvel; pós-graduação; artigos para casa; apartamentos.

Jovens pais	25-34	Transição para comportamento centrado na família; declínio de interesses sociais; diminui o companheirismo com o cônjuge; lazer mais centrado no lar.	Casas; aparelhos para consertos domésticos; alimentos saudáveis e nutritivos; jogos de família; assistência médica; pós-graduação; produtos infantis para os filhos.
Jovens divorciados com filhos	28-34	A mulher em geral fica com a custódia dos filhos; o marido dá suporte ao sustento das crianças; a mulher precisa trabalhar; pouca renda livre para consumo.	Creches; bens domésticos; condomínios.
Idade adulta (meia idade), casados, com filhos	35-44	Tamanho da família em seu pico; filhos na escola; consciência de segurança; muito tempo nos cuidados de casa; carreira do marido progride; passeios de automóvel.	Reposição dos bens duráveis; seguros; livros, equipamento de esporte; mobília para jardim e exteriores; presentes.
Idade adulta (meia idade), casados, sem filhos	35-44	Segmento pequeno; alterações importantes no estilo de vida para ambos; condição financeira depende da função e do status socioeconômico; muito difícil virem a ter filhos.	Férias e viagens; serviços ligados ao lazer; produtos de ginástica; seguro-saúde pessoal; cursos livres; artigos para festas.
Idade adulta (meia idade), divorciados, sem filhos	35-44	Segmento pequeno; mudanças significativas no estilo de vida, para ambos os cônjuges; condição financeira atrelada à ocupação e ao status socioeconômico; dificilmente virão a ter filhos.	Livros de auto-ajuda; terapia; cruzeiros; férias; condomínios; bens para casa; academias; cursos livres.
Idade adulta (meia idade), divorciados, com filhos	35-44	Mudanças significativas no estilo, alguns dos filhos podem assumir parte da responsabilidade pelo sustento da família; o pai divorciado tem limitações financeiras; a mãe procura trabalhar, se já não o faz.	Condomínios; equipamentos esportivos; serviços de planejamento financeiro.
Idade adulta madura (fase adulta posterior)	45-54	Os filhos deixam o lar; a aparência física se altera; aumenta a preocupação com a aparência; maiores cuidados com a saúde; serviços à comunidade; a atividade corajosa diminui; centralização nos amigos.	Roupas; férias; serviços ligados ao lazer; alimento; presentes; serviços de assistência médica pessoal.
Prestes a se aposentar (aposentáveis)	55-64	A aparência física continua a declinar; os interesses e as atividades continuam a declinar de forma geral; centralização nos amigos.	Presentes; tratamentos para emagrecer; manicures e massagens; artigos de luxo; casas menores; remédios.
Aposentados	+de 65	A aparência física continua em seu declínio; capacidade mental e saúde podem diminuir; acuidade mental declina; comportamento egocêntrico e voltado para o corpo e para o lar.	Aumenta o consumo de remédios; alimentos dietéticos enlatados; assistência de enfermagem; comunidades para idosos; asilos; férias; serviços domésticos; produtos para dentaduras; aparelhos auditivos.

Fontes: Adaptado e atualizado de Fred D. Reynolds e William D. Wells. Consumer Behavior. Nova York: McGraw-Hill, 1977; Charles D. Chewe e Alexander Hiam. MBA — Curso Prático de Marketing. Rio de Janeiro: Campus, 2000.

Figura 3.10 Anúncio dirigido a estágio do ciclo de vida da família (fonte: W/Brasil).

Papéis do Homem e da Mulher

Como vimos, as alterações em curso nos papéis do homem e da mulher devem-se em parte às mudanças que estão ocorrendo no âmbito da família e nas atitudes em relação ao papel da mulher na sociedade. No século XXI, o novo homem e a nova mulher diferem em muito dos seus pares do passado. A impressionante reestruturação pela qual estão passando os papéis tradicionais do homem e da mulher na família contemporânea vem impingindo a necessidade e o desejo de produtos e serviços apropriados ou diferentes, produzindo efeitos inevitáveis sobre o seu comportamento de consumo.

À medida que mais mulheres foram assumindo responsabilidades trabalhando fora, como vimos, elas passaram a comprar vestuário diferente, a dirigir seus próprios automóveis, a comer em restaurantes com maior freqüência e a contratar mais serviços para cuidar das crianças. A Figura 3.11 mostra os resultados de uma pesquisa feita nos Estados Unidos em relação aos tipos de roupas que homens e mulheres usam no escritório. Ao assumir múltiplos papéis e responsabilidades, suas necessidades de consumo evoluíram e aumentaram. Se antes as mulheres tinham tempo e não tinham dinheiro, agora é o contrário: falta-lhes tempo para ir às compras. O Quadro 3.7 mostra o perfil da consumidora moderna do varejo: quase 70% freqüentam supermercados, a maioria trabalha fora e tem idade entre 25 e 34 anos. A vida mais ocupada e agitada da nova mulher exigiu do homem mudanças em seu próprio comportamento. Hoje, o novo homem assume tarefas domésticas que antes eram exclusivas da mulher, como cozinhar ou arrumar a casa, e igualmente desenvolveu hábitos de consumo que seus pais jamais sonhariam, como ter que escolher temperos, cremes para o rosto e detergentes para o lar.

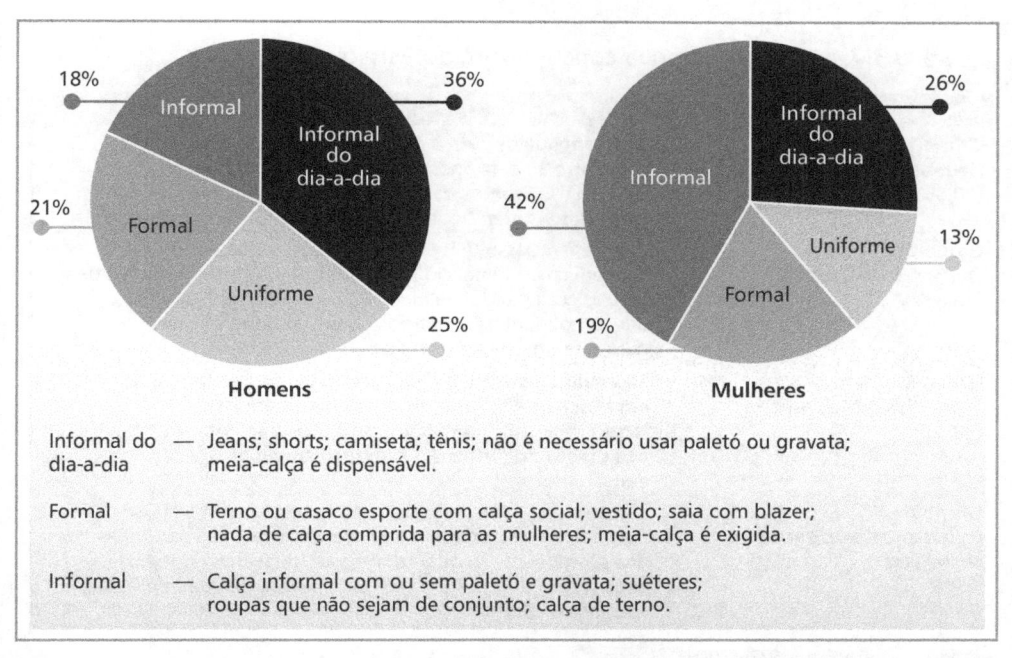

```
                                                    Capítulo 3  •  Influências Socioculturais

   18%                           36%                                              26%
      Informal                                              Informal
                      Informal                                 do
                         do                                 dia-a-dia
                      dia-a-dia            Informal
   21%                              42%
         Formal                                                       Uniforme  13%

                Uniforme                                   Formal
                            25%           19%
              Homens                                    Mulheres

   Informal do  — Jeans; shorts; camiseta; tênis; não é necessário usar paletó ou gravata;
   dia-a-dia      meia-calça é dispensável.

   Formal       — Terno ou casaco esporte com calça social; vestido; saia com blazer;
                  nada de calça comprida para as mulheres; meia-calça é exigida.

   Informal     — Calça informal com ou sem paletó e gravata; suéteres;
                  roupas que não sejam de conjunto; calça de terno.
```

Figura 3.11 O que homens e mulheres estão vestindo para o trabalho? (fonte: Leon G. Schiffman e Leslie Lazar Kanuk. *Comportamento do Consumidor*. Rio de Janeiro: LTC, 2000).

Um segmento que vem ganhando destaque nas grandes cidades é o composto por homens e mulheres que moram sozinhos, os chamados *singles* (ou *sós*). Quem não se lembra das quatro amigas solteiras do famoso seriado de TV americano *Sex and the City*? Exibido no Brasil pelo Canal Multishow, o seriado ilustra apropriadamente o estilo de vida e os valores desse novo perfil cosmopolita. Embora possa se parecer com o tipo classificado como jovens solteiros ou jovens separados sem filhos do ciclo de vida da família, o estilo *single* de viver não se confunde com ele; é um nicho ainda mais específico e não se limita à idade. Poderíamos enquadrar os *singles* na família unicelular. Mas eles têm perfil próprio. É um grupo que resulta de uma forte tendência que cada vez mais encontra adeptos em todo o mundo, incluindo o Brasil — o desejo de morar só. Esse grupo inclui os jovens que decidem sair da casa dos pais, os descasados e os viúvos que estão em busca de status e conforto e que desejam viver bem, não se importando em investir muitos recursos na sua qualidade de vida e em seu bem-estar. Segundo o IBGE, o número de pessoas que decidiu morar só, por qualquer motivo, chega a 4 milhões. Pessoas com bom poder aquisitivo, com forte senso de independência, geralmente sem filhos e que trabalham muito, dispondo de pouco tempo para os serviços domésticos, os sós têm sido alvo de diversos produtos e serviços, como: pratos prontos congelados, vinhos em garrafas menores, empresas prestadoras de serviços para o lar, pacotes turísticos para solteiros e apartamentos tipo flat, com serviços de manobrista, limpeza, lavanderia e academia.

Com salários maiores, sem filhos e sem precisar do casamento para cobrir seus gastos, os sós podem se casar com o trabalho e ter sonhos de consumo ambiciosos. Segundo uma

Quadro 3.7 O perfil da nova consumidora do varejo

Grupos	Características
Grupo 1 Neutras/ Indecisas (20,5%)	Preferem que os outros digam o que devem comprar. Têm entre 35 e 44 anos, trabalham fora e pertencem às classes D/ E. Promotoras de vendas e demonstradoras podem ajudá-las a tomar decisões. Valorizam promoções específicas.
Grupo 2 Objetivas/ Decisoras (23,5%)	Integram a classe A/ B e têm entre 25 e 34 anos. Querem custo-benefício na compra, valorizando produtos de marcas com maior qualidade e preços baixos. Promoções que enfoquem os benefícios do produto são eficazes para este grupo.
Grupo 3 Povo/ Classe Média-Baixa (28%)	São mulheres entre 35 e 44 anos, das classes D/ E, que estão em busca de ofertas e produtos mais baratos. Uma simples promoção dos produtos que enfatize a queda nos preços ou descontos têm forte apelo para essas consumidoras.
Grupo 4 Politicamente Corretas/ Moralistas (28%)	São consumidoras entre 35 e 44 anos e estão na classe C. Dão palpite na compra das outras pessoas. São as aliadas das promoções. Freqüentadoras assíduas dos balcões de degustação, logo propagam para as amigas sua impressão sobre os produtos.

Fonte: Pesquisa Ibope/TGI, 2001.

pesquisa da Agência Salles D'Arcy, 59% das mulheres solteiras com idade entre 26 e 35 anos, das classes A e B, declararam que querem ter perfumes e colônias importadas (contra 35% de mulheres casadas) e 48% sonham com um Cherokee e um Audi na garagem, além de 45% desejarem um Versace ou um Armani em seus armários.[3]

Além das diferenças nos papéis domésticos, o novo homem e a nova mulher passaram a enfrentar mudanças no campo profissional, exercendo novos cargos e profissões ou reciclando suas atitudes e preconceitos em relação a novas situações. Mulheres executivas que comandam organizações enormes ou dirigem ônibus e trens do metrô nas grandes cidades convivem normalmente com cabeleireiros, enfermeiros e teleoperadores masculinos.

Como vimos, os vários fatores socioculturais descritos anteriormente podem exercer influências importantes sobre o comportamento do consumidor. Compreender como essa vasta gama de variáveis sociais e culturais se entrelaça para moldar os indivíduos em seu contexto de vida é tarefa desafiadora para o profissional de marketing no desenvolvimento e gestão do composto mercadológico. Pesquisas constantes e observação cuidadosa das tendências emergentes no ambiente sociocultural, demográfico, econômico, político-legal e tecnológico devem ser permanentemente implementadas (veja *Interface — Doze Temas da Nova Economia*).

---

[3] Fonte: Juliana Mariz e Sandra Boccia, "Planeta Solo", *Valor Econômico*, fev. 2003.

Interface — Doze Temas da Nova Economia

A transição para o século XXI trouxe consigo uma nova ordem econômica, uma nova política e uma nova sociedade: a economia digital. Definida por Don Tapscott como era da inteligência em rede, esse período está transformando empresas, pessoas, produtos e tudo a nossa volta em decorrência da tecnologia da informação. Segundo o autor, quem quiser colher vantagens econômicas no novo contexto deverá ter condições de alavancar os recursos das novas tecnologias para reinventar seu negócio e suas práticas comerciais. Doze temas coincidentes estão moldando a nova economia:

1. Conhecimento
   A nova economia é uma economia de conhecimento (exemplos: smart cards, carros inteligentes, telefones inteligentes).

2. Digitalização
   A comunicação, a prestação de serviços e os intercâmbios de fundos são baseados em uns e zeros; produtos digitais.

3. Virtualização
   As coisas físicas podem se tornar digitais (shopping centers virtuais, escritórios virtuais, sexo virtual).

4. Redes Interligadas (Integração)
   A nova economia é interligada em rede, integrando moléculas em grupos que são conectados para criar riqueza.

5. Molecularização
   A massa torna-se molécula em todos os aspectos da vida econômica e social (fim da hierarquia de comando e controle para estruturas organizacionais celulares, softwares modulares; mídia segmentada).

6. Desintermediação
   As funções de intermediários estão sendo eliminadas.

7. Convergência
   Na nova economia, o setor econômico dominante está sendo criado por três setores convergentes: computação, comunicação e conteúdo (telecomunicações, computação/ informática e entretenimento/ educação garantem infra-estrutura para nova riqueza).

8. Inovação
   A inovação tornou-se o principal propulsor da atividade econômica e do sucesso comercial (do acesso à matéria-prima, produtividade, escala e custo de mão-de-obra para imaginação humana e criatividade como principal fonte de valor).

9. Produconsumo
   A distinção entre consumidores e produtores é pouco nítida. Os produtos são cada vez mais customizados e os consumidores se envolvem diretamente no processo de produção propriamente dito.

10. Imediatismo
    A nova economia é uma economia em tempo real.

11. Globalização
    O mundo não tem fronteiras (comércio de bens, serviços, capital, mão-de-obra e informação formam a economia global).

12. Discordância
    A nova economia é uma nova dialética social, na qual estão surgindo questões sociais sem precedentes.

Fonte: Don Tapscott. *Economia Digital*. São Paulo: Makron Books, 1997.

Consumidor em Close — O Gaúcho: Arquétipo dos Pampas

O Rio Grande do Sul é um dos poucos estados brasileiros com uma forte cultura própria. No meio da diversidade que caracteriza a cultura nacional, o estado do extremo sul é uma região fiel às suas tradições, e seu povo cultua amplamente hábitos e costumes cuja singularidade e folclore se materializam numa figura típica e reconhecida em todo o país: o gaúcho.

Influenciada pelos conquistadores espanhóis nos primeiros anos da povoação do Rio Grande, quando o Tratado de Santo Ildefonso separava a região meridional do continente entre os portugueses e os espanhóis, a cultura gaúcha se desenvolveu em toda a região que hoje cobre o Rio Grande do Sul e os países sulistas vizinhos (Argentina e Uruguai). O termo 'gaúcho' possui dupla acepção: como substantivo, designa o homem do campo, e, como adjetivo, todo indivíduo nascido em território sul-riograndense. Assim, mais do que um habitante de determinada região geográfica, o gaúcho é um estilo de personalidade, com usos e costumes próprios. Alguns chegam a perceber traços característicos no próprio espírito do gaúcho, induzindo-nos a pensar que ele possui também uma personalidade distinta.

Com 482.480 quilômetros quadrados, uma população de 13.194.775 habitantes (6% da população do Brasil em 2002) e um PIB de US$ 31 bilhões, o estado apresenta o melhor Índice de Desenvolvimento Humano — IDH — do país (0,809 em 2000), um dos mais altos níveis médio de vida — cerca de 75 anos —, o menor índice de analfabetismo e o maior índice de poder aquisitivo *per capita*. A história do Rio Grande do Sul sempre esteve ligada à agricultura e à pecuária (o estado é o maior produtor de grãos do país e um dos maiores de carne), e a vida no campo moldou amplamente os hábitos e os costumes do povo gaúcho.

Desde o século XVIII se tem notícia de que um singular tipo social, afeito à vida pastoril e de descendência ibérica, miscigenada com os nativos indígenas *charruas* e *minuanos*, começou a povoar o pampa sul-americano. Muitos historiadores e pesquisadores, ao cogitar sobre as origens desse tipo campeiro, afirmam que o gaúcho era um fora-da-lei, foragido da justiça de seu país, acoitando-se em terras-de-ninguém no então deserto das áreas imaginárias e flexíveis da zona fronteiriça portuguesa-espanhola. Identificado originariamente como vagabundo, ladrão do campo ou aventureiro, o gaúcho, com o passar dos tempos, foi construindo uma imagem bem diferente e passou a ser conhecido como prestimoso peão das instâncias, como corajoso soldado revolucionário ou como valente herói dos pampas.

Esse estigma decorre em parte do permanente clima bélico que grassou a região desde sua fundação, em 1737, até o final do século XIX, quando os estancieiros sulinos viviam permanentemente em alerta e em guarda para defender suas cobiçadas terras. Vivendo em estâncias que simulavam verdadeiras casernas (o estancieiro era o chefe, seus parentes e amigos, os segundos na hierarquia da fazenda, e a peonada, os agregados e os *gaudérios*, o 'grosso' para todos os serviços), o gaúcho era ao mesmo tempo campeiro e miliciano. A *lide* do campo de então se afigurava como um verdadeiro exercício militar, com seus serviços de ordens, buscas, cavalgadas e lutas. Assim, nesse cenário de lutas e tropeadas, a personalidade e o caráter do homem dos pampas foi se modelando. A partir desse meio de vida distinto dos seus irmãos brasileiros, combinado com uma ampla miscigenação (incluindo indígenas, aventureiros paulistas e bandeirantes, imigrantes portugueses e espanhóis, no início, e alemães e italianos, mais tarde), se formou esse singular tipo com personalidade marcante, altiva e aguerrida.

Cantado e decantado em prosa e verso, sua figura ocupa largo espaço na história e na literatura dos países onde se originou. Retratado como o *gaudério* onipresente nas *querências*, o *taura* valente e destemido, o *torena* arrojado, o *qüera guapo* e *folgazão*, o *quebra-lagarto* capaz de qualquer proeza e o *monarca* das *coxilhas*, ótimo cavaleiro que monta com *garbo* e elegância, o gaúcho é o arquétipo do campeiro dos pampas.

Vivendo e trabalhando na estância, o gaúcho está cercado por bois, cavalos, aves e uma vasta pradaria de campos e planícies, rios e montanhas, num habitat bucólico de grande beleza. A vida no pampa tem seu ritmo próprio e se harmoniza perfeitamente com o estilo de vida do gaúcho. Seja conduzindo o rebanho, domando os cavalos ou criando aves, seja arando a terra e colhendo a soja, a ocupação diária do campeiro molda seus hábitos e seus costumes. Um pouco desse padrão de vida gauchesca pode ser experimentado em um dos vários Centros de Tradição Gaúcha (CTG) espalhados pelo Brasil. Um povo muito tradicionalista, o gaúcho costuma se reunir nesses locais de encontro, geralmente nos finais de semana, para cultuar com seus conterrâneos os valores e os costumes de sua gente.

Embora Porto Alegre se assemelhe às demais capitais do país em seu perfil urbano e cosmopolita, as tradições gauchescas estão presentes por toda parte: em churrascarias e pratos típicos, em parques e monumentos, nos programas locais de TV e nas rodas de *chimarrão*. Na entrada da cidade, por exemplo, 'recebendo' os visitantes de outro estado, visualiza-se a bela Estátua do Laçador, imagem do gaúcho com trajes típicos e que é hoje uma das marcas da cidade.

Aos domingos, num dos CTGs da capital, é comum encontrar alguns gaúchos *pilchados* comendo churrasco, bebendo vinho, dançando o *vaneirão* ou tomando o *chimarrão*.

Esse ambiente tradicional procura emular um pouco do cotidiano real que o gaúcho leva no campo, onde diversos rituais moldam seu modo de vida: a ordenha da vaca antes de o sol nascer; o café matinal com pão e geléia caseiros feito pela *prenda* da casa; o trato do gado e da plantação, com os peões montados em seus cavalos, portando suas *boleadeiras*; o churrasco acompanhado de *arroz de carreteiro* e salada de maionese, e a sobremesa caseira (doce de *ambrosia* ou sagu); a sesta embaixo da figueira; a roda de *chimarrão* com os amigos e vizinhos para falar dos *causos* e o rancho com a mulher (compra de suprimentos para o mês no mercado próximo).

O inverno também exerce forte influência sobre a vida do gaúcho. Nos gelados dias hibernais do Rio Grande do Sul, o gaúcho é 'empurrado' para o interior de seu rancho pelo *vento minuano*. O famoso vento, que já faz parte do folclore gauchesco ("Inverno sem minuano é o mesmo que churrasco sem farinha", costuma-se dizer), obriga o gaúcho a se resguardar em seus *ponchos*, repontar o gado para locais abrigados e *chimarrear* ou *matar-o-bicho* em torno dos fogões das cozinhas ou do fogo de chão para se aquecer.

Além dessas atividades singulares, o campeiro dos pampas possui também um conjunto de características psicológicas próprias. Segundo o historiador Hélio Moro Mariante, autor do livro *O Rio Grande do Sul em Aulinhas*, a personalidade do gaúcho inclui traços como a hospitalidade, a valentia, o bom humor, a fanfarronice e a preocupação com a preservação do meio ambiente. "Altivez, *altaneria* e aguda presença de espírito são fatores que bem caracterizam o tipo humano do gaúcho." Seu temperamento tende a minimizar seus atributos morais ou depreciar seus valores materiais, revelando estranha modéstia ou indiferença. Se alguém elogiar seu cavalo de estimação, por exemplo, ele poderá replicar: "Não é mau. Está às suas ordens". Por outro lado, às vezes, busca valorizar-se usando eufemismos ("Pois é, tô muito mal de cunhado...", pode dizer, sardônico, referindo-se ao marido de sua irmã bem colocado na vida). Narcisista ao extremo, o gaúcho tem grande auto-estima, declarando "morar dentro de sua camisa e debaixo de seu chapéu", "adiante de mim, só meu cavalo" ou ainda "acima de mim, só as estrelas do céu".

O típico estilo de vida, a personalidade e os arraigados hábitos de consumo do gaúcho moldam ou influenciam muitos produtos e mercados da região, como alimentos (erva mate, charque), restaurantes (churrascarias), utensílios e instrumentos (facas, cuias, selas para montaria), esportes (produtos esportivos do Grêmio ou do Internacional, os maiores rivais do futebol sulista) e até mesmo o segmento imobiliário. É muito comum encontrar ofertas de apartamentos em Porto Alegre que incluam um atributo esperado pelo seu comprador: churrasqueira na área de serviço ou sacada.

Pequeno Glossário Gauchesco

ALTANERIA — orgulho.
AMBROSIA — doce de leite e ovos feito na calda de açúcar.
ARROZ DE CARRETEIRO — prato típico do Rio Grande do Sul, feito com arroz e charque.
BOLEADEIRA — instrumento empregado pelos gaúchos para capturar animais ou como arma de guerra, constituído por três bolas (de pedra ou marfim) envolvidas num couro espesso e ligadas entre si por cordas de couro.
CAUSO — conto, história, narração.
CHARRUA — indivíduo dos Charruas, uma das três grandes tribos indígenas que habitavam parte do território do Rio Grande do Sul. Bravos guerreiros que nunca se submeteram aos conquistadores.
CHIMARRÃO — diz-se do mate cevado, sem açúcar.
CHIMARREAR — tomar chimarrão.
COXILHA — contínuo de colinas em campo plano.
FOLGAZÃO — aquele que gosta de divertir-se, brincalhão.
GARBO — porte imponente, perfeição.
GAUDÉRIO — errante.
GUAPO — forte, vigoroso, valente, bravo.
LIDE — trabalhos campeiros.
MATAR-O-BICHO — realizar algum desejo antigo, fartar-se.
MINUANOS — indígenas que, com os Charruas e Tapes, formavam as três grandes tribos que habitavam as campinas do Rio Grande do Sul.
MONARCA — gaúcho que monta a cavalo com elegância e garbo.
PILCHADO — diz-se do gaúcho que está vestido a rigor, com toda a indumentária tradicionalista do Rio Grande do Sul (bombacha, bota, espora, guaiaca, lenço no pescoço, chapéu de aba longa, lenço chiripá, camisa sanfonada e outras pilchas).
PONCHO — capa retangular de lã impermeável, com uma abertura no meio, usada para enfrentar frio e chuva.
PRENDA — moça gaúcha.
QUEBRA-LAGARTO — homem valente que não hesita em brigar.

QÜERA — indivíduo forte, destemido, valente.

QUERÊNCIA — lugar ou paradeiro onde o gado pasta ou come sal, ou onde foi criado. Local de nascimento ou residência de uma pessoa.

TAURA — valente, arrojado, destemido.

TORENA — elegante, valente.

VANEIRÃO — espécie de música e dança muito apreciada no interior do Rio Grande do Sul, nos bailes de campanha.

VENTO MINUANO — vento frio e seco que sopra do sudoeste no inverno gaúcho, em geral, por três dias.

Fontes: Helio Moro Mariante. *O Rio Grande do Sul em Aulinhas*. Porto Alegre: Edições Est, 1993; www.estado.rs.gov.br.

Estudo de Caso — Brad Pitt Alavanca Vendas do Corolla

Em meados de 2002, a Toyota do Brasil lançou uma forte campanha publicitária para promover seu novo modelo Toyota Corolla. As vendas estavam estagnadas e chegaram a apresentar uma certa queda desde a entrada da empresa no país, em 1999. O Corolla, carro-chefe da linha de produtos de automóveis da montadora japonesa, terceira maior no ranking mundial, é o carro mais vendido internacionalmente na história automobilística.

A nova versão apresentava um perfil mais moderno e aerodinâmico. Seu design era inovador, expresso em linhas fluidas e arredondadas. Seu novo formato transmitia elegância e dinamismo, perfil bem diferente do modelo anterior (mais conservador e menos atraente). A versão antiga, embora incorporasse a tradicional qualidade, segurança, conforto e performance que sempre caracterizaram a marca, possuía um design mais conservador, com linhas retas e aspecto sério, além de um preço elevado. Essas características acabavam atraindo principalmente os consumidores mais idosos, na faixa acima dos 45-50 anos. Com a nova versão, totalmente reestilizada, incluindo maior conforto e espaço interno, além de tecnologia de ponta para garantir performance superior do motor VVTi, e custando menos do que seu antecessor, o posicionamento do produto se voltou mais para o público adulto jovem, na faixa dos 30-40 anos. Assim, a campanha publicitária precisava de uma mensagem capaz de transmitir efetivamente o novo conceito.

O garoto-propaganda escolhido para efetivar a comunicação do novo posicionamento foi o astro de cinema Brad Pitt, de 38 anos. Eleito pela revista *People* como um dos homens mais sexys do mundo, o ator americano é reconhecido internacionalmente por sua beleza moderna, elegância descolada e forte sensualidade. O ator construiu uma carreira de sucesso e uma corrente de milhares de fãs em todo o mundo em poucos anos de estrelato. Perfeito símbolo do novo homem moderno, bonito e vaidoso, sua personalidade bem-sucedida e seu estilo de vida afortunado formavam o modelo ideal para anunciar o novo Corolla.

Numa das peças publicitárias da campanha — um *spot* para TV — o personagem do ator saía de uma importante reunião, afrouxava sua gravata e entrava em seu automóvel para deslizar suavemente na cidade iluminada pela noite. Com fotografia sofisticada e música elegante, a voz em *off* anunciava a chegada de uma nova geração do Toyota Corolla — a nova sensação!

Com investimentos de até US$ 18 milhões em marketing para o lançamento do novo Corolla, a campanha teve como base o "apelo emocional". Conforme informou o diretor de marketing da empresa na época, Luís Carlos Andrade, em entrevista ao jornal *Valor Online*, "a marca não despertava emoção, só racionalidade".

Como resultado da campanha, as vendas saltaram de 378 carros por mês, em junho de 2002, para 1.996 no mês seguinte ao lançamento. Logo o Corolla assumiria a liderança em sua categoria. Nos primeiros meses do lançamento, os compradores do novo carro tinham de aguardar até dois meses nos 85 distribuidores da marca para receber o veículo. A empresa atingiu seu recorde de produção em novembro de 2002, com 7.386 veículos por dia. A produção alcançara um crescimento de 30% sobre o ano anterior. Com boa parte de sua produção exportada para países da América Latina, a Toyota ampliou sua fábrica em Indaiatuba, em janeiro de 2003, dobrando a produção do Corolla e estimando fabricar até 50 mil veículos no ano de 2004. Em 2002, a empresa apresentou crescimento na sua parcela de participação no mercado brasileiro, chegando a 2% (era de 1,5% em 2001).

Fontes: informações da empresa, www.toyota.com.br; jornal *Valor Online*, 13 jun. 2002.

Interface — Personagens Nascidos para Anunciar

Nem sempre as empresas utilizam celebridades conhecidas para promover seus produtos. Muitas vezes, elas mesmas criam seus garotos-propaganda, desenvolvendo um personagem próprio e fictício, sem passado e histórico na vida real e sem uma carreira profissional a ser associada com o produto anunciado.

O ator Carlos Moreno, durante quase 20 anos, imortalizou um personagem que ficou famoso em todo o Brasil: o garoto-propaganda da Bombril. Num raro caso em que a imagem do modelo se confundia com a identidade da marca, o Garoto Bombril é um dos personagens mais lembrados da propaganda nacional pelo consumidor. Em comerciais que ficaram famosos por retratar o momento histórico, social e cultural do país, ele se fantasiava, caracterizadamente, imitando algum tipo ou personalidade que ocupava as manchetes dos jornais na época. Com jeito tímido e envergonhado, seu personagem camaleônico caiu no gosto popular e gerou fácil identificação e associação junto ao público consumidor, que, em sua mente, passou a usar a marca Bombril como sinônimo de palha de aço. (A Figura 3.12 mostra um dos anúncios com o Garoto Bombril.)

O provedor de acesso à Internet Terra, do grupo Telefônica, criou o ET marciano para simbolizar seu serviço de acesso digital. A Telefônica também criou o Super 15, um super-herói claramente inspirado em personagens de quadrinhos, como o Super-Homem, para expressar os atributos de rapidez e eficiência de seus serviços de telefonia.

Nos anos 80, uma campanha publicitária feita por Washington Olivetto ficou famosa ao associar criativamente o amortecedor Cofap a um cãozinho dachshund. Nas imagens, o cãozinho corre dentro de casa, escapando à perseguição de um cão maior. Em cada curva, o cão perseguidor resvala e cai, perdendo, aos poucos, distância para o pequenino e flexível dachshund. Olivetto criou também o Casal Unibanco 30 Horas para transmitir o conceito de um banco do futuro, em 1991, quando o Unibanco lançou uma agência com serviços 30 horas. O casal de classe média, dramatizando situações do dia-a-dia familiar, explicava, de forma divertida, as vantagens do novo serviço, baseado em tecnologia, conveniência e automação.

Capítulo 3 • Influências Socioculturais

Figura 3.12   O Garoto Bombril (fonte: W/Brasil).

O tigre da Esso Petróleo foi o ícone que a empresa escolheu para representar sua força e agilidade. A Ford do Brasil criou um santo para socorrer os pessimistas que acreditam que nunca poderão comprar o carro de seus sonhos: o São Nunca. A cerveja Antarctica criou uma tartaruga em computação gráfica para fazer frente às loiras e morenas estonteantes que anunciavam as marcas da concorrência.

Em todos esses casos, os personagens nascidos para anunciar marcaram efetiva presença na mente do consumidor, graças às suas diferenças inovadoras e ao seu perfil distintivo. Com personalidade própria, podiam expressar valores, atitudes e estilos de vida referentes a sua época, estimulando, por meio de suas mensagens criativas e bem humoradas, a identificação e o desejo dos consumidores. Alguns, entretanto, foram mais além, conquistaram o coração do público e se mantiveram na mídia por vários anos (como o Garoto Bombril), ajudando a vender os produtos e os serviços anunciados. O Casal Unibanco, por exemplo, embora tenha sido personificado por atores diferentes ao longo do tempo, ainda continua no ar treze anos depois, demonstrando como os estímulos de marketing e os grupos de associação podem influenciar o comportamento de compra dos consumidores.

Interface — A Cara Brasileira

Em 2000, o Brasil completou 500 anos de história. Uma exposição, com centenas de obras de arte brasileiras, percorreu, logo depois, diversos países do mundo, expondo o talento e a diversidade do povo brasileiro. No mesmo ano, o Censo do IBGE publicava o maior levantamento estatístico da população brasileira já realizado. Esse momento histórico provocou uma profunda reflexão do povo, que aproveitou a data para se olhar no espelho.

Com 169.799.170 habitantes (Censo 2000), o Brasil possui uma cultura rica em diversidade, sendo um dos países mundiais com maior índice de miscigenação populacional. O negro, de origem africana, o branco, proveniente da Europa, e os indígenas, aborígines nativos do continente, formaram a base da população brasileira, cuja principal característica étnica é a mistura entre diferentes povos. O abrasileiramento fez com que os hábitos de certa etnia fossem incorporados no descendente miscigenado, como os pratos de origem africana, trazidos pelos escravos negros, que influenciaram a comida baiana, compondo os requintados cardápios de hoje: acarajé, moqueca de peixe e de camarão, abaré, bobó de camarão etc.

Conhecido internacionalmente como um povo aberto, alegre e criativo, o brasileiro é visto também invariavelmente como portador de pouca cultura, certa malandragem e uma boa dose de derrotismo. Seu folclore é limitado usualmente ao futebol, ao samba, às mulatas e ao Carnaval. Seus produtos mais lembrados resumem-se ao café, às frutas, ao açúcar e à cachaça. A violência nas ruas, as crianças abandonadas e a corrupção nacional freqüentam costumeiramente as manchetes nos jornais internacionais. Embora nos últimos anos a imagem do país inclua novidades como a redemocratização, um governo de esquerda, a exportação de jatos comerciais, automóveis e top models, muitos estrangeiros ainda se perguntam "Quem é o Brasil?" Mesmo aqui, muitos cidadãos procuram entender melhor qual é a cara do brasileiro.

Uma pesquisa realizada pelo Sebrae em 2002 revelou os aspectos mais importantes da cultura e do povo brasileiro. Sugerida pelo professor italiano Domenico de Masi, que atuou como consultor, e desenvolvida por inúmeros especialistas, como o antropólogo Roberto da Mata e o economista Luciano Coutinho, a pesquisa "A Cara Brasileira" destacou os seguintes pontos fortes e fracos do brasileiro:

Pontos Fortes

- pluralismo racial e cultural;
- elementos culturais provenientes de tradições e experiências de vida autenticamente populares;
- alegria e otimismo;
- características pluralistas e sincréticas da cultura;
- ênfase nos relacionamentos pessoais;
- hospitalidade e cordialidade;
- criatividade.

Pontos Fracos

- falta de auto-estima, valorização apenas do que vem de fora, resultante da pobreza cultural;
- falta de confiança nas autoridades e no governo, que se reflete na desconfiança geral em relação às empresas públicas;
- certo desprezo pelas questões técnicas;
- idéia da astúcia como ingrediente necessário para tirar proveito de tudo, inclusive em detrimento dos mais humildes;
- escassa divulgação do trabalho cultural do brasileiro em todos os setores;
- personalismo arrogante, que se coloca acima da lei;
- convicção de que todos ludibriam com o objetivo de ganhar sempre mais;
- ignorância como profissão de fé — "Se eu consegui ganhar dinheiro sem ler um livro, então...";
- desonestidade em nome da família e dos amigos;
- falta de compromisso em relação aos acordos firmados.

Outros pontos levantados pela pesquisa indicaram que o brasileiro não valoriza o produto nacional, que o turismo brasileiro representa um excelente nicho de mercado a ser explorado (pelas riquezas naturais e pelo "estilo brasileiro de receber") e que a microempresa brasileira exporta muito pouco (2% em média, enquanto na Itália, por exemplo, o índice é de 82%).

Fonte: Marcos Cobra. *Administração de Marketing no Brasil*. São Paulo: Cobra Editora & Marketing, 2003.

Estudo de Caso — Consumidores da Melhor Idade

Estima-se que a proporção de brasileiros com mais de 60 anos será de 15% em 2025. Hoje, esse percentual é de cerca de 8% da população do país, ou aproximadamente 15 milhões de pessoas. Destes, quase 3 milhões têm renda superior a três salários mínimos, o que significa um mercado de mais de R$ 1 bilhão. Isso sem incluir as pessoas na faixa entre 40 e 50 anos. Segundo pesquisa do Programa de Estudos do Futuro (Profuturo) da FIA/USP, calcula-se que, se for considerada apenas a renda média da população brasileira, o aumento do número de pessoas com mais de 50 anos resultará no surgimento de um mercado anual de R$ 325 milhões nos próximos 10 anos. Dados do Instituto Brasileiro de Geografia e Estatística (IBGE), em 2002, apontam o aumento da expectativa de vida no Brasil para 71 anos. Com o avanço da biotecnologia, a longevidade humana tenderá a ser cada vez maior no futuro próximo. Assim, mais pessoas idosas viverão mais tempo e, com mais tempo para consumir, representarão, sem dúvida, um nicho altamente atraente para o marketing das empresas.

O orçamento médio das famílias deverá aumentar quando os mais velhos passarem a receber os rendimentos dos planos de previdência privada. A mudança do perfil na população brasileira, com a diminuição da participação da população jovem na estrutura social, em contraposição ao aumento do papel da terceira idade, tem implicações no consumo, e as empresas preparam-se para conquistar sua participação no emergente mercado maduro.

Estudos psicológicos apontam que as pessoas costumam acentuar suas características próprias e se apegar ainda mais a seus velhos costumes durante o envelhecimento, mantendo antigas diferenças sociais, culturais e geográficas. Por isso, alguns duvidam que o envelhecimento represente efetivamente uma mudança nos hábitos de consumo. Mas é inegável que as alterações demográficas e, na maioria das vezes, econômicas (com a redução da renda em virtude da aposentadoria) vividas pelos idosos influenciam sobremaneira nos hábitos de consumo da terceira idade. Essa transformação é, pois, muito mais um processo individual em que os aspectos intrapessoais acabam sendo reforçados.

Essa *individualização* se verifica nas diversas situações de consumo experimentadas pelos idosos, como decisões relativas a lazer e entretenimento, alimentação e saúde, medicamentos e serviços médicos, viagens e educação, serviços financeiros e bens duráveis.

Segundo dados da indústria automobilística, por exemplo, os brasileiros da terceira idade, ao contrário dos consumidores mais jovens, dão pouca importância a fatores como luxo, design, status e prestígio do automóvel, preferindo características como conforto, espaço, autonomia e segurança na compra de um carro. As empresas, atentas ao crescimento do mercado maduro, têm desenvolvido produtos específicos para essa faixa etária: o Banco Real/ABN AMRO, por exemplo, tem uma linha específica de produtos financeiros, com taxas menores e aplicações com baixos limites, para a terceira idade; a Natura, que atua no setor de cosméticos, segmentou sua linha Khronos com creme anti-sinais para mulheres acima de 60 anos, obtendo crescimento de 30% nas vendas dessa faixa etária entre 2000 e 2001; o flat de luxo Residencial Santa Catarina, no bairro paulistano do Paraíso, teve a maioria de seus 125 apartamentos lançada com adaptações especiais, como barras de apoio nos banheiros e botões para chamadas de emergência, além dos serviços comuns de hotéis, assistência médica e programação de atividades esportivas e culturais para estimular o convívio dos moradores. No setor de turismo, que cresceu 20% no mercado maduro em 2000, é comum encontrar pacotes especiais para grupos de consumidores da terceira idade.

O Grupo Pão de Açúcar, líder no varejo de supermercados no país, contratou, em 1998, 400 idosos para trabalhar como fiscais, caixas e empacotadores em suas lojas como parte de um programa de recrutamento de funcionários com idade acima de 55 anos. Segundo a empresa, o atendimento nas lojas melhorou em decorrência do perfil mais atencioso dos idosos e da maior empatia dos clientes. Para a rede, o segmento da terceira idade representa 33% de sua clientela.

A editora DFS lançou, no final de 2003, uma revista com conteúdo exclusivo para consumidores com mais de 60 anos: a *VIV Senior Lifestyle* (veja a Figura 3.13). Propondo-se a moldar um novo entendimento do idoso brasileiro, a revista formula um conceito de vida (estilo de vida VIV) para aquelas pessoas que querem assumir sua idade, ser modernas e contemporâneas e se permitir reciclar com a evolução natural da vida para viver melhor. Em seus artigos e reportagens, o consumidor obtém informações importantes sobre saúde, beleza, lazer, bem-estar, gastronomia e cultura, além de diversas dicas úteis para seu estágio de vida. A revista mostra também depoimentos de idosos que são exemplos de viver bem.

Segmento populacional que, percentualmente, mais cresce no Brasil, a terceira idade representa uma excelente oportunidade para novos produtos e serviços, principalmente pelo seu vertiginoso crescimento, mas muitas empresas ainda o negligenciam. São poucas as estratégias mercadológicas que, de fato, consideram a individualização do mercado maduro e desenvolvem eficazmente ofertas customizadas para esse segmento. Não raro, profissionais de marketing o visualizam de forma homogênea. Assim, compreender melhor esse nicho de mercado, já definido por muitos como a melhor idade da espécie humana por causa de sua maturidade, e desenvolver estratégias especificamente dirigidas para atender a suas necessidades e seus desejos são alguns dos desafios do profissional de marketing no terceiro milênio.

Figura 3.13   Revista *VIV*: um produto para a terceira idade (fonte: Revista *VIV*).

Fontes: Sergio Robuto Dias et al. *Gestão de Marketing*. São Paulo: Saraiva, 2003; Juracy Parente. *Varejo no Brasil*. São Paulo: Atlas, 2000, p. 102; revista *VIV*, n. 1, dez. 2003.

Consumidor no Cinema — Você Já Foi à Bahia?

Sinopse: Desenho animado no qual o Pato Donald, o papagaio Zé Carioca e o galo Panchito vivem aventuras na Argentina, no Brasil e no México, enfrentando contrastes culturais e situações divertidas. O desenho mistura filme com animação, mostrando a tipicidade dos países visitados.

Cenas recomendadas (14, 24 e 72 minutos):
Os personagens visitam a Argentina, onde conhecem o "Gauchito" — personagem dos pampas com seus costumes e hábitos culturais. Depois, no Brasil, descobrem a música, a dança e a beleza das baianas. Ao som e ao requebrado dos "quindins de aia", Donald e Zé Carioca comentam a cultura da Bahia. Finalmente, os personagens viajam para o México e analisam a alegria e as festas populares daquele país.

Exercícios

1. As questões a seguir se referem ao *Consumidor em Close — O Gaúcho: Arquétipo dos Pampas:* a) identifique os padrões culturais que caracterizam a subcultura gaúcha em relação aos seguintes componentes: valores, rituais, costumes, mitos, objetos e artefatos; b) com base na natureza da cultura, explique o que se quer dizer com a expressão "tradição gaúcha"; c) como você classificaria o vocabulário gauchesco sob a perspectiva dos componentes da subcultura? d) relacione alguns termos e vocábulos específicos que alguma subcultura que você integra costuma utilizar.

2. Com base no *Interface — A Cara Brasileira*: a) discuta com seus colegas de classe como você caracterizaria a cultura brasileira em um comercial para ser exibido no exterior; b) com base nos principais traços de "A Cara Brasileira", avalie com seus colegas que aspectos positivos deveríamos valorizar cada vez mais em nossa cultura e que aspectos negativos deveríamos eliminar urgentemente. Justifique; c) caso você fosse criar uma campanha publicitária para transformar esses valores, que elementos utilizaria em sua mensagem para obter um resultado eficaz?; d) utilize o Quadro 3.1 e acrescente outros exemplos de valores, costumes, rituais, mitos e objetos e artefatos da cultura brasileira.

3. A partir do *Estudo de Caso — Consumidores da Melhor Idade*, responda às seguintes questões: a) que mudanças ambientais estão levando ao crescimento da população da terceira idade no Brasil? b) trace um perfil da terceira idade no país, considerando os fatores socioculturais; c) discuta o texto com seus colegas e eleja três novas oportunidades de produtos e serviços para a terceira idade. Justifique.

4. À medida que a cultura evolui, mudamos nossos comportamentos, inclusive no âmbito dos hábitos de consumo. Hoje, por exemplo, crianças passam horas brincando em ambientes virtuais gerados pelo computador, refrigerantes substituem o leite em muitas refeições matinais e algumas mulheres adotam o 'terninho' como vestimenta para o trabalho. Discuta com seus colegas que outras tendências socioculturais você tem percebido em seu ambiente social e como elas estão mudando nossos hábitos de consumo.

5. Comente o quadro *Consumidor em Close — A Nova Família* e avalie qual a configuração mais predominante entre seus amigos e colegas.

6. Com base no *Consumidor no Cinema — Você Já Foi à Bahia?*, responda às perguntas a seguir: a) descreva e comente a percepção que os estúdios Disney tiveram no filme sobre a cultura brasileira; b) o que evoluiu na cultura baiana desde a produção do filme (em 1945) até hoje? c) que festas populares são celebradas no Brasil, a exemplo do México?

7. Explique por que os personagens Casal Unibanco e Garoto Bombril fizeram tanto sucesso ao longo dos anos.

8. Atualmente, cerca de 20 títulos de revistas brasileiras se dedicam a discutir saúde, ginástica, beleza (plástica) e qualidade de vida. Você ou alguém de sua família costuma ler alguma dessas revistas? Que assuntos, entre os temas publicados, tem des-

pertado mais a sua atenção e como eles têm influenciado seu comportamento? Que costumes e hábitos em relação à saúde sua família vem transmitindo desde seus avós para você?

9. Relacione duas oportunidades de produtos e serviços, preferencialmente ainda não existentes, que você vislumbra terem potencial para atrair os consumidores pertencentes às colônias árabe, italiana, judaica e alemã que residem no Brasil.
10. Você faz parte de algum grupo de referência direto? Qual? Você gostaria de pertencer a algum grupo de referência indireto que você admire?
11. Recorde-se de uma grande compra que sua família fez recentemente e descreva como foram desempenhados os papéis do consumidor no processo decisório. Você poderia ter influenciado mais a decisão de compra? Justifique.
12. Pesquise em sua classe se algum colega faz parte de alguma subcultura e realize uma entrevista para conhecer valores, costumes, mitos e rituais dessa subcultura.
13. Faça uma pesquisa na Internet e identifique sites voltados para os novos papéis do homem e da mulher.
14. Comente o crescimento dos spas urbanos. Identifique produtos e serviços existentes para o consumidor masculino e pense em novos produtos ou serviços a serem concebidos para o *novo* homem.

Capítulo

4

Influências Psicológicas

Quando os consumidores pensam numa compra, diversas influências psicológicas modelam o tipo de decisão. Os fatores psicológicos afetam integralmente o comportamento humano, e o estudo das necessidades e da motivação humana, da percepção, das atitudes, do aprendizado e da personalidade tem auxiliado sobremaneira os profissionais de marketing no entendimento da relação entre os fatores psicológicos e o comportamento de consumo. A mercadologia progrediu muito nesse campo, embora existam aspectos da influência psicológica sobre o consumidor que ainda não foram entendidos por completo.

O comportamento do consumidor é uma função tanto de influências interpessoais (aquelas referentes ao contexto sociocultural) quanto de influências intrapessoais (aquelas que dizem respeito às variáveis pessoais e subjetivas do indivíduo). Nessa dimensão mais íntima de cada pessoa, que reside numa área mais profunda do *iceberg humano*, localizam-se os importantes fatores pessoais e distintivos que concorrerão para determinar o que será comprado.

Por que Consumimos?

A resposta a essa pergunta só poderá ser desvendada se nos aprofundarmos nos meandros da mente e da alma do consumidor, em que razões subjetivas sustentam as fontes de natureza psicológica que influenciam nosso comportamento. Karsaklian (2000) sintetiza o processo que envolve os fatores psicológicos do consumidor: "O ato de compra não surge do nada. Seu ponto de partida é a **motivação**, que vai conduzir a uma **necessidade**, a qual, por sua vez, despertará um **desejo**. Com base em tal desejo, surgem as preferências por determinadas formas específicas de atender à motivação inicial e essas preferências estarão diretamente relacionadas ao **autoconceito**: o consumidor tenderá a escolher um produto que corresponda ao conceito que ele tem ou que gostaria de ter de si mesmo. No entanto, e em sentido contrário à motivação, surgem os **freios**. Trata-se da consciência de risco que vem implícita ou explicitamente relacionada com o produto. Em meio ao dilema entre a força da motivação e aquela dos freios, impõem-se a **personalidade** do indivíduo, a qual desembocará no autoconceito. A reunião de todas essas variáveis resultará numa **percepção** particular dos produtos, que, por sua vez, desencadeará **atitudes** positivas ou negativas com relação a eles, o que, naturalmente, terá impacto sobre suas preferências".

Neste capítulo, estudaremos os principais fatores psicológicos que influenciam nas escolhas de compra do consumidor:

- motivação;
- aprendizado;
- atitudes;
- percepção;
- personalidade, estilo de vida e autoconceito;
- influências experiencial-hedônicas.

Motivação (Necessidades)

Em nossa comparação do consumidor com um *iceberg*, vimos que o comportamento humano é causado. Para satisfazer suas necessidades ou atingir suas metas, todo indivíduo é orientado por uma força energética interna: a **motivação humana**. Responsável pela intensidade, direção e persistência dos esforços de uma pessoa para alcançar determinada meta, a motivação é uma força variável e dinâmica que resulta da sua interação com a situação. Assim, quando temos fome, procuramos alimento. Uma vez saciada essa necessidade, não ficamos mais *motivados* a comer. Como a motivação se relaciona com o esforço para alcançar qualquer objetivo, vamos concentrar nosso foco no estudo da motivação como fator influenciador nas decisões de compra.

As necessidades básicas humanas estabelecem a base da busca de satisfação pelo consumidor no mercado. Por sua essência mutável e evolucionária, o indivíduo possui muitas necessidades em qualquer momento de sua vida. Elas podem ser, conforme sua natureza, **necessidades biogênicas** (necessidades fisiológicas inatas de elementos indispensáveis para manutenção da vida, como alimento, água, ar e abrigo) ou **necessidades psicogênicas** (aprendidas no processo de se tornar membro de uma cultura ou sociedade, como status e reconhecimento). Alguns autores, como Solomon (2002), classificam ainda as necessidades como **utilitárias** (os consumidores enfatizarão racionalmente os atributos objetivos e tangíveis dos produtos para sua satisfação, como a autonomia de um carro) e **hedônicas** (subjetivas e próprias da experiência, como a sensação de alegria, autoconfiança e fantasia decorrente da aquisição e do uso de um produto). As necessidades surgem de estados de tensão e, quando atingem determinado nível de intensidade, se transformam em uma predisposição (*motivo*) que direciona o comportamento para certas metas. Esse motivo (estímulo ou impulso) expressa a **motivação**, isto é, a força causal que orienta o comportamento humano. Esse processo é ilustrado na Figura 4.1.

Muitas teorias têm sido desenvolvidas para explicar por que os indivíduos se comportam de determinada maneira. Diferentes escolas de pensamento (desde a escola de pensamento econômico — na qual os economistas propuseram, entre outras, explicações para o consumo e a demanda, até teorias comportamentalistas e psicanalíticas, como veremos adiante) buscaram explicar os processos internos do comportamento do consumidor. Estudos e abordagens sobre a motivação humana têm ocupado a estante de livros de psicólogos, administradores de recursos humanos, profissionais de marketing e gestores de equipe, todos interessados em compreender melhor os motivos que levam um indivíduo a praticar determinado comportamento.

Necessidade humana	⇨	Motivo	⇨	Comportamento adequado
(tensão)		(estímulo)		(redução da tensão)

Figura 4.1 O processo da motivação humana: necessidades não satisfeitas impulsionam o comportamento para aliviar a tensão.

Teoria da Hierarquia das Necessidades de Maslow

A mais conhecida abordagem sobre como as necessidades motivam o comportamento humano foi desenvolvida pelo psicólogo Abraham Maslow. Pioneiro no estudo da motivação humana, com base em experimentos científicos com centenas de pessoas voluntárias, ele concebeu uma descrição útil e organizada de como o comportamento humano se movimenta por meio de uma hierarquia de estados de necessidades biogênicas e psicogênicas (Maslow, 1970). Essas necessidades, universais e comuns a todos os seres humanos em determinadas épocas e situações, foram organizadas em cinco categorias, ordenadas da mais urgente para a menos urgente, em uma escala piramidal de importância (veja a Figura 4.2). Essa ordenação hierárquica parte do pressuposto de que o indivíduo ascenderá na pirâmide à medida que for satisfazendo as necessidades do nível anterior na escala. Por exemplo, um consumidor não conseguirá pensar em resolver suas necessidades de nível superior, como estima, reconhecimento e auto-realização, enquanto não estiver com suas necessidades fisiológicas, como fome, sede e abrigo, plenamente satisfeitas.

Os motivos comuns a todas as pessoas foram tipificados por Maslow em cinco categorias de necessidades, que são sucintamente descritas a seguir:

- **Fisiológicas**: necessidades primárias, de natureza biogênica, que requerem a satisfação das necessidades mais fundamentais para sustentar a vida humana (fome, sede, ar, abrigo, sexo) e outras funções físicas básicas.

- **De segurança**: necessidades de segurança e de proteção para o corpo e de manter uma existência confortável. Incluem ordem, estabilidade, certeza, controle sobre a vida (saúde, por exemplo) e sobre o ambiente.

- **Sociais (de amor e de participação)**: necessidades de afeição e integração, no sentido de pertencer a um grupo — as pessoas se esforçam para dar e receber amor. Abrangem a aceitação, afiliação, afeto e relacionamento.

- **De estima**: necessidades de reconhecimento, status e prestígio. Além de buscar o respeito dos outros, há a necessidade e o desejo de auto-respeito, independência e auto-afirmação. Estão diretamente relacionadas ao ego, por isso são conhecidas também como necessidades egoístas, e muitas vezes não são plenamente satisfeitas.

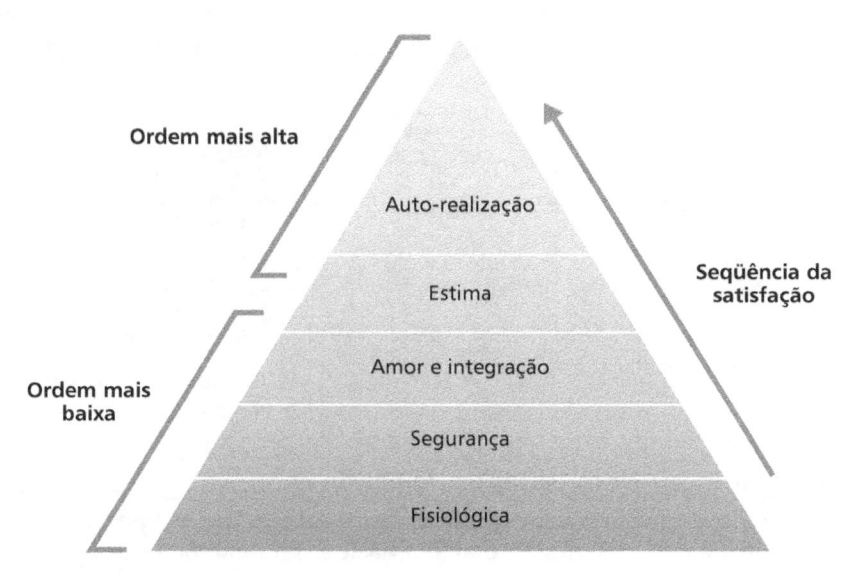

Figura 4.2   Hierarquia das necessidades de Maslow.

■ **De auto-realização**: também chamadas de necessidades de realização pessoal, envolvem o desejo de um indivíduo de satisfazer todo o seu potencial e alcançar tudo o que ele pode se tornar, no âmbito do ser ou do ter. Este é o mais alto de todos os estados de necessidade, sendo atingido somente por uma pequena porcentagem de pessoas, segundo Maslow. O indivíduo busca usar ao máximo suas próprias capacidades.

Embora o estudo de Maslow tenha focalizado as necessidades e as motivações humanas *básicas* e não as necessidades e as motivações do *consumidor*, vivemos no contexto de uma sociedade de intenso consumo de massa, no qual a tentativa dos indivíduos de satisfazer suas necessidades humanas básicas manifesta-se parcialmente na aquisição de bens e serviços. Por seu caráter universalista, os motivos humanos de Maslow servem eficazmente para orientar os profissionais de marketing em suas estratégias e em seus programas mercadológicos. Muitos produtos são direcionados às exigências desses estados de necessidade. Os sistemas de segurança residencial e os detectores de fumaça, ou a afiliação aos planos privados de assistência médica, por exemplo, ajudam a satisfazer as necessidades de segurança. Produtos de cuidados pessoais, como os cosméticos, provocam uma sensação de maior aceitação pelo sexo oposto. Na busca da estima, muitos consumidores compram produtos que consideram dotados de status e prestígio, como jóias caras, automóveis e mansões. Embora seja difícil *comprar* auto-realização, há evidências de que a percepção do produto é afetada por esse estado de necessidade. No Quadro 4.1, correlacionamos alguns exemplos de produtos e mensagens publicitárias, reais ou hipotéticas, que podem se relacionar aos estados de necessidades humanas.

Entre outras teorias sobre a motivação humana, é preciso analisar também a Teoria ERG (Existence Relationship Growth), de Clayton Alderfer, e a Teoria dos Motivos Humanos, de David McClelland. A Teoria ERG engloba três grupos de necessidades essenciais: existência, relacionamento e crescimento (daí a sigla em inglês). Alderfer revisitou a teoria de Maslow e a alinhou com a pesquisa empírica: o grupo de **necessidades de existência** se refere aos nossos requisitos materiais básicos (equivalentes às necessidades fisiológicas e de segurança de Mas-

Quadro 4.1 As necessidades humanas e os apelos de marketing

Necessidades	Produtos	Mensagens publicitárias
Fisiológicas	bebidas, remédios alimentos	"Realmente, mata a sede!" (Gatorade) "Tomou Doril, a dor sumiu." (Doril)
Segurança	seguros, sistemas de alarme, investimentos	"Você está mais bem protegido sob o guarda-chuva." (Travelers Insurance) "Sedex. Mandou. Chegou." (Correios) "Potência não é nada sem controle." (Pirelli)
Sociais	vestuário, bebidas, clubes, acessórios	"Somos a sua companhia." (TAP-Air Portugal) "O banco da sua vida." (Banco Real)
Estima	carros, mobília, cartões de crédito, lojas, bebidas alcoólicas, cosméticos	"A estrela é você." (Lux) "Os líderes vestem." (Hugo Boss) "Bem estar bem." (Natura) "A way of life." (Brooksfield)
Auto-realização	hobbies, viagens, educação, cultura, bens de luxo	"Porque a vida é agora." (Visa) "Desafios. Aventura. Crescimento." (Escola) "A arte de escrever." (Montblanc)

low); o grupo **de necessidades de relacionamento** envolve o desejo de manter importantes relações interpessoais (como as sociais e os aspectos externos da estima); e o grupo de **necessidades de crescimento** se refere ao desejo intrínseco de desenvolvimento pessoal (equivalentes à auto-realização e aos aspectos intrínsecos da estima) (Robbins, 2001).

A Teoria dos Motivos Humanos, de McClelland, expôs, a partir de diversas pesquisas, que certas necessidades são aprendidas e socialmente adquiridas por meio da interação com o ambiente, classificando-as em três motivações: **necessidade de realização** (busca da excelência, de se realizar em relação a determinados padrões, de lutar pelo sucesso), **necessidade de poder** (necessidade de fazer as outras pessoas se comportarem de uma maneira diferente da habitual) e **necessidade de afiliação** (desejo de relacionamentos interpessoais próximos e amigáveis). Embora com ênfase no ambiente de trabalho, sua teoria pode auxiliar sobremaneira o profissional de marketing no entendimento dos motivos do consumidor em relação às trocas. Por exemplo, a campanha de publicidade da Nike, com o craque Ronaldinho Gaúcho fazendo habilmente embaixadas com a bola de futebol diante de adolescentes de rua, estimula o desejo de realização nos jovens. O próprio slogan da empresa, *Just do it!* ("Apenas faça!"), convida para a busca da vitória. A grife de moda masculina Hugo Boss utiliza em sua propaganda o slogan "Os líderes vestem", buscando atingir um público que ocupa posições de destaque e liderança. O "Clubinho NET", programa de marketing de relacionamento da operadora NET que envolve diversos benefícios para os filhos de assinantes, atende ao desejo de afiliação das crianças.

Na Figura 4.3 vê-se um dos anúncios da campanha "Mulheres Poderosas", criada pela agência W/Brasil para a empresa Valisére, que utiliza um dos fatores motivacionais da Teoria dos Motivos Humanos.

Figura 4.3 Campanha "Mulheres Poderosas", da Valisére (fonte: W/Brasil).

Vimos que as necessidades ativam as motivações, que, por sua vez, movem os indivíduos em direção a possíveis modos de satisfazê-las. Entretanto, as motivações encontram resistências, os chamados **freios** — forças que vão na direção contrária à das motivações (Karsaklian, 2000). Podemos classificar os freios em *inibições* (forças que reprimem uma motivação de comprar em função do desconforto potencial ante os outros) e *medos* (forças vinculadas a pensamentos internos, como o risco físico ou financeiro). Uma inibição, por exemplo, poderá reprimir o desejo de uma advogada de comprar vestidos para uso cotidiano em seu ambiente formal de trabalho. Essa mesma advogada, ao pretender financiar a compra de um apartamento, poderá ter sua motivação freada pelo medo do desemprego e adiar a compra.

Os freios não podem ser eliminados, apenas reduzidos. Por isso, é importante para o profissional de marketing tentar antecipá-los e procurar reduzi-los, por meio de mecanismos como itens adicionais de segurança, adaptações da oferta e garantia aos consumidores.

Aprendizado

Outro fator importante de influência psicológica no comportamento do consumidor é o aprendizado ou a aprendizagem, pois grande parte do processo de consumo é comportamento aprendido. O consumidor, ao recorrer a experiências passadas e a várias fontes de informação para tomar sua decisão de compra, estaria, a longo prazo, desenvolvendo um *aprendizado*. A aprendizagem é um processo mais ou menos permanente de aquisição de tendências para se comportar de determinada forma, em resposta a determinados estímulos ou situações (Rocha e Christensen, 1999). Relacionado às mudanças causadas pela informação e pela experiência no comportamento do indivíduo, o aprendizado torna-se um pilar importantíssimo para promover e sustentar as decisões sobre compras futuras do consumidor. Como veremos, uma pessoa tem seu processo de aprendizado fortemente afetado pelas conseqüências do comportamento adotado. Comportamentos que resultam em conseqüências satisfatórias tendem a ser repetidos, da mesma forma que comportamentos que não geram satisfação tendem a ser evitados. A aprendizagem envolve, portanto, ligações entre estímulo e resposta.

As pessoas diferem em suas habilidades para processar informações que venham a apoiar sua decisão de compra, e esse processamento varia conforme a informação e a experiência que o consumidor possui sobre o produto analisado. Dessa forma, consumidores experientes e familiarizados com o produto poderão avaliar melhor as alternativas de marcas disponíveis, facilitando sua decisão de compra. Assim, os profissionais de marketing podem ajudar os consumidores a aprender sobre seus produtos, deixando-os ganhar experiência com eles. Nessa condição, eles chegam, na verdade, a originar uma aprendizagem no indivíduo. Por exemplo, amostras grátis ou demonstrações do produto no ponto-de-venda propiciam maior experiência e conhecimento ao comprador. Muitos consumidores se sentem mais seguros ao comprar produtos pelo canal de vendas de TV por Assinatura Shoptime, no qual os atributos dos produtos são demoradamente detalhados (veja *Estudo de Caso — Shoptime: Vendas Diretas pela TV*, no Capítulo 5).

Há diversas teorias que identificam os aspectos comportamentais e cognitivos da aprendizagem humana, auxiliando o profissional de marketing a compreender como o conhecimento e a experiência adquiridos influenciam as mudanças no comportamento do consumidor e como seus hábitos são formados e reforçados. As principais teorias que buscam explicar como se desenvolve o processo contínuo de aprendizagem são as **teorias behavioristas** (que focalizam as conexões simples entre estímulo e resposta) e as **teorias cognitivas** (que estudam como o indivíduo soluciona problemas complexos e aprende conceitos abstratos por meio da observação).

Teorias Behavioristas

A visão behaviorista de aprendizagem parte do princípio de que o aprendizado ocorre como resultado de respostas a eventos externos. Também conhecidas como teorias do condicionamento (estímulo-resposta), elas se baseiam na premissa de que respostas perceptíveis a estímulos externos sinalizam que a aprendizagem ocorreu. Quando um indivíduo *reage* de modo previsível a um estímulo conhecido, diz-se que ele *aprendeu*. As teorias comportamentalistas se preocupam, sobretudo, com os estímulos que são selecionados pelas pessoas no ambiente e com quais comportamentos daí resultam mais do que com o processo de aprendizagem em si. Por meio da identificação de seus aspectos comportamentais, essa abordagem considera o consumidor uma "caixa preta" que responde a estímulos externos, como ilustra a Figura 4.4.

Para fins mercadológicos, podemos classificar os elementos fundamentais da aprendizagem em estímulos e reforço.

Estímulos são os muitos bits de informações aos quais o consumidor pode, voluntária ou involuntariamente, estar exposto. Desde informações controladas pelo marketing (como propaganda, vendedores, embalagem, rótulo e até mesmo o próprio produto) até outras informações do ambiente, fora do controle do marketing (como aspectos econômicos, tecnológicos e socioculturais) estimulam o consumidor. O profissional de marketing tenta moldar os elementos controláveis de modo que tenham significado para o consumidor e que sejam memorizados por ele. Entretanto, fatores externos, como recomendações ou publicidade de amigos sobre o produto, podem ser também estímulos que promovem o aprendizado. O resultado final do encontro dos vários estímulos é que o comportamento do consumidor será alterado por força das informações recém-absorvidas. O avanço tecnológico e a competição das empresas de telecomunicações no Brasil desenvolveram, por exemplo, o hábito do telefone celular, estimulando nos últimos cinco anos um fenomenal crescimento no consumo de aparelhos. Por meio da inteligente solução do plano pré-pago, milhares de consumidores de renda mais baixa puderam ter acesso à nova tecnologia.

Reforço, o segundo elemento básico da aprendizagem, pode ter um poderoso efeito sobre as decisões e atividades subseqüentes dos consumidores. A fonte mais direta de reforço num contexto de marketing é o uso do produto em si. Um consumidor pode ser positiva ou negativamente reforçado em função do nível de satisfação obtido com o uso do produto. Se o produto não satisfizer suas expectativas, o resultado será o reforço negativo. Isso representa uma barreira para uma próxima compra e para um próximo uso daquele produto. Por outro lado, uma experiência gratificante motivará o comprador a repetir aquele comportamento (isto é, repetir a compra do produto). Vários esforços de marketing podem facilitar o reforço positivo, como o design apropriado de um produto ou sua assistência técnica rápida e eficiente. Comunicações pós-compra, que servem de suporte à decisão do comprador, e ações de relacionamento ou serviços adicionados podem aliviar a dissonância cognitiva e funcionar como um reforço positivo (Semenik, 1996). Por exemplo, uma concessionária de veículos que rea-

Estímulo ⇨ Consumidor ⇨ Resposta

Figura 4.4 A visão behaviorista percebe o consumidor como uma "caixa preta".

liza constantes revisões e manutenções no automóvel de um consumidor e provoca impacto positivo pela qualidade e preço justo em seus serviços pode enviar uma carta para esse consumidor promovendo a aquisição de um novo modelo, da mesma marca, com benefícios e descontos vantajosos. Como a experiência com o uso da marca pelo consumidor foi positiva e os serviços da concessionária foram gratificantes, ele se sente motivado a trocar de modelo.

Essas variáveis importantes do processo de aprendizagem surgiram a partir da **Teoria do Condicionamento Clássico**, desenvolvida a partir dos trabalhos do psicólogo russo Ivan Pavlov. A partir de experimentos científicos com animais, o cientista concluiu que o comportamento humano, assim como o dos animais, pode ter resposta automática (um tipo de "reflexo patelar") a um estímulo. Pavlov treinou cães a produzirem saliva (resposta incondicionada) quando determinado estímulo (o toque de uma campainha) lhes era oferecido (estímulo condicionado), acompanhado por alimento (estímulo incondicionado). O cientista observou que, mesmo quando o alimento não acompanhava o estímulo, a resposta era a mesma, isto é, os cães produziam saliva. Em outras palavras, os cães apresentavam resposta condicionada (salivação) à exposição do estímulo condicionado (campainha). Esse condicionamento, aplicado a respostas do sistema autônomo (como salivação) e nervoso (por exemplo, piscar os olhos), pode igualmente influenciar os indivíduos. Assim, pistas visuais ou olfativas poderão estimular a fome e a sede, excitação sexual e outros impulsos básicos. Terapeutas americanos relataram casos de internautas fanáticos por cibersexo que ficavam excitados antes mesmo de ligar o computador (Solomon, 2002).

No que se refere ao comportamento de compra do consumidor, elementos mercadológicos, como anúncios publicitários, embalagens, preços e os próprios produtos, podem ser estímulos capazes de gerar respostas condicionadas como a compra, a preferência, o conhecimento da marca etc. Alguns consumidores, por exemplo, podem estar condicionados em seu hábito de compra de roupas de inverno a esperar pelo período de liquidação das lojas, mesmo que ela ocorra ao final da estação. Muitos anúncios utilizam imagens de crianças brincando com cachorrinhos alegres e carinhosos, vinculando o produto a sentimentos agradáveis e sensíveis. Por meio dessas cenas, a associação feita pelo consumidor pode despertar-lhe respostas afetivas e predisposição favoráveis pelo produto.

Pavlov introduziu também os conceitos de reforço e de extinção de resposta. O reforço é dado toda vez que o indivíduo é premiado após realizar determinado ato. Sua repetição continuada poderá formar um hábito no indivíduo. Anúncios muito repetidos podem ficar gravados na mente do consumidor. Uma marca de refrigerante, por exemplo, pode ser primeiramente lembrada em decorrência de seu alto e repetido grau de exposição à mente do consumidor. A extinção de resposta ocorre, por sua vez, quando, em vez de prêmio, ocorre frustração. Uma associação positiva na memória (como a compra condicionada de passagens aéreas com base no tipo de recompensa proporcionado por seu programa de milhagem) pode ser imediatamente extinta se houver a súbita cessação da costumeira gratificação.

O condicionamento do comportamento pode ser configurado em uma equação na qual se identificam os principais fatores que influiriam na intensidade de resposta do indivíduo (Rocha e Christensen, 1999):

$$R = f(E, M, K, H)$$

A resposta do consumidor (R) varia em intensidade em função da interação (f) multiplicadora de fatores que afetam seu comportamento: intensidade do estímulo (E), motivação (M), recompensa (K) e hábito (H).

A intensidade do estímulo tende geralmente a funcionar de forma positiva, isto é, quanto maior o estímulo, mais forte a tendência de resposta. Isso não ocorre, porém, necessariamente em todos os casos. Observou-se que, com relação ao medo, um excesso de estímulo pode muitas vezes reduzir a intensidade da resposta. Além disso, dois estímulos semelhantes tendem a provocar respostas semelhantes (Rocha e Christensen, 1999). Por exemplo, anúncios similares de duas operadoras de serviços de discagem a longa distância (DDD) em que se destaca a baixa tarifa para estimular o consumidor levarão à compra de qualquer um dos dois serviços.

Outra teoria behaviorista, a **Teoria do Condicionamento Operante**, desenvolvida pelo psicólogo B. F. Skinner, que igualmente partiu da experiência com animais para tirar suas conclusões, esclarece que o aprendizado decorre de um condicionamento instrumental (operacional) advindo da recompensa obtida, isto é, com base nas conseqüências que determinado comportamento promove para o indivíduo, afetando a freqüência ou a probabilidade de o comportamento ser desempenhado de novo. Em termos de comportamento do consumidor, a aprendizagem instrumental sugere que os consumidores aprendem por um processo de tentativa e erro, no qual alguns comportamentos de compra geram resultados mais favoráveis (recompensas) do que outros. A experiência favorável, que operacionaliza o ato, é **instrumental**, pois ensina o indivíduo a repetir o comportamento específico. Assim, uma consumidora que percebe um novo prato pronto no setor de congelados do supermercado e decide comprá-lo para experimentar poderá ter uma agradável surpresa quanto ao sabor do produto. Conseqüentemente, ela anotará em sua lista para se lembrar de comprá-lo novamente em sua próxima ida ao supermercado.

Como já vimos, o comportamento é repetido com base no reforço. Skinner aprofundou seus estudos caracterizando duas formas de reforço: **reforço positivo** (o comportamento é repetido com base no estímulo positivo ou na recompensa) e **reforço negativo** (o resultado desagradável ou negativo — punição, por exemplo — também serve para estimular um comportamento específico). O resultado de um creme hidratante que promove eficaz melhoria da pele provavelmente resultará em sua recompra, representando um reforço positivo. Podemos considerar as recentes campanhas do Ministério da Saúde contra o fumo como exemplo de reforço negativo. Imagens de pulmões com câncer, incluídas nos maços de cigarro, com a recomendação de que "fumar faz mal à saúde", podem ter contribuído para a diminuição do número de fumantes no Brasil.

Para criar respostas favoráveis, os profissionais de marketing podem relacionar o produto a diversos estímulos e reforços. A Figura 4.5 apresenta um exemplo de anúncio que, ao expor os atributos do produto, utiliza a influência da aprendizagem.

Para capacitar o consumidor a apreciar mais completamente o reforço derivado do consumo, aumentando a probabilidade de recompra, muitas empresas investem na distribuição de amostras grátis. Pesquisa realizada com consumidores em um teste para lançamento de novo produto revelou que as vendas posteriores ocorreram com freqüência 50% maior em domicílios que receberam amostras grátis em comparação com outros que não as tinham experimentado (Engel, 2000).

Programas de fidelização de clientes, uma das estratégias de marketing mais adotadas pelas empresas nos últimos anos (veja *Interface — Marketing de Relacionamento*, no Capítulo 7), comumente se utilizam dos conceitos de reforço em suas estratégias para aumentar a lealdade do consumidor.

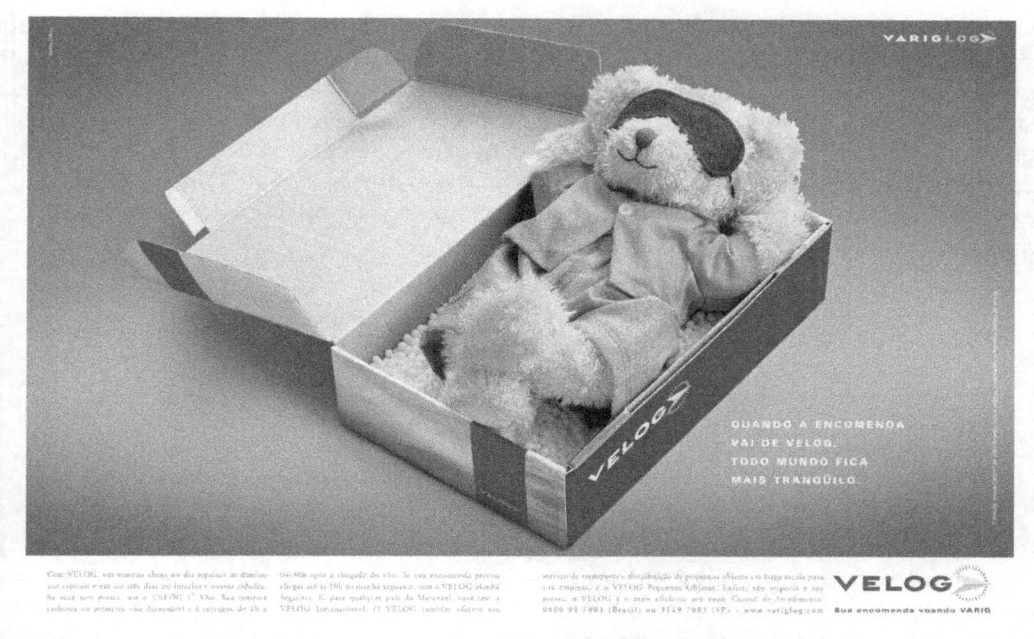

Figura 4.5 Anúncio que expõe os atributos do produto e exemplifica a influência da aprendizagem (fonte: PublicisSallesNorton).

Teorias Cognitivas

Em contraposição às teorias behavioristas, acusadas de reduzir a aprendizagem a um processo muito mecânico, os **modelos de aprendizagem cognitiva** enfatizam a importância dos processos mentais internos. Nessa perspectiva, os indivíduos buscam a solução de problemas mediante o processamento de informações que envolvem a habilidade humana de aprender por meio da manipulação de idéias. Baseada totalmente na atividade mental, a aprendizagem cognitiva se realiza pelo raciocínio lógico e incorpora as atitudes, as crenças e as experiências passadas, bem como os comportamentos orientados a resultados (os estágios do processo de decisão de compra do consumidor, estudados no Capítulo 2, usam o modelo cognitivo). Igualmente, elementos como a criatividade e a percepção exercem papel decisivo no processo de aprendizagem cognitivo. Segundo os seus defensores, a aprendizagem cognitiva é o tipo mais característico pelo qual o ser humano aprende.

Elementos fundamentais compõem o processo de aprendizagem cognitiva: o *processamento de informações*, a *consciência*, a *memória* e a *associação*.

Por meio do **processamento de informações** (solução de problemas) o consumidor avalia, combina, desconta e integra diferentes partes de informação para alcançar certas opiniões, o que possibilita a análise racional dos dados e informações disponíveis, levando à solução de um problema. Como o processamento de informações está diretamente relacionado tanto com a habilidade cognitiva do consumidor quanto com a complexidade da informação a ser processada (que deriva da percepção e dos estímulos gerados pelos atributos do produto e dos concorrentes), consumidores com maior habilidade cognitiva poderão assimilar e processar mais informações sobre os vários atributos de um produto e sobre as diversas alternativas existentes, melhorando a qualidade da avaliação na decisão de compra. Além disso, quanto maior a familiaridade com a categoria do produto, maior a habilidade cognitiva. A fórmula abaixo expressa essa relação, demonstrando o processamento de informação como função resultante da habilidade cognitiva e complexidade da informação. Numa feira têxtil, por exemplo, um comprador organizacional, antes de decidir sobre qual marca de tecido consumir, buscará levantar todas as informações sobre a tradição da marca, o preço, a qualidade, a entrega e as especificações das alternativas disponíveis para analisá-las e compará-las detalhadamente e ouvirá outras opiniões antes de se decidir pela compra.

$$PI = f(HC, CI)$$

onde:

PI = processamento de informação
f = função
HC = habilidade cognitiva
(inclui familiaridade ou repertório)
CI = complexidade da informação
(atributos das marcas, combinação entre marcas)

A **consciência** se revela importante no raciocínio abstrato e na avaliação de hipóteses, causas e efeitos para a solução do problema, embora admita-se que a condição inconsciente possa interferir no aprendizado. Por exemplo, numa exposição, alguns homens podem preferir um determinado produto em função de sua apresentação ser feita por uma mulher bonita e atraente, embora possam, posteriormente, admitir que sua decisão se baseou nas características e nos atributos do produto.

A **memória** se refere ao armazenamento de informações aprendidas. A mente humana é como um computador: os dados entram, são processados e saem para uso posterior de forma revisada (Schiffman, 2000). Sua codificação na memória (arquivamento conforme significado e relevância) poderá facilitar o acesso para sua recuperação posterior. O modo como as informações são codificadas quando percebidas determina como serão armazenadas na estrutura de memória: *memória sensorial, memória de curto prazo* e *memória de longo prazo*. Esses três sistemas distintos funcionam como *depósitos* temporários localizados separadamente na memória para realizar, em etapas, o processamento de informações antes da aderência e do arquivamento definitivo, como ilustra a Figura 4.6. O depósito sensorial reúne os *inputs* percebidos pelos sentidos e ficam apenas alguns segundos na mente. Se não for esquecida, a informação vai para o depósito de curto prazo, também conhecido como memória de trabalho (semelhante a um computador), com capacidade restrita, na qual a informação é analisada e processada por um período mais longo, embora ainda limitado

Input sensorial ⇨ Memória sensorial ⇨ Ensaio ⇨ Memória de trabalho (depósito de curto prazo) ⇨ Codificação ⇨ Memória de longo prazo ⇨ Recuperação

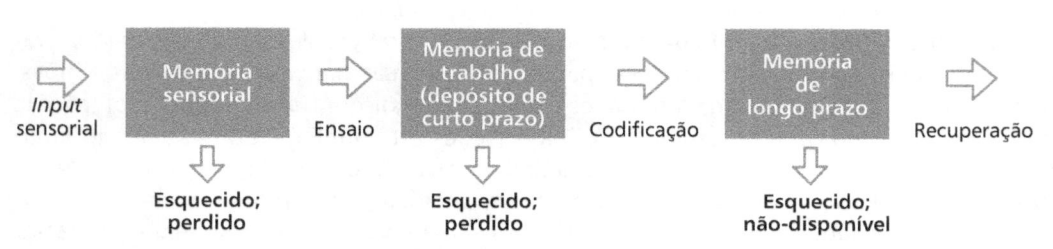

⇩ Esquecido; perdido ⇩ Esquecido; perdido ⇩ Esquecido; não-disponível

Figura 4.6 Relações entre os sistemas de memória e o processamento de informação.

(menos de 30 segundos). Se relevante, ela pode ser codificada, por meio de uma configuração conhecida pela pessoa (por exemplo, uma associação qualquer ou uma combinação de dados), para ser posteriormente lembrada. O depósito de longo prazo nos permite reter informações por um longo período de tempo. Ao pensar sobre o significado do *input* e relacioná-lo com outras informações já existentes na memória, o indivíduo permite a entrada da informação na memória de longo prazo. Ao entender o processo de memorização, os profissionais de marketing podem lidar mais eficazmente com o processamento da informação e com o aprendizado. Por exemplo, criar slogans fáceis de lembrar e que se façam distinguir em meio ao excessivo volume de informações que nos bombardeiam incessantemente permitirá ao consumidor repeti-lo para si próprio, facilitando o processo de armazenamento, retenção e recuperação da informação. A campanha de lançamento da Nova Schin, realizada pela agência FisherAmérica e ilustrada no Capítulo 2, utilizou uma mensagem ("Experimenta!") que foi, durante algum tempo, bastante reproduzida pelos consumidores em seu ambiente social.

Um consumidor pode processar um estímulo simplesmente em termos de seu significado sensorial, como cor ou formato. Assim, diante da visualização do estímulo, o significado poderá ser ativado. Um consumidor gaúcho, por exemplo, em viagem de negócios a Xangai, na China, inseguro quanto ao tipo de culinária que deve consumir, sentirá uma sensação de alívio e familiaridade ao se deparar com o ícone de uma tradicional churrascaria de rodízio.

A **associação** (aprendizagem observacional) é um processo de **modelagem** pelo qual aprendemos ao observar as ações dos outros e os reforços que recebem por seus comportamentos. Assim, o aprendizado se dá por meio das experiências das outras pessoas, e não da prática direta. Processo complexo, no qual o indivíduo acredita que, imitando comportamentos observados nos outros, poderá obter resultados semelhantes, a associação pode ocorrer muito tempo depois de processada a informação (modelo) que a inspirou. Não raro, buscamos espelhar nosso comportamento em pessoas que admiramos por algum atributo ou virtude (como vimos em grupos de referência, no Capítulo 3), as quais temos como modelos. É muito comum percebermos as crianças emulando comportamentos que observam nos pais ou em outros adultos. Quando o Programa da Xuxa exibiu, há alguns anos, a apresentadora demonstrando os calçados de plástico Melissinha em seu programa, milhares de crianças em todo o país passaram a usar as mesmas sandálias, buscando imitar o ídolo.

Outras aplicações dos modelos cognitivos de aprendizagem incluem a **Teoria do Envolvimento** e a **Abordagem do Julgamento Social**. Na primeira, os consumidores se envolvem em maior ou menor grau numa atividade de processamento de informações, dependendo da *relevância* da compra. Na segunda, o envolvimento com o processamento da informação é determinado pelo seu envolvimento com o *assunto*.

A Teoria do Envolvimento considera a divisão do cérebro humano em hemisférios direito e esquerdo, cada um especializado no processamento de determinado tipo de informação, e sua influência no envolvimento dos estímulos recebidos (veja *Interface — Os Dois Lados do Cérebro*).

O grau de envolvimento que um problema desperta para o processamento de informações na mente do consumidor dependerá do envolvimento do ego (prazer), da percepção de risco e da relevância da compra. O indivíduo mobilizará os recursos comportamentais (físicos, mentais e energéticos) que caracterizam o envolvimento na busca da satisfação desses aspectos, utilizando-se de três condições: a pertinência subjetiva, a habilidade percebida e a oportunidade percebida. Esse objetivo será alcançado conforme o modo de pensar do indivíduo e de acordo com a forma como cada lado do cérebro prepondera nas suas decisões. Um cliente poderá aprender melhor com base em aspectos visuais e emocionais, por exemplo, se seu lado direito for mais desenvolvido. Já outro poderá aprender mais por meio de elementos racionais e quantitativos, se seu lado esquerdo preponderar. Em qualquer um dos casos, a escolha resultará de quanto a compra é relevante (pertinência) e de que meios a pessoa dispõe para possibilitar sua consecução (resultantes de habilidades percebidas em si mesmo e de oportunidades percebidas em si ou no ambiente).

A promoção mercadológica desenvolveu a *teoria das rotas centrais* e *das rotas periféricas de persuasão* para atingir os consumidores. Segundo essa abordagem, os compradores altamente envolvidos são mais bem atingidos por anúncios que enfocam atributos específicos do produto (rota central), enquanto os consumidores menos envolvidos podem ser atraídos por meio de outros aspectos paralelos ou dicas de publicidade periférica, como a modelo ou o cenário (rota periférica) (Schiffman, 2000). Assim, em função da maior pertinência, o consumidor analisará mais racional e cuidadosamente os méritos e os pontos fracos de um produto, utilizando a 'especialização' do lado esquerdo do cérebro na ponderação para decisão (rota central para persuasão). Por outro lado, para compras de baixo envolvimento e menor pertinência, sua avaliação exigirá menor esforço e análise, podendo se basear no lado direito do cérebro (rota periférica para a persuasão). A Figura 4.7 ilustra um anúncio que usa a rota periférica de persuasão, enquanto a Figura 4.8 exibe um anúncio que enfatiza a rota central para persuasão.

A **Teoria do Julgamento Social** pressupõe que os indivíduos assimilem novas informações sobre objetos de aprendizado à luz do que já conhecem ou sentem. As informações serão aceitáveis (latitude de aceitação) ou inaceitáveis (latitude de contraste ou rejeição) conforme a congruência ou padrão do que a pessoa já possui a respeito do assunto. Muito ligada às atitudes, próximo fator psicológico que estudaremos, a Teoria do Julgamento Social classifica os consumidores em categorizadores restritos (altamente envolvidos), que têm opinião forte e restringem a aceitação de marcas, e categorizadores amplos (menos ou não envolvidos), que têm pouca opinião e consideram mais as marcas. Essa restrição ou amplitude na aceitação decorre do conhecimento acumulado do consumidor sobre o assunto analisado.

Por exemplo, um creme anti-rugas para homens poderá gerar rejeição para o consumidor que acredita que a utilização desse produto não condiz com seu conceito de masculinidade.

Figura 4.7 Anúncio que usa rota periférica (fonte: W/Brasil).

Capítulo 4 • Influências Psicológicas

A GENTE ENCHE O SACO COM QUALIDADE

Figura 4.8   Anúncio que usa rota central (fonte: Torres/Público Alvo).

Interface — Os Dois Lados do Cérebro

A abordagem do cérebro fragmentado em dois hemisférios, o lado direito e o lado esquerdo, foi proposta nos anos 70 por Roger Sperig, Joseph Bogen e Michael Gazzanga (Herrmann, 1996). Embora simplista para explicar a complexidade do cérebro humano, ela se tornou conhecida e foi muito divulgada, sendo adotada por médicos, psicólogos e administradores como ferramenta de trabalho. A partir dessa perspectiva, podem-se identificar em cada pessoa as dominâncias de cada hemisfério do cérebro, compreendendo melhor seu comportamento. Dependendo da natureza do problema a ser resolvido, o lado 'especializado' do cérebro será naturalmente acionado.

A tabela que se segue demonstra essas dominâncias e serve como indicação do perfil preponderante de cada pessoa: aquela que é comandada mais pelo hemisfério esquerdo teria uma orientação racional e aquela que é comandada mais pelo hemisfério direito teria uma orientação emocional.

HEMISFÉRIO ESQUERDO	HEMISFÉRIO DIREITO
(lado direito do corpo)	(lado esquerdo do corpo)
Verbal	Musical
Lógico	Holístico
Controlado	Emocional
Ativo	Receptivo
Analítico	Integrador
Racional	Espiritual
Organização seqüencial	Compreensão simultânea
Percepção de ordem	Percepção de padrões abstratos
Intelectual	Intuitivo, criativo

A Aprendizagem e a Fidelidade à Marca

Há uma relação direta entre o conhecimento, a preferência e a fidelidade a uma marca pelos consumidores e o seu valor de mercado. O objetivo maior de uma estratégia mercadológica é conseguir a fidelidade de uma ampla base de consumidores. Para alcançar essa meta, os profissionais de marketing devem transmitir eficazmente os atributos da marca, garantindo-lhes significado e tendo certeza de que os consumidores 'aprenderam' os benefícios advindos de sua utilização mantendo-se permanentemente leais a ela (incluindo aí a identificação dos consumidores, por meio de suas crenças e atitudes, como posicionamento e os diferenciais inerentes à marca preferida). Quando o consumidor possui esse aprendizado, a marca atinge alto valor de mercado. Marcas valiosas têm fortes associações positivas na mente do consumidor (veja Interface — Valor da Marca). A repetição, a memorização e o reforço positivo poderão se juntar ao processo cognitivo de valorização da marca.

A formação do hábito, como vimos, elemento muito importante para o entendimento do comportamento de compra, poderá influenciar sobremaneira na fidelidade à marca. Quanto mais forte o hábito, maior a probabilidade de o indivíduo dar a mesma resposta, quando defrontado com uma situação similar ou igual.

> "No contexto do comportamento de compra, a aprendizagem se produz quando o indivíduo, após realizar a compra, consome ou usa o produto. Se a experiência obtida é positiva, ele tenderá a buscar o mesmo produto quando a mesma necessidade se manifestar. Dado determinado número de compras bem-sucedidas daquele produto e supondo-se que a mesma necessidade venha a manifestar-se periodicamente, o indivíduo tenderá a desenvolver uma preferência por aquele produto ou marca. A lealdade à marca, estágio mais avançado no desenvolvimento da preferência do consumidor, nada mais é do que um hábito formado e incorporado à vida do indivíduo" (Rocha e Christensen, 1999).

Para saber mais, veja também Interface — Marketing de Relacionamento, no Capítulo 7.

Interface — Valor da Marca

O valor da marca é o valor inerente e intrínseco de uma marca bem conhecida no mercado. Toda empresa possui uma marca, isto é, um nome e/ ou um símbolo distinto destinado a identificar e a diferenciar uma empresa ou um produto que expressa sua identidade. Como o nosso nome pessoal, ela designa e expressa a identidade de um ser único e distinto, espelhando suas características e seus atributos. O valor da marca facilita a aceitação de um produto e enfatiza o valor percebido em relação à sua qualidade e à sua performance. Ela incorpora valor agregado ao produto fabricado pela empresa e acaba influenciando seu patrimônio total, atraindo mais consumidores, aumentando a participação de mercado e gerando maiores lucros.

Como um ativo de natureza intangível, o patrimônio de marca (brand equity) pode e deve ser avaliado. Ela possui cada vez maior importância nos ativos empresariais e no poder de mercado, em parte em função da onda de fusões e aquisições que vem ocorrendo no mercado. Segundo pesquisa da Interbrand e da IstoÉ Dinheiro, publicada em sua edição n. 352 (02/06/04), as marcas brasileiras mais valiosas (em US$) são:

1. Itaú . . . . 1,2 bilhão
2. Bradesco . . . . 828 milhões
3. Natura . . . . 536 milhões
4. Banco do Brasil . . . . 520 milhões
5. Skol . . . . 512 milhões

6. Petrobras .... 485 milhões
7. Brahma .... 352 milhões
8. Unibanco .... 223 milhões
9. Antarctica .... 192 milhões
10. Real .... 171 milhões
11. Embraer .... 159 milhões
12. Sadia .... 156 milhões

Marcas Mais Lembradas

Os supermercadistas também apresentam uma hierarquia das marcas mais lembradas. Uma pesquisa da revista *Supermercado Moderno* registrou as marcas que habitam na memória de quase 2 mil supermercados: 1º Royal (fermento em pó), 2º Melitta (filtro de papel), 3º União (açúcar), 4º Seda (condicionador), 5º Veja Multiuso (limpador multiuso), 6º Bauducco (torrada), 7º Nescafé (café solúvel). Outros produtos (macarrão Nissin Lamen, xampu Seda, Leite Moça, extrato de tomate Elefante e sabão em pó Omo) também foram muito lembrados.

Um dos vetores mais importantes e decisivos na mensuração do valor da marca é o grau de reconhecimento (consciência da marca), preferência (qualidade percebida) e fidelização (associações) pelos consumidores. Essa relação entre o aprendizado dos consumidores e o valor da marca se reflete por meio de prêmios do mercado, como o "Top of Mind", no qual os consumidores apontam as marcas mais lembradas em cada categoria. Esse *share of mind* expressa o quanto a marca está posicionada na mente do consumidor, e as primeiras marcas em relação às outras lembradas podem variar de cinco para um entre os pesquisados.

O reconhecimento e a familiaridade do mercado representam maior valor patrimonial à marca e refletem também a importância da influência da aprendizagem na conquista e na lealdade do consumidor. Pesquisas indicaram que 70% dos consumidores deixam de freqüentar um supermercado se não encontram suas marcas preferidas pela terceira vez. A lealdade dos clientes é fortemente influenciada pelos estímulos mercadológicos, como a gestão da marca (*branding*). Ferramenta importante para o profissional de marketing conquistar a lealdade dos clientes, ela contribui para o processo de aprendizagem e para a memorização dos indivíduos.

Fonte: *Isto É Dinheiro*, 02 jun. 2004, p. 68. "As Marcas Mais Valiosas do Brasil".

O processamento de informações é um fator crítico para o sucesso da aprendizagem. Integrado ao modo de pensar do indivíduo pelo sistema cognitivo, sua efetividade é determinante para a interpretação das informações recebidas e conseqüente persuasão. Assim, é essencial para o profissional de marketing compreender o processo de aprendizagem humano, bem como o processo de comunicação e persuasão (veja *Interface — O Processo de Comunicação e a Persuasão do Consumidor*, ao final deste capítulo).

Atitudes

As atitudes[1] são um fator extremamente útil para entender o processo decisório do consumidor e prever seu comportamento. As pessoas adquirem suas atitudes por meio de

---

[1] Alguns autores utilizam também a expressão "crenças e atitudes" para classificar essa categoria de influências psicológicas.

ações e aprendizados. A utilidade das atitudes para o entendimento do comportamento decorre da sua natureza básica: uma **atitude** é uma predisposição aprendida para responder de maneira consistentemente favorável ou desfavorável a um determinado objeto. Essa "predisposição para responder" representa uma força que governa o comportamento do consumidor em relação aos objetos (produtos) que encontra no mercado. Sob condições de uma atitude favorável (positiva), a predisposição assumirá a forma de um comportamento de aproximação (isto é, compra e uso). Quando se tiver estabelecido uma atitude desfavorável (negativa), o consumidor estará predisposto a evitar um determinado produto e a procurar alternativas.

Nesse âmbito das influências psicológicas que atuam sobre o consumidor, é importante para o profissional de marketing compreender os gostos e as aversões (*likes* e *dislikes*, em inglês) dos compradores; em outras palavras, suas atitudes. Esses gostos e aversões expressam as atitudes *positivas* ou *negativas* que um consumidor possui em relação a uma marca ou a um produto. Conseqüentemente, entre diversas opções de compra, ele geralmente selecionará aquela que é avaliada de forma mais favorável.

Uma atitude é duradoura porque tende a persistir ao longo do tempo. É geral porque se aplica a mais de um evento momentâneo (objeto de atitude). Temos atitudes em relação a uma ampla gama de objetos: desde comportamentos muito específicos (tomar chá após as refeições) até comportamentos mais gerais relativos ao consumo (como quanto à quantidade e à freqüência do que devemos consumir de chás). E agimos de modo consciente e coerente com essas atitudes.

Em geral, as atitudes possuem três componentes inter-relacionados: o **cognitivo** (sabedoria ou crenças), o **afetivo** (sentimentos e emoções) e o **conativo** (intenção de agir). Conhecidos como o **Modelo ABC de Atitudes** (*Affect, Behavior, Cognition*), esses três componentes refletem as inter-relações entre conhecer, sentir e fazer. A Figura 4.9 mostra uma representação simplificada da interação entre essas três dimensões.

Embora os três componentes estejam inter-relacionados, sua importância relativa e sua predominância poderão variar. Um indivíduo poderá iniciar seu processo de aprendizagem com base nas informações e no conhecimento acumulado (crenças). Posteriormente, passa a avaliar essas crenças e forma sentimentos pelo produto (afeto). Finalmente, adota uma intenção para agir (conação). Assim, uma universitária solteira, adepta fervorosa do casamento, que deseja arrumar um namorado, por exemplo, ao saber de uma festa de confraternização na universidade, acredita que será uma oportuna possibilidade para paque-

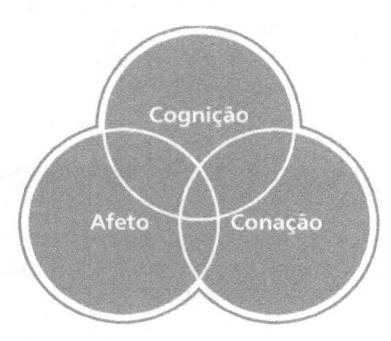

Figura 4.9 Representação dos três componentes das atitudes.

rar, sente que é isso que deseja e, em conseqüência, vê-se motivada a se inscrever no evento. A Figura 4.10 reflete as relações entre crenças, sentimentos, atitude, intenção de agir e comportamento.

Diversas fontes de influência afetam a formação de atitudes. Entre elas, a exposição a informações (o conteúdo cognitivo das atitudes é significativamente baseado nas informações de outras pessoas e da mídia), a filiação ao grupo (as atitudes e as opiniões das pessoas com quem alguém interage têm impacto na pessoa), o ambiente (ao incluir fatores econômicos), e os níveis atuais de satisfação de necessidade. As atitudes buscam facilitar o comportamento social. Elas existem porque exercem alguma função para os indivíduos, auxiliando-os como guias úteis para orientar o comportamento em determinadas situações. As funções são determinadas pelos motivos da pessoa:

- **Função utilitária**: relacionada com o resultado ou conseqüência de um comportamento e baseada na recompensa ou na punição (a habilidade do produto em atingir as metas desejadas). Se uma pessoa sente prazer em ir ao cinema, desenvolverá uma atitude positiva em relação a esse tipo de entretenimento.
- **Função expressiva de valor**: expressa os valores centrais do indivíduo ou seu autoconceito. As atitudes expressivas de valor se relacionam mais com aspectos de status e estima, como o uso de roupas de uma grife famosa, do que com o resultado de benefícios objetivos.
- **Função defensiva do ego**: visa a defender o indivíduo de ameaças externas ou sentimentos internos. Na década de 50, um estudo nos EUA revelou que as mulheres resistiam ao uso do café instantâneo porque isso ameaçava sua autoconcepção de dona de casa competente (Solomon, 2002).
- **Função de conhecimento**: resulta de uma necessidade de ordem, estrutura ou significado (a habilidade do produto em dar um significado às crenças e às experiências do indivíduo). Essa necessidade é comum quando o consumidor enfrenta uma situação ambígua (por exemplo, não consegue dimensionar a melhor proposição de valor entre dois produtos concorrentes) ou é confrontado com um novo produto do qual dispõe de poucas informações.

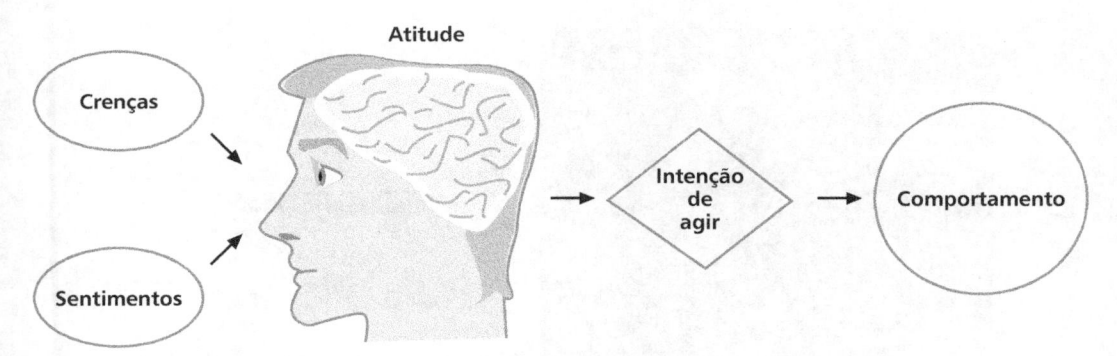

Figura 4.10 Interações entre os componentes da atitude e o comportamento.

Os profissionais de marketing podem utilizar os benefícios (função dominante) em seus anúncios e embalagens, buscando estimular o consumidor ao acionar pensamentos mais favoráveis e gerando preferência. Na administração de marcas (*branding*), por exemplo, ao comunicar os atributos da marca de um produto — racionais (referentes às funções e à utilidade do produto), emocionais (relativos aos sentimentos e às emoções gerados pelo produto) e simbólicos (referentes às associações e aos arquétipos vinculados ao produto) —, o profissional de marketing poderá enfatizar na mensagem os aspectos que melhor se identifiquem com os componentes da atitude, proporcionando predisposições favoráveis na mente do consumidor. É comum o uso de animais domésticos, como cães, em propagandas, visando a atingir os componentes cognitivos, afetivos e conativos do consumidor. A Figura 4.11 mostra uma das propagandas da famosa e premiada campanha da Cofap, criada por Washington Olivetto, na qual um cãozinho dachshund (salsicha) é associado aos benefícios da marca de amortecedores.

Como vimos, a orientação de afeto ou sentimento que as atitudes criam nas reações dos consumidores aos produtos é um aspecto tão importante em sua avaliação e escolha como os componentes cognitivos. Estímulos emocionais de uma marca poderão eventualmente exercer até maior influência do que as características funcionais do produto. Assim, não é incomum consumidores afirmarem que simplesmente 'gostam' mais de uma determinada marca do que de outras. Quando solicitados a explicar por que 'gostam' mais daquela marca, os consumidores geralmente encontram dificuldade em articular as razões exatas. Dentro dessa perspectiva, muitos consumidores têm atitudes favoráveis a empresas com práticas éticas e socialmente responsáveis, preferindo seus produtos aos de empresas concorrentes que não realizam ou não transparecem tais práticas para o consumidor (este assunto será mais detalhadamente abordado no Capítulo 8).

Os sentimentos vivenciados pelo consumidor afetam suas atitudes a partir de uma variedade de contextos, já que não podemos negar que sentimentos ocorrem a todo instante, inclusive nas relações de troca. Uma sobremesa calórica, por exemplo, pode desencadear sentimentos diversos e até opostos no consumidor, como felicidade, excitação, alegria, culpa, arrependimento e depressão. Assim, desde a decoração da loja, com suas cores, até o modo como o vendedor se comunica, vários elementos podem influenciar o componente afetivo do consumidor e devem, conseqüentemente, ser cuidadosamente administrados pelos profissionais de marketing.

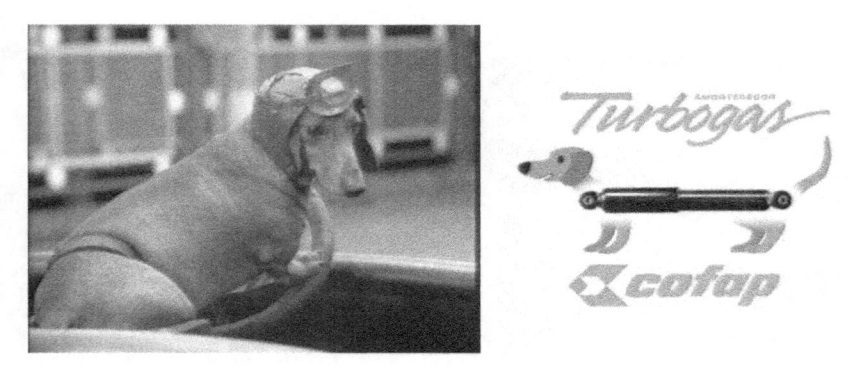

Figura 4.11 Anúncio da campanha dos amortecedores Cofap para TV (fonte: W/Brasil).

O anúncio do provedor de acesso à Internet iG, quando de seu lançamento em 2000, mostrado na Figura 4.12, ilustra a influência da propaganda sobre o componente afetivo da atitude do consumidor.

As atitudes podem variar em função de suas propriedades ou dimensões. São cinco as **propriedades das atitudes** (Engel, 2000): a *valência* (refere-se ao fato de a atitude ser positiva, negativa ou neutra), a *extremidade* (diz respeito à intensidade de gostar ou não gostar), a *resistência* (grau de imunidade à mudança), a *persistência* (refere-se ao desgaste gradual ao longo do tempo) e a *confiança* (crença de uma pessoa em relação a sua atitude estar correta). A preferência de um consumidor por assistir a uma determinada rede de TV pode ser resultado de uma atitude formada na crença de que aquele canal possui melhor qualidade de programação do que as redes concorrentes. Se essa atitude tiver valência positiva e extrema, com forte resistência e confiança, será muito difícil para a concorrência furar a persistência e influenciar a mudança no consumidor. Se, entretanto, a dimensão da persistência for baixa, a valência, neutra e a resistência, também baixa, mesmo que haja extremidade alta o consumidor poderá estar mais aberto a experimentar novas alternativas de canais.

A **mudança de atitude** é um aspecto importante a ser considerado. Embora arraigadas, as atitudes podem ser mudadas. Ela inclui mudanças de valência, extremidade e confiança, e poderá ser influenciada por mudanças nas próprias crenças (as atitudes extremas são difíceis de mudar), mudanças nas necessidades individuais, mudanças na importância do atributo e mudanças nos aspectos ambientais (como variáveis econômicas e financeiras) e mercadológicos (como comunicações e atividades promocionais).

Figura 4.12 Anúncio que estimula o componente afetivo da atitude (fonte: iG).

As atitudes são também afetadas pela *situação*, isto é, por eventos ou circunstâncias que, em determinado momento, influenciam a relação entre uma atitude e o comportamento (Schiffman, 2000). Embora as atitudes sejam coerentes com o comportamento, as circunstâncias podem freqüentemente impedir essa congruência. Um consumidor que tenha preferência por carros importados poderá, em determinado momento, enfrentar falta de recursos financeiros e, precisando de automóvel para realizar seu trabalho, comprar um veículo nacional econômico.

De fato, situações específicas podem levar os consumidores a se comportar de modo aparentemente incoerente com as suas atitudes. Como foi demonstrado na Figura 4.10, a intenção de compra (predisposição para agir) pode ser um melhor indicador para prever o comportamento do consumidor em relação a compras futuras do que meramente ter atitudes favoráveis. Mesmo assim, como vimos anteriormente, variáveis intervenientes, como fatores econômicos, disponibilidade, preço e atividades promocionais, podem prevalecer entre os estágios de intenção de compra e de compra efetiva.

O papel que as atitudes desempenham no comportamento do consumidor é uma base fundamental para as estratégias de propaganda e marketing bem-sucedidas. Mais do que saber se os consumidores têm atitudes favoráveis ou desfavoráveis aos seus produtos, os profissionais de marketing devem investigar a base ou as razões para essas atitudes. Metodologias úteis, como os "modelos de atitudes multiatributos", foram desenvolvidas para auxiliar nessa compreensão. A mais conhecida é o **Modelo de Fishbein** (Engel, 2000).

Martin Fishbein propõe uma fórmula para avaliar a atitude em relação a um objeto pelo consumidor, considerando o somatório de crenças sobre os atributos do objeto ponderado pela avaliação desses atributos. Pressupondo que cada produto possui atributos *salientes* (aquelas características julgadas como mais importantes e determinantes para o consumidor), a fórmula de Fishbein (apresentada a seguir) avalia a atitude formada em relação a esses atributos:

$$Ao = \sum_{i=1}^{n} C_i A_i$$

onde:

Ao = atitude em relação ao objeto
Σ = sinal de somatório
Ci = a força da crença que o objeto possui o atributo i
(probabilidade de o objeto possuir o atributo i)
Ai = a avaliação do atributo i
(quantidade de valores ou estados desejáveis)
n = o número de atributos salientes

Dessa forma, a atitude em relação a um objeto explica-se, de um lado, pelo conhecimento dos atributos apresentados por esse objeto e, de outro, pela avaliação feita de cada atributo (seu lado mais ou menos desejável). O consumidor avalia os produtos com base na expectativa de que os atributos do produto que ele julga importantes atendam às suas necessidades. Com base em seus critérios, o produto que melhor corresponder às expectativas será escolhido, isto é, terá a melhor relação *expectativas-valor*. Por exemplo: um consumidor que deseja comprar um automóvel com baixo consumo de combustível (atributo) e acha que o carro X é muito econômico (força da crença de que o objeto possui o atributo) terá maior atração por essa marca do que pelas outras. Comparando com as marcas concorrentes (podendo incluir outros atributos secundariamente importantes, como preço, design e espaço interno), o consumidor pontuará escores para cada atributo e os ponderará conforme a importância deles. O carro com a melhor relação expectativa/ valor terá o escore mais alto. É necessário que duas condições sejam satisfeitas: o bom desempenho da marca, segundo determinado critério, e a atratividade desse critério para o consumidor.

Percepção

Percepção é a maneira como as pessoas coletam e interpretam os estímulos provindos do seu meio ambiente. Cada um de nós usa a percepção para criar sua própria 'realidade'. Pelo fato de a mente humana ter limites para a quantidade de estímulos com que pode lidar, filtramos as informações do meio ambiente de forma coerente com aquilo que cada um de nós acredite ser pertinente e importante. A percepção cria uma orientação para o mundo externo resultante de experiências passadas, atitudes, normas culturais e comportamento aprendido. As percepções são, na verdade, a influência combinada de muitas das influências psicológicas até agora discutidas (Semenik, 1996).

A imagem que fizemos do mundo resulta de como o percebemos, e essa percepção deriva de um somatório de variáveis próprias de cada indivíduo, como sua história passada, seu contexto físico e social, sua personalidade e sua estrutura fisiológica e psicológica. Essas variáveis são integradas, resultando na estrutura cognitiva que permite percepções organizadas e significativas, para que interpretemos a realidade. Ao recebermos um estímulo, mesmo que seja novo e desconhecido, será integrado em nossa estrutura cognitiva, que se reorganizará em razão disso (Karsaklian, 2000).

O Processo Perceptivo

No processo de percepção, o indivíduo absorve sensações ao entrar em contato com mensagens que escolhe para prestar atenção, entre as tantas exposições a que se submete, e as utiliza para interpretar o mundo ao seu redor. Não raro, ele pode ter um entendimento diferente da mensagem pretendida, uma vez que coloca sua 'visão' nas coisas a partir de significados coerentes com suas próprias experiências, concepções e desejos.

A sensação está relacionada diretamente com a reação imediata de nossos receptores sensoriais — olhos, ouvidos, boca, nariz, mãos — a estímulos básicos como cor, luz, som, odores e texturas (Solomon, 2002). O processo pelo qual essas sensações são selecionadas, organizadas e interpretadas forma a nossa percepção. Entender como damos significados às sensações, objeto do estudo da percepção, é de interesse particular para o profissional de marketing, sobretudo para embasar suas estratégias de comunicação e publicidade. Na Figura 4.13, observamos o processo perceptivo abrangendo o processamento de informações e sua interpretação, com a adição de significado.

Os *estímulos sensoriais* são estímulos externos (*inputs* sensoriais) que iniciam o processo perceptivo. Eles podem ser detectados por meio de uma série de canais. Assim, informações provenientes do ambiente externo, recebidas por rádio, TV, outdoors e outros meios, estimularão nossos sentidos (*receptores sensoriais*) e, a partir de sua *exposição*, chamarão a nossa *atenção*. A sensação emocional resultante dessa interação promoverá uma *interpretação* (decodificação) no nosso cérebro, que a impregnará de *significado*. Por exemplo, um

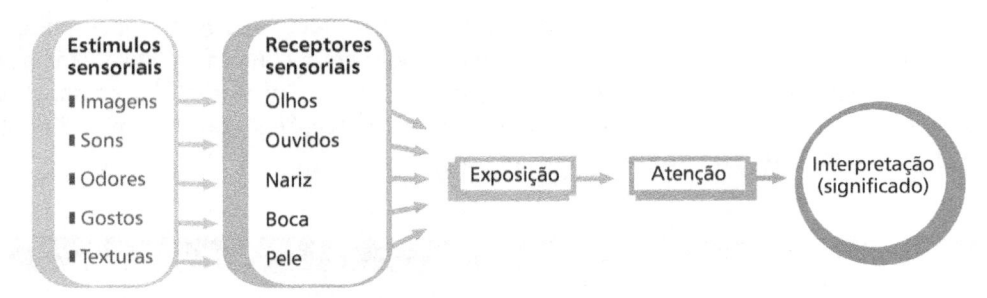

Figura 4.13 O processo perceptivo.

outdoor gigante que expõe a imagem de um gracioso cãozinho puxando um rolo de papel higiênico poderá ser uma forma interessante de chamar a atenção e estimular a interpretação sobre a maciez do produto. Vendedores de carpetes costumam carregar amostras de seus produtos para que os clientes potenciais possam experimentar, por meio da visão e do tato, a beleza, a qualidade e a textura do material, auxiliando a análise e a interpretação de qual é o mais adequado às suas necessidades.

Os consumidores costumam ignorar os estímulos que consideram irrelevantes e interpretam todos os outros de forma coerente com sua versão pessoal da 'realidade'. Portanto, as informações sobre produtos, seu uso e seus benefícios devem ser coerentes com aquilo que é relevante segundo a definição do *consumidor*. Por exemplo, nos últimos anos, as questões ligadas à saúde criaram maior conscientização dos consumidores em relação ao teor de gordura e colesterol dos alimentos. Como resposta a essa preocupação, as empresas modificaram seus produtos para reduzir os níveis de gordura e colesterol e enfatizaram essa iniciativa em seus anúncios e embalagens.

A percepção é um processo dinâmico que rege as relações do indivíduo com o mundo que o cerca, exercendo importante impacto em seu comportamento. É relevante, portanto, identificar as características que a compõem. Conforme Karsaklian (2000), ela é:

- subjetiva;
- seletiva;
- simplificadora;
- limitada no tempo;
- cumulativa.

A percepção é *subjetiva*, pois se refere à forma como nos apropriamos de um produto ou de uma situação a partir da qual construímos uma realidade. Essa realidade resulta de um viés perceptual, isto é, há discrepância entre o estímulo emitido pelo ambiente e aquele que recebemos. Ela é *seletiva* quando filtra as informações recebidas, processando apenas aquilo que nos interessa. Ela é *simplificadora*, uma vez que somos incapazes de processar a totalidade de dados que percebemos. Diante da complexidade, somente a repetição permite a consideração de todas as facetas de uma mensagem. Ela é *limitada no tempo*, pois, a menos que memorizemos uma informação, não permanece mais do que um curtíssimo tempo. É *cumulativa*, possibilitando a compreensão pela combinação acumulada de dados, já que uma impressão é a soma de diversas percepções.

A partir da compreensão das características componentes da percepção, os profissionais de marketing podem desenvolver de forma mais eficaz os elementos mercadológicos, como por exemplo peças publicitárias capazes de atrair a atenção e melhor estimular o processo perceptivo do consumidor, gerando a sensação, a organização e a interpretação desejada. A Figura 4.14 ilustra a relação de um estímulo eficaz com uma interpretação significativa no processo de percepção.

O Efeito das Cores na Percepção

A utilização de cores como elementos visuais para estimular a percepção e traduzir significado tem sido freqüente em anúncios publicitários por sua capacidade de influenciar diretamente as emoções e as atitudes do consumidor. No Quadro 4.2, identificamos como as cores podem sugerir a compra de produtos por sua associação com as sensações.

As embalagens também podem aumentar seu potencial de comunicação ao aproveitar o conhecimento da psicologia das cores e sua influência na percepção, como mostramos no Quadro 4.3.

A Exposição e a Capacidade Perceptiva

O processo perceptivo envolve três estágios críticos: a exposição à informação, a atenção e a interpretação.

Somos diariamente bombardeados por milhares de estímulos — anúncios, produtos, lojas — que nem sempre vemos ou percebemos. Pense na última vez em que você assistiu televisão. De quantos comerciais você se lembra? Você pode ter visto muitos, mas é muito provável que se lembre apenas de alguns. Certamente você vagou por uns instantes ou pensou em outras coisas enquanto alguns deles eram exibidos. Segundo pesquisa realizada nos EUA nos anos 90, o americano comum é exposto a cerca de 300 mensagens publicitárias por dia, o que representa 110 mil por ano (Engel, 2000). Kotler fala em 1.500 por dia, em 1997 (Kotler, 1997). É natural que não percebamos ou lembremos de tudo... Nossa percepção é seletiva. Nossos olhos e nossa mente procuram e percebem apenas as informações que nos interessam.

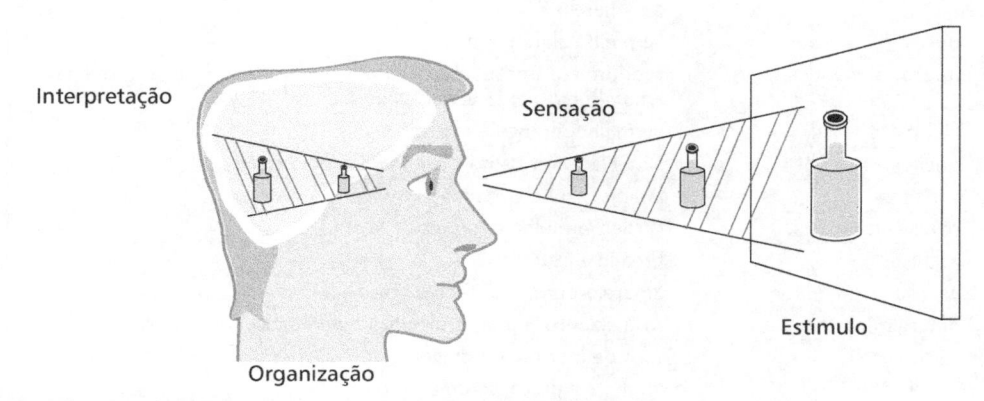

Figura 4.14   Um estímulo eficaz e o processo perceptivo.

Quadro 4.2 As cores e suas sensações: influências no comportamento do consumidor

Cores	Sensações
vermelho-claro (vivo)	alegria
vermelho-escuro	depressão
rosa-pálido	feminilidade
rosa-forte	frivolidade
laranja-claro	limpeza
laranja-escuro	desolação
amarelo-claro	nitidez
amarelo-escuro	apelo aos sentidos
violeta-claro	feminilidade
violeta	opressão
verde-claro	frescor
verde-escuro	decadência
azul-claro	tranqüilidade
azul-escuro	depressão
azul-violáceo	repouso
azul-marinho	profundidade

Quadro 4.3 Cores mais recomendadas para embalagens

Embalagens	Cores
café	marrom-escuro com um toque de laranja ou vermelho
chocolate	marrom-claro ou vermelho alaranjado
leite	azul em vários tons, às vezes com um toque de vermelho
gorduras vegetais	verde-claro e amarelo não muito forte
frutas e compotas	cor do produto em fundo vermelho, às vezes com toque de amarelo
doces	vermelho alaranjado
massas alimentícias	produto em transparência com o uso de celofane com vermelho, amarelo-ouro e, às vezes, toques azuis
chá-mate	vermelho, branco e marrom
queijos	azul-claro, vermelho e branco, amarelo claro
sorvetes	laranja, azul-claro, amarelo-ouro
óleos e azeites	verde, vermelho e toques de azul
iogurte	branco e azul
cerveja	amarelo-ouro, vermelho e branco
detergentes	rosa, azul-turquesa, azul, cinza esverdeado, branco azulado
ceras	tons de marrom e branco
inseticidas	amarelo e preto, verde-escuro

desinfetantes	vermelho e branco, azul-marinho
bronzeadores	laranja, vermelho magenta
desodorantes	verde, branco, azul com toques de vermelho ou roxo
cosméticos	azul-pastel, rosa e amarelo-ouro
perfumes	roxo, amarelo-ouro, prateado
produtos para bebê	azul e rosa em toques suaves
lâminas de barbear	azul-claro ou forte, vermelho e preto
remédios	azul-claro, marrom, branco e vermelho; dependendo do tipo medicinal, estimulante ou repousante

Por causa dessa característica seletiva da percepção humana, um estágio crítico no processo perceptivo é a *exposição*. Assim, podemos ser 'incapazes' de perceber alguns estímulos e informações, como veremos a seguir.

Três conceitos básicos relacionados com a percepção nos ajudarão a compreender essa incapacidade: a **exposição seletiva**, que significa que os indivíduos, consciente ou inconscientemente, selecionam algum estímulo e ignoram a maioria dos outros, pelo simples fato de nossa habilidade mental de processamento ocorrer passo a passo; a **distorção seletiva** (percepção seletiva), que faz as pessoas mudarem o significado dos estímulos dissonantes para que se tornem consistentes com suas crenças e com seus sentimentos; e a **retenção seletiva**, que significa que as pessoas provavelmente só se lembrarão dos estímulos que apóiam seus sentimentos e crenças preconcebidos, esquecendo-se dos demais (Sandhusen, 1998).

A percepção pode ser afetada pelos **limiares sensoriais**, isto é, estímulos que as pessoas são naturalmente incapazes de perceber. Os cães, por exemplo, escutam freqüências altas que o homem não consegue perceber. Por isso, mensagens em outdoors devem ter letras grandes e visíveis, sob pena de estarem em um limiar no qual a comunicação é ineficaz. Quando os estímulos estão abaixo do nível de consciência do consumidor, isto é, abaixo do limiar de reconhecimento, ocorre o que se denomina **percepção subliminar**. Embora seja um tema polêmico, que preocupa o público consumidor desde os anos 50, não existem provas definitivas de que esse processo tenha algum efeito sobre ele. Mesmo assim, muitos americanos acreditam que a publicidade se utiliza de técnicas subliminares para influenciar o consumidor (Solomon, 2002).

A Atenção e a Interpretação no Processo Perceptivo

Igualmente crítica no processo perceptivo, a **atenção** é o grau que a atividade de processamento dedica a um estímulo específico. Perceber é tomar conhecimento de um objeto. E, para isso, é preciso focalizar a atenção sobre ele. A atenção é, pois, uma condição essencial para que haja percepção.

Quantas vezes você não se 'distraiu' com seus pensamentos na sala de aula e perdeu a informação passada pelo professor? Por sua natureza seletiva, que faz com que a percepção normalmente filtre e atraia atenção daquelas informações que atendam às necessidades mais prementes do indivíduo, os profissionais de marketing têm sido muito exigidos quanto à criatividade e a diferenciação de suas mensagens para chamar a atenção dos compradores potenciais. A intensidade, a duração e a relevância são fatores que podem gerar um estímulo mais forte na atenção do consumidor.

De importância capital no processo de percepção, principalmente por ser o estágio conclusivo, a **interpretação** (ou decodificação) refere-se ao significado que damos aos estímulos sensoriais. O significado resultará do sistema de crenças e atitudes do indivíduo, isto é, de seu quadro de referência mental sobre a realidade. Um comercial de determinado fabricante de bebidas feito para a TV utilizou o conhecimento do processo perceptivo, sobretudo da interpretação, para 'brincar' com o consumidor: uma linda jovem loira acompanha um senhor maduro desde o restaurante do hotel, entre sorrisos de satisfação, até a porta dos apartamentos. No elevador, suas mãos se encostam rapidamente. A trilha toca uma música romântica. Na porta do apartamento, a moça se despede, dizendo "Tchau, pai". E uma voz, em *off*, afirma: "Não importa o que você pensa", e anuncia, finalmente, a marca do produto.

Sabe-se que o estado psicológico (motivos, emoções e expectativas) é fator preponderante da percepção. Essa característica subjetiva faz com que um mesmo fato possa ser interpretado de formas diferentes por duas pessoas. É muito mais comum um indivíduo interpretar o mundo em função de suas crenças e atitudes e de como ele espera que o mundo seja do que com base nas informações dos diferentes estímulos que lhe chegam. Além dos aspectos psicológicos e fisiológicos, a aprendizagem também desempenha um papel fundamental na percepção. Conforme o conhecimento acumulado, a maturidade e a experiência de duas pessoas diferentes, suas interpretações sobre um mesmo objeto poderão variar drasticamente. Muitos consumidores idosos, por exemplo, têm dificuldade em aprender a utilizar as novas máquinas automáticas dos bancos, enquanto adolescentes que cresceram brincando com os computadores têm imediata percepção e compreensão de seu funcionamento.

Não raro, podem ocorrer **distorções da percepção**. Duas pessoas em igual estado de motivação, numa mesma situação, podem agir de forma diferente em função da percepção que tenham dos fatos. Como vimos anteriormente, por meio da distorção seletiva, às vezes as pessoas interpretam as informações conforme suas intenções pessoais, reforçando suas pré-condições em vez de contrariá-las. Embora os profissionais de marketing não possam controlar as distorções da percepção, ao entender esse conceito, sua atenção deverá ser redobrada no planejamento e na elaboração dos estímulos mercadológicos.

Outro conceito importante a ser considerado é o da **psicologia da Gestalt**. Escola que defende que o cérebro humano tende a concluir a interpretação com base no conjunto de estímulos recebidos (veja *Interface — Psicologia da Gestalt*), ela tem sido freqüentemente utilizada como base para a comunicação mercadológica. O indivíduo seleciona, organiza e interpreta os estímulos que o cercam. A forma como organizamos e interpretamos as imagens sensoriais — **organização perceptiva** — tem sido extensamente investigada pelos psicólogos da Gestalt. Sua compreensão parte da premissa de que nossa mente raciocina com base na associação de elementos, eventos, sensações e imagens que se relacionariam entre si para gerar uma conclusão racional.

Os conceitos de organização perceptiva derivados da Gestalt são freqüentemente aplicados às comunicações visuais, como anúncios impressos, comerciais de TV e design de embalagens. O contraste entre figura e fundo ou imagens ambíguas são técnicas muito utilizadas em propaganda e publicidade. Baseando-se na tendência do consumidor de organizar as percepções segundo dois planos — o da figura (elemento central que capta o essencial da atenção) e o do fundo (pouco diferenciado) —, a propaganda pode se tornar mais chamativa, adequando-se à exposição seletiva do comprador. Igualmente, por meio do princípio da ambigüidade, segundo o qual mais de uma conotação é agregada à figura para enriquecer seu significado, a mensagem pode se sobressair e atrair mais efetivamente a percepção do consumidor, gerando o

Interface — Psicologia da Gestalt

A palavra 'Gestalt' significa padrão ou configuração. Desenvolvida por um grupo de psicólogos em meados do século XX, essa escola se dedica a compreender o modo como as pessoas percebem os padrões no mundo em que vivem. Uma das idéias principais do grupo é a conhecida frase "O todo é maior que a soma das partes". Assim, por exemplo, um produto é maior que a soma de seus componentes separados (Mowen e Minor, 2003).

Significado derivado da totalidade de um conjunto de estímulos em vez de qualquer estímulo individual, a Gestalt (traduzida mais ou menos como 'todo' ou "configuração total") reconhece que as pessoas compreendem os dados provenientes do ambiente como parte de um todo. Ao observarmos o campo, por exemplo, temos a tendência de não ver centenas de objetos separados que estão lá, como árvores, grama, cavalos e cercas, mas vemos tudo como um conjunto que nos faz sentido. Essa organização dos estímulos separados para criar uma figura que interpretamos como um todo significativo é comum a todo o indivíduo.

Conhecida como a *psicologia da forma*, a Gestalt tem auxiliado os profissionais de marketing a perceber, por exemplo, que o ícone ou o símbolo de uma marca, com sua forma gráfica e cor, bem como outros elementos visuais presentes, influencia na forma como o percebemos e o interpretamos. Igualmente, o formato de uma embalagem, as imagens exibidas em um anúncio, uma etiqueta ou o preço poderão induzir a diferentes comportamentos, conforme a maneira como são reconhecidos e integrados.

A perspectiva da Gestalt considera que os estímulos se organizam com base em determinados princípios ou regras, dos quais destacamos:

- **Princípio da complementação**: os indivíduos tendem a perceber uma figura incompleta como completa. Diversas mensagens nos convidam a 'fechar' o que julgamos inacabado. Pense no ditado "Água mole em pedra dura...". O estímulo provocado em sua mente, muito provavelmente, será o de completar a frase com a seqüência conhecida, dando-lhe *continuidade* e *fechando* a compreensão. Estudos afirmam que, ao darmos continuidade a uma figura inacabada, aumentaremos sua memorização. A imagem (a) da Figura 4.15 exemplifica o princípio da complementação.

- **Princípio da ambigüidade**: está presente quando um estímulo não corresponde a uma forma imediatamente reconhecida ou quando diferentes leituras podem ser feitas dele. Brincadeiras com desenhos ambíguos, acompanhados da pergunta "O que você vê?", são freqüentemente utilizadas para testar nossa percepção, como na imagem (b) da Figura 4.15, na qual podemos visualizar a letra B ou o número 13.

- **Princípio da similaridade**: os indivíduos tendem a agrupar objetos que compartilham características físicas semelhantes. Assim, diante de estímulos variados, distintos e desorganizados, criamos uma figura de agrupamento, associando os objetos em razão de sua similaridade, proximidade e continuidade. A imagem (c) da Figura 4.15 ilustra essa forma.

- **Princípio da figura e do fundo**: presente quando um estímulo domina a atenção — a figura — e as outras partes — o fundo — ficam em segundo plano, influenciando no seu significado. A imagem (d) da Figura 4.15 ilustra esse princípio: por um momento, parece que estamos vendo dois rostos, um olhando para o outro; no momento seguinte, parece que se trata de um vaso. A imagem se intercala porque nosso cérebro não conseque decifrar se a figura diz respeito ao espaço interno ou externo do desenho. Cada vez que mudamos nosso foco de atenção, percebemos um objeto diferente.

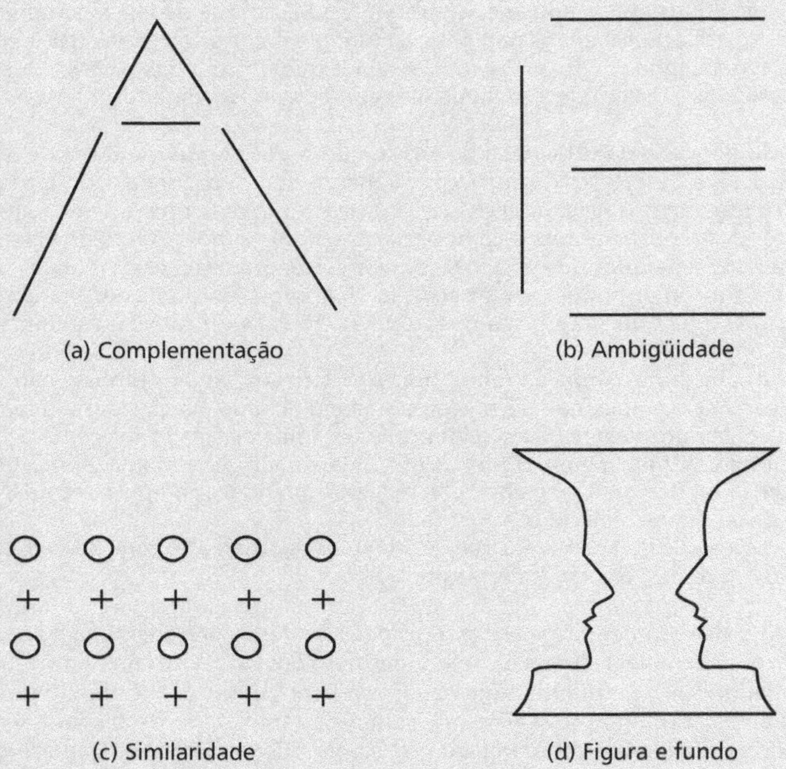

(a) Complementação

(b) Ambigüidade

(c) Similaridade

(d) Figura e fundo

Figura 4.15 Imagens que ilustram os princípios da psicologia da Gestalt.

efeito desejado. No anúncio da Figura 4.16 (feito pela agência Ogilvy para o Banco de Olhos de Sorocaba), visualiza-se um exemplo de mensagem que utiliza os princípios da Gestalt para garantir a seleção, a organização e a interpretação no processo perceptivo do consumidor.

A **semiótica**, que estuda a correspondência entre signos e símbolos e seu papel na atribuição de significado, também tem sido um campo importante no auxílio dos profissionais de marketing na compreensão do processo de percepção do consumidor. Na perspectiva da semiótica, toda mensagem de marketing possui três componentes: *objeto* (o produto foco da mensagem), *signo* (que é a imagem sensorial que representa os conteúdos transmitidos) e tradução (que é o significado derivado). Assim, um produto pode ser facilmente associado a um simbolismo percebido... Os consumidores brasileiros responderam positivamente à campanha de marketing do automóvel Toyota Corolla, que teve considerável incremento de vendas em virtude de seu apelo publicitário. A empresa utilizou o ator americano Brad Pitt como *signo* para comunicar a transformação do *objeto* — o novo design e as adaptações do carro, tornando-o mais jovial e atualizado —, provocan-

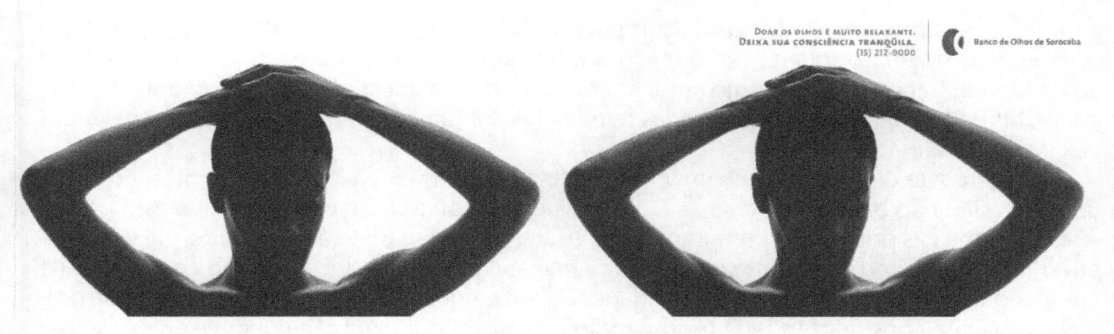

Figura 4.16 Anúncio para o banco de olhos de Sorocaba que faz uso dos princípios da Gestalt (fonte: Ogilvy).

do na mente do consumidor a *tradução* de um carro bonito, jovial e moderno. A Figura 4.17 ilustra os componentes relacionados da semiótica.

É importante compreender que os processos de percepção influenciam a tomada de decisão do consumidor pela mudança na maneira como eles avaliam os produtos e assimilam as informações sobre os produtos. Os únicos bens e serviços que entrarão nos domínios da possibilidade serão aqueles que passarem nesse teste de percepção: produtos percebidos como provedores de satisfação são relevantes; os outros são irrelevantes (Semenik, 1996).

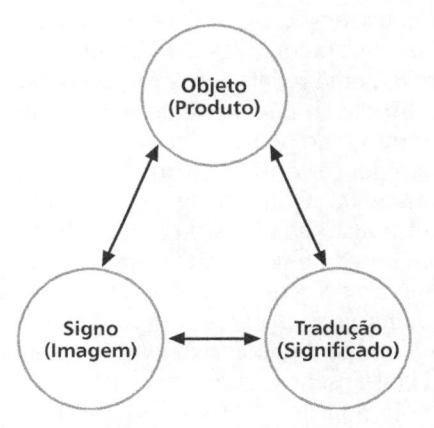

Figura 4.17 Componentes da semiótica.

Personalidade, Estilo de Vida e Autoconceito

Personalidade

A personalidade exerce uma influência psicológica no processo decisório, similar à da percepção. Todos nós possuímos uma personalidade distinta que influencia nosso comportamento. Enquanto a percepção é um processo ativo e espontâneo, a personalidade tende a se desenvolver com o tempo, resultando em traços individuais que criam uma orientação geral para as situações. Podemos definir **personalidade** como o conjunto de características psicológicas singulares que levam a reações relativamente coerentes e contínuas em relação ao ambiente. Características como autoconfiança, domínio, sociabilidade, autonomia, defesa, adaptabilidade e agressividade são todas referências comumente utilizadas para descrever traços de personalidade.

O mero fato de observar que um cliente adota uma nova idéia ou um novo produto numa única ocasião não basta para saber se ele é inovador. Só quando se comprova que essa pessoa é sempre uma das primeiras a comprar novos produtos é que se poderá afirmar que ela tem o espírito inovador como um dos traços de sua personalidade. É o padrão repetido consistente de comportamento que constitui a personalidade. Os indivíduos desenvolvem a personalidade porque é eficiente construir um repertório-padrão de respostas ao ambiente, em vez de imaginar uma nova resposta toda vez que uma situação surge. Algumas dessas respostas-padrão se aplicam ao comportamento de uma pessoa na qualidade de cliente (Sheth, Mittal e Newman, 2001).

Embora não haja consenso entre os estudiosos de marketing de que a personalidade de fato influencia o comportamento do consumidor, é razoável sugerir que os traços de personalidade, que descrevem a pessoa como tímida, direta, ousada ou conscienciosa, estarão manifestados numa série de situações, incluindo a avaliação e a escolha de produtos. Existe, por exemplo, evidência das diferenças de personalidade entre consumidores que compram os chamados produtos de grife, que trazem a etiqueta da marca, e os que não os compram. Os compradores de artigos de grife foram considerados mais expansivos e sociáveis do que os não-compradores (Semenik, 1996). Um estudo descobriu que pessoas que consomem café em demasia tendem a ser altamente sociáveis (Kotler, 2003). O uso da personalidade como pista para a previsão do comportamento do consumidor já registrou diferentes graus de sucesso. Outras tentativas para definir e medir combinações de traços de personalidades como 'autoconfiantes', 'dominantes' e 'sociáveis' e, em seguida, relacioná-los às escolhas do produto e da marca provaram ser decepcionantes (Sandhusen, 1998). Sabe-se que a personalidade de uma pessoa é freqüentemente refletida nas roupas que usa, nos carros que dirige e nos restaurantes que freqüenta. Todavia, não se tem obtido sucesso em prever o comportamento a partir de determinados traços de personalidade.

A personalidade do consumidor se constrói em função de dois fatores: a constituição genética e o condicionamento ambiental. Quando alguém comenta: "Ele tem o temperamento do pai", está aludindo à determinação genética da personalidade. Por outro lado, quando uma pessoa diz: "Ele nasceu em berço de ouro" ou "Ela tem gostos caros", está fazendo referência aos determinantes ambientais da personalidade. A teoria behaviorista (que propõe que um indivíduo desenvolve um padrão de respostas comportamentais por causa de recompensas ou punições oferecidas pelo ambiente), como já vimos, e a abordagem do determinismo genético, do psicólogo inglês Hans Eysenck, que considerava os fatores genéticos como causas das diferenças individuais, são duas referências dessas linhas diferentes de pesquisa que convergem no entendimento da personalidade humana. Por meio de inúmeros experimentos, a teoria genética descobriu correlações entre variações genéticas e a personalidade, concluindo que, além das diferenças fisiológicas, diferenças psicológicas são também geneticamente produzidas. Segundo Eysenk, traços como introversão/ extroversão, por exemplo, dependem em grande parte da excitação do cérebro, que é medida pelos sistemas do corpo. Enquanto pessoas introvertidas exibem um estado mais intenso de excitação que as extrovertidas (isto é, possuem mecanismos internos que garantem alto ganho), estas, por causa de seus baixos níveis internos de estimulação, tendem a buscar naturalmente mais estímulos no ambiente externo (Seth, Mittal e Newman, 2001).

Alguns estudos recentes têm apontado novas descobertas importantes na interação entre a genética e a personalidade, mas talvez por ficarem 'escondidas' numa estrutura profunda do *iceberg humano* — o DNA —, e, portanto, mais inacessível à identificação, as variáveis genéticas têm sido, de modo geral, muito pouco exploradas pelos profissionais de marketing. Por exemplo, imagine que um vendedor possa detectar um consumidor com determinado tipo de seqüência extralonga de DNA no cromossomo 11. Isso lhe permitiria conhecer traços de sua personalidade — "busca fortes emoções" e "busca novidade".[2] Assim, poderia mais facilmente argumentar a venda de um produto novo para o "iniciador adepto".

Uma nova tendência de programas de televisão surgiu nos últimos anos: os chamados reality shows. Esses programas imediatamente caíram no gosto de milhares de espectadores em todo o mundo. Reunindo pessoas desconhecidas em um determinado cenário para que participem de uma competição, colocam-se em xeque as características psicológicas singulares de cada integrante. As diversas personalidades anônimas passam a conviver compulsoriamente (sendo observadas por câmeras ocultas de TV) e reagem de forma diversa a atividades programadas pela produção do programa ou a situações imprevistas derivadas do relacionamento, sendo 'testadas' a todo o momento em sua sociabilidade, adaptabilidade, agressividade, controle emocional e outros fatores. Os consumidores televisivos assistem a tudo confortavelmente em seu lar, sendo estimulados em seu processo perceptivo, em sua interpretação e em suas motivações psicológicas. O *Estudo de Caso: Reality Shows — Você Gosta de Espiar?* analisa mais especificamente essa nova linha de produtos que utiliza as influências psicológicas do comportamento do consumidor.

Há numerosas teorias, de diversos autores e com base em variadas perspectivas, que buscam entender a personalidade, desde a Grécia Antiga — o filósofo Hipócrates, por exemplo, acreditava que o comportamento humano era influenciado por quatro fluídos básicos do corpo: sangue, bílis amarela, fleuma e bílis negra — até os grandes psicólogos e pesquisadores do século XX, como Carl Jung — que acreditava que as pessoas são predominantemente introvertidas (tímidas, retraídas, interessadas em sus próprias cognições subjetivas e reservadas) ou predominantemente extrovertidas (realísticas, convencionais, sociáveis e geralmente agressivas). Para atender nossos propósitos, enfocaremos aqui duas teorias dominantes para explicar o conceito de personalidade: a *Teoria Freudiana* e a *Teoria de Traços*. Outras abordagens importantes, como a Teoria Behaviorista, a Abordagem Cognitiva e a Teoria Humanista (as pessoas são dirigidas para a auto-realização), da qual Maslow é referência, já foram analisadas anteriormente.

Teoria Freudiana

A teoria freudiana, ou teoria psicanalítica, vê a personalidade como o resultado final das forças que atuam dentro do indivíduo. Sigmund Freud, o fundador da psicanálise, introduziu o conceito de inconsciente e defendeu que a personalidade é guiada por motivos conscientes e inconscientes (desejos). Por essa perspectiva, a base da motivação e da personalidade humanas seriam as necessidades e os impulsos do inconsciente, em particular o sexual, e outros impulsos biológicos. Como a personalidade é um fenômeno altamente individualista, resultante da história de vida de cada um, Freud acreditava que os conflitos emocionais aparecem nos indivíduos por causa da interação entre o impulso instintivo do indivíduo, o superego e o ego, como vemos na Figura 4.18. Esse construto, ou divisão, da psique humana em três entidades, id, ego e superego, explicaria os motivos que estão por trás das ações humanas.

---

[2] O comportamento de buscar fortes emoções é afetado pelo modo como o cérebro processa a dopamina, transmissor químico neuronal, conforme descoberta de uma pesquisa realizada nos EUA que vinculou comportamento e hereditariedade (Sheth, Mittal e Newman, 2001, p. 233).

A teoria freudiana foi utilizada por estudiosos do consumidor na tentativa de estabelecer quais motivações, em nível mais profundo, seriam responsáveis pela aceitação ou pela rejeição de produtos ou bens de consumo, bem como na tentativa de correlacionar as instâncias psíquicas, componentes da personalidade, com comportamentos e gostos no que tange às relações de troca.

O **id** é o reino dos instintos, dos impulsos mais básicos do indivíduo. Segundo Freud, é a fonte primitiva da energia impulsora psíquica, regida pelo *princípio do prazer* e orientada para a evitação da dor. É o pólo pulsional da personalidade, sendo que suas pulsões e a expressão psíquica destas são inconscientes. Seus desejos, em parte, são hereditários e inatos, e em parte, adquiridos. Esses desejos exigem satisfação imediata e irrestrita. Fazem com que o homem busque seu prazer e a gratificação imediata desse prazer sem preocupação com as conseqüências e realidades da vida. Mas, como o homem é um animal social, a livre expressão desses impulsos básicos sofre as restrições do mundo externo, do mundo dos outros homens, fazendo-se necessária outra instância psíquica.

O **ego** é derivado do id a partir dos contatos com a realidade. Ele é o 'dirigente' das atividades realizadas pelo indivíduo em suas rotinas diárias, assegurando que seu comportamento seja socialmente aceitável. Obedece ao *princípio da realidade*, servindo, como um árbitro, de mediador consciente entre as exigências do id, da realidade e ainda do superego. Funcionando como um aparelho adaptativo, encarregado dos interesses da personalidade total da pessoa, utiliza-se de uma série de mecanismos de defesa. Se o desejo sexual do id, por exemplo, exige satisfação imediata e animalesca, caberá ao ego guiar ou deslocar esse desejo para uma forma de satisfação mais permitida socialmente. Terá que planejar e executar isso procurando colocar o princípio da realidade no lugar do princípio do prazer. A percepção desempenha para o ego o mesmo papel que a pulsão para o id. Por meio da seletividade perceptiva, o ego fará o indivíduo perceber somente os aspectos não ameaçadores, bloqueando os perigosos, e isso, evidentemente, de acordo com a estruturação psíquica individual.

O **superego** é o lado moral da psique, que reflete os ideais sociais. Sua função é semelhante à de um censor ou juiz que pune a violação das normas de conduta. Dentro da teoria freudiana, o superego se estrutura a partir da interiorização das exigências e das proibições dos pais, isto é, dos valores do mundo externo. O superego então é a consciência moral inibitória dos impulsos do id, um contrapeso responsável pela vigilante auto-observação, sendo

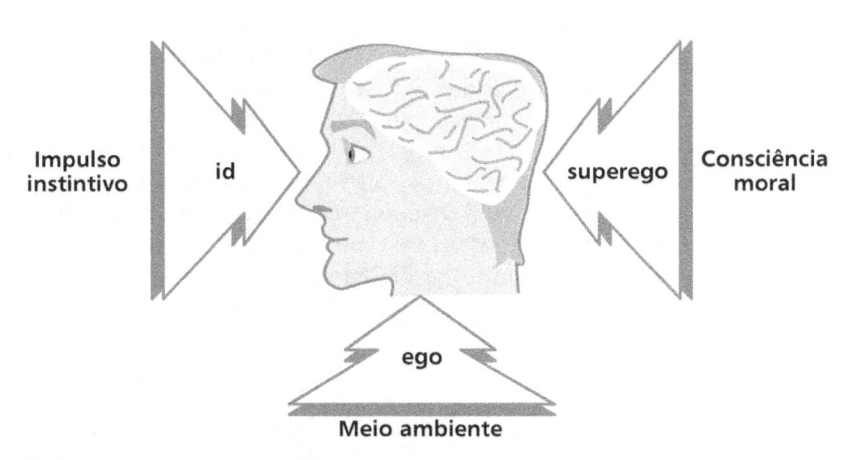

Figura 4.18 O aparelho psíquico de Freud e a interação de seus componentes.

que, de acordo com sua estruturação, sua severidade pode ultrapassar de longe o rigor necessário para uma vida em sociedade.

Existe, portanto, um conflito entre o id, regido pelo princípio do prazer, e o superego, proibitivo e punitivo. Caberá ao ego, representante do princípio da realidade, tentar resolver esse conflito. A maneira pela qual estas três instâncias psíquicas interagem, ou seja, a maneira pela qual o conflito das exigências do id e do superego é resolvido por meio de uma integração realizada pelo ego originará, de acordo com a teoria freudiana, o modo pelo qual o indivíduo atuará em termos de personalidade.

Os analistas do consumidor, ao estudar o que leva as pessoas a comprar certos produtos, tentaram utilizar essas teorias para analisar, em termos de personalidades e de estruturação psíquica, quais componentes e traços do produto teriam maior aceitação. Nos anos 50, aplicações iniciais das teorias de Freud ao estudo do consumidor desenvolveram nos EUA a pesquisa motivacional — pesquisa qualitativa, baseada em interpretações psicanalíticas, com forte ênfase nos motivos inconscientes para o consumo. Por meio de entrevistas em profundidade, técnicas projetivas e testes psicológicos, foram estudados esses fatores com base na premissa de que determinados objetos de consumo satisfariam mais a determinadas instâncias psíquicas do que outros, assim como a satisfação desses desejos pode entrar em conflito com esta ou com aquela entidade. Por exemplo, o psicanalista e pesquisador Ernest Dichter, entre seus diversos estudos sobre personalidade e consumo, concluiu que há uma relação entre os *motivos* para consumo e determinados *produtos associados*. O Quadro 4.4 mostra algumas dessas relações:

Quadro 4.4   Alguns motivos para consumo e produtos associados

- Poder-masculinidade-virilidade: carros, ferramentas, carne vermelha, produtos adocicados e fortes cafés da manhã, lâminas de barbear, sapatos pesados.
- Segurança: sorvete (para nos sentirmos novamente como uma criança amada), gaveta cheia de camisas bem passadas, cuidado hospitalar.
- Erotismo: doces, luvas, cigarro.
- Aceitação social: café, brinquedos (para expressar amor por crianças), açúcar e mel (para expressar afeto), sabonete, produtos de beleza.
- Individualidade: comidas finas, carros estrangeiros, perfumes, vodca, caneta-tinteiro.
- Feminilidade: bolos e biscoitos, bonecas, seda, chá, raridades.
- Status: uísque escocês, medicamentos para úlceras ou indigestão (para mostrar que a pessoa tem emprego estressante e importante), tapetes.
- Mágica-mistério: sopas (com poder de cura), tintas, bebidas carbonatadas, o ato de abrir presentes.
- Não-alienação (desejo de se sentir conectado às coisas): decoração da casa, esqui, transmissões matutinas de rádio.
- Domínio do ambiente: aparelhos de cozinha, artigos esportivos, barcos.

Fonte: Michael R. Solomon. *O Comportamento do Consumidor: Comprando, Possuindo e Sendo*. Porto Alegre: Bookman, 2002.

O Tríplice Apelo

A mensagem publicitária tem sido cuidadosamente estudada em marketing para contrabalançar os apelos feitos. Muitos anúncios são efetivos por se comunicar diretamente aos apelos subjacentes do aparelho psíquico. Aspectos sexuais dos produtos, por exemplo, são freqüentemente induzidos ou explorados pelo conteúdo e pela forma das mensagens, mas também, igualmente, pelo formato e pelo *design*, pela decoração do ponto-de-venda ou por algum atributo específico do produto, o id pode estar sendo relacionado. Automóveis, roupas e bebidas alcoólicas são exemplos comuns de categorias de produtos que costumam despertar o desejo estimulando as motivações do inconsciente. Um estudo realizado pela agência Salles com consumidores masculinos, no início dos anos 90, identificou quatro vetores de *prazer* associados à posse do automóvel: conquista (do próprio carro ou do sexo oposto por meio do carro), poder (a pessoa se percebe "menos vulnerável, mais veloz, mais viril"), intimidade (o carro é visto como "companheiro, divide bons e maus momentos") e segurança (o carro "protege, zela, guarda a família e os filhos") (Rocha e Christensen, 1999).

Podemos salientar a importância potencial exercida pelo inconsciente na decisão de compra. A implicação para os profissionais de marketing, todavia, é que, não raro, os consumidores não têm consciência dos conflitos subjacentes ou plena certeza de quais de suas motivações internas efetivamente são decisivas para a escolha. A perspectiva psicanalítica também sugere que o ego pode se basear no simbolismo dos produtos para promover um acordo entre as exigências do id e as proibições do superego. Dessa forma, o consumidor canalizaria seu desejo inaceitável em saídas aceitáveis e, como uma substituição, ao usar produtos que significam esses desejos subjacentes, ele estaria, de certa forma, experimentando o fruto proibido (Solomon, 2002).

Teorias Neofreudianas

Vários seguidores e discípulos de Freud questionaram o conceito da energia libidinal como impulso básico mobilizador do nosso comportamento. Chamados de neofreudianos, por serem influenciados por Freud, esses teóricos acreditavam que os relacionamentos sociais são fundamentais para a formação e para o desenvolvimento da personalidade. Alfred Adler, por exemplo, acreditava que o que move o homem são mecanismos para superar um sentimento de inferioridade. O indivíduo busca atingir várias metas racionais, que ele chamou de *estilo de vida*. Karen Horney entendia que o que mobiliza o homem na nossa sociedade é uma luta constante contra a ansiedade oriunda de relações pais-filhos. Segundo Horney, a personalidade do indivíduo seria resultante de mecanismos psíquicos por meio dos quais essa ansiedade seria combatida. Esses mecanismos dariam origem a três padrões básicos de personalidade:

1. O *complacente*, cujo comportamento visa à obtenção de amor, de carinho, de afeto. Procura alcançar esse objetivo agradando, fazendo-se querido e necessário.

2. O *agressivo*, que procura vencer sua ansiedade por meio de uma agressiva busca de sucesso, de prestígio. Visa a ser o mais admirado, procurando eliminar de todas as formas o outro, que é percebido sempre como concorrente.

3. O *desapegado* (ou desligado), que tem por traços de personalidade a independência e a auto-suficiência, o que na verdade resulta num distanciamento dos outros. Procura vencer a ansiedade básica por meio de um relacionamento pobre e do mínimo de responsabilidades e obrigações possível.

Solomon (2002) relata dois estudos: um entre universitários americanos, que descobriu quais tipos complacentes preferem produtos de marca conhecida, como a aspirina Bayer; quais estudantes classificados como agressivos preferiram desodorante Old Spice em vez de outras marcas (aparentemente devido ao seu apelo masculino) e quais estudantes altamente desligados provaram que são usuários de chá (possivelmente refletindo o desejo de não se ajustar). Em outro estudo, crianças que tiveram alto escore em autoconfiança (forma semelhante à pessoa desligada) eram menos sujeitas a ser fiéis a marcas e, até certo ponto, mais sujeitas a experimentar marcas diferentes.

Teoria de Traços de Personalidade

Essa teoria considera que uma pessoa é um composto de vários traços de personalidade. Um traço de personalidade é um padrão característico e consistente de comportamento, qualquer forma distintiva pela qual uma pessoa difere das outras. Assim, pessoas autoconfiantes agem consistente e caracteristicamente de forma autoconfiante e segura; pessoas conservadoras preferem idéias tradicionais e procuram evitar mudanças, e pessoas que buscam a variedade estão constantemente mudando suas preferências. Por sua natureza quantitativa (isto é, enfocando a medição da personalidade em termos de características psicológicas específicas — os traços), esta abordagem é útil por permitir categorizar os consumidores em grupos diferentes, com base em um traço específico ou em alguns traços. Mesmo com os problemas que os testes de personalidade têm gerado na correlação com o comportamento de compra, dificultando diagnósticos totalmente precisos, o profissional de marketing pode obter pistas razoáveis para o desenvolvimento de produtos padronizados e campanhas promocionais específicas. Por exemplo, pessoas com traços de personalidade que incluem busca de variedade, inovação, dogmatismo e caráter social serão mais abertas a produtos inovadores ou promoções de lançamento. Várias listas e classificações de traços de personalidade foram elaboradas por estudiosos do assunto. O Quadro 4.5 apresenta o conjunto de 16 traços identificados pelo pesquisador R. B. Catell, que os chamou de traços de fonte, já que originariam outros traços superficiais.

Como vimos, a psicologia emprestou muito de seu conhecimento ao estudo do comportamento do consumidor. A personalidade e o comportamento humano têm sido pesquisados profundamente pela psicologia. Porém, temos ainda que nos reportar à psicologia social, em que os componentes cognitivo, afetivo e comportamental integram as atitudes sociais: qualquer mudança em um dos três componentes é capaz de modificar os outros. Assim, uma nova informação, experiência ou comportamento pode criar um estado de inconsciência entre os três, resultando em mudanças. Quando o cognitivo é exposto a um preconceito, pode alterar uma atitude, assim como o afetivo pode também ser alterado, levando a uma mudança comportamental. Por exemplo: alguém tem preconceito de comprar roupas de marca; com isso, sua dimensão afetiva personifica que quem utiliza roupas de grife é fútil, e o comportamento do indivíduo será o de não comprar o produto.

Influências Experiencial-Hedônicas

Um conceito relativamente novo sugere que um importante (e até agora subestimado) conjunto de influências que atuam sobre o comportamento de consumo está ligado aos aspectos experienciais e de prazer (hedônicos) do ato de consumir produtos. Ao contrário das influências que sugerem que a mente humana trabalha o tempo todo na separação, na avalia-

Quadro 4.5 Os 16 traços de fonte de personalidade identificados por Catell

Reservado, crítico, introspectivo, rígido	versus	Extrovertido, caloroso, flexível, participativo
Estúpido, pouca inteligência	versus	Brilhante, muita inteligência
Afetado por sentimentos, menos estável emocionalmente, facilmente irritável, mutável	versus	Emocionalmente estável, maduro, enfrenta a realidade, calmo
Humilde, gentil, facilmente conduzido, dócil, acomodado	versus	Assertivo, agressivo, competitivo, teimoso
Sóbrio, taciturno, sério	versus	Alegre, animado, entusiasmado
Expediente, desconsidera regras	versus	Consciencioso, persistente, moralista, grave
Tímido, sensível a ameaças	versus	Aventureiro, desinibido, socialmente atirado
Cabeça firme, confia em si mesmo, realista	versus	Cabeça no ar, sensível, dependente, superprotegido
Confiante, aceita condições	versus	Desconfiado, difícil de enganar
Prático, preocupações "pé no chão"	versus	Imaginativo, boêmio, perde-se em devaneios
Franco, despretencioso, genuíno, mas socialmente desajeitado	versus	Astuto, polido, tem percepção social
Autoconfiante, prático, seguro, complacente, sereno	versus	Apreensivo, auto-reprovador, inseguro, preocupado, perturbado
Conservador, respeita idéias tradicionais, conservadorismo de temperamento	versus	Experimentador, liberal, livre-pensador, radicalismo
Dependente de grupos, une-se a grupos, um fiel seguidor	versus	Auto-suficiente, cheio de recursos, prefere as próprias opiniões
Autoconflito, indisciplinado, negligente, segue as próprias vontades, não se preocupa com regras sociais	versus	Controlado, exigente, socialmente preciso, compulsivo, segue sua auto-imagem
Relaxado, tranqüilo, sem frustrações, composto, apático	versus	Tenso, frustrado, dirigido, estressado

Fonte: Adaptado de R. B. Catell, H. W. Eber, M. M. Tatsuoka, *Handbook for the Sixteen Personality Factor Questionnaire*. Institute for Personality and Ability Testing, 1970, p. 16-17.

ção e na direção das decisões de consumo, as motivações experienciais-hedônicas enfatizam o prazer e a gratificação pessoal que resultam de uma atividade de consumo, isto é, os consumidores compram e consomem coisas simplesmente porque extraem prazer disso. O pensamento e a pesquisa nessa área ainda são recentes, e a influência desses fatores ainda está por ser completamente identificada (Semenik, 1996).

Investigações sobre o inter-relacionamento da posse e do consumo com as motivações experienciais-hedônicas podem sugerir reflexões importantes sobre o *iceberg humano* e o consumismo. Pessoas materialistas, aficionados por consumo, e consumidores compulsivos são exemplos de comportamento de compra que não podemos deixar de analisar. Essa questão também será abordada no Capítulo 7.

Estilo de Vida

Em virtude dos resultados diversos e das constatações pouco conclusivas dos estudos que correlacionaram os traços de personalidade dos consumidores ao comportamento de consumo, não direcionando estratégias mercadológicas pertinentes, os profissionais de marketing deixaram de focar os testes de personalidade defendidos pelos psicólogos e passaram a desenvolver a análise de estilo de vida.

Análise de Estilo de Vida ou **Análise Psicográfica** é o estudo do padrão de vida de uma pessoa, expresso por suas atividades, interesses e opiniões — às vezes denominada de AIO (McCarthy e Perreault, 1997). Também chamada de **psicografia** (descrição da constituição psicológica e comportamental), essa abordagem é uma tentativa de descrever os consumidores com base em suas respostas a declarações sobre seus valores, interesses e modalidades de vida. Uma das formas mais comuns de segmentação do mercado, o estilo de vida vai além da classe social e da própria personalidade, descrevendo todo um padrão de ação e de interação com o mundo. A psicografia, por meio do AIO, pesquisa como vivemos e gastamos o nosso tempo:

- Atividades: ações manifestas usualmente observáveis, como lazer, trabalho e devaneio.
- Interesses (por algum objeto, evento ou tópico): grau de excitação que acompanha a atenção especial ou contínua sobre tal coisa. Podem ser instrumentais (em que o tópico de interesse é visto como um meio para um fim) e terminais (vistos como fins em vez de meios).
- Opiniões: respostas verbais ou escritas que uma pessoa dá a uma situação de estímulo (podem ser ulteriormente categorizadas como crenças, atitudes ou valores).

Muitas classificações são utilizadas para analisar o estilo de vida. A mais conhecida é a tipologia VALS (Values and Lifestyles System — Sistema de Valores e Estilos de Vida), do Instituto de Pesquisa Internacional SRI. Ferramenta útil para segmentar e analisar o comportamento do consumidor, a VALS 2, a versão atualizada desse sistema, tipifica as pessoas de acordo com a maneira como elas gastam seu tempo e seu dinheiro. Com base em duas dimensões, a auto-orientação (na dimensão horizontal, os consumidores são guiados por três orientações: orientação para *princípios* — decidem por um sistema de crenças e não se preocupam com a opinião alheia; orientação para *status* — decidem com base nas ações, aprovação e opiniões dos outros; e orientação para *ação* — ou auto-orientados, que se motivam pelo desejo de uma atividade social ou física, pela variedade e assunção de risco, e compram produtos para causar impacto sobre o mundo à sua volta) e os recursos (na dimensão vertical, os consumidores são dispostos conforme a quantidade e variedade de meios materiais, psicológicos e demográficos de que dispõem, incluindo fatores como renda, educação, saúde, níveis de energia e vontade de comprar), o sistema VALS 2 divide os consumidores em oito grupos, como mostra a Figura 4.19.

Classificado com base nas respostas a 35 perguntas atitudinais e quatro demográficas, o perfil dos traços de cada grupo de consumidores VALS 2, que apresentamos resumidamente a seguir, pode orientar os profissionais de marketing em suas estratégias de segmentação e esforços de comunicação e promoção:

- *Efetivadores*: pessoas bem-sucedidas, gostam de coisas finas, receptivos a novos produtos e tecnologias, inovação e mudança, a imagem é importante como expressão de

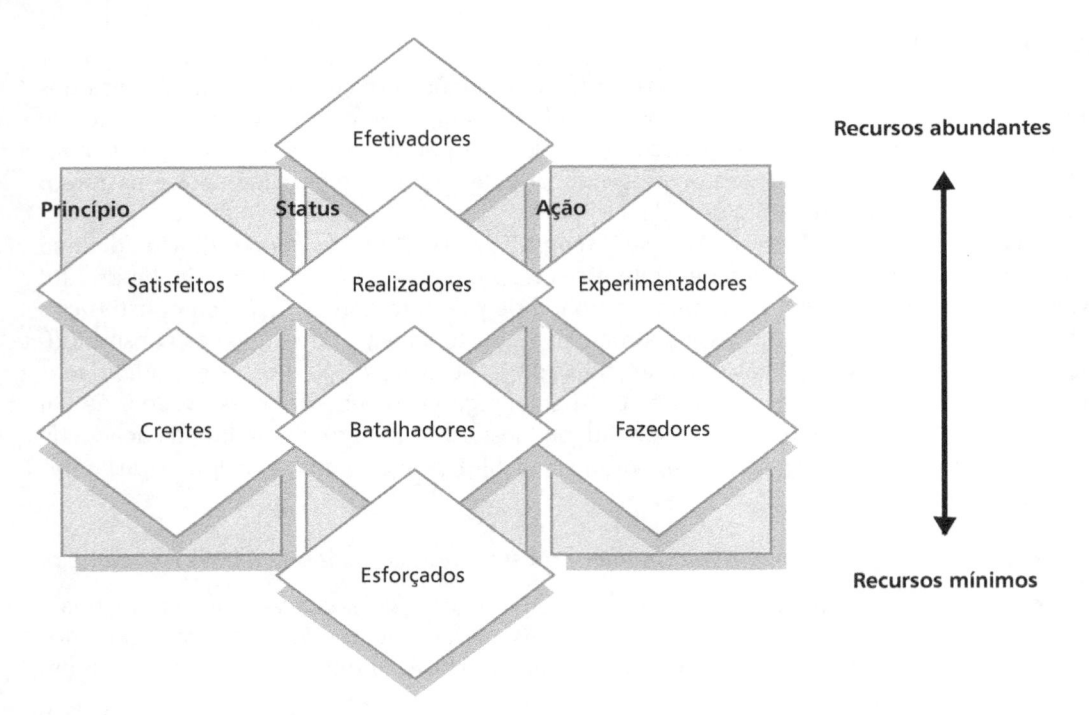

Figura 4.19 O sistema VALS 2, da SRI Internacional, de classificação do estilo de vida e valores do consumidor.

seu gosto, independência e personalidade, preocupados com questões sociais, desconfiados de propaganda, leitores freqüentes de grande variedade de publicações, assistem pouco à televisão.

- *Satisfeitos*: são maduros, sentem-se à vontade e são reflexivos, têm pouco interesse em imagem ou prestígio, tendem a ser práticos e valorizam a funcionalidade, a ordem e o conhecimento, estão contentes com sua carreira e família, consumidores acima da média de produtos para o lar, gostam de programas educacionais e de notícias, lêem de forma abrangente e com freqüência.

- *Realizadores*: orientados para o sucesso no trabalho e na carreira, gostam de sentir que controlam sua vida, valorizam a previsibilidade em detrimento do risco, são conservadores e levam vidas convencionais, respeitam a autoridade e o *status quo*, a imagem e o prestígio são importantes para ele, atraídos por produtos premium, alvos prioritários para vários produtos, assistem à televisão medianamente, lêem sobre negócios, notícias e publicações de auto-ajuda.

- *Experimentadores*: são impulsivos e entusiastas, joviais, seguem a moda e os modismos, apreciam experiências excêntricas ou arriscadas, buscam variedade e excitação, gastam a maior parte de sua renda em eventos sociais, roupas, vídeos, música, pouco informados, ambivalentes, gostam de propaganda, ouvem rock.

- *Crentes*: são conservadores e previsíveis, convencionais e comprometidos com a família, com a igreja, com a comunidade e com a nação, têm fortes princípios e preferem marcas comprovadas, são lentos na mudança de hábitos, têm pouco estudo e renda modesta e procuram pechinchas, assistem à televisão mais do que a média, lêem revistas sobre aposentadoria, casa, jardim e assuntos gerais.

- *Esforçados*: são semelhantes aos realizadores, mas têm menos recursos; buscam motivação, autodefinição e aprovação do mundo ao seu redor, preocupam-se muito com a opinião dos outros, lutam para encontrar um lugar na vida, são incertos sobre si mesmos, são impulsivos e se entediam facilmente, têm poucos recursos econômicos, sociais e psicológicos, mas têm crédito, o dinheiro define o sucesso para eles, gastam em roupas e em produtos de higiene pessoal, preferem a televisão à leitura.

- *Fazedores*: são pessoas práticas, orientadas para a ação e com habilidades construtivas, valorizam a auto-suficiência, vivem num contexto tradicional de família, trabalho e recreação, vivenciam o mundo trabalhando nele — construindo uma casa, criando filhos ou consertando um carro —, compram produtos que dão conforto, duráveis e de bom preço, não se impressionam com o luxo, compram o básico, têm talento e recursos suficientes para atingir suas metas, ouvem rádio, lêem revistas sobre automóveis, mecânica doméstica, pesca e vida ao ar livre.

- *Batalhadores*: são também chamados de lutadores, estão na base da escada econômica, com pouco estudo e habilidades, mais velhos e preocupados com a saúde, apreensivos com as necessidades urgentes do momento atual, eles não demonstram grande auto-orientação, suas principais preocupações referem-se à segurança, fiéis a marcas, usam cupons e procuram liquidações, acreditam em propaganda, assistem à televisão com freqüência, lêem tablóides sensacionalistas e revistas femininas.

Compreender como o estilo de vida afeta os hábitos de compra das pessoas é uma função importante para o estrategista de marketing. Nos últimos anos, por exemplo, diversas grifes de luxo, as chamadas supergrifes, abriram suas lojas no Brasil, oferecendo seus produtos caríssimos a um seleto, mas crescente, nicho de consumidores. Marcas como Cartier, Louis Vuitton, Montblanc, Giorgio Armani, Tiffany, Baccarat, Christian Dior, Bvlgari, Versace, Ermenegildo Zegna são apenas alguns exemplos dessas supergrifes que focalizaram o desenvolvimento de produtos diferenciados para consumidores que gostam de coisas finas e têm um estilo de vida voltado para o luxo e para a sofisticação. Bolsas no valor de R$ 10.300,00, relógios de R$ 47.500,00, ternos de R$ 6.000,00 e canetas cravejadas de diamantes negros, no valor de R$ 560.000,00 fazem parte do dia-a-dia dessa pequena, mas rica, parcela da população brasileira (cerca de 30 mil consumidores apenas no estado de São Paulo), que está habituada a consumir artigos de luxo (produtos caros, quase artesanais, exclusivos, sofisticados e com desempenho superior e que são percebidos como símbolo de status). Os profissionais de marketing que atentaram para esse segmento distintivo em seu estilo de vida têm desenvolvido compostos mercadológicos específicos para atendê-lo e têm obtido resultados bastante positivos. A FAAP — Fundação Armando Álvares Penteado, por exemplo, lançou em São Paulo, no ano de 2003, o MBA Gestão do Luxo, um curso exclusivamente voltado para profissionais desse segmento de mercado. As inscrições para a primeira turma extrapolaram em grande quantidade o número de vagas, revelando o sucesso da iniciativa.

Autoconceito

Os profissionais de marketing costumam utilizar um aspecto relacionado à personalidade: o **autoconceito** ou a auto-imagem. Toda pessoa tem uma imagem de si mesma, que é o autoconceito. Ele inclui uma idéia daquilo que a pessoa normalmente é (eu real) e o que gostaria de ser (eu ideal) em relação a traços de personalidade, hábitos, posses, relacionamentos e comportamentos. Para alguns, o autoconceito refere-se a realizações intelectuais ou profissionais; para outros, relaciona-se ao tipo de vida material que se deseja ter. Como o autoconceito envolve também o vínculo entre a imagem que o indivíduo tem de si próprio e os produtos que consome, essa abordagem tem sido freqüentemente utilizada pelos analistas de consumo. Por exemplo, as marcas de cigarros, cervejas, roupas ou automóveis que preferimos são aquelas cujo perfil se assemelha a nossa própria imagem. Pessoas extrovertidas e esportivas tendem a comprar um carro de estilo esportivo. Universitários de Direito, mesmo antes de formados, começam a se imaginar e a se vestir como advogados, usando ternos e gravatas, conforme o padrão de exigência da sua profissão.

Podemos identificar cinco dimensões (ou múltiplos eus) do autoconceito do comportamento do consumidor:

- *Eu real*: a maneira como os consumidores realmente vêem a si mesmos.
- *Eu ideal*: como os consumidores almejam ser.
- *Eu social*: como os consumidores sentem que os outros os vêem.
- *Eu ideal para os outros*: como os consumidores gostariam que os outros o vissem.
- *Eu esperado*: como os consumidores esperam ver a si mesmos em algum momento futuro específico.

É importante estudar o vínculo e o significado dos produtos com o autoconceito. Em contextos diferentes, o consumidor pode selecionar um autoconceito diferente para orientar suas atitudes ou seus comportamentos. Por exemplo, com alguns produtos domésticos do dia-a-dia, como sabonete e aparelhos de cozinha, o consumidor pode ser orientado por seu *eu real*. Todavia, para alguns produtos de prestígio social, como perfumes, acessórios e relógios, ele pode ser guiado por seu *eu social* ou mesmo seu *eu ideal* para os outros.

Imagine dois consumidores: uma pessoa com quilos a mais e um executivo grisalho. A primeira pode ter uma auto-imagem negativa, se sentindo gorda, embora as outras pessoas não a vejam assim. O executivo cujo cabelo está ficando grisalho pode ver isso como um sinal de diminuição de mocidade e vitalidade, ao passo que outras pessoas podem ficar admiradas da energia e da competência que ele demonstra. Como resultado de sua auto-imagem real, essas duas pessoas podem procurar produtos como alimentos dietéticos, equipamentos de exercícios e tintura para o cabelo. Quer realmente necessitem ou não da satisfação funcional que esses produtos possam dar, essas pessoas buscam a satisfação psicológica exigida por sua auto-imagem real. Portanto, de um ponto de vista comportamental, a auto-imagem real pode ser de grande influência no comportamento de uma pessoa.

Essa situação reflete como as questões referentes à auto-imagem são delicadas, exatamente pelo fato de, na realidade, termos duas auto-imagens: além do retrato de nós mesmos como "verdadeiramente somos", temos uma visão de como gostaríamos de ser, ou seja, nossa auto-imagem ideal. Ao nos compararmos com os outros, podemos desejar uma melhor aparência, ser mais inteligentes, ricos ou felizes, por exemplo. E essa auto-imagem ideal também afeta o comportamento de compra. Por exemplo, os consumidores que se vêem idealmente como de alta posição social inclinam-se a comprar itens que reflitam status. Compram em lojas exclusivas e adquirem artigos caros. Em suma, seu comportamento de compra reflete como eles gostam de ser vistos. Não importa se realmente nos parecemos com os modelos de um anúncio de roupas; o importante é que gostaríamos de nos parecer com eles e sentir que os símbolos nos produtos nos levam para mais perto de nosso *eu ideal*.

O conceito de auto-imagem tem implicações importantes e de longo alcance em marketing. Parte do "pacote de utilidade" de um produto é sua satisfação psicológica, a imagem que ele ajuda a criar. Os profissionais de marketing precisam tentar igualar a imagem de um produto com as auto-imagens dos consumidores no mercado. A seleção de um produto ou marca entre outros quase sempre se baseia no quanto cada escolha se combina com as auto-imagens real e ideal do consumidor.

Normalmente, tentamos preservar, melhorar, alterar ou estender os nossos *eus* pela compra de produtos, pela utilização de marcas que acreditamos serem coerentes com nosso autoconceito e pela evitação de produtos e marcas que não o sejam. Nessa perspectiva, os produtos a que nos apegamos representam uma verdadeira extensão de nós mesmos. Esse conceito — o "eu estendido" — examina a 'apropriação' do produto pelo indivíduo, isto é, podemos expandir ou enriquecer a imagem do nosso *eu* por meio da posse de produtos. Por exemplo, um tênis pode enriquecer a auto-imagem de um adolescente. É comum, entre as mulheres, a adoção de cortes de cabelo ou 'estilos' de aparência utilizados pelas atrizes em filmes ou telenovelas.

O vínculo entre o produto e a personalidade que resulta na extensão do *eu* adiciona ao objeto empossado um valor muito superior ao seu preço real de compra (por exemplo, uma caneta-tinteiro presenteada pelo avô). Muitos consumidores sofrem quando perdem ou têm roubado determinado objeto, mais pelo sentimento de 'violação' do que pelo valor pecuniário do bem.

O *Consumidor em Close* — *Homens Vaidosos ou Metrossexuais* aborda o comportamento do homem moderno, um novo tipo de consumidor masculino — o *metrossexual* — e suas novas atitudes e crenças em relação aos cuidados com o corpo, à aparência física e à beleza, uma tendência crescente na cultura ocidental e que tem revelado forte mudança nos valores sociais e no autoconceito masculino.

Os consumidores organizacionais, isto é, as empresas, também têm um autoconceito. Sua auto-imagem, comumente explicitada na missão corporativa, permite a difusão de sua identidade a clientes, parceiros e funcionários, contribuindo para o seu posicionamento competitivo no mercado. Por exemplo, algumas empresas, como Sony, 3M, Itaú e Embraer, autodefinem-se como inovadoras e tecnologicamente avançadas.

Os efeitos das influências psicológicas sobre o processo decisório do consumidor devem ser considerados no contexto de diversos fatores ambientais que também afetam o consumidor, e que serão analisados no capítulo seguinte.

Consumidor em Close — Psicologia do Comportamento do Consumidor nos Supermercados e nos Shoppings

O comportamento do consumidor altera a maneira de organizar um shopping ou um supermercado, induzindo a compra de produtos. Veja o Quadro 4.6.

Quadro 4.6 Comportamento do consumidor nos supermercados e nos shoppings

Alguns artifícios para supermercados	Alguns artifícios para shoppings
Nas gôndolas inferiores ficam os produtos infantis.	Os shoppings estão distanciados da vida real: não existem relógios, luz natural, apenas um cenário de beleza e luxúria. Além disso, a disposição das escadas rolantes obriga o consumidor a passear pelo andar.

O açougue, a padaria, a peixaria e o setor de frios ficam sempre no fundo do estabelecimento.	As redes de fast-food abusam do amarelo e do vermelho para estimular a fome e acelerar o metabolismo do consumidor. Sem muito esforço, porém, ele logo vai embora para dar lugar aos próximos clientes.
Há sempre produtos afins nas gôndolas, quando o consumidor se dirige para o fundo do mercado. Ex.: se ele você vai para a padaria, passa pelo corredor de geléias e queijos etc.	As farmácias tendem a esconder os remédios e expor as ofertas de perfumaria. O princípio é simples: todo mundo sabe o remédio que vai comprar, mas o consumidor compulsivo sempre leva um sabonete a mais para casa.
Há sempre uma noção de abundância para suprir carências: econômicas, afetivas, sexuais ou de segurança. Ex.: quem não pode comprar casa, carro e roupas compra artigos de supermercado.	Depois de quatro horas passeando pelo shopping, dificilmente o consumidor vai continuar gastando dinheiro. Não por acaso o preço do estacionamento aumenta depois desse período. É uma forma de promover o constante rodízio de clientes.
O consumidor circula mais que o necessário. Cerca de 50% dos produtos do supermercado estão lacrados, mas a embalagem diz mais que o próprio produto. Um xampu com bichinho no rótulo desperta nos pais a nostalgia da infância. Já a imagem do bebê na fralda lembra à mãe a necessidade de dar carinho ao seu filho.	O consumidor deve circular ao máximo; as escadas rolantes, para uma descida contínua, estão sempre distantes.
O primeiro produto que o consumidor encontra nunca é o da cesta básica, e sim o supérfluo ou importado.	As bancadas das lojas são estreitas para que o atendimento seja rápido e o consumidor o saia logo.
Nos supermercados há funcionários só para arrumar os produtos nas gôndolas. Se a embalagem estiver suja ou virada, o consumidor pode decidir pelo concorrente.	Cria-se uma atmosfera de lazer, as pessoas se arrumam e se comportam como se estivessem passeando.

Interface — O Processo de Comunicação e a Persuasão do Consumidor

Para melhor compreender o processamento da informação, é importante relembrar o fluxo do processo de comunicação (veja a Figura 4.20). O modelo é utilizado como base por empresas e profissionais.

O emissor é a fonte da mensagem, que é determinada pelo seu conteúdo e pela sua forma. A mensagem é codificada por meio de estrutura e simbolismo específicos a partir dos objetivos que pretende alcançar. Os meios (ou canais) são os veículos que levarão a informação à audiência, isto é, ao conjunto de receptores. Por isso, sua seleção deve ser considerada cuidadosamente em função do perfil do público-alvo.

Os receptores decodificam a mensagem. A partir de suas experiências, percepções e atitudes, é possível a ocorrência de ruídos ou distorções na transmissão, como palavras ou símbolos incompreensíveis ou interrupções durante o processo.

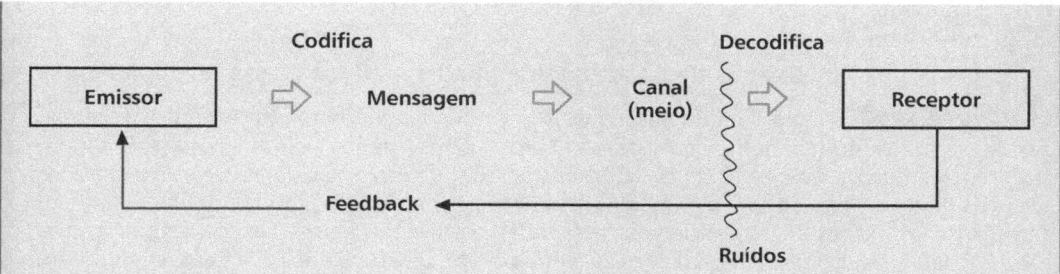

```
              Codifica                    Decodifica
  ┌─────────┐            ┌──────────┐   Canal    ┌──────────┐
  │ Emissor │   ⇨        │ Mensagem │ ⇨ (meio) ⇨ │ Receptor │
  └─────────┘            └──────────┘            └──────────┘
       ▲                                 ⋮
       └──────────── Feedback ◄──────────┤
                                       Ruídos
```

Figura 4.20 Modelo básico de comunicação.

Por fim, a audiência emite um feedback, que traduz sua reação à mensagem (se ela foi compreendida e qual a atitude ou o comportamento relevante).

A propaganda, que pode ser definida essencialmente como uma ação para propagar ou disseminar idéias, informações ou doutrinas de marketing com o intuito de informar e persuadir os consumidores, tornou-se importante ferramenta para que as empresas alcancem seus objetivos de vendas. Como instrumento de comunicação mercadológica, ela permite a divulgação de produtos e serviços e a persuasão do consumidor com fins comerciais.

A propaganda movimenta centenas de bilhões de dólares por ano no mundo todo (no Brasil, o setor movimenta cerca de 1% do PIB).

A persuasão é um esforço de comunicação que visa a influenciar as atitudes dos consumidores. Para ser eficaz, a persuasão pode ser obtida por meio da **adaptação** e da **formatação da mensagem** conforme atitudes já existentes (alimentos podem ser associados a corpos saudáveis em um anúncio), ou pela **ruptura**, que implica a modificação dos pontos de vista do consumidor.

Embora esta última estratégia seja mais difícil e complexa, influências sobre a cognição e o aprendizado poderão introduzir novas crenças e atitudes do consumidor ou mesmo modificar as existentes, principalmente se focalizarem suas conseqüências ou seus benefícios (por exemplo, a aceitação do uso obrigatório do cinto de segurança no Brasil, que foi rapidamente atingida pela estratégia gradual de convencimento: primeiramente, nas estradas; depois, nas cidades; posteriormente, com repressões verbais pela polícia, e, finalmente, com a aplicação de multas).

Quadro 4.7 Quantidade de veículos/ mídias

Tipo	Quantidade
Emissoras de TV	360
Emissoras de rádio	3.421
Salas de cinema	1.115
Exemplares de revistas	16.000.000
Exemplares de jornais (por ano)	4.000.000
Espaços para outdoor e cartazes	60.000

Fonte: Anuário Mídia Dados, 2002.

Estudo de Caso: Reality Shows — Você Gosta de Espiar?

No final da década de 90, um novo gênero de programas de televisão revolucionou o entretenimento doméstico na Europa e nos Estados Unidos — os reality shows. Inspirados em parte no desejo voyeurístico das pessoas de espiar a vida alheia e utilizando os avanços da tecnologia de som e imagem, essas "novelas da vida real" atingiram imediatamente espantosos índices de audiência nas redes de TV de diversos países. Um desses programas (*The Bachelorette*, Estados Unidos) chegou a atingir mais de 30 milhões de telespectadores em seu último episódio.

Somente nos Estados Unidos, no início de 2004, cerca de 60 reality shows eram exibidos nacionalmente. Entre eles: a luta pela sobrevivência por pessoas desconhecidas, enfrentando diversas provas e situações de risco em um cenário natural exótico (*Survivor*); o teste de resistência à tentação de casais que decidiram reavaliar sua relação e experimentar encontros com pessoas do sexo oposto em lugares paradisíacos (*Temptation Island*); a decisão de um solteiro ou de uma solteira de conhecer e selecionar, entre 24 pretendentes, qual o melhor partido para se casar (*The Bachelor/ The Bachelorette)*; e um pequeno grupo de pessoas confinado em uma casa onde são filmadas 24 horas por dia, durante várias semanas (*Big Brother*).

Esse novo formato foi criado na Europa pela empresa de entretenimento Endemol, que lançou, em 1999, o primeiro reality show, o *Big Brother*, no canal holandês Verônica. Inspirado no livro *1984*, de George Orwell, no qual os personagens, habitantes de um país fictício, são vigiados diariamente por câmeras que funcionam como os olhos do governo, o *Big Brother* reunia 12 pessoas desconhecidas para viverem por três meses isoladas em uma casa, tendo seus movimentos diariamente monitorados por câmeras e microfones e transmitidos para milhões de telespectadores. O programa imediatamente se tornou um fenômeno de audiência e logo foi exportado para 19 países (incluindo EUA, Alemanha, Inglaterra, Portugal e Brasil). Seus participantes se tornaram celebridades da noite para o dia, faturando verdadeiras fortunas.

No Brasil, o primeiro reality show, a *Casa dos Artistas*, foi exibido pela Rede SBT no início de 2002, poucos dias antes de a concorrente Rede Globo de Televisão transmitir o *Big Brother Brasil (BBB)*. Ambos os programas, baseados no *Big Brother*, provocaram muita curiosidade, polêmica e audiência entre o público telespectador do país. Enquanto no primeiro os participantes eram artistas famosos, no segundo, pessoas desconhecidas foram reunidas para lidar com uma experiência semelhante: viverem isolados do mundo exterior, por diversas semanas, em uma casa cinematográfica, equipada com câmeras e microfones, monitorando seus movimentos, 24 horas por dia, sete dias por semana. Observar e acompanhar a vida daquelas pessoas passou a ser uma interessante opção de entretenimento para consumidores desejosos de espiar a vida alheia e de satisfazer seus estímulos motivacionais de natureza psicológica. As duas emissoras de TV diariamente exibiam ao público imagens ao vivo de dentro da casa e compactos com o que acontecera durante o dia e a noite anteriores. Os telespectadores mais insaciáveis tinham a opção de assistir 24 horas ininterruptamente por meio do *sistema pay-per-view* da TV a cabo ou pela Internet.

No caso do *Big Brother Brasil*, os participantes, desconhecidos entre si e anônimos do grande público, se submetiam a todo tipo de realidade confinados numa grande casa por três meses, onde situações típicas e conflitos de relacionamento eclodiam naturalmente e pressões decorrentes de tarefas competitivas programadas pela produção testavam a capacidade de convivência e as habilidades dos participantes para vencer. Por meio das filmagens ocultas, suas personalidades iam sendo gradualmente reveladas para a audiência e, a cada semana, um participante era escolhido, por voto popular dos telespectadores e internautas, para deixar o programa. Como num jogo, aquele que conseguisse ficar até o final se tornaria o vencedor, ganhando como prêmio R$ 500 mil em dinheiro.

Nos programas subseqüentes, a emissora incluiu uma série de novidades, como a revista *Quero Ser um Big Brother* vendida nas bancas, que permitia a inscrição de candidatos para o programa, a opção para o público escolher quatro integrantes do grupo e a oportunidade de o internauta decidir sobre tarefas e atividades para os participantes ("Big Boss — O consumidor é quem decide o futuro dos participantes", informava o site). Quanto a essa última opção, seguindo a tendência de marketing do *produconsumo* (veja *Interface — Doze Temas da Nova Economia*, no Capítulo 3), os assinantes exclusivos do BBB pela Internet podiam interferir diretamente no desenvolvimento do próprio programa. Em seu Website, começaram a ser vendidos pela Internet produtos como Edredon BBB, Cafeteira Big Brother e camisetas do programa.

Os participantes do BBB viraram celebridades após o programa e a maioria deles posou para revistas como Playboy e sites como Paparazzo, deu inúmeras entrevistas em rádio e TV e foi assiduamente convidada VIP de eventos sociais.

Essa "novela real" acabou despertando o interesse e a curiosidade de milhões de espectadores de todo o país, muitos deles espiando durante horas, no conforto de seus lares, os movimentos íntimos e o drama real daquelas pessoas desconhecidas. No último dia de exibição do BBB1, o programa atingiu o extraordinário índice de 59 pontos de audiência na TV, enquanto o Website do programa alcançou o recorde de 1.185.000 visitantes em um único mês.

Afinal, qual o motivo para tanto sucesso? "Acontece de tudo no BBB: brigas, novas amizades, alianças, intrigas, namoros e até sexo...", explica o Website do programa. No reality show, esses ingredientes, usualmente elementos de telenovelas, acontecem sem ficção, como o desenrolar inusitado de situações que passam despercebidas no nosso cotidiano, situações reais, mas não menos emocionantes. Tudo visto por milhares de pessoas.

Segundo a psicóloga e professora universitária dra. Maria Beatriz Ribolla, "os reality shows facilitam os processos de identificação e projeção mobilizados pelas construções de seus personagens". De acordo com a profissional, o público os observa e acompanha por perceber, em suas encenações, conteúdos inconscientes semelhantes aos seus que, por muitas vezes, não consegue identificar em si próprio. "Ao contrário das novelas, os reality shows não são encenações de uma realidade. Logo, as identificações e projeções são mais intensas, pois há a percepção do mundo real", afirma Ribolla.

O desejo natural dos telespectadores de espiar a vida dos participantes sem que estes os vejam consagra um novo formato de voyeurismo? Definido pela psicologia como uma desordem sexual ou uma curiosidade mórbida, o prazer em observar ocultamente outras pessoas em sua intimidade passou a ser encarado como algo absolutamente normal por milhões de consumidores ao sintonizarem seus canais de TV para se divertir com o ato de espiar.

Segundo a psicóloga organizacional dra. Thereza Christina Bastos Abraão, "o voyeurismo desperta o interesse humano por natureza, porém o interesse pelos reality shows vem de uma série de processos emocionais envolvidos, principalmente um processo de identificação muito forte". Os telespectadores, ao se identificarem com os personagens, em situações surgidas numa convivência diária, de acordo com as necessidades básicas de cada um de nós, fariam uma forma de avaliação de si mesmos em relação ao mundo. "Seria também a possibilidade de desenharem uma história que gostariam de ter para suas vidas e muitas vezes não conseguem, e irem 'trabalhando' questões internas que lhe afligem", conclui a especialista. Para a dra. Ribolla, "embora possa ser uma questão interessante, os reality shows não compreendem somente uma ação voyeur. É mais complexo. Eles atingem todos os níveis sociais e todas as faixas etárias, tanto para quem assiste como para quem faz parte do programa. Poderíamos pensar sobre a valorização da vida humana, a mudança de padrões éticos, o descaso com o outro, o consumo desenfreado (inclusive da imagem e do corpo) e a noção do que é a realidade construída para que possamos viver eternamente *satisfeitos*".

Fonte: site do Big Brother Brasil, www.bbb.globo.com.

Consumidor em Close — Homens Vaidosos ou Metrossexuais

Nos dias atuais, muitos brasileiros, além do trabalho, ocupam seus dias com compromissos importantes consigo mesmo. Seja por exigência da sociedade, pela preservação da saúde ou mesmo por pura vaidade, é cada vez maior o número de homens que incluem em sua rotina diária atividades antes consideradas uma exclusividade das mulheres. Homens simplesmente vaidosos ou metrossexuais?

Hoje, é comum ver um homem orgulhoso fazendo um corte de cabelo em um salão de beleza, cuidando da elasticidade de sua pele em um dermatologista ou queimando calorias extras em uma academia de ginástica. Quer pelos avanços da medicina, quer pela mudança de mentalidade na sociedade moderna, novos produtos e serviços para a saúde, o bem-estar e a beleza masculina começaram a proliferar de forma crescente no mercado nos últimos anos.

Nos consultórios de dermatologia, os homens já são quase metade dos pacientes, e muitos desejam saber tudo sobre os novos lançamentos da cosmetologia. Procedimentos como preenchimento de rugas ou depilação permanente não são mais pedidos exclusivos das mulheres. Por seu perfil prático, os homens preferem tratamentos de resultado instantâneo, evitando gastar tempo com cremes e aplicações.

"Depois dos 30 anos, os homens passam a ter outra perspectiva de vida e abandonam inseguranças como 'O que os outros vão pensar?', vendo a preocupação com a aparência com outros olhos", escreve Raquel Paulino em reportagem para a revista *Época*, Edição Especial Homem (01/09/03). A própria mudança na sociedade, que se tornou mais permissiva em relação àquilo que é masculino ou feminino, influenciou na nova postura masculina e no fim da vergonha que os homens sentiam de serem vaidosos.

Dermatologistas afirmam que seus pacientes se sentem mais felizes, confiantes e melhores após o tratamento. Igualmente, após uma seção completa no salão de beleza, que inclui corte e tingimento dos cabelos, manicure de mãos e pés, tingimento de pêlos e depilação de sobrancelhas, muitos homens se dizem mais satisfeitos consigo mesmo e se consideram mais bonitos. Alguns salões atendem apenas o público masculino. São os "clubes do Bolinha", como o IO, em São Paulo, que oferece serviços desde uma simples aparada na barba até tratamentos com hidratação usando parafina, drenagem linfática e diversos tipos de massagem. As preocupações do homem moderno incluem cuidados com o corpo, com a saúde e com a alimentação. Assim, muitos freqüentam assiduamente academias de ginástica, inclusive com apoio de personal trainers, incorporando atividades físicas ao seu dia-a-dia. Além disso, permitem-se pequenos agrados, como massagens e banhos de ofurô, e adotam dietas balanceadas e alimentos saudáveis.

O número de produtos de perfumaria e cosméticos para o público masculino tem crescido de forma extraordinária em todo o mundo, e no Brasil não é diferente. Desde 1998, por exemplo, o mercado de produtos de beleza masculina vem crescendo 17% ao ano e o setor projeta um crescimento que varia de 28%, no ramo de condicionadores, a 148% no de hidratantes para as mãos. A indústria cosmética e farmacêutica tem criado linhas específicas direcionadas para os homens. Marcas como Anna Pegova, Biotherm e Avon, por exemplo, possuem cremes hidratantes e outros cremes exclusivamente para o homem. A Azzaro produz um creme antiidade só para homens. Empresas que desenvolvem linhas de produtos para o consumidor masculino lançaram espumas de barbear que facilitam a passagem da lâmina, loções pós-barba com rejuvenescedores e géis com agentes esfoliantes. A Bozzano, por exemplo, criou a linha Protection, que inclui espumas de barbear e gel pós-barba, ambos com hidratantes e multivitaminas.

Resultados de pesquisa com o público masculino que se cuida apontou o perfil do homem que consome cosméticos:

- é fiel e bom pagador;

- compra seus produtos pela Internet (as compras online efetuadas pelo sexo masculino entre janeiro e abril de 2003 cresceram 15,66% em relação ao mesmo período do ano anterior);

- tira dúvidas pelos Serviços de Atendimento ao Consumidor (8,1% dos consumidores atendidos são homens);

- 65% usam perfume;

- 50% freqüentam cabeleireiros (e não barbeiros);

- 15% usam hidratante no rosto.

Esse novo homem moderno, preocupado com sua aparência e com seu bem-estar, às vezes, ao apresentar um comportamento exagerado, recebeu uma denominação de impacto pelo escritor e jornalista inglês Mark Simpson: *metrossexual*. Esse neologismo, que se refere ao *homem que se cuida*, acabou virando uma tipologia para classificar esse consumidor excessivamente vaidoso.

Algumas características do metrossexual:

- vive geralmente nas metrópoles (daí seu nome) e pode ser encontrado em lojas de grife, academias, salões de cabeleireiro, bares da moda e eventos fashion;

- adora se enfeitar e usa maquiagem, pinta as unhas e passa lápis de olho — os mais ousados usam também blush e rímel;

- desprovido de plumagem, ele apela para roupas de marca, adora grifes como Armani e Versace, mas também freqüenta brechós;

- corajoso, se submete a qualquer tortura em troca da boa aparência, ou seja, exercita-se horas a fio ou se submete à cera quente para se livrar dos pêlos do peito;

- é, antes de tudo, um narcisista; quem tiver dificuldade de encontrá-lo na multidão, basta disparar um flash de câmera que logo perceberá aquele que faz pose.

O metrossexual abraçou o seu "lado feminino". Segundo Simpson, a metrossexualidade se difundiu depois de 2002, provavelmente graças a astros de futebol como David Beckham, que não tinha vergonha de mostrar suas unhas com esmalte e aparecer em fotos usando tangas da sua famosa esposa Victoria (ex-Spice Girl) ou mudando seus cortes de cabelo extravagantes a cada quinze dias. Vencia-se o estado de negação, segundo o escritor, pelo qual os homens que se amavam temiam que suas parceiras e seus amigos não compreendessem bem tal comportamento.

Mais consciente, esse novo homem sabe que cultivar uma boa aparência é demonstração de cuidado com a saúde e com a qualidade de vida. O homem brasileiro, em geral, também está mais bem-vestido. Nos dias de hoje, não é raro um homem escolher sozinho seu guarda-roupa, sem o auxílio feminino, e com igual bom gosto. O homem moderno sabe que cuidados com a aparência e com a apresentação pessoal são atributos importantes do marketing pessoal (novo campo do marketing que vê o profissional como um *mix* mercadológico que precisa ser desenvolvido e administrado em seus elementos para melhor atender às expectativas do mercado) e podem ter reflexos decisivos em sua vida profissional e no sucesso de seus negócios. Segundo especialistas, homens que se apresentam bem conseguem uma avaliação inicial melhor e conquistam a confiança alheia.

Novas linhas de produtos e serviços e até espaços exclusivos para tratamentos masculinos refletem uma mudança no perfil e nas atitudes do homem no terceiro milênio. O mercado percebeu essa tendência ainda no final do século passado e soube oportunamente iniciar uma pequena revolução, desenvolvendo ofertas variadas e específicas para o novo homem. Mudança de mentalidade no consumidor, mudança de estratégia na indústria, nova conquista para todos (veja a Figura 4.21).

Figura 4.21 Anúncio de produtos para o homem e para a mulher (fonte: DPZ).

Fontes: Raquel Paulino, "O Homem no Espelho" e "Eles se Cuidam Sozinhos", *Época*, Edição Especial Homem, 1º set. 2003, p. 7-11; Aida Veiga e Renata Leal, "Última Chamada para o Verão", *Época*, 10 nov. 2003; "Você Sabe o que É um Metrossexual?", *Qualimetria*, maio 2004.

Consumidor no Cinema — O Espelho Tem Duas Faces

Elenco: Barbra Streisand, Jeff Bridges, Lauren Bacall, Mimi Rogers, Pierce Brosnan. *Sinopse*: Uma professora de literatura (Streisand) aceita se casar com um professor de matemática (Bridges), mas vive um relacionamento sem sexo.

Cenas recomendadas:
Cena 1 (50 e 74 minutos):
A professora e seu namorado jantam em casa com a futura sogra do professor. Ele a descreve como "boa de garfo". Mais tarde, em um jantar a dois, ele a observa e descreve detalhadamente seu ritual de comer a salada, explicando a seqüência padrão que ela utiliza para cortá-la, colocar o molho, separar os elementos indesejáveis e dar a primeira garfada.

Cena 2 (98 e 108 minutos):
O professor vai visitar a professora, agora já sua esposa, depois de certo tempo afastado por uma separação. Encontra uma mulher totalmente diferente. A professora fez mudanças profundas em sua imagem: clareou o cabelo, perdeu peso, passou a usar maquiagem e roupas justas e sensuais.

Cena 3 (108 minutos)
A professora se maquia diante da penteadeira enquanto um anúncio na TV propaga: "Todos queremos ser atraentes".

Exercícios

1. As questões a seguir se referem ao *Estudo de Caso: Reality Shows — Você Gosta de Espiar?*: a) explique como as variáveis psicológicas influenciaram o surgimento e o crescimento dos reality shows; b) com base no modelo ABC das Atitudes, descreva como cada um dos componentes pode interagir no hábito de assistir ao programa BBB; c) como a teoria do autoconceito se aplica ao candidatos que convivem na casa do BBB?

2. A partir da leitura do *Consumidor em Close — Homens Vaidosos ou Metrossexuais*, responda às questões a seguir: a) quais os principais traços de personalidade do consumidor metrossexual? b) identifique o estilo de vida dos metrossexuais, criticando o Modelo A.I.O; c) com base na hierarquia de necessidades de Maslow, indique que motivadores predominam nas necessidades dos homens vaidosos.

3. As perguntas a seguir se referem ao *Consumidor no Cinema — O Espelho Tem Duas Faces*: a) utilizando a variável do aprendizado como justificativa para sua resposta, avalie o padrão de comer salada da professora; b) descreva como o aparelho psíquico descrito por Freud interage no comportamento alimentar da protagonista; c) que fatores influenciaram a mudança de atitude da professora em relação aos seus hábitos alimentares e à sua imagem? Justifique; d) relacione alguns traços da personalidade do professor; e) avalie como se aplicam as cinco dimensões do autoconceito à protagonista.

4. Com base no Quadro 4.1, pesquise na mídia e relacione outras mensagens que fazem uso da hierarquia das necessidades de Maslow para estimular o consumidor.

5. Pesquise, em jornais e revistas, anúncios que se utilizam da teoria dos motivos humanos, de McClelland, para influenciar o comportamento do consumidor. Especifique o motivo utilizado.

6. Explique como a distribuição de amostras grátis se aproveita das variáveis psicológicas de aprendizado para influenciar o consumidor.
7. Encontre exemplos de propaganda para os seguintes conceitos:
    a) teoria behaviorista
    b) teoria cognitiva
8. Descreva a teoria dos traços da personalidade. Procure identificar alguns traços de sua personalidade e indique os hábitos de consumo deles resultantes.
9. Descubra um anúncio de revista baseado na teoria freudiana da personalidade e discuta com seus colegas como os conceitos freudianos são usados nesse anúncio.
10. Com base no modelo A.I.O. para descrever o estilo de vida, entreviste alguns colegas de sua classe e monte uma breve análise psicográfica. Utilize as questões abaixo e outras que julgar convenientes.

    ▌ Questões sobre atividades:
    a) Quais esportes você pratica?
    b) Quantos livros você lê por ano?
    c) Com que freqüência você vai a shopping centers?
    d) Você já viajou para o exterior?
    e) Você viaja nos fins de semana?

    ▌ Questões sobre interesses:
    a) Qual o seu programa cultural favorito?
    b) Por que assunto você se interessa mais: esporte, cultura ou trabalho?
    c) Que importância tem para você casar e ter filhos?
    d) O que você preferiria: trabalhar sozinho ou em grupo?

    ▌ Questões sobre opinião (peça ao entrevistado para concordar ou discordar delas):
    a) Não se deve levar a namorada para dormir na casa dos pais.
    b) Ayrton Senna foi o maior esportista brasileiro.
    c) Meninas gordas não arrumam namorado.
    d) As mulheres deveriam ter liberdade de escolha quanto ao aborto.

11. Descreva o processo perceptivo e explique como uma propaganda pode influir na memorização.
12. Com base na psicologia das cores, que cor(es) você escolheria para transmitir os atributos de segurança e confiabilidade de serviços financeiros?
13. Utilize o sistema VALS 2 e identifique o perfil do estilo de vida de seus membros familiares.

Capítulo 5

Fatores Situacionais

Mais recentemente, um novo elemento importante veio se somar às já reconhecidas influências sobre o comportamento e a decisão do consumidor: a situação ligada ao consumo. Russell Belk, no artigo "Situational Variables and Consumer Behavior", publicado no jornal especializado americano *Journal of Consumer Research*, na edição de março de 1976, foi o precursor na identificação de fatores situacionais como base para entendimento de variações anteriormente inexplicadas do comportamento do consumidor (Semenik e Bamossy, 1996). Belk definiu essas influências como "todos aqueles fatores específicos de um momento e lugar de observação que não provêm do conhecimento de atributos pessoais (intraindividuais) e estímulos (alternativa de escolha), os quais têm um efeito demonstrável e sistemático sobre o comportamento em curso".

O que essa definição sugere é que as influências socioculturais e psicológicas até agora discutidas podem exercer um poder diferente, dependendo da *situação* em torno do ato de consumo, ou seja, todos os fatores contextuais ligados a um momento e um lugar específico que, juntos, exerçam importante influência sobre o comportamento. Neste capítulo, analisaremos as categorias de situações em que o comportamento do consumidor pode variar.

A situação do consumidor é um miniprocesso que se compõe por fatores que a) envolvem o tempo e o lugar nos quais ocorre sua atividade, b) explicam o motivo pelo qual a compra ocorre e c) influenciam seu comportamento. Há inicialmente uma interação entre a pessoa e esses fatores, que interferem na percepção e no comportamento, resultando ou não no ato de compra. Alguns pesquisadores consideram que essa interação se dá de forma direta (situação objetiva), como no behaviorismo. Para outros, a situação detona estímulos internos, como a motivação, sendo, portanto, aspectos indiretos (situação subjetiva) que vão levar ao comportamento de compra. Essas situações são eventos de prazo razoavelmente curto e devem ser distinguidas de fatores do ambiente de prazo mais longo, como a cultura, e dos fatores pessoais, que são mais duradouros.

Para demonstrar o efeito que o fator situacional pode ter sobre a decisão, considere a resolução de uma jovem de comprar um vestido novo. Esse vestido novo, para o casamento de uma amiga, por exemplo, será provavelmente muito diferente daquele comprado para uma viagem de férias para o litoral. A situação associada à decisão terá afetado os critérios de resolução e a escolha final. Considere agora sua própria decisão sobre um restaurante para jantar. Dependendo das situações seguintes, você provavelmente escolherá um restaurante diferente de acordo com cada uma das circunstâncias: um encontro com uma nova pessoa, uma refeição rápida antes da aula e um jantar com seus pais.

Só recentemente essa variante foi reconhecida como tendo um efeito importante sobre o processo decisório do consumidor. Em palavras simples, conforme muda a situação de compra e uso, o comportamento do indivíduo também pode se modificar.

As análises do comportamento de compra negligenciaram até hoje os fatores situacionais, centrando-se tradicionalmente nos atributos do produto ou no perfil da clientela. Atualmente, muitos estudos procuram medir o comportamento de compra *usual* e toda circunstância específica é considerada um viés que contamina os resultados. A recente evolução dos mercados — com o aumento do poder de compra, a explosão da oferta e o retrocesso progressivo da vida em sociedade — influiu na diversificação e no reexame constante das intenções dos consumidores. Cada vez mais empresas confessam sua dificuldade em compreender, por meio de métodos tradicionais, um consumidor que se apresenta inconstante e volátil. Na era do consumidor camaleão, a abordagem situacional proporciona uma perspectiva original que a põe ao lado das grandes tradições de pesquisa no estudo do consumo (Karsaklian, 2000).

A perspectiva proporcionada pela análise situacional muda o foco da pesquisa, enfatizando mais os aspectos referentes ao **contexto** de compra do que as variáveis relativas às próprias características do comprador. Aqui, os fatores inerentes à situação que interagem com o *iceberg humano* são mais determinantes (ou, pelo menos, igualmente importantes) em sua direção do que os seus aspectos intrínsecos. O resultado do processo de compra está muito mais vinculado a uma combinação de variáveis contingenciais. As respostas a questões como "Qual a sua bebida preferida?", "Que marca de congelados costuma comprar?" ou "Onde você costuma comprar?" podem ser um repetitivo: "Depende!".

Embora reconhecida como importante fator na decisão de compra, a noção de situação carrega consigo uma certa dificuldade: ela tende a confundir os determinantes que constituem uma situação. De fato, ela limita o campo aos elementos sobre os quais se supõe que exista um impacto no comportamento. Mas, ao mesmo tempo, ela oferece uma trilha que possibilita ao profissional de marketing fazer uma triagem no número ilimitado de estímulos que podem caracterizar um ambiente.

Fatores invariantes com relação à situação, como os traços pessoais do consumidor — personalidade, idade, sexo — e os atributos estáveis dos produtos, como cor, tamanho e forma, são excluídos do escopo dessa análise. O campo remanescente caracteriza a natureza da situação que envolve o consumidor nas relações de troca, isto é, os fatores do ambiente que operam no nível mais restrito.

As diversas circunstâncias referentes ao contexto da relação de troca que afetam a decisão do consumidor podem ser classificadas em cinco categorias:

- ambiente físico;
- ambiente social;
- tempo;
- razão de compra;
- estado de espírito e predisposição.

Assim como as variáveis socioculturais e psicológicas, essas influências representam forças determinantes para a resolução dos problemas de consumo enfrentados pelo consumidor e, como veremos particularmente a seguir, sua compreensão se faz fundamental pelo profissional de marketing para entender por completo a natureza e a variabilidade dos atos de consumo e para a formulação eficaz de suas estratégias mercadológicas. A Figura 5.1 ilustra as influências situacionais no *iceberg humano*, determinando seu comportamento de compra.

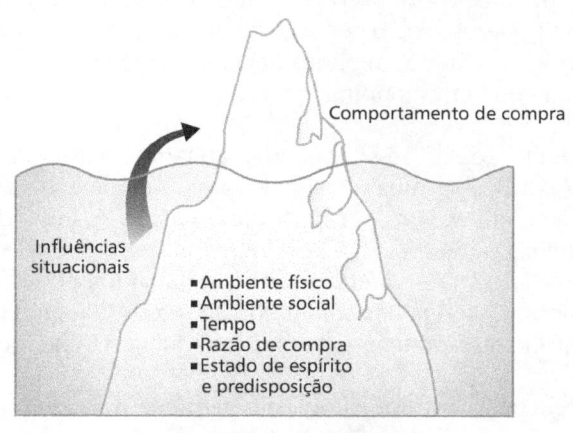

Figura 5.1 Influências situacionais no *iceberg humano*.

Ambiente Físico

O ambiente físico ou local se refere à localização, atmosfera da loja, aromas, sons, luzes, condições meteorológicas e outros fatores no ambiente físico no qual acontece a decisão. Bancos, lojas especializadas e restaurantes costumam investir grandes somas de recursos financeiros em suas decorações, layout e equipamentos, buscando criar arranjos físicos e uma ambientação que estimulem as relações de troca.

Em alguns ambientes existem fatores como as condições do tempo, o ruído do tráfego e odores que os profissionais de marketing não conseguem controlar. Em vez disso, eles precisam tentar fazer com que os consumidores se sintam mais confortáveis. As condições climáticas, por exemplo, podem influenciar um consumidor na sua decisão de compra de um carro: um veículo utilitário esportivo com certos opcionais, como tração nas quatro rodas. As condições meteorológicas podem estimular ou desestimular a busca dos consumidores por produtos específicos, bem como a freqüência e a quantidade de compra de certos produtos. As vendas de camisolas para dormir e pijamas femininos, a chamada "linha noite" das confecções de moda íntima, apresentam volume maior nos estados do sul do Brasil do que nos estados do nordeste, em parte como decorrência das noites mais frias que predominam na região Sul.

A localização geográfica e as condições do ambiente físico urbano também moldam os hábitos e as atitudes do consumidor, variáveis já estudadas anteriormente. Por exemplo, as pizzarias, como vimos no Capítulo 1, serão uma escolha muito provável para a confraternização entre amigos em São Paulo, enquanto as churrascarias, como vimos no Capítulo 3, serão provavelmente a mais freqüente opção entre os habitantes de Porto Alegre para o mesmo propósito.

Aspectos relacionados ao ambiente da loja (ponto-de-venda), como localização, decoração e materiais do ponto-de-venda — cores, música e vendedores, além de outros elementos mercadológicos, como produtos, promoções, ofertas e *merchandising* — também representam influências situacionais físicas importantes. No ponto-de-venda, por exemplo, um consumidor pode variar seu comportamento conforme a situação, comprando produtos por impulso (em função de alguma oferta ou *merchandising*), trocando de marca quando não encontra sua preferida ou renunciando à compra em função do preço, situações que exercem especial influência sobre a percepção do consumidor nas lojas de varejo. A combinação de uma música adequada com cores e objetos de decoração congruentes com a atmosfera pretendida é um recurso físico poderoso sob o controle do profissional de marketing. A percepção de segurança é outro fator controlado, em parte, pelo ambiente físico. As pessoas sentem-se mais seguras em comprar à noite em shopping centers, em parte por causa de seus estacionamentos internos.

A aglomeração e a densidade de pessoas na loja são também uma situação que pode influenciar o consumidor. Ao perceber uma densidade (proximidade entre pessoas) elevada de compradores dentro do ambiente e uma sensação de *multidão*, o indivíduo pode ter sentimentos desagradáveis e deixar a loja.

O *merchandising* (veja Interface — Merchandising) é uma ferramenta promocional eficaz para estimular o consumidor. Quem já não foi atraído ao interior de uma butique para experimentar uma roupa da vitrine ou à prateleira de uma livraria para folhear um lançamento exposto em destaque?

Em marketing, a percepção é tudo! Atingir eficazmente o modo como o consumidor seleciona, organiza e interpreta os estímulos do ambiente representa metade do caminho.

Assim, o ambiente da loja se configura como aspecto fundamental na situação de compra. E o conceito de ambiente, aqui, é um termo mais geral que vai além do contexto físico — ele resulta da conjugação de todos os elementos contextuais arranjados (atmosfera da loja) para provocar estímulos sensoriais e efeitos emocionais positivos, agradáveis e envolventes, 'controlando' a vivência do cliente.

Segundo Mowen e Minor (2003), os pesquisadores têm argumentado que o ambiente da loja influencia o montante que os consumidores gastam em uma loja vai além do planejado. O ambiente da loja influencia o estado emocional do cliente, o que leva ao aumento ou à diminuição da compra. O estado emocional consiste em dois sentimentos dominantes — prazer e excitação. A combinação desses elementos leva o consumidor a passar muito ou pouco tempo na loja. Por exemplo, quando o ambiente excita o consumidor e já existem emoções positivas, o cliente tende a passar mais tempo na loja, relacionar-se mais com as pessoas e provavelmente consumir mais. Por outro lado, se o ambiente não for agradável, o aumento da excitação poderá resultar em menos compras. Pesquisadores concluíram que as tendências dominantes têm maior probabilidade de serem ativadas quando os indivíduos ficam excitados. Assim, se a tendência dominante for deixar a loja, o aumento da excitação tende a incrementar esse desejo. Essas relações são mostradas no diagrama da Figura 5.2.

Resposta Emocional

Ambiente
- Layout
- Sons
- Aromas
- Texturas
- Estrutura do edifício

Influenciam

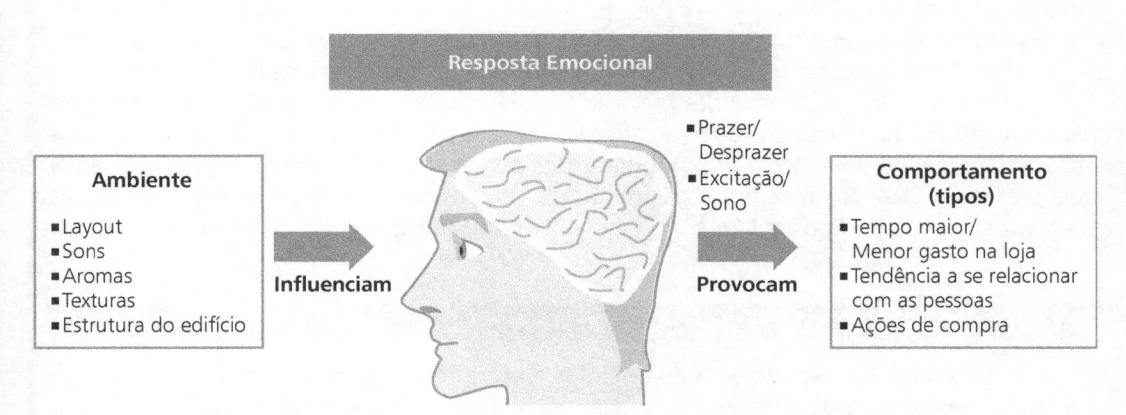

- Prazer/Desprazer
- Excitação/Sono

Provocam

Comportamento (tipos)
- Tempo maior/Menor gasto na loja
- Tendência a se relacionar com as pessoas
- Ações de compra

Figura 5.2 O ambiente e o comportamento de compra.

Interface — Merchandising

Uma das ferramentas de marketing do composto promocional, o *merchandising* tem sido cada vez mais utilizado pelos profissionais de marketing, sobretudo numa época em que os consumidores são bombardeados por todo tipo de informações, por todos os meios.

Conceito inicialmente desenvolvido no âmbito do varejo, envolvendo o composto de mercadorias, a alocação de espaço na loja e a colocação de produtos nas prateleiras, o termo *merchandising* evoluiu para um significado muito mais amplo nos últimos anos. É entendido hoje como o processo de desenvolver, assegurar, apoiar e comunicar as ofertas de mercadorias pelo varejista, bem como de fixar o preço delas. Influencia diretamente o ambiente físico e o design da loja. A exposição de produtos em vitrines, perto dos caixas, em destaque na entrada da loja ou em outros pontos em evidência para o cliente baseia-se nesse conceito.

> Por permitir muitas definições e conotações em função da evolução contínua das atividades mercadológicas, o termo tem sido ampliado também para outras formas de promoção, como a exposição da marca ou de produtos em outros meios — o cinema e a televisão, por exemplo. Assim, quando um personagem de telenovela da Globo vai ao Banco Itaú ou bebe determinada marca de cerveja, ou quando um personagem de um filme, como James Bond, o Agente 007, consulta seu relógio Technos, fala em seu celular Ericsson ou usa um carro BMW, os consumidores entram em contato com uma forma de propaganda paga diferente, na qual os produtos se integram naturalmente ao conteúdo da trama, produzindo efeitos bastante significativos e até mais eficazes na percepção dos compradores.

A Internet e a rede mundial de computadores introduziram um novo ambiente para as pessoas, organizações e países: o ciberespaço. Esse ambiente virtual provocou impactos radicais no comportamento humano, inclusive em seus hábitos de compra. A criação de novos canais de venda e promoção, a possibilidade de novas formas de pesquisa e de busca de informações, e o desenvolvimento de canais mais ágeis e amplos de relacionamento são alguns dos benefícios resultantes desse importante avanço tecnológico. Muitas compras são influenciadas pela interação do consumidor com o ciberespaço e, em razão do considerável volume que hoje representam, merecem atenção especial dos profissionais de marketing. A Figura 5.3 mostra um anúncio direcionado aos consumidores que utilizam o ambiente virtual da Internet.

Por sua importância, talvez pudéssemos ter segmentado a estrutura deste livro de forma a incluir um capítulo totalmente dedicado ao advento da Internet e à sua influência nas relações de consumo. Em conformidade com os propósitos desta obra e pelas características que envolvem a interação Internet/consumidor, optamos por abordar essa perspectiva no âmbito das influências situacionais, no quadro *Consumidor em Close — O Comércio Eletrônico e o Consumidor Digital*.

Ambiente Social

O local social diz respeito ao ambiente dos grupos interpessoais que nos cercam e com os quais interagimos na situação de compra. As interações com outras pessoas — amigos, pa-

Figura 5.3 Anúncio dirigido aos consumidores digitais (fonte: Ogilvy).

rentes, colegas de trabalho, vendedores e outros clientes — podem variar conforme a circunstância que envolve o processo de decisão de compra. A companhia com a qual estamos fazendo compras em um shopping center, por exemplo, poderá interferir em nosso pensamento e influenciar na decisão de comprar ou não comprar, na quantidade, no local e no tipo de produto a ser adquirido. Muitos maridos, por exemplo, preferem adquirir suas roupas quando acompanhados pela esposa, para aproveitar seu auxílio opinativo na escolha. É comum também que uma discussão súbita entre o consumidor e o vendedor interrompa o ato de compra, levando o cliente a uma frustração. Da mesma forma, somos estimulados a comprar por um vendedor habilidoso, que saiba explorar nossos estímulos e motivações de compra.

A **influência informacional** (classificada em *grupos de referência*), presente quando o consumidor busca e aceita o aconselhamento de alguém porque essa pessoa possui conhecimentos profundos sobre determinado produto, também pode interferir na escolha situacional. Campanhas esclarecedoras sobre saúde têm sido freqüentemente veiculadas para ajudar os consumidores a prevenir determinadas doenças. A Figura 5.4 mostra um anúncio que utiliza a influência informacional. A convivência com algumas pessoas, por exemplo, pode levar o consumidor a se sentir estimulado a consumir determinados produtos em função desse relacionamento, como a compra de bebidas e alimentos, e até a escolher destinos de viagens.

Pesquisas têm demonstrado que as pessoas, quando estão acompanhadas, visitam mais lojas em um shopping do que quando estão sozinhas e fazem mais compras que não estavam planejadas (Mowen e Minor, 2003). A atividade de fazer compras com outras pessoas pode ser considerada uma experiência social importante para os consumidores.

Engel, Blackwell e Miniard (2000) classificam essas variáveis situacionais como **situações de comunicação**, que mais amplamente incluem também outras formas de interação do indivíduo com a informação, como propagandas e publicidade, programas de TV, sites de Internet, feiras e eventos. Assinantes de TV por assinatura que assistem a canais de vendas como o Shoptime vivenciam uma situação peculiar com a informação, já que os produtos são anunciados de forma diferente daquela dos canais regulares, pelos infomerciais (veja *Interface — Infomerciais* e *Estudo de Caso — Shoptime: Vendas Diretas pela TV*).

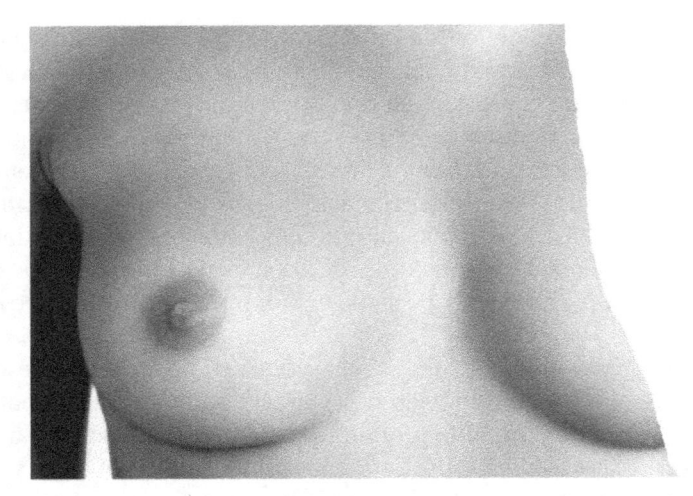

Figura 5.4 Influência informacional utilizada em campanha de prevenção do câncer (fonte: Ogilvy).

Interface — Infomerciais

Um tipo de propaganda muito utilizado nos canais de televisão, sobretudo nos canais a cabo ou nos horários com menor custo das TVs abertas, o infomercial é uma ferramenta promocional diferenciada e potencialmente útil para o profissional de marketing. Caracterizada como mensagem comercial de longa duração para a TV, divulgando à exaustão os benefícios do produto que está sendo veiculado e as suas vantagens, ela permite explorar mais detalhadamente os aspectos do produto cuja abordagem não seria possível em outros tipos de promoção. Não se confunde com a programação.

Tempo

O fator tempo também exerce considerável influência no processo de compra. Em função da maior ou menor disponibilidade de tempo, o consumidor poderá buscar mais ou menos informações necessárias para embasar sua avaliação entre as alternativas para a satisfação de sua necessidade de consumo. É comum, nas compras empresariais, em função de prazos contingenciais, o fator tempo interferir na pesquisa e na análise dos fornecedores, encurtando o processo de decisão de compra.

O tempo pode ser visto como um recurso importante na vida das pessoas, e a forma como cada um o utiliza está muito ligada aos seus valores individuais, ao seu estilo de vida e à sua personalidade. Podemos dividir as atividades realizadas pelos consumidores como atividades substituíveis (tarefas mutuamente excludentes que satisfazem a mesma necessidade) e atividades complementares (que naturalmente acontecem juntas). Por exemplo, comer em um fast-food ou em uma churrascaria são atividades substitutas. Já comer em um fast-food e, paralelamente, acessar os e-mails pelos computadores instalados dentro da loja são atividades complementares que satisfazem diferentes necessidades.

A natureza da compra, isto é, sua utilidade e seu propósito, incluindo a freqüência de uso do produto e o período de tempo que o utilizará, pode levar o consumidor a 'perder' mais ou menos tempo em suas ponderações no seu processo de avaliação. Outras influências temporais que afetam a compra incluem o horário do dia ou da noite em que ela se realiza, bem como o dia da semana ou do mês. A escolha de camisas, feita por um executivo em uma compra realizada às pressas em seu intervalo de almoço, será menos cuidadosa do que a mesma compra efetuada em um calmo final de semana.

No ambiente agitado das grandes cidades, onde a vida moderna apressada impinge maior agilidade no atendimento dos consumidores, os profissionais de marketing têm desenvolvido inúmeros produtos e serviços ajustados a essa situação, agregando-lhes atributos relativos à velocidade. Por exemplo, os caixas automáticos dos bancos 24 horas ou os serviços financeiros on-line, por meio de homebank, consideraram as variáveis situacionais para introduzir produtos que proporcionaram maior conveniência ao consumidor. Na Figura 5.5, apresentamos um anúncio do Banco Itaú que ilustra a utilização do fator situacional tempo em sua mensagem.

Numa metrópole superpovoada como São Paulo, o trânsito acaba se transformando num grande obstáculo para a maioria de seus habitantes, sobretudo por causa da perda de tempo, capaz de impactar importantes compromissos profissionais. Alguns poucos privilegiados consumidores, todavia, que não querem correr o risco de se atrasar, têm uma opção especial para solucionar o problema: literalmente voar até seus compromissos. O quadro *Consumidor em Close — Consumidores que Adoram Voar* explora essa situação temporal.

Razão de Compra

A razão de compra se refere ao propósito do consumo, isto é, o que exatamente a compra possibilitará e para quem. Também chamada de **definição de tarefa** por alguns autores, como Mowen e Minor (2003), essa variável está intimamente ligada à finalidade da compra. Normalmente, os consumidores compram um produto para seu próprio uso, para uso doméstico ou como um presente. Dependendo do propósito, as escolhas poderão variar radicalmente. O exemplo da jovem que precisava escolher um vestido, como vimos anteriormente, ilustra esse fator situacional.

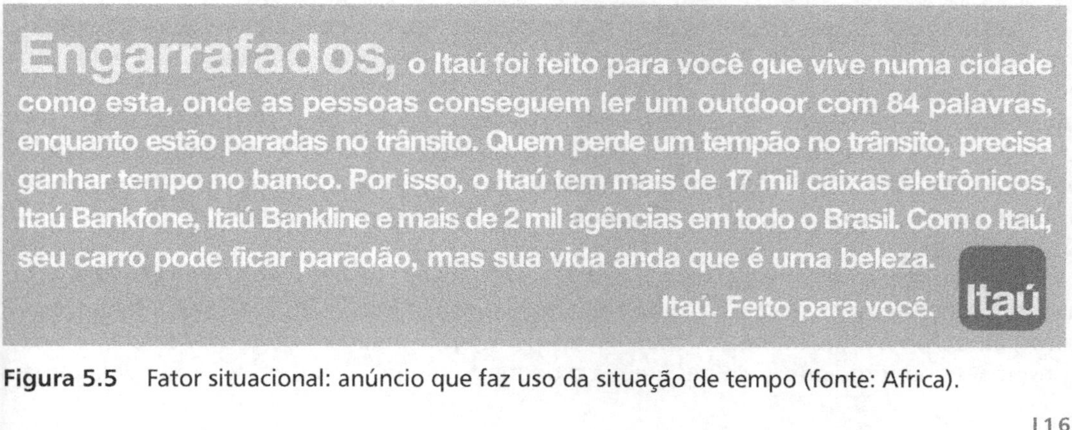

Engarrafados, o Itaú foi feito para você que vive numa cidade como esta, onde as pessoas conseguem ler um outdoor com 84 palavras, enquanto estão paradas no trânsito. Quem perde um tempão no trânsito, precisa ganhar tempo no banco. Por isso, o Itaú tem mais de 17 mil caixas eletrônicos, Itaú Bankfone, Itaú Bankline e mais de 2 mil agências em todo o Brasil. Com o Itaú, seu carro pode ficar paradão, mas sua vida anda que é uma beleza.

Itaú. Feito para você. **Itaú**

Figura 5.5 Fator situacional: anúncio que faz uso da situação de tempo (fonte: Africa).

A compra de presentes também se inclui nessa categoria. Poderemos comprar um tênis para presentear um amigo muito mais inspirados pelo formato e design do calçado, deixando-nos influenciar totalmente pelo seu look, do que pelo conforto e pela adequação ao gosto do futuro usuário. A própria troca de um presente recebido caracteriza uma compra baseada nessa situação.

Engel, Blackwell e Miniard (2000), em classificação diversa, definem as **situações de uso** como razões de compra. Referentes às situações nas quais o consumo ocorre, as situações de uso decorrem estritamente do ambiente no qual um produto é utilizado e influenciam as características que o consumidor procura nesse produto. Assim, um relógio de pulso, por exemplo, poderá variar entre um modelo tradicional, um modelo para o dia-a-dia, um modelo esportivo e um modelo especial (como o próprio para mergulho) conforme as situações em que será usado por seu comprador. Por isso, é natural que os produtos possam se destinar a vários propósitos e não se limitem a apenas uma situação de uso. A convergência tecnológica, por exemplo, permitiu agregar diversos benefícios aos telefones celulares, propiciando maior alcance em suas situações de uso.

Estado de Espírito e Predisposição

O estado de espírito momentâneo do comprador, como sentimentos de ansiedade, raiva ou alegria, e as condições do momento, como cansaço, doença ou falta de dinheiro, podem influenciar sua decisão de compra. Essas disposições temporárias e circunstanciais costumam naturalmente anteceder grande parte das nossas decisões, sobretudo aquelas com maior custo e complexidade. Assim, muitos consumidores evitam realizar compras importantes quando percebem que algum sentimento ou estado de espírito inoportuno possa estar 'bloqueando' sua percepção, impedindo uma escolha mais congruente e racional.

Os estados de espírito se incluem na classificação de Lowen e Minor (2003) como um dos fatores de **estados antecedentes**, que incluem estados fisiológicos, como fome, sede e sono — que se diferenciariam das predisposições do estado de espírito (a maneira como as pessoas se sentem).

Como vimos anteriormente, não podemos dissociar as necessidades e os desejos de um indivíduo de suas emoções. Como seres humanos, somos emotivos. Assim como as necessidades e os desejos nos estimulam a buscar a solução dos problemas de consumo, as emoções também podem nos mobilizar na direção do alcance de objetivos esperados. As emoções são, portanto, forças potenciais na determinação de nossas escolhas de consumo.

"As emoções guiam nossas ações cotidianas. Fazemos carinho num bebê porque sentimos afeição e amor por ele. Xingamos um motorista mal-educado que nos fecha no trânsito porque sentimos raiva e frustração. Apesar de todos sentirem emoções, não é fácil defini-las, porque elas envolvem um conjunto complexo de processos que ocorrem simultaneamente. As emoções são o dar-se conta da ocorrência de alguma excitação psicológica, seguida por uma resposta comportamental, combinada com o significado avaliado de ambos. Assim, as emoções têm três componentes: fisiológico, cognitivo e comportamental" (J. Sheth em Czinkota et al, 2001).

As *predisposições emocionais temporárias* que afetam o estado de espírito são denominadas por alguns especialistas de **humores**. Sheth (em Czinkota et al, 2001) define humores como emoções menos intensas e mais fáceis de induzir, aparecendo e desaparecendo na consciência do indivíduo com freqüência e de modo rápido. Essas emoções de vida curta estão sempre presentes nas pessoas. Sempre estamos com algum tipo de humor — felizes ou tristes, pensativos ou alienados, irritados ou contentes, divertidos ou aborrecidos. Esses estados influenciam o comportamento humano de forma geral, inclusive nossas respostas aos estímulos mercadológicos. Assim, é importante para o profissional de marketing entendê-los.

Os humores podem ser induzidos tanto por estímulos externos quanto internos, isto é, a partir do próprio pensamento (seja relembrando algum acontecimento do passado ou fantasiando sobre algum evento). Por exemplo, as variáveis mercadológicas, como o ambiente da loja, a atitude e a postura do vendedor, as características sensoriais do produto (como embalagem e cor) e a forma e o tom de um anúncio podem estimular humores agradáveis ou desagradáveis.

É difícil avaliar quanto da decisão de compra deriva de motivações e estímulos internos (situação subjetiva) e quanto provém da situação externa (situação objetiva). Por isso, muitos especialistas têm debatido a amplitude das variáveis situacionais e o seu cruzamento com os fatores psicológicos (motivação, atitudes e personalidade) e mesmo socioculturais (estágio de vida, grupos de referência). Uma fila em uma casa noturna da moda, por exemplo, pode estimular um humor positivo. Relacionada aos aspectos perceptuais e cognitivos, a fila poderá significar um lugar agradável e disputado, estimulando a espera. Uma fila em um banco, ao contrário, poderá despertar sentimentos de irritação e aborrecimento. Sejam as situações objetivas ou subjetivas, o profissional de marketing tem, na abordagem situacional, um guia importante para identificar e adicionar melhorias ao composto mercadológico. Um banco, por exemplo, pode instalar um aparelho de TV para distrair seus clientes enquanto esperam, diminuindo possíveis humores negativos.

Queremos salientar que a abordagem situacional, como classificação específica de influências, envolve fatores externos (objetivos) e estará, na maioria das vezes, inter-relacionada com os aspectos intrínsecos do perfil do consumidor. Seu isolamento deve ser encarado como uma perspectiva adicional na análise do comportamento do consumidor. Como as influências situacionais podem ser importantes 'detonadoras' de estímulos internos, como percepção, emoções e atitudes, podendo induzir ou frustrar as trocas, é essencial que o profissional de marketing compreenda a interação dessas variantes juntamente com outras determinantes do processo de compra. A Figura 5.6 ilustra a interação dos fatores situacionais

O consumidor no processo de compra

PRODUTO	SITUAÇÃO	CONSUMIDOR	COMPORTAMENTO
Características funcionais	Ambiente físico	Percepção	Compra
Características simbólicas	Ambiente social	Interpretação	Consumo
	Perspectiva temporal	Avaliação	Informação
	Contexto de função		

Figura 5.6 As influências situacionais e sua interação sobre o comportamento do consumidor (fonte: Eliane Karsaklian. *Comportamento do Consumidor*. São Paulo: Atlas, 2000).

com os atributos do produto e com os estímulos internos do consumidor. A seta 1 indica a relação direta da situação sobre o comportamento de compra (situação objetiva), enquanto a seta 2 relaciona a situação como ela é percebida, interpretada e avaliada (subjetiva), na qual aspectos intrínsecos e subjetivos são co-responsáveis pelo comportamento.

Implicações dos Fatores Situacionais

Como vimos, a variável situacional pode influenciar a capacidade e o desejo do consumidor em qualquer etapa de seu processo de decisão de compra, desde a busca de informação até a avaliação pós-compra. Tanto quanto as variáveis socioculturais e psicológicas, as influências situacionais serão importantes determinantes para orientar o consumidor na busca de sua satisfação, cujo estudo será feito de maneira mais profunda no Capítulo 7. Dessa forma, é essencial que o profissional de marketing possa identificar, medir e integrar, em suas estratégias, aspectos relacionados à situação de consumo.

Alguns métodos de medida têm sido utilizados pelos especialistas para identificar situações que interferem no consumo. Uma técnica é a construção de repertórios ou inventários de situações de compra para serem aplicados aos consumidores. Partindo de uma mostra de consumidores que espontaneamente apontam circunstâncias nas quais são induzidos a comprar, o pesquisador elabora um modelo, agrupando conjuntos de situações alternativas para aplicar aos consumidores. Há certa imprecisão nos repertórios, quer pela dificuldade de abranger a total variedade de situações, quer pela artificialidade que envolve a pesquisa (os entrevistados respondem como reagiriam ante uma situação hipotética, o que na situação real pode não acontecer de fato). Todavia, eles representam guias úteis para os analistas de marketing em suas pesquisas. Karsaklian (2000) cita um estudo sueco sobre as situações de consumo de bebidas que utilizou o inventário mostrado no Quadro 5.1.

Por meio dos métodos de medida, os profissionais de marketing podem estabelecer mais adequadamente suas estratégias mercadológicas. Decisões sobre atributos do produto ou conteúdos e formas de mensagens promocionais podem ser tomadas a partir de preferências situacionais detectadas, como vimos no quadro acima. Uma empresa de bebidas, por exemplo, poderá enfatizar em seus anúncios a situação mais preferida por seus entrevistados.

Um estudo identificou 32 bases para posicionamento de bronzeadores a partir de um cruzamento entre seis características pessoais — homem, mulher, adolescente, criança, pele clara, pele escura — e quatro situações de consumo — na praia, na piscina, no bronzeamento artificial, no esqui (Karsaklian, 2000). A partir desses resultados, um fabricante de bronzeadores pode explorar em seus anúncios o atributo principal para cada caso, como o anti-con-

Quadro 5.1 Exemplo de inventário de situações de consumo (bebidas)

Quando eu tenho muita sede, eu bebo	brandy
Fumando, depois da janta, eu bebo	café
Quando estou sozinho, eu bebo	licor
Quando tenho sono, à tarde, eu bebo	chá
Lendo meu jornal, pela manhã, eu bebo	água
Antes das refeições, eu bebo	vinho, uísque
Para acompanhar uma boa carne, eu bebo	cerveja etc.

gelante para o tipo específico de uso na neve, a embalagem plástica flutuante para o de uso na praia e os aspectos de segurança para o de uso sob a lâmpada de bronzeamento artificial.

Cabe ao gerente de marketing identificar as situações do ambiente físico, do ambiente social, das razões de compra, do tempo e dos estados de espírito do consumidor que não estão sendo atendidas de acordo com as necessidades e desejos dos clientes para, em suas estratégias de marketing, prover eficazmente, pelo uso de seus produtos e serviços, incluindo todos os elementos mercadológicos agregados, a proposição de valor esperada pelo consumidor.

Consumidor em Close — O Comércio Eletrônico e o Consumidor Digital

A Internet mudou a forma como trabalhamos, estudamos, nos relacionamos, vivemos e... compramos. Hoje, "ir ao shopping" e procurar no comércio mercadorias que satisfaçam nossas necessidades e desejos pode ser uma atividade virtual que realizamos, ao alcance de um clique do mouse em nosso computador, sem sair do conforto de casa; assim, nós nos tornamos *consumidores digitais*.

O crescimento fenomenal da Internet e da World Wide Web, rede que interconecta mais de 3 milhões de computadores em todo o mundo, consolidou um nova sociedade — a sociedade da informação, por muitos denominada nova economia ou economia digital. Em um mundo interligado, a riqueza da sociedade está no conhecimento e na sua capacidade de processar e utilizar de forma pertinente as informações disponíveis. A Internet facilitou sobremaneira as operações comerciais entre empresas (B2B – *Business to Business*) e de empresas para consumidores (B2C — *Business to Consumers*), não somente pela agilidade e pela redução de custos que proporciona, mas principalmente pela comodidade e acessibilidade que oferece. Por sua natureza interativa, ela tornou possível atingir mercados anteriormente inacessíveis. A Amazon.com, por exemplo, que se autodenomina "a maior livraria do planeta", fundada em 1994, alcança consumidores em qualquer canto do mundo, vendendo livros, CDs, vídeos, DVDs e outros produtos para os mercados mais longínquos.

O marketing eletrônico (*e-marketing*) é uma evolução natural da ciência mercadológica para lidar com o advento das transações comerciais on-line e o comércio eletrônico (*e-commerce*) e engloba a criação, a distribuição, a promoção e a precificação de produtos dirigidos a consumidores no ambiente virtual da Internet. No ciberespaço, milhares de transações são realizadas diariamente e muitas empresas já possuem boa parte de suas receitas provenientes do comércio eletrônico (veja *Estudo de Caso — Cultura, uma Livraria sem Fronteiras*).

A explosão da tecnologia computacional e o avanço das telecomunicações mudaram o modo de os profissionais de marketing se comunicarem e desenvolverem relações com os consumidores. A Internet, por exemplo, facilitou a gestão das redes de suprimentos, sendo uma ferramenta poderosa no intercâmbio de informações e no relacionamento entre as empresas parceiras de uma determinada cadeia produtiva. Os consumidores organizacionais representam hoje cerca de 90% dos lucros do comércio eletrônico, que nos Estados Unidos movimentou US$ 56 bilhões em 2003 em vendas para consumidores finais.

Mas, além deles, os consumidores individuais, os *web shoppers* ou e-consumidores — aqui denominados consumidores digitais —, também estão sendo bastante beneficiados pelas transações de negócios por meio de redes de telecomunicações. No Brasil, existem 20 milhões de pessoas que acessam a Internet, sendo, portanto, consumidores digitais potenciais. Entretanto, segundo a consultoria especializada e-bit, apenas 2,5 milhões compram regularmente pela rede. Todavia, estima-se que 14 milhões de brasileiros façam transações bancárias on-line (dados de junho de 2004). As vendas pelo comércio eletrônico atingiram R$ 1,2 bilhão no B2C e deverão alcançar quase R$ 2 bilhões em 2004, segundo a consultoria e-bit. Só a loja virtual

Americanas.com multiplicou seu faturamento por 10 em apenas três anos, saltando de R$ 25 milhões em 2000 para R$ 267 milhões em 2003. A Figura 5.7 mostra a evolução das compras pela Internet no Brasil.

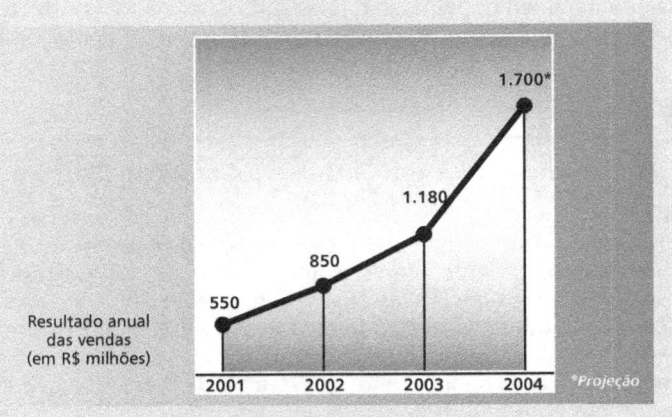

Figura 5.7 Evolução do comércio eletrônico no Brasil (fonte: e-bit, www.ebitempresa.com.br, jun. 2004).

No ritmo agitado do mundo de hoje, onde as pessoas comumente carecem de mais tempo livre, a Internet passou a ser um modo oportuno e valioso para a realização de compras, para a troca de mensagens e para a utilização de serviços pelo consumidor, sempre muito ocupado. Esse consumidor pode desfrutar de serviços 24 horas por dia, com pronta entrega e comodidade de pagamento por meio de transações on-line. Assim, por exemplo, um indivíduo pode comprar um livro, uma geladeira ou uma passagem aérea à meia-noite, quando os pontos-de-venda tradicionais já estão fechados, enviar um e-mail para agendar o serviço de assistência técnica de uma empresa e até acessar e movimentar sua conta bancária a qualquer hora do dia e da noite.

Na Figura 5.8, estão indicados os produtos mais freqüentemente adquiridos nas compras on-line pelo consumidor digital.

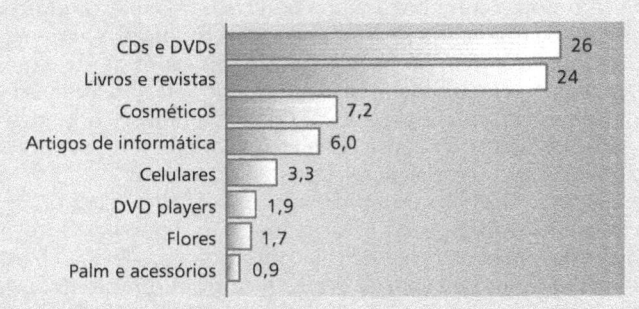

Figura 5.8 Produtos mais comercializados pela Internet: participação no total de vendas no primeiro trimestre de 2004 (em %); (fonte: e-bit, www.ebitempresa.com.br, jun. 2003).

Além da expansão da capacidade de servir (24 horas por dia, sete dias por semana), a Internet possibilitou respostas mais rápidas e a redução dos custos e das barreiras geográficas para o consumidor. Algumas empresas colocam à disposição do consumidor Websites sofisticados e fáceis de usar, com sistemas de buscas de informações e simuladores de vendas bem informativos, permitindo ao internauta a simulação da compra de determinado produto conforme suas necessidades e a avaliação das condições de compra e entrega.

Os consumidores digitais estão sendo influenciados pelas compras on-line em função de quatro fatores:

- conveniência;
- facilidade de busca;
- melhores preços;
- seleção ampla.

Para fornecer os benefícios esperados aos consumidores digitais, as empresas virtuais incorporam características especificamente desenvolvidas pelo marketing eletrônico:

- capacidade de endereçamento (possibilita à empresa identificar e segmentar o internauta);
- interatividade (facilita o contato);
- acessibilidade (disponibiliza maior volume de informações);
- digitalização (possibilita exibição de imagens e vídeos);
- controle (permite controlar o que é visto);
- memória (permite acesso a banco de dados com dados históricos e perfil do internauta).

Um outro fator decisivo nas compras on-line é a segurança. No início, muitos consumidores desconfiavam do processo em que se paga antecipadamente, na maioria das vezes com cartão de crédito, e se recebe a mercadoria dias depois. Nos últimos anos, as operadoras de cartão de crédito e de novos softwares de segurança criaram sofisticados sistemas de segurança, contribuindo para a proteção do consumidor digital.

A Figura 5.9 correlaciona as características típicas do marketing eletrônico no relacionamento virtual a fatores influenciadores na decisão de compra dos consumidores digitais.

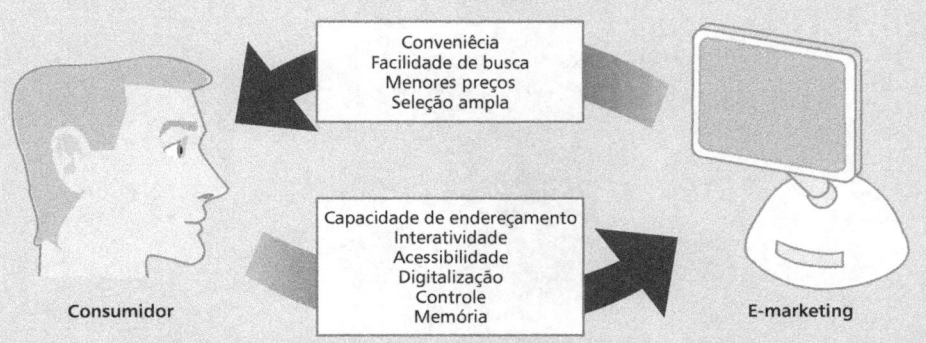

Figura 5.9 Características do marketing eletrônico e fatores que influenciam a decisão de compra.

A seguir, a Quadro 5.2 apresenta alguns gráficos que ilustram o perfil do consumidor digital no Brasil, com base em pesquisas realizadas pela consultoria e-bit, em junho de 2003.

Quadro 5.2 Perfil do consumidor digital

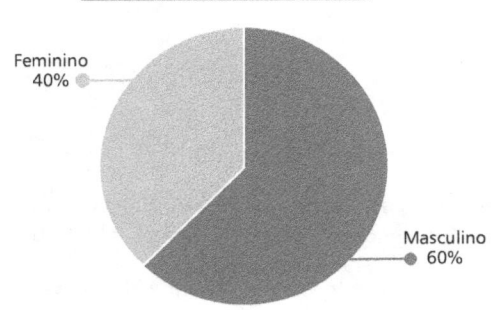

a) Participação por sexo — 2003

- Feminino 40%
- Masculino 60%

b) Participação por idade — jun/03

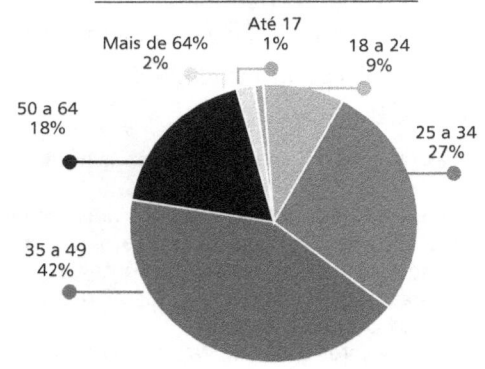

- Até 17: 1%
- 18 a 24: 9%
- 25 a 34: 27%
- 35 a 49: 42%
- 50 a 64: 18%
- Mais de 64%: 2%

c) Participação por renda familiar — jun/03

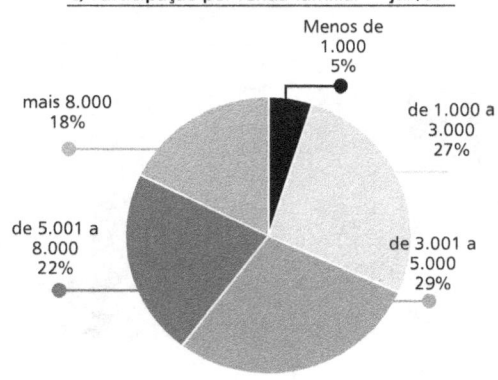

- Menos de 1.000: 5%
- de 1.000 a 3.000: 27%
- de 3.001 a 5.000: 29%
- de 5.001 a 8.000: 22%
- mais 8.000: 18%

d) Compras por dia da semana — jun/03

- Quinta 14%
- Sexta 14%
- Sábado 10%
- Domingo 13%
- Segunda 18%
- Terça 16%
- Quarta 15%

Fonte: e-bit, www.ebitempresa.com.br.

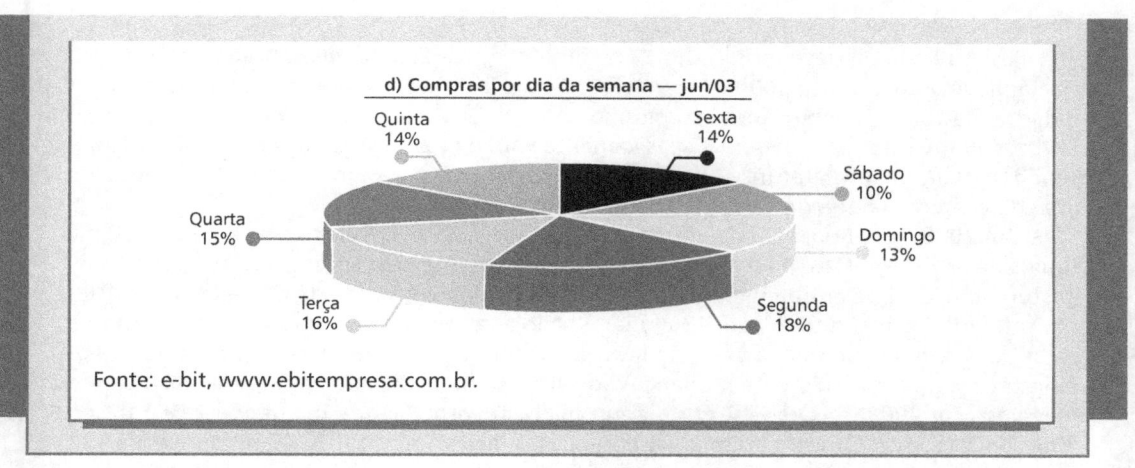

Estudo de Caso — Cultura, uma Livraria sem Fronteiras

Uma grande livraria, com qualidade, variedade e bom atendimento. Essa foi a visão que inspirou dona Eva Herz a fundar a Livraria Cultura de São Paulo, em 1948. Quase sessenta anos depois, a empresa é uma das maiores referências no segmento de livrarias brasileiras e possui o maior acervo de livros nacionais e importados do país. Preferida por milhares de leitores por sua variedade e atendimento, a Livraria Cultura é hoje a terceira no ranking brasileiro em volume de vendas.

Tudo começou em 1947. Por conta dos tempos difíceis e da necessidade de ajudar o marido no orçamento familiar, Eva Herz teve a idéia de abrir um serviço de empréstimos de livros, em sua própria casa, na alameda Lorena. Os primeiros livros foram 10 exemplares em alemão de sua biblioteca particular, e seu público era formado principalmente pela colônia alemã sediada em São Paulo. Daqueles 10 livros aos mais de 700 mil títulos atualmente disponíveis no catálogo da Livraria Cultura, ela percorreu uma longa trajetória. Sua primeira loja num sobrado da rua Augusta, em 1949, evoluiu até a ampla loja aberta no tradicional Conjunto Nacional em 1969, quando a empresa definitivamente sedimentou o perfil que a tornou conhecida: sempre atualizada em todas as áreas, da literatura aos livros técnicos, com publicações nacionais e importadas, atendimento ágil e diferenciado e livreiros prontos a aconselhar o cliente em suas compras e a ajudá-lo a encontrar o livro que procura.

Em 1973 e em 1990, a empresa se expandiu, inaugurando mais duas lojas no mesmo Conjunto Nacional: uma dedicada a informática, negócios, finanças, marketing e ciências, e outra, a línguas estrangeiras, dicionários e, mais tarde, artes. Em setembro de 1995, a Livraria Cultura inaugurou seu site na Internet e passou a ser a primeira livraria brasileira a vender livros on-line. Tornou-se, então, uma livraria sem fronteiras, capaz de atender qualquer consumidor, que fisicamente poderia estar em qualquer cidade ou região do país.

Localizada na avenida Paulista, centro cultural e financeiro de São Paulo, a Cultura foi se tornando ponto tradicional de encontro de intelectuais e amigos das letras (as rodas de amigos de sábado de manhã passa a ser conhecida como "a praia dos paulistas") e se afirmou como o local predileto para as noites de autógrafos, algumas delas tendo marcado época. Quando Fernando Gabeira, por exemplo, lançou o seu já clássico *O que é isso, companheiro?*, a multidão tornou intransitável o Conjunto Nacional.

Em 1997, já na gestão de Pedro Herz, filho de dona Eva, foi inaugurada no Conjunto Nacional uma nova loja, de 600 m^2, que passou a abrigar livros na área de literatura e humanidades, nacionais e importados. No mesmo ano, foi reinaugurada a primeira loja da Cultura, totalmente reformada, agora exclusivamente voltada para livros de artes — pintura, desenho, fotografia, arquitetura, urbanismo, teatro, cinema e design —, com 240 metros de área de vendas e contendo cerca de 15 mil títulos expostos.

Em 2000, a inauguração de uma grande loja, de 3.350 m^2 e aproximadamente 150 mil títulos de livros expostos, no Shopping Villa-Lobos, introduziu na empresa o conceito de megastore, um local de entretenimento incluindo espaço para a venda de CDs e DVDs, revistaria, cafeteria e um auditório com 130 lugares. A loja também representou uma inovação no setor de varejo: pela primeira vez uma livraria constituiu uma das lojas-âncora de um shopping center, introduzindo uma mudança radical no setor e servindo como referência para o mercado. Em 2003, a Livraria Cultura abriu filial em Porto Alegre, ocupando 2.350 m^2 no Bourbon Shopping Country, e em 2004 abriu outra megastore com 2.900 m^2 em Recife.

Além das lojas físicas, o consumidor de qualquer ponto do país e do mundo pode comprar livros por meio da Livraria Cultura On-line. Seguindo a nova filosofia de negócios que tomou conta das empresas no final dos anos 90 (o comércio eletrônico), a empresa rapidamente se tornou uma das maiores e melhores livrarias virtuais do país. Trabalhando com estoques amplos e diversificados, o catálogo on-line na Internet abrange milhares de títulos nacionais e importados (em inglês, francês, espanhol e italiano). Um sistema de busca cruzada permite localizar a obra por título, autor, editora e assunto, facilitando e agilizando a pesquisa por uma combinação de coordenadas convergentes. O consumidor pode adquirir os títulos de seu interesse utilizando o formulário de compra eletrônico para fazer seus pedidos. É possível também encomendar qualquer livro, mesmo que não conste do catálogo. Com transação segura, os dados são criptografados e garantem a privacidade durante a compra. Por meio de três opções de frete, para todo o Brasil e até para outros continentes, e beneficiando-se com prazos e custos diferenciados, o consumidor poderá receber sua encomenda em qualquer lugar. A livraria envia automaticamente um e-mail para o comprador confirmando a transação, informando os detalhes de sua compra e o número de seu pedido.

Para a empresa, a loja virtual não é somente uma opção de compra para os consumidores, mas também um eficaz canal de relacionamento. Com cerca de 250 mil visitantes mensais, em média, uma das taxas mais altas do mercado, o site oferece diversas seções para consulta, uso e informação dos internautas: *Vitrine*, que possui lançamentos e novidades sobre vários assuntos; *Primeiro Capítulo*, na qual se pode ler parte de determinados títulos; e *Mais Vendidos*, com a lista dos títulos de maior aceitação entre os leitores. Alguns títulos de e-books, como *O Alienista*, de Machado de Assis, estão inclusive disponíveis para download gratuito. Outros serviços incluem: *Destaques da Imprensa*, que traz links com resenhas e críticas publicadas nos jornais e revistas sobres os mais variados livros; *Linha Direta*, no qual o internauta pode fazer consultas, esclarecer dúvidas, formular sugestões e críticas; e *Cultura Personal*, um serviço especial que oferece gratuitamente ao consumidor a entrega por e-mail de uma relação dos últimos lançamentos em diversas áreas de interesse. O site também informa sobre os eventos promovidos em suas lojas, como noites de autógrafos, café filosófico, palestras, eventos musicais, entre outros.

Um dos serviços diferenciados da livraria on-line é a entrega imediata. Em seu ícone *Foguetinho*, o internauta tem a opção de receber a encomenda no mesmo dia do pedido, até as 21 horas, caso faça sua compra em dia útil e a entrega seja na cidade de São Paulo.

Pelo site, o consumidor pode ainda utilizar o serviço *Vale Presente* e enviar um livro de presente, indicando o nome do destinatário e o endereço de entrega. E, com uma senha de acesso, pode acompanhar o andamento de seu pedido, conferindo na tela a posição atual (se os livros já estão encomendados, se o pedido já foi faturado, se está sendo enviado etc.).

Com cerca de 600 mil clientes cadastrados, a empresa vem apresentando crescimento contínuo nos últimos anos. Seu faturamento em 2003, de R$ 75 milhões, representou uma evolução de 30% sobre o período anterior. Para o diretor Sérgio Herz, os fatores responsáveis pelo sucesso da livraria "são basicamente dois alicerces: recursos humanos e tecnologia". A empresa investe agressivamente em tecnologia, otimizando seus processos, rotinas e controles e possui uma política de recursos humanos diferenciada, na qual os 400 colaboradores recebem treinamento, remuneração variável e salário acima da média do mercado. O atendimento qualificado é reconhecidamente um dos diferenciais da empresa. "Gostamos que cada vendedor tenha seu próprio padrão de atendimento com base nas diretrizes da empresa", explica Herz.

A empresa também investe no relacionamento com seus clientes. Recentemente, foi implantado o Programa Mais Cultura, que oferece descontos especiais em livros, CDs e DVDs, especialmente selecionados nas lojas ou no site, no qual o cliente acumula pontos que se reverterão em créditos para futuras compras. O programa atingiu rapidamente 360 mil clientes cadastrados.

Com um público fiel (a empresa possui 600 mil clientes cadastrados), a Livraria Cultura busca conhecer mais de perto seus consumidores. Uma pesquisa realizada pela empresa apontou que seu público é predominantemente pessoas das classes A e B, sexo masculino (55%) com idade entre 35 e 49 anos (43%) e com nível de escolaridade de pós-graduação (46%). Veja os dados a seguir:

Renda	Idade	Escolaridade
Mais de R$ 8 mil: 16%	50-64 anos: 19%	Pós-graduação: 46%
De R$ 5 a 8 mil: 16%	35-49 anos: 43%	Superior completo: 34%
De R$ 3 a 5 mil: 24%	25-34 anos: 26%	Superior incompleto: 11%
De R$ 1 a 3 mil: 19%	18-24 anos: 7%	Ensino médio: 4%
Não responderam: 25%	Até 17 anos: 1%	Não responderam: 1%
	Mais de 64 anos: 3%	

Cerca de 17% do faturamento da empresa provém da Livraria On-line. "A loja virtual trouxe mais agilidade, redução de custos e um dinamismo que não existia no mundo físico", afirma Herz. "Ela é muito mais um canal de relacionamento do que um canal de vendas, e muitos a utilizam como fonte de consulta", conclui o diretor. Com uma política única para os clientes físicos e on-line, a Livraria Cultura se destaca também por ter a maior quantidade de livros importados do país, que responde por quase 40% de suas vendas. Essa comodidade tem possibilitado a profissionais, professores e pesquisadores uma atualização mais constante sobre os lançamentos em sua área de interesse.

Com a missão de "Encantar sempre o cliente, fazendo com que o seu acesso aos nossos produtos e serviços seja uma experiência prazerosa, a partir de um atendimento competente, criativo e ágil", a empresa tem consciência de seu compromisso social. A Cultura realiza uma ação social junto às escolas de São Paulo para estimular a leitura. Em visitas programadas, que incluem atividades como ouvir contadores de histórias, aproximadamente 2.000 crianças "passaram o dia" na livraria em 2003. Segundo Herz, "o Brasil ainda é um país que lê pouco. Como criar novos leitores é uma das grandes perguntas que se deve fazer no país".

Figura 5.10 Home page da Livraria Cultura.

Fonte: Dados obtidos junto à empresa e no site www.livrariacultura.com.br.

Estudo de Caso — Shoptime: Vendas Diretas pela TV

O mercado de vendas diretas pela TV tem crescido vertiginosamente no Brasil. Há dez anos, ele praticamente não existia no país. Hoje, milhares de consumidores compram desde máquinas de waffle e aparelhos de ginástica para o lar até tapetes árabes e escovas elétricas para o cabelo. O maior shopping virtual da TV, o canal por assinatura Shoptime, pertencente às Organizações Globo, é um bom exemplo do crescimento desse mercado: faturou só em 2002 cerca de R$ 140 milhões, 40% a mais do que no ano anterior.

No ar desde 1995, o Shoptime é o único da TV brasileira com toda a programação voltada para a comercialização de produtos. Inspirado no Homeshopping Network, uma potência que alcança 80 milhões de domicílios, o canal brasileiro aproveitou a tendência dos consumidores de ficar em seu "casulo eletrônico" fazendo compras. Segundo a consultora de marketing e autora do livro *O Relatório Popcorn*, publicado em 1992, nos EUA, uma das 16 tendências culturais da economia que estava moldando o comportamento da sociedade e do consumidor nos anos 90 era o 'encasulamento'. As pessoas estão transformando suas casas em nichos — casulos socializados e eletronicamente conectados com o resto do mundo. Estão vivendo cada vez mais fechadas, incorporando em seu lar, com a família ou amigos, atividades como comer, trabalhar, fazer compras on-line, assistir à TV e a filmes em vídeo, protegidas da insegurança e da vida assustadora do exterior (veja *Interface — Tendências de Faith Popcorn*, no Capítulo 2). A essa tendência soma-se uma outra força do final do século XX, a convergência tecnológica (veja *Interface — Doze Temas da Nova Economia*, no Capítulo 3), que influenciou sobremaneira o negócio de vendas virtuais. Nos Estados Unidos, com a TV interativa, é comum, durante a transmissão de um jogo de futebol, por exemplo, o consumidor clicar em seu controle remoto e comprar, instantaneamente, um produto anunciado no canto da tela por algum varejista virtual.

O mecanismo do canal Shoptime ainda não se beneficia da TV interativa, que, entre outros avanços, integra TV com Internet. Mesmo assim, sua fórmula simples tem dado excelentes resultados: vendedores anunciam e demonstram, 24 horas por dia, produtos diversos na TV, e o consumidor, via telefone e sem precisar sair de casa, realiza a compra. Essa situação de comodidade e facilidade acaba sendo um fator decisivo na influência de compra dos consumidores. Muitos compradores fiéis costumam sintonizar diariamente o canal buscando novidades ou ofertas sedutoras. Muitos anúncios são mais extensos e elaborados, nos quais o vendedor detalha todas as características do produto, pausadamente, e faz demonstrações completas de seu funcionamento, explicando, em vários minutos, os benefícios oferecidos. O consumidor, dessa forma, acaba tendo informações muito mais completas e detalhadas sobre o produto, o que nem sempre acontece com vendedores de carne e osso em lojas do comércio real. O shopping virtual apresenta também muitos produtos importados e exclusivos que não são encontrados em outras lojas. Além disso, oferece parcelamento nas compras e, não raro, descontos especiais. Os campeões de vendas no primeiro semestre de 2003 foram a máquina para fazer tortas e a grelha para carnes, que juntas venderam, em média, 7 mil unidades por mês.

O canal é dividido em programas como se fossem os departamentos de um grande magazine virtual: TV UD (utensílios domésticos), Casa & Conforto, EletroShop, entre outros, que vendem desde artigos de cozinha até computadores de última geração. Além dos produtos da marca Globo, o canal compra de diversos fornecedores, estoca e vende por meio de uma central de atendimento 24 horas, sem falar no comércio pela Internet. As apresentadoras do canal, chamadas de 'merchandetes' (proveniente de *merchandising*; veja Interface — Merchandising), têm inúmeros fãs entre seus consumidores, que enviam semanalmente centenas de e-mails para seus ídolos 'vendedores'. Viviane Romanelli, por exemplo, recebeu pelo menos mil e-mails por mês em 2003. Simpática e carismática, com uma competência especial para vendas e entretenimento, ela é responsável por boa parte das compras realizadas pelos consumidores.

Comparativamente ao setor varejista, o canal vem apresentando um desempenho extraordinário. No primeiro semestre de 2003, ele registrou um crescimento de 21% em relação ao mesmo período do ano anterior, enquanto as Casas Bahia, maior rede de eletroeletrônicos do país, cresceu 16%.

Outras emissoras têm seguido caminho semelhante, como o canal Medalhão Persa, em UHF, exibido nos canais por assinatura na madrugada. Utilizando o sistema de leilões, o canal vende, ao consumidor que der o melhor lance pelo telefone, tapetes persas, jóias, obras de arte e outras peças raras.

Vem aumentando, também, o número de shows de variedades e de auditório transmitidos pela TV aberta que abre espaço para a venda de produtos pelo sistema de merchandising. Neles, inserções de infomerciais (anúncios mais longos e detalhados de produtos) concorrem com merchandetes que, presentes na gravação do programa, descrevem os benefícios dos produtos anunciados. Muitos apresentadores, como Hebe, Gugu e Luciana Gimenez, durante as atrações e entrevistas de seus programas, incorporam o papel de garotos-propaganda de diversas marcas. No programa de Raul Gil, na Rede Record, por exemplo, 90 segundos de merchandising chegam a custar R$ 60 mil.

Outra força do segmento de televendas é a rede Brazil Connection, que ocupa as grades comerciais de diversos canais com seus infomerciais. Sua invariável estratégia de marketing, que inclui pagamento em diversas parcelas, depoimentos de usuários satisfeitos, comparações do tipo antes e depois e repetição incansável dos comerciais tornou a rede uma das mais bem-sucedidas empresas de televendas em seus dez anos de operação no país.

Fontes: Chico Silva e Laura Ancona Lopez, "Shopping na TV", *IstoÉ*, 17 set. 2003, p. 76-80; site do canal Shoptime, www.shoptime.com.br.

Comportamento do Consumidor

Consumidor em Close — Consumidores que Adoram Voar

Em São Paulo, alguns consumidores privilegiados, como executivos, empresários, usineiros, fazendeiros ou profissionais liberais bem-sucedidos, preferem literalmente 'voar' a ficar andando vagarosamente pelas ruas congestionadas da cidade. Clientela exclusiva dos quase 500 helicópteros existentes na cidade, segundo dados do Departamento de Aviação Civil (DAC), esses consumidores refletem um hábito que, embora inacessível para quase a totalidade dos habitantes paulistanos, é cada vez mais comum para pessoas de alto poder aquisitivo que não querem perder tempo no trânsito e se preocupam com sua segurança.

Com a segunda maior frota de helicópteros civis do mundo, superada apenas por Nova York, a metrópole paulista já se acostumou com esse rápido tipo de transporte. A cidade, que possui seis heliportos, 320 helipontos oficiais e 100 clandestinos, registra o alto índice de uma operação a cada três minutos.

Muitos consumidores já estão encarando o helicóptero como carro e os helipontos como garagem. De cada 10 empreendimentos imobiliários comerciais lançados na cidade, três oferecem heliponto, de acordo com o Secovi de São Paulo (Sindicato da Habitação). Esse setor tem crescido muito nos últimos anos no país. Na década de 90, alcançou 10% de crescimento anual, enquanto o mercado mundial cresceu 3%.

Analistas do setor apontam como causas do crescimento desse mercado a falta de segurança — especialmente o medo do seqüestro, fator primordial —, e outros aspectos, como o trânsito constantemente congestionado da capital paulista e o ritmo cada vez mais frenético dos negócios. Em um helicóptero, por exemplo, percorrem-se os 29 quilômetros que separam a avenida Paulista, centro nervoso da metrópole, de Alphaville, condomínio residencial de luxo no município vizinho de Barueri, em sete minutos. É possível também atravessar a cidade toda em apenas 10 minutos.

Muitas empresas têm investido no setor. A Helisolutions, por exemplo, trouxe para o Brasil um sistema de propriedade compartilhada, no qual se otimiza o uso das aeronaves e se reduzem os custos de aquisição, administração e operação para os proprietários. Em razão dos altos custos de um aparelho, a solução de dividir o helicóptero em 10 cotas, pelas quais cada proprietário tem direito a 10 horas de vôo por mês, revelou-se vantajosa para muitos clientes: economia de 90% nos custos de aquisição e redução de 80% nas despesas mensais. Um Colibri EC 120, que sai por US$ 143 mil, terá seu custo de manutenção reduzido para R$ 7 mil por mês. Uma opção comum aos passageiros de helicóptero é o uso do sistema de táxi aéreo. Nele, um vôo custa de R$ 550 até R$ 2,2 mil a hora, dependendo da aeronave e do número de tripulantes. A empresa paulista Sol Táxi Aéreo possui 180 clientes regulares.

O brasileiro voa por mês no máximo 7 horas, de acordo com pesquisa da Helisolutions. Em São Paulo, 70% do horário é disponibilizado para o trabalho e 30% para o lazer. Voar para o litoral é um jeito de fugir dos longos congestionamentos das estradas. Enquanto uma viagem para Ilhabela leva três horas de carro, quando as rodovias estão livres, a mesma viagem pode levar somente 35 minutos pelo ar. Uma viagem de Ribeirão Preto, segunda cidade em crescimento de aparelhos, a São Paulo é comum entre os usineiros da região. O trajeto, de 317 quilômetros, é percorrido rapidamente, trazendo ganho de tempo e dinheiro para os passageiros. Como eles, já são muitos os consumidores de vôos de helicóptero em São Paulo, consumidores que adoram voar!

Fonte: Décio Viotto, "Eles Preferem o Céu às Ruas de São Paulo", *Forbes*, 20 mar. 2004.

Consumidor em Close — Perfis Compostos dos Compradores do Varejo

Conhecer o perfil dos compradores é essencial para avaliar os fatores intrapessoais, interpessoais e situacionais que influenciam seu comportamento de compra. Semenik e Bamossy (1996) apresentam uma descrição ampla dos segmentos-alvo do varejo (que é mostrada abaixo), a partir de uma pesquisa realizada por Peter D. Hart Research Associates e publicada no *The Wall Street Journal*, em 19/08/89. Semelhante ao programa VALS, que vimos no capítulo anterior, classificações desse tipo podem contribuir para as estratégias mercadológicas de empresas do varejo.

Comprador Cordato (22%)

Consumidores condescendentes, especialmente suscetíveis à propaganda, e com maior propensão a comprar em lojas de desconto.

- renda baixa-média;
- brancos formam 68% desse grupo;
- mais propensos do que a média a assistir à TV, comprar em mercearia e realizar trabalhos domésticos;
- alta lealdade à marca nas categorias de bens de escolha de compra e produtos de conveniência.

Comprador Prático (21%)

Compradores sagazes que pesquisam suas compras e procuram o "melhor negócio". Compram em lojas que vendem roupas de grife a preços com desconto.

- mulheres, em sua maioria;
- mais jovens, melhor nível educacional e renda média;
- consideram controle remoto, câmeras de vídeo e CDs meros "modernismos dispensáveis";
- o aumento do uso de cartões de crédito é considerado por 75% desse grupo como uma mudança para pior;
- prestam mais atenção nos rótulos dos produtos alimentícios;
- de todos é o grupo menos leal à marca.

Comprador de Moda (16%)

Compradores por impulso que adoram consumir e acompanham sempre as últimas novidades da moda.

- tendem a comprar em butiques da moda;
- mais jovens, não casados e politicamente liberais;
- baixa lealdade à marca;

- menos de 33% dos compradores desse grupo acreditam que os Estados Unidos fazem produtos de qualidade ou que satisfazem o gosto dos consumidores.

Comprador de Valor (13%)

Compradores tradicionais e conscientes dos preços, que tendem a acreditar que os melhores produtos são aqueles que passaram no teste do tempo. Geralmente não têm dinheiro para comprar o melhor.

- compram em lojas de departamentos de preço médio;
- donas de casa e aposentados de média renda;
- mais propensos a ver as compras como uma tarefa cotidiana;
- preocupam-se mais em economizar dinheiro do que tempo e raramente compram por impulso.

Comprador de Primeira Linha (10%)

Esses compradores têm em alta consideração a fama de qualidade dos produtos e acreditam que possuem o direito de comprar o melhor.

- compram em lojas de departamentos de alto padrão;
- grupo mais idoso de todos e com renda média no patamar mais alto de todos;
- acreditam que os produtos estrangeiros são melhores;
- menos propensos a olhar vitrines;
- menos inclinados a desejar os últimos lançamentos de consumo.

Comprador Seguro (9%)

Esse grupo procura produtos que lhes sejam familiares e que os façam se sentir confortáveis.

- inclinados a comprar em conhecidas lojas de produtos de massa;
- grupo formado por homens brancos, em sua maioria;
- propensos a sentir que têm os mesmos valores dos pais;
- vêem as compras como uma tarefa cotidiana;
- são menos confiantes do que os outros grupos na compra de produtos de mercearia e prestam pouca atenção nos rótulos dos produtos alimentícios.

Comprador de Status (5%)

São, às vezes, nada práticos em suas compras.

- fascinados pelos últimos lançamentos (na maioria passageiros) do mercado;
- compradores de produtos de grife;
- grupo mais jovem e mais conservador politicamente do que os outros;
- segundo grupo de renda média mais alta;
- os mais propensos a ter telefone sem fio, CD player e secretária eletrônica;
- os mais propensos a olhar vitrines e a comprar por impulso.

Consumidor no Cinema — Um Dia de Fúria

Elenco: Michael Douglas, Robert Duvall, Barbara Hershey, Tuesday Weld, Frederic Forrest, Rachel Ticotin. *Sinopse*: num dia de calor e congestionamento, um homem (Douglas), até então bem-comportado, perde a paciência, larga seu carro na auto-estrada, anda por Los Angeles, agindo como um justiceiro, e se dirige à casa onde a ex-mulher (Hershey) cuida da filha pequena. Um policial encarregado de persegui-lo (Duvall) simpatiza com sua odisséia.

Cena recomendada (41 minutos):

Carregando uma sacola, o protagonista entra em uma loja de fast-food e pede uma omelete de queijo e presunto com fritas, quando é interrompido pela atendente, que explica que não estão mais servindo o menu do café-da-manhã, mas o do almoço. O personagem insiste que quer o desjejum. "Mas não o estamos servindo", repete a moça, com um sorriso. Ele pede para chamar o gerente e lhe diz que quer o café-da-manhã. O gerente explica que esse serviço se encerrou às 11h30. O cliente consulta o relógio e vê que são 11h33. Pergunta ao gerente se ele conhece a expressão: "O cliente tem sempre razão!", e prossegue: "Eu sou o cliente!". Ao responder que a política da empresa estabelece que os clientes devem pedir conforme os horários de menu, ele se irrita e, categoricamente, pede: "Eu não quero almoçar, quero tomar café-da-manhã!" O gerente responde: "Eu lamento."

O protagonista, então, abre sua bolsa, dizendo: "Eu também lamento!", e saca uma metralhadora. Imediatamente ouvem-se os gritos desesperados dos clientes. Alguém diz: "Ele tem uma arma!" O cliente pede a todos que se acalmem e relaxem, mas sem querer a arma dispara para o alto. Ele volta a pedir a omelete ao gerente. Então, o gerente ordena à atendente que o sirva. Mas, ao olhar os pratos nas mesas, ele acaba desejando outro lanche, mais completo. Ao receber um hambúrguer em desconformidade com o da fotografia no cartaz colorido, ele pergunta por que o sanduíche que recebeu não é igual ao da foto.

Exercícios

1. Com base na cena recomendada do *Consumidor no Cinema — Um Dia de Fúria*, responda às seguintes questões: a) identifique e comente que fatores situacionais interferiram no comportamento do protagonista na loja de hambúrgueres; b) como a loja poderia ter evitado os humores negativos do consumidor? c) relacione a cena final da seqüência com o conceito de dissonância cognitiva, explicado no Capítulo 2; d) você acredita que a expressão "O cliente sempre tem razão!" sempre é aplicável? Justifique.

2. A partir da leitura do *Estudo de Caso — Cultura, uma Livraria sem Fronteiras*, responda às questões a seguir: a) que benefícios situacionais capazes de influenciar a compra de livros, CDs e DVDs para seu uso pessoal uma livraria virtual oferece? E para presentear um amigo distante? b) como uma livraria virtual pode influenciar a busca de informações no processo de compra? c) com base nos conhecimentos adquiridos neste capítulo, explique os benefícios de um serviço do tipo *Primeiro Capítulo* para a decisão de compra do consumidor digital. Faça uma visita ao site da Livraria Cultura e avalie como os elementos do ambiente físico (atmosfera) de marketing se aplicam a uma loja virtual.

3. Analise o *Estudo de Caso — Shoptime: Vendas Diretas pela TV* e responda às questões a seguir: a) qual(is) das cinco categorias situacionais é (são) utilizada(s) predominantemente para influenciar o comportamento do consumidor? b) avalie os benefícios de um infomercial; c) quando apresentadores como Hebe e Gugu podem ser vistos como situações de comunicação de compra para o consumidor?

4. As questões seguintes referem-se ao *Consumidor em Close — Consumidores que Adoram Voar*: a) explique como as circunstâncias específicas do contexto da capital paulista se aplicam às categorias de fatores situacionais estudados neste capítulo; b) quais desses fatores têm sido determinantes na escolha dos consumidores que preferem voar?

5. Avalie cada uma das cinco categorias de variáveis situacionais em relação a um restaurante ou a uma lanchonete que você costuma freqüentar.

6. O que quer dizer atmosfera da loja? Por que ela é importante para o profissional de marketing? Dê três sugestões para tornar a atmosfera da loja mais agradável.

7. Faça uma visita a uma loja de sua cidade que, na sua percepção, tenha uma atmosfera atraente e analise aspectos como ambiente, estilo, decoração, móveis, materiais de revestimento, espaço de circulação, acomodações, áreas para sentar e degustar, temperatura, iluminação, cores, som e odor.

8. Lembre-se de uma situação de compra na qual a interação com o vendedor provocou humores positivos e humores negativos em você, bem como qual foi o seu comportamento resultante. Comente com seu colega e analise como a empresa deveria proceder com o referido vendedor para evitar a recorrência de situações desagradáveis.

9. Explique as possíveis situações de uso de um aparelho celular.

10. Que produtos você já comprou pela Internet? Como os benefícios de conveniência, facilidade de busca, melhores preços e seleção ampla influenciaram sua escolha de compra por esse meio?

11. Utilize o Quadro 5.1 e faça uma lista das bebidas que você costuma consumir em cada uma das situações relacionadas naquele inventário.

12. Considerando que você deseja comprar um tênis em cada uma das três situações seguintes — para seu uso diário, para presentear um amigo ou amiga e para sua prática de esportes —, que diferenças poderão existir entre os respectivos modelos escolhidos?

13. Você já utilizou a opinião 'especializada' de um parente ou amigo para lhe auxiliar na compra de um determinado produto sobre o qual tinha dúvidas funcionais? Descreva a situação.

Capítulo

6

O Consumidor Organizacional

Uma seção importante no estudo do comportamento do consumidor se refere ao consumidor organizacional. Com a proliferação das empresas e o aumento do poder corporativo no ambiente moderno, as organizações passaram a exercer uma influência cada vez maior na economia, na sociedade e em nossas vidas, participando consideravelmente das relações de consumo. Os consumidores organizacionais ou empresariais, como veremos, são muito diferentes dos consumidores pessoais ou individuais. A natureza dessa diversidade tem grande impacto sobre o entendimento do ambiente dentro do qual as decisões de marketing empresarial são tomadas.

O consumidor organizacional é definido como a empresa, entidade governamental ou organização sem fins lucrativos que consome produtos — bens ou serviços —, em função de sua atividade, no mercado organizacional. O mercado organizacional, também chamado de mercado empresarial, refere-se à troca de bens e serviços entre empresas e organizações. Essa área do marketing é freqüentemente chamada de mercado *business-to-business* (B2B), em contraposição à expressão *business-to-consumer* (B2C) — vendas para o consumidor pessoal ou final (veja *Interface — Marketing Organizacional*).

Para nossas finalidades, usaremos as descrições "marketing organizacional" e "consumidor organizacional", embora as expressões 'B2B', "mercado empresarial" e "consumidor empresarial" possam ser usadas alternativamente como sinônimos.

O marketing B2B compreende todas as organizações que compram produtos com o propósito de usá-los como parte componente da produção de outros produtos, como suprimentos operacionais (madeira para fabricação de móveis, papel para escritório, tecidos para fabricação de roupas etc.), para revenda ou uso geral nas operações diárias. A Figura 6.1 mostra o fluxo de bens e serviços entre os consumidores do mercado organizacional. O mercado organizacional é composto por uma variedade de diferentes compradores, que podemos agrupar em quatro categorias de clientes:

- produtores (mercado de produtor);
- revendedores (mercado de revendedor);
- governos (mercado de governo);
- organizações não lucrativas (mercado institucional).

O ambiente em que cada categoria realiza suas trocas caracteriza, respectivamente, um segmento específico do mercado organizacional:

- **Mercado de produtor**: abrange organizações que compram produtos para utilizá-los na produção de outros produtos ou usá-los em suas operações normais. Incluem compradores de matérias-primas e compradores de itens acabados ou semi-acabados (exemplos: o supermercado que adquire sacos plásticos para embalar as mercadorias para seus clientes; o agricultor que compra trator ou fertilizantes).

- **Mercado de revendedor**: compõe-se de intermediários, como atacadistas e varejistas, que compram produtos acabados e os revendem com lucro (exemplos: supermercados e concessionárias de veículos).

- **Mercado de governo**: a União, os estados e os municípios, além de autarquias e órgãos ou entidades governamentais, compram bens e serviços para dar suporte às suas operações internas e fornecer produtos e serviços aos cidadãos, como estradas, educação, saúde pública e segurança.

■ **Mercado institucional**: envolve as organizações educacionais, comunitárias ou outras sem fins lucrativos, como igrejas, instituições de caridade e alguns hospitais, que consomem produtos em suas operações diárias (exemplo: livros e materiais didáticos comprados por escolas públicas).

Interface — Marketing Organizacional

O marketing organizacional, também chamado de marketing *business-to-business* (B2B), marketing industrial ou marketing empresarial, refere-se ao marketing de produtos e serviços em organizações, distinguindo-se do marketing para consumidores finais. Embora possam ser usadas como sinônimos, as denominações implicam escopos diferentes: *marketing organizacional* é um termo mais abrangente, pois engloba todo tipo de organização, inclusive entidades do governo e organizações sem fins lucrativos. O uso da expressão *marketing industrial* pode, erroneamente, levar à idéia de que dele se excluem empresas de serviços. E a expressão B2B (negócio para negócio) possui um significado mais atual, pois enfatiza as trocas e os relacionamentos entre negócios.

Os produtos para o mercado empresarial incluem os que são utilizados como matérias-primas ou componentes na fabricação de outros bens, os que servem às operações diárias de uma empresa ou aqueles que são adquiridos para revenda (veja a Figura 6.1). Esses produtos se distinguem daqueles adquiridos pelo consumidor final principalmente em função do uso recomendado. Aqui, a intenção de uso é influenciadora-chave na decisão de compra, mais do que as características físicas usualmente responsáveis pela escolha de produtos de consumo individual. Um computador pessoal, por exemplo, é ao mesmo tempo um produto para o mercado *business-to-business* e para o mercado *business-to-consumer*, e, quando comprado por uma empresa, terá finalidade diferente da do consumo pessoal.

O marketing organizacional vem ganhando cada vez maior espaço em livros técnicos e revistas especializadas, graças ao crescimento espantoso do mercado organizacional nas últimas décadas. Movimentando trilhões de dólares em todo o mundo e caracterizado por sua complexidade e diversidade, esse mercado exige do profissional de marketing conhecimentos e habilidades específicas para o eficaz gerenciamento da cadeia de suprimentos da empresa, contribuindo fundamentalmente para a qualidade do *mix* de marketing ofertado ao consumidor final.

Tipos de produtos para o mercado organizacional:

■ *Equipamentos comerciais (instalações)*: bens de capital, máquinas, computadores mainframes, geradores, aviões, edifícios.

■ *Equipamentos acessórios*: ferramentas, furadeiras, PCs.

■ *Matérias-primas*: produtos naturais não processados, como madeira, minério de ferro, trigo, frutas; partes componentes, como itens acabados para montagem de produtos (pneus, velas de ignição, motores elétricos para automóveis).

■ *Materiais processados*: usados diretamente na fabricação de outros produtos (chapas de metal, produtos químicos, aço especial, plástico).

■ *Suprimentos*: itens consumíveis que não se tornam parte do produto final (lubrificantes, detergentes, papel).

■ *Serviços comerciais ou profissionais*: itens de despesa que não se tornam parte do produto final (serviços jurídicos, publicidade, segurança, manutenção).

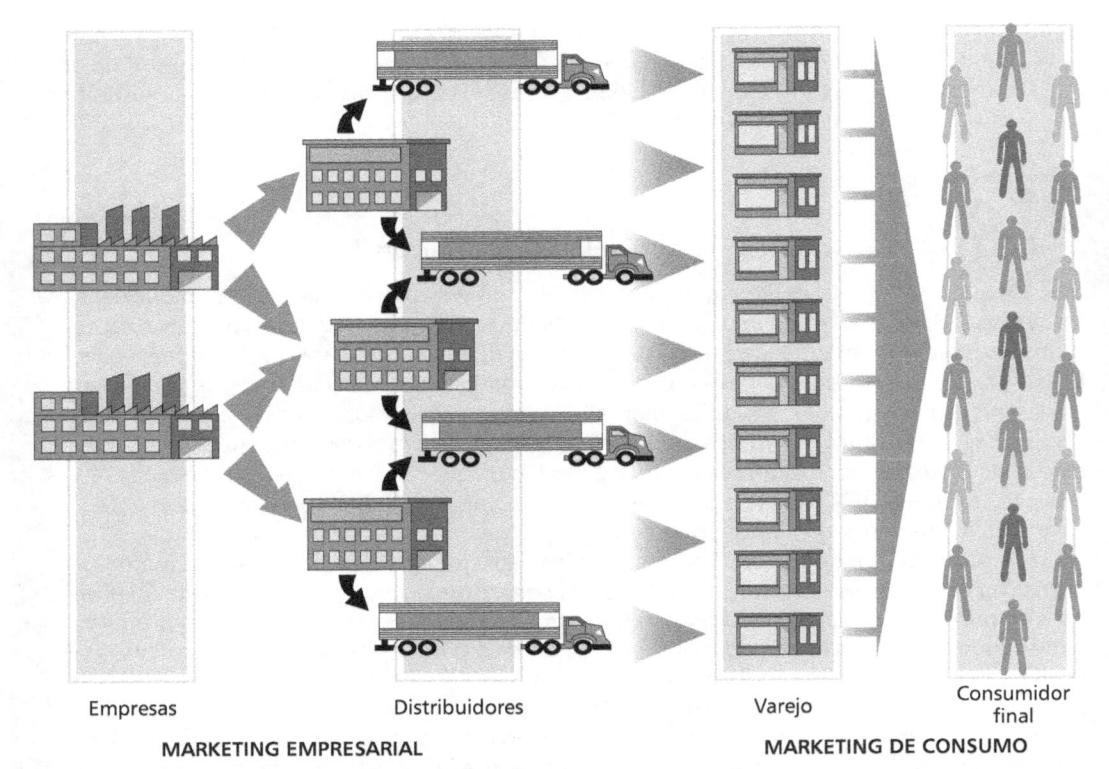

Figura 6.1 O mercado organizacional e os consumidores — marketing B2B x marketing de consumo (fonte: Renato Telles. *B2B: Mercados Empresariais*. São Paulo: Saraiva, 2004.)

Comportamento de Compra Empresarial

Assim como o consumidor individual, as organizações também passam por um processo de decisão de compra, no qual, para atender às suas necessidades operacionais de bens e serviços, identificam, avaliam e escolhem, entre as marcas e fornecedores disponíveis, a melhor opção. O mercado organizacional apresenta características de demanda e de transações que criam desafios únicos para as empresas.

Por seu tamanho, sua complexidade e sua diversidade, o mercado organizacional possui peculiaridades que devem ser cuidadosamente analisadas por profissionais que atuam nesse segmento. Características como menor quantidade de compradores (o B2B, embora crescente, lida com menor número de consumidores que o B2C: são cerca de 4 milhões e 200 mil empresas no Brasil, segundo o IBGE, diante de aproximadamente 170 milhões de consumidores individuais), natureza derivada da demanda (a demanda por bens empresariais é derivada da demanda por bens de consumo), responsabilidade difusa de compra (muitas pessoas influenciam nas decisões de compra) e estreito relacionamento entre fornecedor e cliente (necessidade de customização no relacionamento, ajustando a oferta às necessidades da empresa compradora) tornam o mercado organizacional único. O Quadro 6.1 compara as diferenças entre o consumidor organizacional e o consumidor pessoal (individual).

Quadro 6.1 Diferenças entre o consumidor organizacional e o consumidor pessoal

Mercados organizacionais	X	Mercado de consumo
▪ Demanda organizacional		▪ Demanda individual
▪ Maiores compras		▪ Menores compras
▪ Poucos clientes		▪ Muitos clientes
▪ Localização geográfica concentrada		▪ Geograficamente dispersos
▪ Estrutura de distribuição mais direta		▪ Estrutura de distribuição mais indireta
▪ Natureza da compra: mais profissional		▪ Natureza da compra: mais pessoal
▪ Natureza da influência da compra: múltipla e muito especializada		▪ Natureza da influência da compra: única e pouco especializada
▪ Tipo de negociações: mais complexas e formais		▪ Tipo de negociações: mais simples e informais
▪ Exigências complexas operacionais e estratégicas		▪ Exigências menos complexas
▪ Uso de reciprocidade: sim		▪ Uso de reciprocidade: não
▪ Capacidades internas: de fracas a fortes		▪ Capacidades internas: fracas
▪ Uso de leasing: maior		▪ Uso de leasing: não
▪ Método principal de promoção: venda pessoal		▪ Método principal de promoção: propaganda e publicidade

O Processo de Decisão do Comprador Organizacional

O mercado organizacional apresenta características de demanda e de transações que criam desafios únicos para as empresas. Como vimos, a natureza derivada da demanda, o pequeno número de compradores de grandes volumes e a responsabilidade difusa de compra são fatores que moldam o mercado empresarial. Todavia, da mesma forma que no comportamento de compra do consumidor pessoal, o processo de compra nos mercados organizacionais ocorre em uma série de estágios. Essas etapas refletem similaridades e diferenças entre o processo de compra do consumidor e o processo de compra do mercado empresarial. Os estágios do processo decisório organizacional são descritos na Figura 6.2.

Reconhecimento da Necessidade (Identificação do Problema)

O processo de decisão de compra organizacional se inicia quando alguém na empresa identifica uma necessidade, também chamada de identificação do problema, que pode ser solucionada com a aquisição de determinado produto ou serviço. O reconhecimento da necessidade pode resultar de estímulos internos, quando, por exemplo, a empresa decide lançar uma nova linha de produtos que exija novos equipamentos e materiais para sua produção, ou estímulos externos, quando, por exemplo, numa feira do setor, essa empresa toma ciência de uma nova máquina capaz de otimizar sua produção.

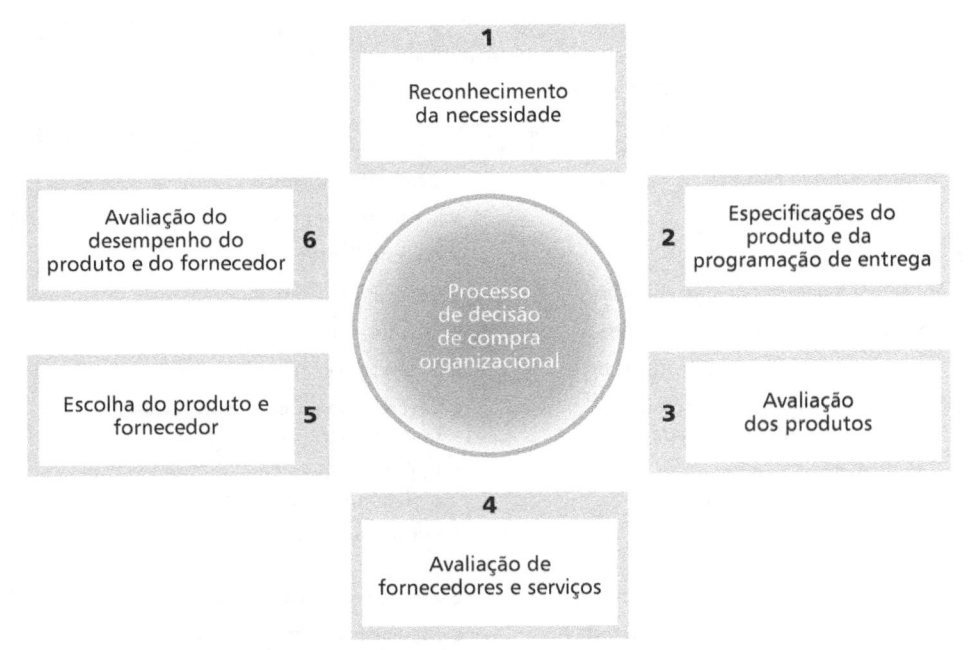

Figura 6.2 O processo de decisão de compra do consumidor organizacional.

Diagrama circular — Processo de decisão de compra organizacional:
1. Reconhecimento da necessidade
2. Especificações do produto e da programação de entrega
3. Avaliação dos produtos
4. Avaliação de fornecedores e serviços
5. Escolha do produto e fornecedor
6. Avaliação do desempenho do produto e do fornecedor

A identificação do problema acontece da mesma forma que a dos consumidores pessoais, porém esse reconhecimento de necessidade é definido de modo mais restrito. Para começar, por causa da necessidade de programação da produção e da natureza dos produtos empresariais, geralmente o comprador empresarial adentra no processo decisório com base nas situações de *reposição* ou de *necessidades funcionais*. Em virtude das responsabilidades difusas de compras, o comprador empresarial é freqüentemente influenciado ou dirigido por outros membros da organização (como engenheiros ou outros usuários do produto) na busca de produtos para compra (Semenik, 1996).

As compras organizacionais variam conforme o tipo de aquisição a ser realizado, desde matérias-primas ou componentes para uso contínuo na fabricação do produto até o fornecimento de instalações para a construção de uma nova fábrica, ou um novo equipamento tecnológico, crucial para a produção. Conforme a situação ou o tipo de compra, o processo de decisão terá maior ou menor complexidade, envolvendo parte de seus estágios ou todos eles. Podem-se classificar os tipos de situações de compra em:

- **Recompra simples**: trata-se da compra de rotina, já conhecida pela organização (como pastas para arquivamento de processos em uma firma de advocacia).

- **Recompra modificada**: o comprador decide modificar alguma especificação do produto, os preços, as condições ou os fornecedores (como a firma de advocacia que deseja trocar sua marca de microcomputadores).

- **Nova compra**: compra de um produto ou serviço pela primeira vez. Quanto maior o custo ou o risco, maior complexidade e envolvimento de pessoas especializadas a compra exigirá (como a firma de advocacia que necessita comprar, pela primeira vez, uma máquina copiadora de grande porte).

▌ **Compra de sistemas**: refere-se à aquisição de um sistema completo ou pacote de solução para problemas organizacionais. Geralmente essa compra tem valor estratégico para o negócio e, por sua criticidade, exige cuidadosa avaliação (como a firma de advocacia que deseja comprar um software para informatizar o sistema de acompanhamento de processos).

Conforme o tipo de situação, o comprador prepara uma descrição geral da necessidade, isto é, um documento no qual justifica a necessidade da aquisição e especifica as características e a quantidade do item necessário. Nesse momento, dependendo da complexidade da compra, o comprador envolverá outras pessoas — engenheiros, usuários, consultores — para definir melhor as características do produto, avaliando os critérios e os requisitos para sua aquisição.

Especificações do Produto e da Programação de Entrega

A partir da descrição geral da necessidade, a organização compradora desenvolve as *especificações do produto*. Geralmente com a participação de outros profissionais e departamentos da empresa, principalmente pessoas especializadas no item objeto da aquisição, entra-se na fase de detalhamento dos requisitos do produto, definindo suas características e atributos, bem como critérios e parâmetros para avaliação das marcas disponíveis. Uma abordagem muito utilizada é a *análise produto-valor*, na qual uma equipe especializada de engenharia estuda cuidadosamente os componentes do produto, seus custos e benefícios, analisando possibilidades de reprojeção, padronização ou substituição, visando a encontrar uma equação que traga melhores ganhos.

Nessa fase, também, o comprador organizacional estabelece as condições de entrega do item objeto da aquisição, que envolvem a forma de transporte, os prazos de entrega, a periodicidade e outros aspectos do fornecimento.

Avaliação dos Produtos

A *avaliação do produto* é um estágio importantíssimo no processo de decisão de compra organizacional. Ela inclui a análise de informações anteriormente obtidas e a confrontação das marcas de produtos disponíveis para avaliar aquela que melhor se ajusta aos atributos, requisitos e critérios formulados na fase anterior. Uma *matriz de avaliação de parâmetros* (relacionando os atributos desejados) pode ser utilizada para avaliar cada critério, quantificar os benefícios de uso e as desvantagens de cada opção analisada. Essa avaliação se baseia predominantemente nos critérios funcionais e de benefícios de uso, caracterizando-se como uma análise eminentemente racional, e não baseada em critérios emocionais.

Isso não quer dizer, entretanto, que os compradores empresariais não estejam sujeitos à ansiedade do risco e ao desejo de segurança, que, no processo decisório, são fatores emocionais. Além disso, eles podem também confiar em grupos de referência para informações sobre a utilidade dos produtos.

Todavia, nas compras empresariais, as emoções tendem a ser substituídas por bases mais racionais para a tomada de decisão. Além do fato de as organizações possuírem um contexto decisório altamente estruturado e profissional, no qual decisões de compra quase nunca são tomadas por um indivíduo isoladamente, a necessidade de redução de despesas, a competitividade e a conformidade técnica — qualidade ou performance do produto a ser consumido — são fatores determinantes, que exigem do consumidor organizacional um alto índice de racionalidade no processo de decisão de compra. O Quadro 6.2 apresenta os critérios (atributos desejados) que o comprador utiliza para a avaliação das alternativas e para a escolha do produto organizacional.

> **Quadro 6.2** Alguns atributos e critérios para a avaliação de produtos organizacionais
>
> - eficiência
> - economia
> - qualidade
> - velocidade
> - força
> - durabilidade ou resistência
> - garantia
>
> - confiabilidade
> - precisão
> - uniformidade e estabilidade
> - facilidade de instalação
> - baixo custo de manutenção
> - simplicidade

Alguns autores, como Kotler (2003), incluem nesse momento do processo decisório da compra organizacional mais um estágio intermediário: *a busca por fornecedores*. Equivalente à busca de informações do processo de compra do consumidor pessoal, essa etapa caracteriza-se pelo levantamento dos possíveis fornecedores/ fabricantes dos produtos desejados. Por meio de uma lista de fornecedores qualificados, que pode ser obtida nas câmaras setoriais ou nos anuários comerciais, o comprador relaciona e contata os fornecedores que deseja conhecer e avaliar. A Internet, bastante utilizada no comércio B2B, também é uma fonte útil de pesquisa. Em nossa classificação, incluímos essa etapa no estágio seguinte: *avaliação de fornecedores e serviços*.

Cabe salientar que a busca de informações, sobre o produto ou sobre o fornecedor, e o esforço na avaliação variam conforme a importância, o risco e a complexidade da compra (Sheth, Mittal e Newman, 2001). A *importância da compra* é uma combinação entre a quantia em jogo e o grau de importância estratégica que o produto desempenha na organização (por exemplo, uma rede de telecomunicações para um banco), e o *risco percebido* refere-se à expectativa de que a compra não produza um resultado satisfatório. Ela deriva da incerteza quanto à escolha e da quantia envolvida na compra (um fornecedor de baixo custo para indústria química pode gerar dúvida quanto à vedação da embalagem, por exemplo). A *complexidade da compra* refere-se à extensão do esforço necessário para compreender o produto e lidar com ele durante sua aquisição (um sistema computacional para relacionamento com o cliente, por exemplo). Uma quarta variável poderá influir na busca de informação e avaliação: *a pressão de tempo*. Dependendo da urgência com que a empresa necessite do item, a decisão de compra poderá ser feita de forma precipitada e imprecisa.

Dessa forma, para recompras diretas, a busca de informação será rápida ou inexistente, pois raramente se consideram novos fornecedores. Para recompras modificadas, alguma informação será coletada, pois novos fornecedores poderão ser levados em conta. Já para compras novas ou compras de sistemas, se exigirá busca de informação mais extensiva e cuidadosa pelo porte e relevância da aquisição. A seção *Consumidor em Close — A Compra dos Airbus pela TAM* aborda o processo de avaliação de compra de aeronaves de grande porte por uma companhia aérea.

Avaliação de Fornecedores e Serviços

Uma diferença fundamental no processo de compra dos consumidores organizacionais em relação aos consumidores pessoais é a ênfase colocada na escolha do fornecedor e na programação de pedidos do produto. O fornecedor aparece aqui com grande importância, uma vez que ele é o elo de ligação na aquisição do produto pelo consumidor empresarial. A Figura 6.3 mostra um anúncio de empresa que atua no fornecimento de embalagens para outras organizações.

A escolha dos fornecedores certos é essencial para compras bem-sucedidas, já que muitos benefícios, como vemos no Quadro 6.3, dependem exclusivamente da qualidade dessa relação. Como no consumo organizacional as compras tendem a se repetir seguidamente, pois delas depende o ininterrupto funcionamento da organização, o relacionamento é critério essencial para decisão de compra.

É dessa relação que nasce a confiança na compra. Um dos fatores determinantes na escolha do fornecedor, a confiança pode propiciar a influência de fatores emocionais por parte do consumidor empresarial. A confiança pode ter forte influência no processo de escolha do fornecedor. Assim, uma compra nova que envolva a opção de um fornecedor com o qual a empresa já se relaciona e confia poderá implicar o encurtamento do processo decisório, eliminando um ou mais estágios do processo, como a avaliação do produto (pois a confiança no fornecedor assume seu lugar). Esse estímulo reflete a importância capital que o fornecedor assume no processo de compra organizacional.

Quando o fornecedor não é conhecido, o que é muito comum em situações de compra de sistemas e nova compra, o comprador poderá promover consultas a outras empresas e a outros usuários para coletar informações sobre seu grau de satisfação.

O estágio de avaliação de fornecedores e serviços inclui também a *solicitação da proposta* de compra organizacional, na qual o comprador pede aos fornecedores qualificados para apresentarem propostas detalhadas com as características do produto, as variações no preço e outras condições de venda. Nesse momento, *negociações* no sentido de ajustar possíveis desavenças podem ser promovidas entre o comprador e os fornecedores candidatos, visando à melhora das condições de compra.

Quadro 6.3 Alguns atributos e critérios para escolha de fornecedor organizacional

- tradição e confiança (marca)
- liderança tecnológica
- grau de especialização
- capacidade distributiva
- eficiência do produto fornecido
- certeza no fornecimento
- confiabilidade no cumprimento da programação
- posição de custos e política de preço
- assistência técnica
- relacionamento com governo, parceiros e entidades
- características do produto e motivos de preferência pelo vendedor

Figura 6.3 Exemplo de anúncio de empresa fornecedora do mercado organizacional (fonte: Ogilvy).

A *negociação* é um elemento crítico no processo de aquisição organizacional, sobretudo em compras de grande volume e em contratos de longa duração. Eventuais conflitos de interesse podem surgir no processo de compra entre o comprador e o vendedor, exigindo habilidades na *resolução de conflitos* — como barganha e persuasão. Por esse motivo, muitos profissionais de marketing, representantes e consultores de vendas se especializam em *técnicas de negociação*. Outro aspecto crítico no processo de trocas B2B é a capacidade de flexibilização do fornecedor na adaptação da oferta e nas condições de venda, como preços e prazos de entrega. Essa capacidade é importante para a *resolução de problemas*. Assim, fornecedores mais flexíveis tendem a corresponder melhor à expectativa dos clientes.

Escolha do Produto e Fornecedor

A conformidade dos fatores avaliados com os propósitos de compra leva finalmente à decisão de compra, ponto de resolução no processo decisório. É nesse estágio que se efetiva a compra e ocorre a assinatura do contrato de fornecimento.

Alguns autores, como Harrel e Frazier (1999), acrescentam mais uma fase anterior a essa etapa — especificações do pedido —, na qual o comprador solicita propostas de fornecimento, de acordo com as suas necessidades, para posterior análise e avaliação.

Diversos fatores poderão influenciar na decisão de compra da organização, como veremos mais adiante: desde o contexto organizacional, isto é, a conjuntura econômica, o grau de competitividade e o desenvolvimento tecnológico, até aspectos organizacionais, como as políticas, o tamanho, a estrutura e os recursos disponíveis da empresa. Como as decisões de compra serão sempre tomadas por pessoas no exercício de cargos e funções da organização, os perfis pessoais ou fatores individuais dos decisores também deverão ser igualmente considerados.

Avaliação do Desempenho do Produto e do Fornecedor

Essa etapa corresponde ao comportamento pós-compra experimentado pelo consumidor pessoal no processo de compra individual (feedback). A diferença é que aqui esse estágio ganha extrema importância em função do volume envolvido e da repetição do ato de compra. No marketing organizacional, as empresas costumam celebrar contratos de longo prazo para fornecimento contínuo de grandes quantidades do item adquirido. Imagine uma indústria automobilística que compra peças e componentes de um determinado fornecedor para atender a sua produção de aproximadamente 100 mil veículos por ano! O exato cumprimento do contrato, com a devida qualidade, custo e prazo de entrega estipulados, é, pois, fundamental para o sucesso do comprador. Por isso, o monitoramento contínuo do contrato, para que não haja contratempos, a continuidade harmoniosa do relacionamento e a satisfação constante dos compradores usuários do produto devem ser metas permanentes do profissional de marketing B2B.

A insatisfação do cliente, não raro, leva ao rompimento contratual, o que, dependendo de sua importância, poderá impactar profundamente a lucratividade e a sobrevivência do negócio. Assim, é fator crítico de sucesso para o profissional de marketing estar atento ao relacionamento com o cliente e à pertinente continuidade dos compromissos assumidos. No mundo dos negócios, o relacionamento é tudo. Como já vimos, na atual era do marketing, conquistar e manter o cliente, buscando sua fidelização, são fatores cruciais para o sucesso e até para a sobrevivência do negócio. Consumidores satisfeitos retornam; consumidores insatisfeitos, não. (Veja também o Capítulo 7.)

Por sua importância, é comum que se desenvolvam relacionamentos estreitos e duradouros entre compradores organizacionais e fornecedores. Esse relacionamento envolve muitas vezes a participação do próprio comprador no processo de desenvolvimento do produto a ser fabricado pelo fornecedor (a tendência do *produconsumo*, como vimos na *Interface — Doze Temas da Nova Economia*, no Capítulo 3). Por exemplo, a fabricante de embalagens Alcan desenvolveu, para a Coca-Cola e para o Wal-Mart, um pacote de seis latas de refrigerantes, quando o comum era o de 12.

O relacionamento no mercado organizacional é muito mais complexo e amplo do que no mercado consumidor. As interações que as organizações desenvolvem ao longo do tempo transformam-se em um sentimento de profunda confiança e reciprocidade. Elas se tornam muito mais *parceiras* do negócio do que simplesmente participantes de um intercâmbio comercial. Confiança e lealdade são muitas vezes associadas à *inércia* nos relacionamentos do mercado empresarial. O argumento é o de que a lealdade se baseia numa falta de avaliação crítica e numa baixa motivação entre empresas compradoras para buscar novas fontes de fornecimento. Isso está absolutamente correto. Relacionamentos assim são construídos sobre uma base de lealdade e confiança e tendem a ser mais consistentes e valiosos para ambas as partes. A lealdade baseia-se no desempenho obtido no mercado empresarial, e não numa falta de avaliação, conforme se costuma comentar (Semenik, 1996). No *Consumidor em Close — As Empresas Mais Admiradas*, mostramos as empresas brasileiras que foram escolhidas por sua reputação e marca no mercado empresarial.

Kotler (2003) é um dos autores que utiliza para essa etapa a denominação *análise de desempenho*. A análise de desempenho do fornecedor inclui a comparação dos resultados previstos com os resultados obtidos, identificando aspectos que possam ser melhorados ou modificados. Uma das formas de avaliar o desempenho do fornecedor é por meio de contatos com os usuários do produto adquirido, pedindo-lhes que avaliem sua satisfação.

A satisfação poderá gerar comportamento pós-compra positivo, que, além de gratificar o comprador na realização de novas compras, poderá estimular a ampliação do seu relacionamento com o fornecedor, propiciando a oportunidade de aquisições em outras linhas de produtos ou setores de atividade.

O Centro de Compras e os Papéis de Compra Organizacional

As empresas compram produtos ou serviços que ofereçam valor para seus clientes, funcionários e proprietários — ou seja, seus *stakeholders* (público interessado). Embora variem conforme o tamanho e a estrutura da empresa, geralmente essas aquisições são conduzidas pelo departamento de compras da companhia. Sua tarefa é criar valor para a empresa de forma contínua, encontrando fontes de produtos melhores a custos mais baixos. Todavia, embora o departamento de compras (também chamado de área de suprimentos) seja a unidade organizacional com a responsabilidade formal de gerenciar o processo de compras, sua ação não acontece isoladamente. Pelo contrário, envolve todos os outros departamentos e níveis organizacionais, já que toda a organização, em algum momento ou situação, dependerá de matérias-primas, componentes, suprimentos ou serviços de apoio para seu funcionamento. Esse conjunto de unidades, pessoas e funções, responsável pelo processo centralizado de compras, envolve o que denominamos de centro de compras.

Toda organização possui uma filosofia e uma estratégia de negócios. De acordo com sua diretriz organizacional — missão, objetivos e valores —, as empresas estabelecem políticas e procedimentos mais ou menos detalhados para orientar suas ações em todos os níveis, inclusive no que se refere às suas compras e aquisições. Por exemplo, uma empresa pode fixar uma política de compras que considere operar somente com um pequeno número de fornecedores e dar preferência a empresas com capital nacional, uma regra que estipule necessidades de compras condicionadas para toda a companhia e um procedimento que exija no mínimo três propostas alternativas para escolha.

Os papéis que uma organização desempenha no processo de compra são semelhantes aos aprendidos quando analisamos os papéis do comprador pessoal.

Entretanto, pela natureza e pelas peculiaridades que moldam a compra organizacional, sua diversidade e relevância são críticas para a compreensão da dinâmica de compra. Ademais, seu entendimento é essencial para o profissional de marketing, uma vez que fatalmente ele lidará com a participação de vários profissionais e com o envolvimento de mais de um nível decisório. É comum, por exemplo, empresas estabelecerem como política a decisão de um comitê de compras, envolvendo técnicos, gestores e membros da diretoria para análise e aprovação de aquisições vultosas ou estratégicas para o negócio. Em outro exemplo, na compra de aeronaves, produtos de elevado custo, alta tecnologia e performance, que exigem cuidadosas análises técnicas, financeiras e operacionais, é muito utilizado pelas companhias aéreas compradoras o processo de decisão por meio de comitês de compras. A Figura 6.4 mostra um exemplo de anúncio do mercado empresarial.

Conforme a extensão e a complexidade do processo de compra, inclusive com o envolvimento de vários profissionais e de departamentos diferentes, será oportuno para o profissional de marketing realizar diversas entrevistas e abordagens, eventualmente com variedade de argumentos de vendas e diferente profundidade, buscando esclarecer todas as dúvidas e apresentar os benefícios do produto.

Capítulo 6 • O Consumidor Organizacional

Figura 6.4 Anúncio de empresa com forte atuação no mercado B2B (fonte: Embraer/ Publicis Salles Norton).

Os papéis que podem ser desempenhados pelo comprador organizacional são descritos a seguir:

- **Usuário**: é o departamento ou a unidade interna que usará o produto a ser comprado pela organização.

- **Comprador**: também chamado de "gerente de compras", tem a autoridade formal para executar o contrato de compra e fazer o pedido.

- **Analista**: é o profissional que faz análise técnica dos fornecedores, usando instrumentos como análise de custos, análise de valor e outros.

- **Influenciador**: é aquele que realiza aconselhamento especializado e influencia os critérios de avaliação e as classificações de fornecedores ou a própria decisão final. Geralmente são engenheiros de projetos, técnicos ou consultores especialistas.

- **Filtro ou guardião**: regula o fluxo de informações que vai dos fornecedores para os outros membros do centro de compras, como usuários e decisores, filtrando o acesso de vendedores aos outros departamentos internos.

- **Decisor**: é o que toma a decisão final. Pode ser papel desempenhado pelo gerente de compras, pelo presidente da empresa ou por um comitê formal de compras, dependendo da política empresarial ou do valor da compra.

A Figura 6.5 ilustra a interação entre os possíveis papéis do comprador organizacional. Vale salientar que esses papéis não são cargos formais dentro da empresa e que podem, inclusive, ser desempenhados pela mesma pessoa (um funcionário pode exercer o papel de porteiro e influenciador simultaneamente). Deve ficar claro também que o centro de compras é um conceito e não uma estrutura formal, embora seu papel, suas funções e sua responsabilidade possam ser formalmente descritos na estrutura da empresa. Sua importância está na diversidade e envolvimento de pessoas qualificadas e autorizadas para garantir o sucesso da decisão de compra. Não raro, executivos dos departamentos de qualidade e produção integram o centro de compras. Por fim, é comum a consideração de questões éticas envolvendo as compras organizacionais. Por esse motivo, inúmeras organizações, para tornar o processo mais transparente e garantir a integridade, preferem, além da fixação de políticas, regras e procedimentos claros, a adoção de comitês no qual várias pessoas e departamentos participam das fases de todo o processo.

Figura 6.5 Interação entre os papéis do comprador organizacional em um centro de compras.

Principais Influências sobre os Compradores Organizacionais

Os compradores organizacionais estão sujeitos a diversas influências em seu processo de compra. Embora possa se pensar que as empresas são afetadas basicamente por fatores econômicos, há uma variedade de determinantes de sua decisão de compra. No contexto atual, em que a qualidade dos produtos e o preço baixo tendem a se tornar *commodities*, isto é, atributos cada vez mais igualados, o desafio dos profissionais de marketing B2B está em encontrar diferenciais que atendam às expectativas dos consumidores organizacionais. Dessa forma, atributos como atendimento, confiança ou serviços adicionais têm estimulado o interesse de compra das organizações, bem como vantagens decorrentes do relacionamento e da parceria entre as empresas, como ampliação do portfolio de produtos, extensão da base de clientes e maior valor adicionado à marca. A comoditização acaba também deixando maior margem para influência de fatores mais subjetivos de decisão, como emoções e personalidade dos decisores.

Os principais fatores que influenciam o comportamento do consumidor organizacional são relacionados na Figura 6.6. Eles se classificam em fatores ambientais, organizacionais, interpessoais e individuais.

FATORES AMBIENTAIS
- Nível de demanda
- Perfil econômico
- Taxa de juros
- Taxa de mudança tecnológica
- Desenvolvimento da política de regulamentação
- Desenvolvimento da concorrência
- Preocupações com a responsabilidade social

FATORES ORGANIZACIONAIS
- Objetivos
- Políticas
- Procedimentos
- Estruturas organizacionais
- Sistemas

FATORES INTERPESSOAIS
- Interesses
- Autoridade
- Status
- Empatia
- Poder de persuasão

FATORES INDIVIDUAIS
- Idade
- Renda
- Instrução
- Cargo
- Personalidade
- Atitudes quanto a risco
- Cultura

→ Comportamento do comprador organizacional

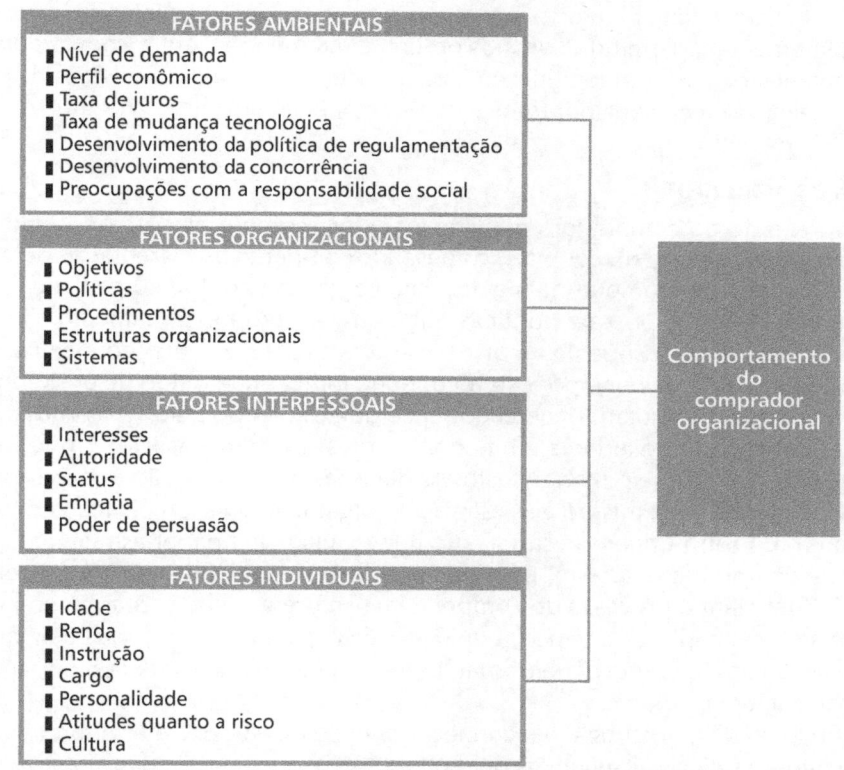

Figura 6.6 Principais influências sobre o comportamento do comprador organizacional.

Fatores Ambientais

Toda organização, como uma entidade orgânica, sofre influência direta do meio ambiente no qual opera. Assim, é lógico que os compradores organizacionais sejam fortemente afetados por fatores correntes e previstos em seu contexto ambiental. Forças como fatores econômicos, desenvolvimento político-legal, fatores tecnológicos, condições de fornecimento, concorrência e fatores culturais influenciam as estratégias e o comportamento das organizações.

A conjuntura econômica, com sua taxa de juros, valor da moeda, taxa cambial e demanda primária, afeta a vida organizacional e o poder de compra das organizações. Fatores como a legislação e o desenvolvimento tecnológico de um mercado, forças como a disponibilidade maior ou menor de recursos e o grau de concorrência em determinado setor industrial influenciam o comportamento de compra das empresas, do governo e de entidades sem fins lucrativos, da mesma forma que a cultura e os valores nacionais moldam os hábitos, as crenças e os valores organizacionais. Assim, é importante que o profissional de marketing esteja atento às tendências e à dinâmica das forças ambientais e a como elas afetam as organizações, transformando-as em oportunidades para o negócio e para o consumidor organizacional.

As variáveis tecnológicas têm afetado fortemente o mercado organizacional. O *e-commerce* (comércio eletrônico) tem sido muito utilizado entre as empresas e as organizações. Ferramenta que oferece maior rapidez, menor custo na comunicação e interatividade entre os negócios, a Internet tem permitido contatos on-line em tempo real entre compradores e fornecedores organizacionais, sendo utilizada para diversos fins, desde a aquisição de produtos até a cotação eletrônica enviada por fornecedores potenciais.

Fatores Organizacionais

A compreensão do comprador organizacional tem como base suas prioridades estratégicas e seus objetivos organizacionais, os desafios competitivos enfrentados pela empresa e o papel ocupado por compras na hierarquia da organização. Toda organização tem um propósito, metas de longo prazo e políticas que norteiam seu funcionamento. Para atingir seus objetivos, a empresa dispõe de recursos, estrutura, sistemas e procedimentos.

A *estratégia organizacional*, por exemplo, pode indicar que o tipo de posicionamento que uma empresa deseja adotar no mercado seja o de baixo custo para seus produtos, o que sugerirá a escolha de fornecedores alinhados com essa estratégia, isto é, que forneçam componentes ou serviços pelo menor custo. As decisões de compra são tomadas para facilitar as atividades e apoiar a missão e as estratégias organizacionais. A posição do centro de compras dentro da estrutura empresarial, sua relevância e seu papel estratégico (isto é, a *orientação de compra* da empresa), bem como a dinâmica organizacional em relação às aquisições influenciam o processo de compra. Uma empresa pode ter suas compras *centralizadas* na matriz; outra, dispersas em suas unidades de negócios. O *tamanho* da organização, as *políticas,* as *regras* e os *procedimentos* também são determinantes do comportamento de compra organizacional.

O profissional de marketing deve conhecer bem esses aspectos e estar preparado para responder a questões como as sugeridas por Kotler (2003): quantas pessoas são envolvidas no processo de compra? Quem são essas pessoas? Quais critérios de avaliação elas utilizam? Quais são as políticas da empresa e os limites impostos a seus compradores?

Fatores Interpessoais

O processo de compra organizacional normalmente envolve muitas pessoas e departamentos, que influenciam uns aos outros. Como vimos, os papéis desempenhados pelo centro de compras definem as responsabilidades e as interações entre os envolvidos na decisão de compra. Nem sempre, entretanto, a dinâmica de grupo, o funcionamento e as relações de poder no centro de compra acontecem claramente. Seus membros podem eventualmente extrapolar, superpor ou substituir suas funções, o que dificultará a real compreensão dos papéis de compra. Entender os fatores interpessoais, as forças de grupo e as influências múltiplas do centro de compras é um grande desafio para o profissional do marketing B2B na preparação de suas estratégias mercadológicas.

Fatores Individuais

São as pessoas, e não as organizações, que tomam as decisões de compra. Cada indivíduo que integra o centro de compras possui motivações, percepções, atitudes e preferências pessoais. Esses fatores individuais são afetados pela personalidade, experiências passadas, função exercida, nível de instrução e atitude em relação ao risco dos envolvidos. Outra variável que comumente influi é o estilo de decisão de compra: alguns compradores são mais 'técnicos', outros são mais 'intuitivos'. Sheth, Mittal e Newman (2001) destacam a forte influência da psicologia dos decisores: suas expectativas e suas distorções perceptuais.

Os vários membros do centro de compra tendem a ter um conjunto de expectativas diferentes, influenciadas por seu *background* (como conhecimento e *expertise*) e por sua satisfação ou insatisfação com compras anteriores. As distorções perceptuais decorrem da seletividade da percepção. Alguns membros podem acreditar que os engenheiros dominem o conhecimento sobre o produto e podem, por isso, ignorar as explicações dos vendedores. Para entender o comprador organizacional, é necessário que o profissional de marketing conheça as percepções individuais da situação de compra.

A Figura 6.7 mostra um diagrama que, de forma abrangente e simplificada, relaciona os componentes que interagem no comportamento de compra do consumidor organizacional.

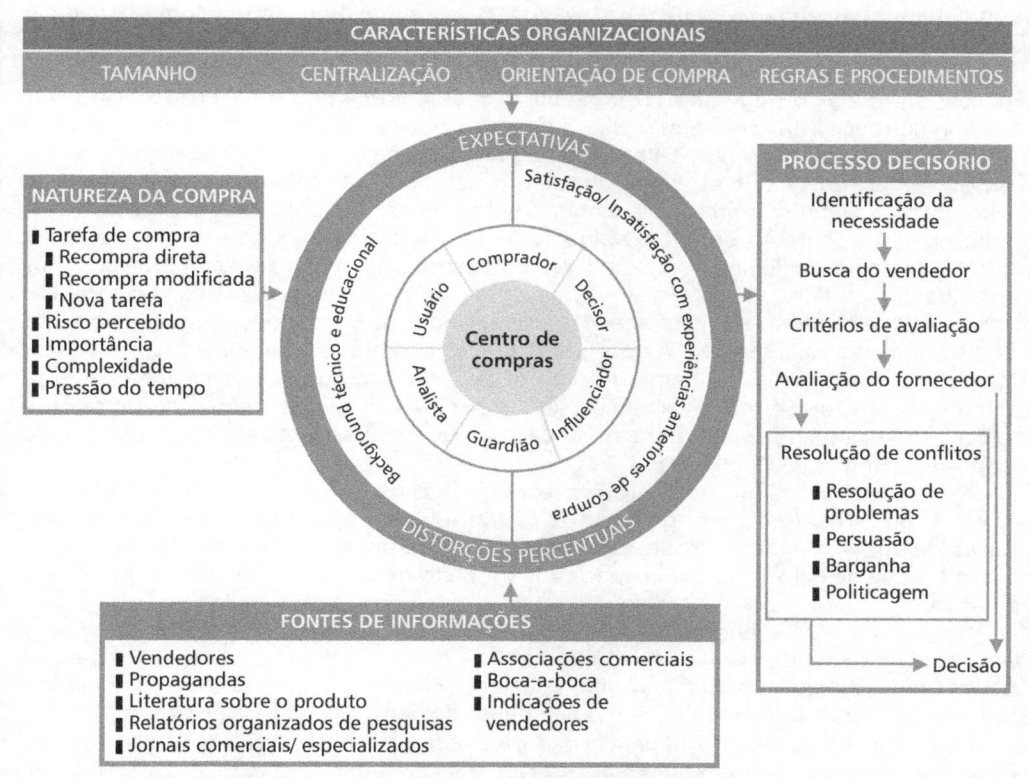

Figura 6.7 Modelo abrangente de comportamento do comprador organizacional (fonte: Jagdish N. Sheth, Banwari Mittal e Bruce L. Newman. *Comportamento do Cliente*. São Paulo: Atlas, 2001, p.585).

Consumidor em Close — A Compra dos Airbus pela TAM

Em meados dos anos 90, a TAM decidiu ampliar sua frota de aeronaves. Para atender ao aumento da demanda de passageiros e para ingressar no mercado de rotas internacionais, a empresa teve de lidar com uma importante e complexa decisão de compra: quais os tipos de aeronaves, entre os disponíveis no mercado, melhor serviriam às suas necessidades operacionais, aos seus interesses comerciais e aos seus propósitos estratégicos.

Imagine decidir sobre a compra de um jato comercial cujo valor de venda custa em média cerca de US$ 50 milhões a unidade. Como o produto central das companhias aéreas, a decisão de sua compra representa um desafio permanente para centenas de compradores organizacionais em todo o mundo.

Maior empresa aérea brasileira em número de passageiros transportados no país, com 33,86% do mercado (janeiro a julho de 2004), a TAM teve uma ascensão vertiginosa principalmente nos últimos quinze anos. Fundada em 1961 por um grupo de jovens pilotos, na cidade de Marília, em São Paulo, a Táxi Aéreo Marília iniciou suas atividades como uma empresa aérea regional. Dez anos depois, o comandante Rolim Adolfo Amaro, um dos pilotos que ingressara na empresa em sua fase inicial, tornou-se sócio da empresa, que se expandiu pelo interior do estado de São Paulo e por outras regiões. Em 1976, a TAM — Transportes Aéreos Regionais — passa a expandir suas rotas e adquirir novos tipos de aeronaves, como o Fokker 27, que depois operaria na ponte aérea Rio–São Paulo. Em 1990, adquire seus primeiros jatos, os Fokker 100, aviões de médio porte com capacidade para 108 passageiros.

Na década de 90, a empresa experimentou forte crescimento, recebendo inúmeros prêmios, entre eles o de Melhor Companhia Aérea Regional do Mundo (pela revista *Air Transport*). Especialistas creditam o crescente sucesso da empresa à sua estratégia focada na diferenciação de seus serviços e produtos, com ênfase na excelência do atendimento aos clientes. A pioneira sala de espera do embarque com lanches, bebidas, jornais, revistas e música de piano em Congonhas causou tanto encantamento quanto o tapete vermelho estendido para o cliente à frente da escada do avião. Ali, freqüentemente, o presidente da empresa, comandante Rolim, podia ser visto cumprimentando pessoalmente os passageiros que embarcavam. Por volta de 1995-96, a demanda crescente de passageiros, em parte decorrente da acertada estratégia de serviços diferenciados da companhia, exigiu da empresa a aquisição de novas aeronaves. A oportunidade surgida então de expandir suas rotas para outros países demandou também a busca por aviões de categoria diferenciada da frota existente. Para vôos de maior distância, seriam necessários aviões de grande porte, que também pudessem levar maior número de passageiros e pousar em determinados tipos de aeroportos, como o de Congonhas.

No setor de aviação, alguns motivos comuns iniciam o processo de compra de uma nova frota de aeronaves: o próprio início de operação de uma nova empresa aérea, a substituição de uma frota de aeronaves já existentes e a identificação de necessidade de uma nova categoria de aeronaves com capacidade (número de assentos) diferente da frota em operação.

No caso da TAM, a necessidade de novas frotas de aeronaves, em meados da década de 90, foi decorrente da estratégia de ingressar no mercado internacional com vôos para os Estados Unidos e para a Europa, bem como da necessidade de aeronaves com maior capacidade para vôos domésticos em função do aumento da demanda de passageiros.

Na época, as opções da TAM para aviões *wide body* (aeronaves com maior diâmetro nas cabines de passageiros e normalmente dois corredores em paralelo) com 220 assentos, de que a empresa necessitava para vôos internacionais, recaíram entre o Airbus A330 e o Boeing B767, o primeiro do consórcio europeu Airbus Industrie e o segundo da americana Boeing Co. — as duas maiores fabricantes de aviões do mundo. O Boeing B777 não foi considerado por tratar-se de aeronave em classe superior de capacidade de assentos. A avaliação para a frota *narrow body* (aeronaves com menor diâmetro nas cabines de passageiros e normalmente um corredor), com aproximadamente 150 assentos, para atender o mercado doméstico, convergiu para o Airbus A320 e o Boeing B737. Depois de um longo e acurado processo de decisão de compra, a TAM acabou escolhendo os aviões da Airbus.

Foram negociadas dez aeronaves A330 e setenta e cinco A320 (entre pedidos firmes e opções) para a TAM, de um total de cento e noventa e cinco A320, entre pedidos firmes e opções, num *pool* que envolveu, além da TAM, a Lanchile e a TACA, para serem entregues a médio e longo prazo. A escolha da TAM tanto pelo A330 como pelo A320, da Airbus, foi em função do somatório de fatores de praxe que uma empresa aérea se utiliza, e não somente de um único fator. Porém, o que predominou na escolha foram os aspectos econômicos e a tecnologia mais moderna das aeronaves da Airbus. Entre os benefícios e as vantagens resultantes da compra, a TAM destaca os aspectos econômicos, que compreendem abatimentos no valor da aeronave, cessão de pacotes de treinamentos técnicos (manutenção) e operacionais (tripulantes), condições favoráveis em garantias de produtos, garantias de custos operacionais e de qualidade. No caso da negociação da frota *narrow body*, TAM, Lanchile e TACA formaram um *pool* para adquirir em conjunto uma grande quantidade de aeronaves de um único fabricante, o que permitiu a obtenção de vantagens e benefícios maiores.

Pela complexidade, importância e alto custo do produto, o processo para a aquisição de aviões comerciais de médio e grande porte envolve muitos profissionais, técnicos, diretores e especialistas. Uma decisão estratégica que envolve todos níveis da organização. A TAM, por exemplo, utiliza *comitês de compra* para definir as especificações e os requisitos da aeronave, bem como para avaliar os atributos e os critérios das marcas alternativas disponíveis no mercado. Essa avaliação envolve, portanto, diversos fatores e critérios e uma demanda considerável de tempo e pesquisa.

As avaliações iniciais são basicamente técnicas, o que acaba por eliminar do processo aquelas aeronaves que não atendem a alguns requisitos técnicos. Entre os principais requisitos para avaliação utilizados pelo mercado de aviação comercial, podemos citar:

- capacidade da aeronave (número de assentos);
- desempenho operacional para operar nos aeroportos e nos trechos de vôos previstos;
- capacidade de carga paga: passageiros, bagagens e carga;
- *status* tecnológico da aeronave.

Outros aspectos relevantes da avaliação se referem ao conforto que a aeronave poderá oferecer aos passageiros. Os itens que são levados em consideração incluem:

- configuração interna e opções: toaletes, *galleys*, espaçamento entre poltronas, altura do corredor, espaço do corredor, espaço interno, espaço dos *bins* (compartimentos de bagagem);
- entretenimento.

No caso de frota de aviões para vôos domésticos e especialmente *short-haul*, isto é, de etapas curtas, as condições de operacionalidade da aeronave são aspectos importantes a serem analisados, visando a permitir uma maior utilização diária da frota. Nessa avaliação, são considerados os seguintes itens:

- avaliação de GSE necessários para operação e sua distribuição ao redor da aeronave (GSE — Ground Support Equipment — são vários equipamentos de solo utilizados para atendimento da aeronave durante o trânsito entre vôos);

- avaliação do tempo necessário para trânsito entre vôos da aeronave: descarregamento e carregamento de carga e bagagens, abastecimento de combustível, desembarque e embarque de passageiros e *push back*.

Outro decisivo fator de análise e importante critério do processo de avaliação na compra de aviões envolve os aspectos econômicos e financeiros para a operação da nova frota, como:

- consumo de combustível;

- custos de manutenção;

- custos para formação de pilotos;

- custos para formação de técnicos de manutenção;

- máximo peso de decolagem da aeronave, que reflete nos custos de navegação e tarifas aeroportuárias;

- *comunalidade* com outras frotas da empresa;

- negociação de garantias;

- negociação com principais *vendors* e MROs — Maintenance, Repair and Overhaul (empresas prestadoras de serviços de manutenção em aeronaves e seus componentes) — sobre custos de manutenção de componentes mais importantes;

- valor da aeronave;

- valor do *leasing* (arrendamento mercantil) ou das condições de pagamento.

Em um mercado altamente competitivo como o das companhias aéreas, a escolha das aeronaves é fator crítico para o sucesso do negócio. Produtos que envolvem alta tecnologia, elevado nível de segurança, performance superior, extremo conforto e custos altos requerem acurada análise e cuidadosa avaliação por parte dos compradores organizacionais. Segundo pesquisas, uma das três maiores exigências dos passageiros de companhias aéreas se refere a "aviões modernos e seguros". Assim, uma escolha acertada do comprador empresarial poderá contribuir sobremaneira no fornecimento da satisfação desejada aos consumidores finais. No caso da TAM, isso se traduz na efetivação de sua missão: "Com o nosso trabalho e o nosso espírito de servir, fazer as pessoas felizes".

Capítulo 6 • O Consumidor Organizacional

TAM		PESO MÁXIMO DECOLAGEM MAXIMUM TAKEOFF WEIGHT	PESO MÁXIMO POUSO MAXIMUM LANDING WEIGHT	TETO OPERACIONAL OPERATIONAL CEILING	VELOCIDADE DE CRUZEIRO CRUISE SPEED	MOTORES ENGINES
AIRBUS A330 9 AERONAVES	PASSAGEIROS PASSENGERS 213 (PW) 208 (GE)	230 TON	180 TON	41.000 FT	870 KM/H	PW4168A 68.000 LB GE CF6-80E1A3 70.000 LB
AIRBUS A320 31 AERONAVES	PASSAGEIROS PASSENGERS 150 168	70 TON	64,5 TON	39.000 FT	850 KM/H	IAE V2527-A5 27.000 LB
AIRBUS A319 13 AERONAVES	PASSAGEIROS PASSENGERS 138	64 TON	61 TON	39.000 FT	850 KM/H	IAE V2524-A5 24.000 LB

Figura 6.8 Frota de Airbus da TAM.

Fontes: site da TAM, www.tam.com.br; informações obtidas com a empresa.

Consumidor em Close — As Empresas Mais Admiradas

Uma pesquisa anualmente realizada pela revista *Carta Capital* e pela empresa Interscience destaca as empresas mais admiradas. Um dos 10 critérios de julgamento é a marca.

Diferentemente de uma marca conhecida ou que possua familiaridade junto ao consumidor, o critério para considerar uma marca admirada é o da qualidade percebida: quanto a marca é respeitada ou se possui uma excelente reputação. Nesse caso, todavia, o consumidor pesquisado é outro. O levantamento é realizado com executivos de alta direção de mil empresas nacionais ou de multinacionais que atuem no Brasil.

"Qual é a empresa que o senhor mais admira?" A pergunta feita a 1.054 executivos está atrelada a 11 quesitos estabelecidos pela *Carta Capital*/ Interscience para avaliar as mais admiradas — uma forma inovadora e abrangente de avaliar o desempenho e o comportamento do mundo empresarial. Os critérios (fatores-chave) são: ética, responsabilidade social, respeito pelo consumidor, qualidade de produtos e serviços, compromisso com RH, qualidade da gestão, competir globalmente, solidez financeira, notoriedade (marca), compromisso com o país e inovação.

As dez mais admiradas no Brasil em 2004 foram:

1ª	Natura	7ª	Microsoft
2ª	Nestlé		Pão de Açúcar
3ª	Petrobras	8ª	Tam
4ª	Votorantim		Itaú
5ª	Vale do Rio Doce	9ª	Ambev
6ª	Embraer	10ª	Coca-Cola
	Gerdau		

Fonte: "As Empresas Mais Admiradas no Brasil", *Carta Capital*, set. 2004.

Consumidor no Cinema — Do que as Mulheres Gostam

Elenco: Mel Gibson, Helen Hunt, Marisa Tomei, Mark Feuerstein e Alan Alda. *Sinopse*: Um talentoso publicitário solteirão (Gibson) está progredindo na carreira quando a vaga de diretor de criação que perseguia é ocupada por uma executiva do mercado (Hunt). O publicitário sofre um estranho acidente e passa a ouvir os pensamentos das mulheres.

Cena recomendada (15 minutos):
No seu discurso de posse, a nova diretora coloca um desafio para equipe: aumentar a participação da agência num negócio que movimentou US$ 40 bilhões em um ano: publicidade e propaganda para mulheres. Para estimular a criatividade dos colaboradores, ela distribui um kit com produtos femininos, como batom, sutiã, cera para depilação e outros. O personagem de Gibson procura se colocar no papel de uma mulher para melhor compreender as necessidades e os desejos delas: "Afinal, o que as mulheres querem?"

Observação: esse filme é útil também para ilustrar o Capítulo 3, no âmbito dos papéis do homem e da mulher. Utilize, por exemplo, as cenas que sucedem os 30 minutos de filme.

Exercícios

1. As questões a seguir referem-se ao *Consumidor no Cinema — Do que as mulheres gostam*: a) avalie o processo de criação usado pelo protagonista para atingir os objetivos do cliente; b) que fatores são importantes para um comprador organizacional considerar na contratação dos serviços de uma agência de publicidade? c) discuta com seus colegas como os conceitos de parceria e relacionamento são importantes na relação de uma agência de publicidade com seus clientes.

2. Com base na leitura de *Consumidor em Close — A Compra dos Airbus pela TAM*, responda às seguintes questões: a) relacione os estágios do processo de decisão de compra e faça uma análise de como eles foram aplicados no caso da compra de aviões; b) quais as variáveis que influenciam na busca de informações? Qual a importância — alta, média, baixa — de cada uma delas para o caso da TAM? c) como as influências ambientais, organizacionais, grupais e individuais influenciaram na decisão de compra? d) como os diversos papéis do comprador são desempenhados em uma compra como a realizada pela TAM?

3. Descreva os quatro segmentos de mercado e as categorias de clientes que formam o mercado organizacional, bem como os tipos de produtos comercializados entre as organizações.

4. Quais as diferenças significativas entre o mercado organizacional e o mercado consumidor? Escolha um determinado produto ou serviço e exemplifique como essas diferenças se aplicam a ele.

5. Discuta com seus colegas o papel do marketing de relacionamento e das parcerias no marketing organizacional. Justifique a importância da confiança e da lealdade nesses relacionamentos.

6. Você é o responsável pelo setor de treinamento de uma grande empresa nacional. Com vistas a planejar o evento de confraternização de final do ano, que envolve seus quase 200 principais executivos, durante três dias, nos quais serão apresentados os resultados do ano em curso e as metas para o próximo período, você deve pesquisar, na região serrana próxima à sua cidade, hotéis com os requisitos estabelecidos pela empresa. Algumas especificações foram definidas pela diretoria e incluem: todo tipo de infra-estrutura para o seminário, incluindo equipamentos audiovisuais, videoconferência e salas de apoio, atividades diversificadas paralelas de lazer, alimentação variada, apartamentos duplos, custo baixo e boas condições de pagamento. Outros requisitos poderão ser definidos por você. Identifique nas proximidades serranas três hotéis ou centros de convenção e avalie seus atributos, escolhendo o que melhor atende às necessidades da empresa. Use o modelo de avaliação a seguir:

Atributos do Hotel/ Serviço	Opção A	Opção B	Opção C
▪ Eficiência e qualidade			
▪ Instalações			
▪ Atendimento			
▪ Conforto			
▪ Lazer			
▪ Auditório, equipamentos			
▪ Alimentação			
▪ Tradição e confiança (marca)			
▪ Confiabilidade no cumprimento da programação			
▪ Posição de custos e preços			
▪ Relacionamento com parceiros			

7. Utilizando o modelo abaixo, que relaciona os estágios do processo decisório de compra organizacional e as principais situações de compra, avalie a necessidade maior (escrevendo *sim* no espaço respectivo), a possível e eventual necessidade (escrevendo *talvez*) e a não necessidade (escrevendo *não*) do cumprimento da etapa respectiva em cada tipo de compra. Tome a primeira linha como exemplo: o reconhecimento da necessidade não é necessário para uma recompra simples, é possivelmente necessário para uma recompra modificada e é necessário para uma nova compra e para uma compra de sistemas.

Estágios do processo de compra	Recompra Simples	Recompra Modificada	Nova Compra	Compra de Sistemas
1. Reconhecimento da necessidade	Não	Talvez	Sim	Sim
2. Especificações do produto e da programação de entrega				
3. Avaliação dos produtos				
4. Avaliação de fornecedores e serviços				
5. Escolha de produto e fornecedor				
6. Avaliação do produto e do fornecedor				

Capítulo 7

Satisfação

Todo o esforço mercadológico gira em torno da satisfação do consumidor. A pesquisa de marketing, a concepção e o desenvolvimento dos produtos, com sua definição de preço, distribuição e promoção, visam essencialmente à satisfação de necessidades ou desejos dos compradores, auferindo, como conseqüência da troca, o lucro almejado para a sustentabilidade do negócio. A *satisfação* consiste na sensação de prazer ou desapontamento resultante da comparação do desempenho (ou resultado) percebido de um produto em relação às expectativas do comprador (Kotler, 2000). Ao analisarmos o julgamento da avaliação pós-escolha e a sensação resultante de um ato de compra específico e da experiência decorrente de seu uso ou consumo pelo consumidor, exploramos uma outra dimensão importante do *iceberg humano* capaz de influenciá-lo em suas decisões de compras futuras.

Freqüentemente os economistas utilizam a expressão "pacote de utilidade" para caracterizar bens e serviços. Quando usam o termo *utilidade*, basicamente querem dizer satisfação. Conforme já estudamos no processo de decisão de compra, a satisfação está inserida no estágio do *comportamento pós-compra* do consumidor, e as sensações gerais ou atitudes por ela determinadas definirão se haverá novas compras e continuidade do relacionamento com a empresa. O comportamento pós-compra envolve o *uso ou consumo do produto* adquirido, o que ocorre com menor ou maior defasagem de tempo após o ato de compra. Há serviços (como corte de cabelo) e produtos (como cachorro-quente) que podem ser *usados* ou *consumidos* quase que simultaneamente com a decisão de compra. Já outros (como roupas, pratos prontos congelados ou disquetes) podem ser armazenados por vários dias ou semanas até seu uso ou consumo.

O consumo ou uso, integrantes do comportamento pós-compra, inevitavelmente vão gerar outro elemento dentro desse estágio: a *avaliação pós-compra*. Por meio dela, sentiremos satisfação ou insatisfação quanto à compra realizada, uso ou consumo. Se a sensação for de insatisfação, poderemos promover o *descarte* do produto, o quarto elemento presente no comportamento pós-compra. Desse processo resultarão duas opções: a decisão do consumidor de confirmar sua escolha e, provavelmente, realizar novas compras, ou a conclusão de que tomou uma decisão insensata e a opção por não voltar a comprar mais o produto específico (marca e modelo) adquirido.

Por isso, compreender o processo pós-compra — que inclui o consumo, a avaliação pós-escolha e as disposições resultantes (estados de espírito, experiências e idéias) — é conhecimento fundamental para o profissional de marketing prover altos níveis de satisfação aos clientes, atingindo o propósito organizacional. A Figura 7.1 apresenta um modelo do processo de pós-compra do consumidor e sua satisfação ou insatisfação com o uso e posse do produto.

Peter Drucker, um dos gurus da administração, afirmou, há quase 40 anos, que a primeira tarefa de uma empresa é "criar clientes". Hoje, diante da infinidade de opções de produtos e serviços, esse desafio parece muito maior, exigindo das empresas agilidade, criatividade e inovação, qualidade e flexibilidade em seus esforços mercadológicos permanentes, incluindo um acompanhamento constante e muito próximo da evolução das expectativas dos consumidores. Assim, é fundamental que a empresa e o profissional de marketing entendam as dimensões de satisfação e custo para que possam orientar suas atividades de tal forma que a inequação **satisfação/ menor custo de aquisição** seja mantida.

Uma empresa deve proporcionar aos clientes uma satisfação maior do que os custos que ela lhes solicita para adquirir o produto (ou serviço). Simplesmente tudo o que uma empresa faz em termos de marketing deve ser projetado para assegurar a seguinte inequação na mente do cliente:

Satisfação > Custo

Capítulo 7 • Satisfação

Todo consumidor busca a satisfação de suas necessidades ou de seus desejos. Toda empresa busca atingir seus propósitos e objetivos, inclusive o lucro, pela proposição de valor para o consumidor. (Sob a perspectiva do cliente, valor se refere à diferença entre o valor total e o custo total para ele, isto é, o conjunto de benefícios que ele espera de um produto ou serviço em troca de seu custo: valor = benefícios/ custos.) Assim, o *valor* entregue para o cliente pode ser expresso na forma de uma inequação em que a *satisfação é maior do que os custos de aquisição*. Os consumidores precisam acreditar que a satisfação *é maior do que* os custos em que incorrem pelo produto. Entregar o valor esperado é atingir a satisfação. Assim, se uma empresa é incapaz de manter essa inequação com relação aos produtos e serviços que comercializa, não há razão para o cliente continuar a comprar dela em vez de optar por um concorrente.

Para perseguir tal resultado, entretanto, a empresa deve entender as dimensões de satisfação e custo *do ponto de vista do cliente*. Essas dimensões de satisfação representam os diferentes tipos de satisfação que os clientes poderiam esperar de um produto ou serviço. Descrevemos a seguir as dimensões de satisfação e, em seqüência, as dimensões de custo que permitem a operacionalização do conceito de marketing representado na forma da inequação *satisfação > custos de aquisição*:

- satisfação funcional;
- satisfação emocional;
- satisfação do benefício de uso.

Os tipos de satisfação estão representados na Figura 7.2: as dimensões funcionais, emocionais e de benefício de uso da satisfação são atingidas quando os benefícios totais fornecidos pelo produto, na perspectiva do consumidor, são menores que os custos de aquisição.

Figura 7.1 Modelo do processo de pós-compra e de satisfação/ insatisfação do consumidor.

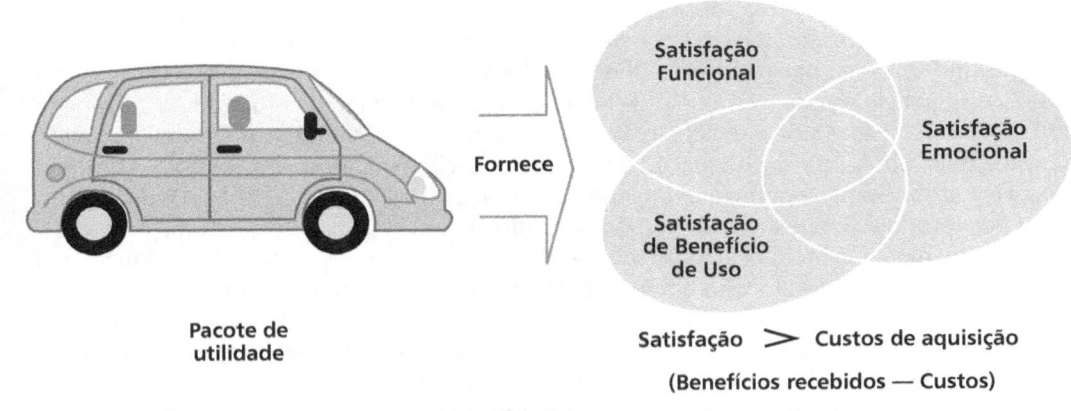

Figura 7.2 O produto (pacote de utilidade) e os tipos de satisfação.

A **satisfação funcional** refere-se àqueles atributos tangíveis de um produto ou serviço que podem ser medidos de algum modo padronizado. As características (especificações) tangíveis que integram o produto fornecem uma proposição de valor específica ao consumidor, por meio de determinada função ou utilidade que esses atributos executem. A satisfação resulta, então, da função ou do uso de um produto. São exemplos de atributos tangíveis a economia de combustível de um automóvel, a potência em watts de saída por canal de um receiver estéreo ou a pontualidade de uma companhia aérea. Preço, garantia e desempenho são outras importantes características funcionais que podem ser consideradas como fatores avaliadores da satisfação do produto. Muitos consumidores de produtos domésticos e a maioria dos compradores industriais enfatizam esses critérios em sua avaliação (Semenik e Bamossy, 1996).

A dimensão da avaliação de desempenho e qualidade pelo consumidor levou as empresas a investir vultosamente na melhoria contínua de seus produtos, sistemas e processos produtivos. O modelo de administração japonesa, ou gestão da qualidade total, impregnou a maioria das empresas brasileiras nos últimos anos. O que é qualidade? Muitos a definem como algo subjetivo ("Eu não sei defini-la, mas sei quando a vejo", disse um especialista). A qualidade do produto é um critério importante na escolha do consumidor. O Quadro 7.1 mostra as principais características da qualidade do produto e do serviço, sob o ponto de vista do cliente.

Além da satisfação funcional, e algumas vezes mais importante que esta, há a satisfação emocional. A **satisfação emocional**, também chamada de *satisfação psicológica*, é perseguida pelos consumidores na forma de status, prestígio, segurança ou qualquer outro benefício que seja intangível (não físico) e não mensurável por meio de um padrão. Alguns atributos não físicos fornecem benefícios emocionais importantes para o consumidor, e, eventualmente, essa satisfação pode ser igual ou maior do que a funcional. A compra de uma bolsa feminina pode representar um alto grau de satisfação emocional em função do status e do prestígio que fornece a sua consumidora. No mercado automobilístico, os atributos emocionais fornecidos pelas marcas de automóveis são usualmente explorados pela publicidade, juntamente com os outros atributos funcionais, uma vez que muitos consumidores avaliam fortemente as características intangíveis vinculadas ao carro. O valor do automóvel, além de

> **Quadro 7.1** Características da qualidade do produto e do serviço
>
> **Qualidade do produto**
>
> 1. *Desempenho*: desempenho das características operacionais básicas.
> 2. *Recursos*: número de acessórios que complementam as características básicas.
> 3. *Confiabilidade*: probabilidade de falha ou mau funcionamento.
> 4. *Durabilidade*: vida útil do produto.
> 5. *Capacidade de atendimento*: facilidade de reparo e velocidade, cortesia e disponibilidade do pessoal de atendimento.
> 6. *Estética*: aparência geral do produto.
> 7. *Conformidade com as especificações*: grau em que o produto atende aos requisitos de produção.
> 8. *Qualidade percebida*: categoria global que inclui os efeitos da imagem da marca e outros fatores intangíveis que influenciam a percepção de qualidade dos clientes.
>
> **Qualidade do serviço**
>
> 1. *Qualidades tangíveis*: incluem instalações físicas, equipamentos e aparência dos atendentes.
> 2. *Confiabilidade*: a capacidade dos atendentes de atuar de maneira segura e precisa.
> 3. *Tempo de resposta*: a capacidade de atender o cliente com prontidão.
> 4. *Segurança*: o conhecimento e a cortesia dos funcionários, bem como sua capacidade de inspirar confiança e convicção.
> 5. *Empatia*: a capacidade dos funcionários de se preocuparem com as pessoas e oferecer-lhes atenção especial.
>
> Fonte: John C. Mowen e Michael S. Minor. *Comportamento do Consumidor*. São Paulo: Pearson Prentice Hall, 2003, p. 225.

se relacionar a transporte, economia, desempenho e durabilidade, por exemplo, pode também dizer respeito aos sentimentos quanto à importância e à auto-estima de seu proprietário. Há muito tempo que a marca Mercedes-Benz é reconhecida pelos consumidores, de forma geral, como um símbolo de status.

Todavia, os fatores funcionais e emocionais sozinhos não explicam todas as possibilidades da busca de satisfação. A satisfação associada aos **benefícios de uso** está relacionada ao valor ganho pela propriedade e ao uso de um bem ou serviço. Uma área intermediária entre os benefícios funcionais e emocionais, os benefícios de uso são critérios importantes na avaliação da satisfação pelo consumidor. Como vimos no Capítulo 5, a razão de compra é um dos fatores determinantes da escolha do produto pelo comprador e sua satisfação será resultante da capacidade do bem ou serviço de fornecer o respectivo valor esperado pelo usuário. Os benefícios de uso são predominantes, por exemplo, como fator motivador na compra de equipamentos de informática, especialmente os microcomputadores. Anúncios desses equipamentos normalmente enfatizam suas características de desempenho, como potência do processador, quantidade de memória, velocidade, aplicativos disponíveis etc. Mas, eventualmente, pode-se valorizar suas características de uso — como a portabilidade e a capacidade da bateria de um notebook, por exemplo. Um anúncio que mostre um executivo usando seu notebook enquanto viaja dentro de um avião pode expressar benefícios de uso, como portabilidade, conveniência e comodidade. Conseqüentemente, os benefícios do manuseio de informações e dados fora do escritório (ou a possibilidade de interligá-lo a um computador em casa ou à rede de computadores no trabalho) são todos de uso e posse, e formam uma base substancial de satisfação.

O profissional de marketing deve reconhecer a diferença entre essas formas de satisfação potencialmente procuradas pelos consumidores. Se a empresa não julga adequadamente a base a partir da qual o produto ou serviço está sendo avaliado, ela pode se enganar no desenvolvimento e na execução dos elementos do *marketing mix*. A Figura 7.3 ilustra a proposição de valor de um automóvel para satisfazer as expectativas do consumidor.

Figura 7.3 A satisfação inclui atributos funcionais, emocionais e de benefícios de uso do produto (fonte: agência W/Brasil).

Custos

Os custos de aquisição são um elemento importante na composição da inequação que determinará a satisfação do consumidor. Na relação satisfação > custo, devemos lembrar que os custos, nesse contexto, não dizem respeito àqueles nos quais incorreu a organização durante o desenvolvimento, a produção e a comercialização do produto (como matéria-prima, mão-de-obra, distribuição ou entrega). No âmbito da satisfação, os custos se referem aos *custos de aquisição pelo consumidor*. Em qualquer troca, o comprador defronta-se com uma variedade de custos potenciais. É essencial que a empresa e o profissional de marketing reconheçam toda a gama de custos de aquisição sob a perspectiva do cliente, que podem ser classificados nos seguintes tipos (Semenik e Bamossy, 1996):

- monetários;
- tempo;
- riscos;
- oportunidades;
- ansiedade.

Custos monetários são os custos óbvios associados à aquisição. Tais custos são representados pelas unidades monetárias — reais, dólares ou euros — que o cliente é solicitado a pagar por um produto ou serviço. O preço, um dos principais elementos do composto mercadológico por sua capacidade geradora de receita para a empresa, deve ser percebido pelo profissional de marketing como valor absoluto derivado da fórmula tradicional — custos fixos e variáveis mais margem de lucro — e também como uma fonte de satisfação para o consumidor. O custo, aqui, representa o valor pecuniário investido na obtenção de determinados benefícios, pela perspectiva do consumidor. E a sensação experimentada pelo consumidor, resultante dos benefícios entregues pelo produto em relação aos custos envolvidos na sua obtenção, poderá se caracterizar de forma positiva (satisfação) ou negativa (insatisfação). Por exemplo, um consumidor que adquira um novo telefone celular com vários benefícios funcionais e elevado preço, vinculado obrigatoriamente aos serviços de determinada operadora de telecomunicações, poderá se sentir insatisfeito após a compra se verificar que o aparelho possui comandos muito complicados ou que o custo de manutenção da linha e dos serviços é muito alto em relação à pouca diversidade oferecida e à baixa qualidade verificada. Esse sentimento de insatisfação vai gerar o desconforto pós-compra — a *dissonância cognitiva* —, que já foi estudado minuciosamente em capítulo anterior. Por isso, é oportuno ao profissional de marketing atentar para os impactos que os custos de aquisição provocam na satisfação do consumidor, buscando incluir em suas estratégias mercadológicas atributos adicionais que eliminem ou minimizem essas sensações no consumidor após a compra.

Os custos monetários não são os únicos considerados pelos clientes. Outros fatores, como **custos de tempo**, também podem impactar a satisfação. O *tempo* e a *conveniência* para os consumidores estão relacionados com horários de funcionamento do ponto-de-venda, localização da loja, facilidade de estacionamento, rapidez de entrega, possibilidade de uso de cartões de crédito em vez de dinheiro ou crediário e muitos outros. Imagine uma situação em que determinada companhia aérea seja notória por deixar as pessoas esperando na linha por longos períodos quando elas telefonam para fazer uma reserva de vôo. Esse "custo de aquisição" (a inconveniência de ficar esperando na linha) poderia ser um fator suficientemente impeditivo para os clientes evitarem o contato com aquela empresa aérea. Da mesma forma, o varejista que anuncia "Preços muito, muito reduzidos!", mas cuja loja tem localização distante e de difícil acesso, pode ser percebido pelos consumidores como tendo "um custo alto demais".

No ritmo acelerado dos dias atuais, o tempo é um recurso precioso e, fatalmente, critérios como rapidez, presteza e conveniência sempre competirão vantajosamente nas avaliações de compra dos consumidores modernos. Cientes dessas expectativas, diversas empresas no Brasil e no mundo estão oferecendo meios de agilizar o atendimento e facilitar o encurtamento do processo decisório de compra por meio de novos canais, como comércio eletrônico, ou novos modelos, como serviços 24 horas, centrais de atendimento ao consumidor ou serviços pessoais personalizados (como personal trainers). Mesmo no setor público e em órgãos governamentais, que historicamente se caracterizavam como demorados e burocráticos, essa agilidade tem sido implementada por inovadores modelos de prestação de serviços que enfatizam a qualidade e a rapidez no atendimento. O quadro *Estudo de Caso — Poupatempo: Excelência no Atendimento ao Cidadão* explora o caso de uma dessas experiências positivas.

Os **custos de risco** são relacionados à falta de certeza ou à insegurança quanto à aquisição pretendida. A decisão de um consumidor de comprar um microcomputador, por exemplo, poderá levá-lo a preferir pagar mais por uma marca conhecida a correr o risco de investir na compra de um equipamento de determinada empresa que tenha entrado recentemente no mercado, sobre a qual ele não possui nenhuma referência anterior ou avaliação técnica especializada.

Os **custos de oportunidades** da aquisição representam simplesmente o fato de que, se um consumidor escolhe o produto ou o serviço de uma empresa, ele abre mão da oportunidade de comprá-lo de outra empresa. Esse custo de aquisição destaca a natureza competitiva de se tentar proporcionar satisfação aos clientes. As organizações devem reconhecer que os consumidores têm uma variedade de opções em cada categoria de produtos e serviços. Se uma empresa tem sucesso em atrair um cliente, ele desiste da oportunidade de ser atendido por uma concorrente.

Finalmente, em graus variáveis, os consumidores experimentam os **custos de ansiedade** na aquisição. A ansiedade é uma atitude natural, sobretudo em compras de alta complexidade e relevância, enfrentada pelos compradores. Não podemos esquecer que, por nossa natureza humana, somos fortemente afetados por nossos sentimentos e emoções nas decisões de consumo. É muito provável que, dependendo da pessoa, ela se sinta, em maior ou menor grau, com certa ansiedade e tensão diante de decisões difíceis, como a compra de um imóvel ou a escolha de prolongadas férias no exterior. Nesse contexto, a ansiedade pode ocorrer tanto antes quanto depois de uma decisão de compra. No processo decisório de compra, a ansiedade é a tensão interna que um consumidor experimenta após reconhecer uma inconsistência entre comportamentos e valores ou opiniões depois de efetivada a compra. Essa dúvida pós-decisão, como já estudamos anteriormente, no estudo do comportamento do consumidor, é chamada de "dissonância cognitiva". Assim, o custo potencial será sempre ponderado no processo de aquisição.

Os fatores específicos analisados na relação satisfação > custos de aquisição são decisivos para a efetivação das relações de troca e precisam ser trabalhados cuidadosamente pelo profissional de marketing (veja a Figura 7.4). O seu desafio está em como proporcionar maior satisfação e em como reduzir os custos de aquisição. O *Estudo de Caso — Habib's: Satisfazendo o Consumidor por Centavos* ilustra a situação de uma empresa brasileira que está for-

Capítulo 7 • Satisfação

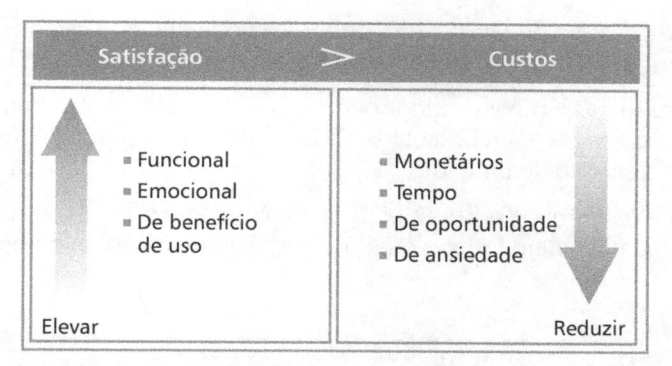

```
┌─────────────────────────────────────────────────┐
│   Satisfação        >          Custos           │
├──────────────────────┬──────────────────────────┤
│   ↑                  │                          │
│   ■ Funcional        │  ■ Monetários            │
│   ■ Emocional        │  ■ Tempo                 │
│   ■ De benefício     │  ■ De oportunidade       │
│     de uso           │  ■ De ansiedade        ↓ │
│                      │                          │
│   Elevar             │                 Reduzir  │
└──────────────────────┴──────────────────────────┘
```

Figura 7.4 A gestão da relação satisfação/ custos de aquisição.

necendo uma inequação satisfação > custos positiva ao consumidor. Ao concretizar essa inequação de forma a fornecer maior valor para o cliente, as empresas darão aos consumidores um bom motivo para que as prestigiem e voltem a comprar delas.

Como já vimos, as experiências anteriores em compras, conselhos de amigos e colegas e apelos de marketing ajudam a formar as *expectativas* dos consumidores. A resolução de problemas relativos a necessidades e desejos será efetivada com base nas influências socioculturais, psicológicas e situacionais, bem como nas informações disponíveis para análise das alternativas existentes. Finalmente, a decisão de compra poderá depender da referência cognitiva ou emocional que o consumidor possua em relação à marca. Aprendizados, crenças, valores e atitudes em relação a marcas resultam, quase sempre, da experiência anterior no relacionamento com a empresa e com a capacidade do produto de ter solucionado efetivamente, no passado, as necessidades funcionais, emocionais ou de posse e uso. Principalmente no ramo de serviços e no mercado organizacional, como já mencionamos anteriormente, o relacionamento entre cliente e fornecedor tem importância preponderante na decisão de compra.

Assim, é fundamental para o profissional de marketing avaliar permanentemente a satisfação de seus consumidores, bem como identificar, entre as dimensões de satisfação e custo, que oportunidades de melhoria estão sendo detectadas em relação aos clientes. Nesse sentido, as reclamações representam um recurso importante para melhorias e devem ser bem recebidas pelos profissionais de marketing (veja *Interface — Comportamento de Reclamação do Consumidor*).

Respostas do Consumidor à Insatisfação

Você já se arrependeu de alguma compra que fez? Provavelmente sim. Todos nós, em alguma relação de troca, já experimentamos a sensação de que o resultado não atendeu plenamente as nossas expectativas. Nossas decisões diárias de consumir ou não consumir nunca serão 100% eficazes. É comum comprarmos produtos que não nos satisfaçam totalmente ou mesmo que nos tragam certo arrependimento (como já vimos, a dissonância cognitiva). Eventualmente podemos trocá-los ou passá-los adiante, sem maiores conseqüências. Porém, muitas vezes, existem situações pós-compra muito dolorosas, nas quais sentimos total insatisfação e arrependimento. Se um consumidor não se sente feliz com um produto, ele pode reagir de três formas (Solomon, 2002):

- *Resposta expressiva ou verbal*: o consumidor pode apelar diretamente ao lojista por uma compensação ou reparação (por exemplo, um ressarcimento).

- *Resposta particular*: o consumidor pode expressar insatisfação com a loja ou com o produto para amigos e/ou boicotá-la. O boca-a-boca negativo freqüentemente é prejudicial à reputação de uma loja.

- *Resposta de terceiro*: o consumidor pode tomar medidas legais contra o comerciante, registrar uma queixa no Procon ou ainda escrever uma carta para um jornal.

Interface — Comportamento de Reclamação do Consumidor

"Que bom! Temos reclamações do cliente." Essa frase dita por um gerente de marketing pode, à primeira vista, parecer incoerente e inconcebível. Uma reclamação, podemos pensar, é inadmissível! Todavia, sob um outro prisma, ela revela uma atitude positiva do gerente, que, com mentalidade aberta e sábia, percebeu o valioso instrumento que uma **reclamação** pode representar. Segundo pesquisas, a maioria dos clientes (95%) não reclama, isto é, não protesta nem se queixa diante de algo que considere injusto ou que viole seu direito, tampouco requer ressarcimento ou retratação por escrito. A maioria simplesmente deixa de se relacionar com a empresa (essa escolha de abandonar um relacionamento comercial é denominada *comportamento de saída*). Muitos, todavia, propagarão sua experiência negativa para outras pessoas. Por meio da reclamação, o gerente pode identificar em que ponto seu produto ou serviço não está atendendo aos requisitos e às expectativas do cliente. Ele poderá, então, promover a transformação do produto ou modificar o serviço para ajustar seus atributos à expectativa dos consumidores, gerando maior satisfação e, conseqüentemente, maior fidelização. O comportamento de reclamação do consumidor é um termo que abrange todas as diferentes ações que os consumidores tomam quando estão insatisfeitos com a compra. Podem existir cinco comportamentos de reclamação de compra:

- não fazer nada ou tratar diretamente com a loja;
- deixar de comprar naquela loja ou convencer os amigos a fazer o mesmo;
- manifestar-se publicamente diante de terceiros;
- boicotar a empresa;
- criar uma empresa alternativa para fornecer o produto ou serviço.

Os dois últimos são mais raros de ocorrer, embora situações de boicote organizado tenham sido eventualmente utilizadas por grupos de consumidores insatisfeitos. Alguns chegam a criar Websites para congregar uma comunidade de boicotadores insatisfeitos, propagando críticas à empresa. O último é mais incomum, chegando a representar alterações nas práticas de marketing. No Brasil, grupos de consumidores criaram associações ou cooperativas para fornecer os produtos e os serviços desejados. Alguns bancos de crédito popular se enquadram nessa categoria.

Não é raro que, por meio do feedback dos clientes, as empresas possam encontrar soluções e meios para otimizar os seus produtos, processos e serviços. Empresas que valorizam o cliente e que ancoram sua estratégia no lema "O Cliente tem sempre razão!" já se deram conta de que as suas práticas organizacionais, em todos os níveis, devem ser efetivadas para privilegiar a voz do cliente. Elas sabem o quanto vale uma reclamação. Mais do que isso, elas sabem tratá-las com a devida atenção e respeito, respondendo prontamente ao reclamante, seja ressarcindo-o, em caso de erro, seja esclarecendo suas dúvidas e se desculpando em caso de não-conformidade com expectativas excedentes. Pesquisas demonstram que clientes insatisfeitos tendem a continuar seus relacionamentos comerciais se sentirem que houve consideração e resposta à sua reclamação pelo fornecedor. Um estudo revelou que, dos clientes que registram reclamações, entre 54 e 70% voltarão a fazer negócio com a empresa se suas reclamações forem resolvidas. O percentual chega a espantosos 95% se os clientes sentirem que a reclamação foi atendida rapidamente. Clientes que tiveram suas queixas satisfatoriamente resolvidas falam, em média, a cinco outras pessoas a respeito do bom tratamento que receberam (Kotler, 2000).

Empresas focadas no cliente, isto é, conscientes de que a qualidade do atendimento ao consumidor e a sua satisfação podem determinar o sucesso ou o fracasso do negócio, têm trabalhado incansavelmente para encantar o cliente. Elas têm investido grande soma de recursos no treinamento de seus funcionários, capacitando-os, por meio de ações de Endomarketing®, a agir focados na satisfação das expectativas dos consumidores. Elas têm também adotado mecanismos de escuta da voz do cliente, procurando entender suas insatisfações e buscando, assim, identificar oportunidades para melhorar seus produtos, serviços ou processos. Não basta ouvir, é preciso também reagir às reclamações rápida e construtivamente.

Assim, além da tradicional e eficaz caixinha de sugestões (quando respondidas), essas empresas têm criado múltiplos canais abertos de interação para ouvir, processar e resolver reclamações e problemas dos clientes, bem como para melhorar a qualidade de seu relacionamento. Em muitos casos, essas medidas resultam muito mais de uma filosofia de negócio do que do atendimento a exigências legais instituídas pelo Código de Defesa do Consumidor. Esses canais de interação com os clientes são chamados de **canais de relacionamento**. Veja em *Interface — Canais de Relacionamento* os diversos canais que podem ser oferecidos ao consumidor para lhe fornecer satisfação e maior valor.

Características dos reclamantes — um aspecto importante da insatisfação diz respeito às atitudes e aos valores culturais do consumidor em relação à reclamação. Muitos consumidores evitam reclamar em virtude de suas crenças pessoais ou com receio de criar conflitos desagradáveis, sentindo-se também preocupados com a reputação que poderá advir de sua atitude, sobretudo em culturas que não valorizam as queixas e as confrontações. A cultura brasileira, por exemplo, evoluiu muito nos últimos anos, e a maioria dos consumidores se tornou mais politizada e consciente, colocando-se numa postura crítica e ativa em relação aos seus direitos.

As reclamações se relacionam também com determinantes como: significância do evento de consumo (importância, preço, visibilidade social e tempo exigido para o consumo), conhecimento e experiência (compras anteriores, conhecimento do produto e experiências anteriores com reclamações), dificuldade de buscar reparação (tempo, interrupção da rotina e custos) e a percepção da possibilidade de a reclamação levar à retribuição ou a algum outro resultado positivo (como o oferecimento de uma garantia).

No ambiente competitivo contemporâneo, o processo de satisfação é especialmente importante para os sábios profissionais de marketing que compreendem que, na era do relacionamento, o sucesso não está em vender, mas sim em moldar um relacionamento duradouro com o consumidor de modo que ele continue a comprar seus produtos no futuro e não ceda aos apelos da concorrência. O profissional de marketing deve estar ciente de que a alternativa do consumidor à *fidelização,* quando não forem atendidas suas expectativas, poderá ser o descarte do produto e a recorrência a empresas concorrentes e/ ou mercados alternativos.

Descarte do Produto

O **descarte do produto** é uma das conseqüências comuns que advêm da insatisfação do consumidor. Embora muitas vezes possa ser doloroso se desfazer de um produto (alguns consumidores se apegam a velhos pertences, principalmente em função de seu significado), os compradores tendem a descartar os que não os satisfazem ou que não têm mais utilidade. Muitas vezes, o descarte ocorre em virtude de uma substituição, isto é, da compra de um novo produto, mais econômico, avançado ou preferível por qualquer outra razão, que passa a oferecer maiores benefícios e/ ou menores custos, proporcionando ao cliente uma satisfação maior do que o anterior. Entre as opções de descarte, o consumidor pode:

- *Manter o item*: quando o consumidor decide transformá-lo para servir a um novo propósito ou guardá-lo para uso futuro.
- *Desfazer-se do item temporariamente*: quando decide alugá-lo ou emprestá-lo.
- *Desfazer-se dele permanentemente*: quando decide jogá-lo fora, doá-lo, trocá-lo ou vendê-lo.

O descarte tornou-se uma questão vital em razão das enormes implicações que podem trazer ao meio ambiente. Diariamente, milhares de produtos são descartados em todo o planeta, gerando desperdícios e perdas lastimáveis. Muitos produtos não são recicláveis ou reutilizáveis, o que provoca graves impactos em nosso ecossistema. Hoje, consumidores conscientes têm incluído, em seus critérios de avaliação no processo de escolha, a possibilidade de o produto ser reciclável ou a utilização, em sua produção, de material reutilizável (veja o Capítulo 8).

Em muitos casos, todavia, diversos produtos são repassados para outras pessoas, por meio de **mercados alternativos** ou secundários, como o mercado de pulgas, o mercado de carros usados ou as livrarias de livros usados (sebos). Os mercados alternativos acabam sendo fortes concorrentes do mercado primário ou tradicional, em que os produtos são vendidos pela primeira vez. Muitos consumidores vêem os mercados alternativos como uma opção mais econômica ou que, em algumas situações, apresenta melhor proposição de valor, sentindo que neles a inequação satisfação > custos de aquisição tem um resultado mais positivo.

Os mercados alternativos vêm apresentando um grande crescimento nos últimos anos. Em alguns casos, concessionárias de veículos vendem muito mais carros usados do que modelos novos. No Brasil, os feirões de fim de semana atraem milhares de compradores e podem representar, muitas vezes, poderosa alternativa de maior satisfação e menores custos de aquisição. Alguns autores, como Engel, Blackwell e Miniard (2000) têm denominado essa prática mercadológica que envolve a comercialização de itens usados de **remarketing**.

Avaliar o uso e a intenção pós-compra, sobretudo como os produtos são descartados, pode auxiliar o profissional de marketing no desenvolvimento de estratégias multiuso para o produto, além de criar mecanismos para proteger as novas vendas. Algumas empresas incluem a troca de produtos usados na aquisição de novos produtos, oferecendo descontos aos compradores. Outra estratégia é o desenvolvimento de ações socialmente responsáveis para atender à crescente consciência ecológica do consumidor. A Natura, por exemplo, promove a venda de refis para muitos de seus produtos, evitando o descarte dos frascos de perfumes ou desodorantes e contribuindo para a diminuição do impacto ambiental.

Capítulo 7 • Satisfação

Interface — Marketing de Relacionamento

O marketing de relacionamento tem como objetivo estabelecer relacionamentos mutuamente satisfatórios de longo prazo com partes-chave — clientes, fornecedores, distribuidores — a fim de ganhar e reter sua preferência e seus negócios a longo prazo. Essa definição, criada por Regis Mckenna (1993), aliada ao conceito de marketing de Theodore Levitt ("conquistar e manter clientes rentáveis"), reflete a abordagem contemporânea do marketing de valorizar a construção e a manutenção de parcerias de longo prazo, mutuamente lucrativas, entre os produtores/ vendedores e os consumidores.

Atualmente, as empresas estão reconhecendo a importância de satisfazer e reter clientes existentes. Essa estratégia de *fidelização* requer um esforço permanente de interação da empresa com seus clientes importantes para fornecer satisfação constante e maior valor para tais consumidores. Embora sirva para identificação de novas e mutantes necessidades dos clientes, gerando possíveis transações adicionais, o marketing de relacionamento visa muito mais do que simplesmente à venda. Ele parte da premissa de que clientes importantes requerem maior atenção pela lucratividade que oferecem, e consideram a maior dificuldade que a empresa tem de cooptar clientes da concorrência do que manter os seus.

A conquista de um novo cliente pode custar até cinco vezes mais do que os custos envolvidos em satisfazer e reter clientes existentes. Ela requer o emprego de um grande esforço para induzir clientes satisfeitos a deixar de contratar seus fornecedores atuais. Uma redução de 5% no índice de abandono de clientes pode aumentar os lucros de 25% a 85%, dependendo do setor (Kotler, 2000).

A chave da retenção de clientes é a satisfação deles. Um cliente altamente satisfeito:

- permanece fiel por mais tempo;
- compra mais à medida que a empresa lança novos produtos ou aperfeiçoa produtos existentes;
- fala favoravelmente da empresa e de seus produtos;
- dá menos atenção a marcas e propaganda concorrentes e é menos sensível a preços;
- oferece idéias sobre produtos ou serviços à empresa;
- custa menos para ser atendido do que novos clientes, uma vez que as transações são rotinizadas.

Dessa maneira, a empresa deve avaliar a satisfação de seus clientes regularmente. A empresa pode, por exemplo, telefonar para compradores recentes e perguntar se eles estão satisfeitos. Essa avaliação pode ser graduada, por exemplo, em níveis de satisfação como os descritos a seguir:

- muito satisfeitos;
- satisfeitos;
- indiferentes;
- insatisfeitos;
- muito insatisfeitos.

Esses parâmetros poderão ser aplicados especificamente a cada um dos atributos do produto ou serviço, como qualidade, desempenho ou durabilidade, ao processo de atendimento, como cortesia, rapidez ou conhecimento do produto, ou a outras características relevantes da proposição de valor, como estacionamento, localização, ambientação da loja, entrega etc.

Como vimos no Capítulo 4, o reforço e o aprendizado são estímulos que influenciam o comportamento de compra. Por isso, a marca que propicia maior reforço positivo, isto é, que oferece uma sensação positiva e agradável, concorrerá mais efetivamente para a escolha do consumidor. Instrumentos para obter feedback do consumidor que avaliem sua satisfação contribuem sobremaneira para se conhecer o nível de reforço fornecido pelo produto e os aspectos que estão gerando evitação por parte do cliente.

Com o intuito de atrair, reter e cultivar os clientes importantes, várias atividades criadoras de valor e que satisfazem superiormente o cliente (como controles da freqüência, quantidade e tipos de compra realizados por cada cliente, acompanhamento e contatos periódicos visando a melhorias do produto até avaliações de sua satisfação em diversos quesitos) devem ser incorporadas ao processo de administração mercadológica da empresa orientada para o relacionamento. Utilizando sistemas computadorizados de informações, a empresa pode gerenciar eficazmente o relacionamento com seus clientes, conhecendo-os melhor e desenvolvendo um *mix* de marketing personalizado para cada perfil de consumidor. Conhecidos como CRM — *Customer Relationship Management*, esses sistemas inteligentes promovem a gestão do relacionamento, incluindo, entre outras atividades, atualização de informações sobre o cliente, segmentação e desenvolvimento dos compradores e programas de fidelidade para clientes leais. Esses *programas de fidelidade* são ações promocionais que a empresa desenvolve para fortalecer o relacionamento, como os programas de milhagem oferecidos pelas companhias aéreas para seus clientes mais leais e freqüentes.

Processo de Desenvolvimento de Clientes Leais

Os consumidores e os clientes podem ser classificados com base na sua freqüência e lealdade de compra. Na Figura 7.5, vemos as etapas do processo para atração e retenção de clientes leais. O ponto de partida são os *suspects* (possíveis clientes), todos os que presumivelmente podem comprar o produto ou serviço da empresa. Os *prospects* (clientes potenciais) são aqueles com um forte interesse potencial na compra do produto e capazes de pagar por ele. A empresa busca converter muitos dos clientes potenciais em clientes eventuais, *compradores*, para depois convertê-los em *clientes* (compradores regulares). Estes últimos podem continuar comprando da concorrência, o que exigirá da empresa um esforço para transformá-los em clientes *preferenciais*, tratando-os excepcionalmente bem. Como conseqüência, passarão a ser *associados*, recebendo benefícios e vantagens por sua freqüência de compra e lucratividade. Posteriormente, eles se tornarão *defensores*: clientes que entusiasticamente recomendam a empresa e seus produtos para outros. O maior desafio será transformá-los em *parceiros*, quando o cliente e a empresa trabalham ativamente em conjunto.

Canais de Relacionamento

Diversos meios de interação com o cliente podem ser oferecidos ao consumidor para lhe fornecer satisfação e maior valor. Com o desenvolvimento tecnológico, ferramentas poderosas como Centrais de Atendimento Telefônico (*Call Centers*), ouvidorias (*Ombudsman*), páginas na Internet (*Websites*) e e-mails passaram a ser comumente utilizados pelos consumidores para entrar em contato com a empresa, obter informações, solucionar problemas, participar de promoções, receber benefícios e muito mais. Por meio desses canais, a empresa pode manter relações interativas e permanentes com seus consumidores, desde repasse de informações (boletins informativos, extratos on-line) e vendas adicionais por telefone (telemarketing) até soluções mais complexas (impedir o abandono de um cliente ou enviar assistência técnica para instalação e consertos).

A era do relacionamento

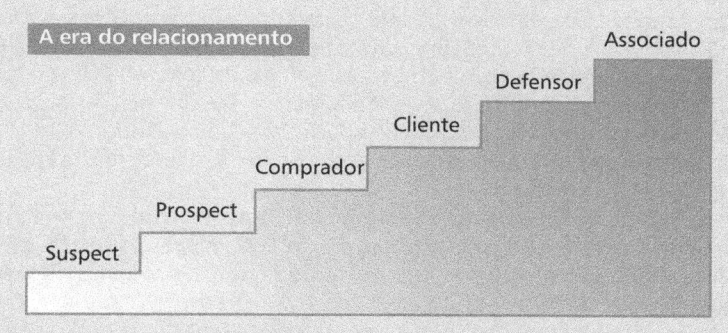

Suspect → Prospect → Comprador → Cliente → Defensor → Associado

Figura 7.5 A escada da lealdade do consumidor.

Gerenciamento de Produtos

A perspectiva de que o produto possa ser descartado nos remete a outra consideração importante sobre a relação de consumo: o gerenciamento do produto. O *gerenciamento do produto* envolve todas as atividades mercadológicas referentes à concepção, ao desenvolvimento, à promoção e ao fornecimento de produtos (bens e serviços) com vistas a satisfazer as expectativas e os desejos do consumidor.

Como já estudamos no Capítulo 1, o produto é um conjunto de atributos tangíveis e intangíveis que proporciona benefícios reais ou percebidos com a finalidade de satisfazer as necessidades do consumidor. O desafio essencial de qualquer profissional de marketing é conceber, produzir e fornecer produtos que atendam às necessidades de seus consumidores. Por exemplo, quando um consumidor adquire um automóvel, essa compra inclui um conjunto de características funcionais e critérios de desempenho, como potência, consumo, espaço interno, tamanho do porta-malas, preço e garantia. Entretanto, um comprador pode também buscar valores no carro que não estão diretamente relacionados às características funcionais, como estilo, status e prestígio — os benefícios emocionais, como já estudamos. Para que um produto seja desenvolvido e comercializado, todos os valores potenciais procurados pelos consumidores — tangíveis e intangíveis, funcionais e emocionais, reais e percebidos — devem ser considerados pelo profissional de marketing no design e marketing do produto.

Um dos elementos externos que promove estímulos no consumidor, o produto e seus elementos agregados (preço, ponto-de-venda e promoção) são variáveis importantes que influenciam o comportamento do consumidor e estão sob o controle do marketing. Assim, a satisfação decorre de desenvolvimento, precificação, produção, promoção e distribuição adequados de produtos capazes de atender apropriadamente às expectativas e aos desejos dos clientes. É, portanto, natural que essas expectativas e desejos norteiem todas as ações desenvolvidas pelo profissional de marketing durante o processo de administração do produto, em todos os seus estágios. O quadro *Interface — O Ciclo de Vida do Produto* detalha esse processo.

Interface — O Ciclo de Vida do Produto

Projetar e comercializar produtos que satisfaçam as necessidades dos consumidores é o papel essencial do gerente de produtos. Dos resultados advindos de sua eficaz administração dependerão o sucesso de longo prazo da empresa. O desenvolvimento de novos produtos é a força motriz da área de produtos de qualquer empresa, e esta por sua vez é a razão de ser da função mercadológica. Empresas como a 3M têm mais de um terço de seus lucros provenientes de novos produtos (Semenik e Bamossy, 1996). Uma ferramenta eficaz na administração de novos (e correntes) produtos é o *Ciclo de Vida do Produto — CVP*. Ele propicia uma maneira de controlar os estágios de aceitação de um produto, desde seu lançamento (nascimento) até seu declínio (morte).

Os tipos de novos produtos se classificam em: *real inovação* (produto novo para o mercado, como o telefone, a televisão, o computador e o DVD player); *substituição adaptada* (aperfeiçoamento e adaptação de um produto existente no mercado, como a TV em cores foi uma substituição adaptada da TV em preto e branco) e *o produto "eu também"* (produto novo para a empresa, mas não para o mercado, como).

Embora o desenvolvimento do produto não integre o modelo do CVP, não podemos deixar de compreendê-lo como a base fundamental para todas as fases que virão a seguir. O desenvolvimento é o período referente à pesquisa e à concepção do produto, envolvendo desde a concepção da idéia, o desenvolvimento do conceito, as pesquisas de mercado, a criação de um protótipo, seus testes e simulações, bem como sua validação e o início da produção das primeiras unidades.

O Ciclo de Vida do Produto abrange os seguintes estágios, mostrados na Figura 7.6:

- **Introdução no mercado (estágio de desenvolvimento)**: período em que o produto é lançado no mercado em ampla escala e lentamente apresenta um crescimento de vendas. O lucro é inexistente nessa fase, pois as despesas de lançamento, incluindo promoção, são grandes. Nessa fase crítica do CVP, estratégias para estimular a demanda e educar os consumidores são necessárias. O *mix* de marketing pode ser modificado à medida que se obtém feedback de distribuidores e consumidores sobre a receptividade e a adoção.

- **Crescimento**: fase de rápida aceitação de mercado ('decolagem'), com incremento cada vez maior das vendas e melhoria substancial do lucro. Começam a aparecer os primeiros concorrentes e a estratégia mercadológica passa a enfatizar valores agregados, como marca, superioridade e outros, estimulando demanda seletiva.

- **Maturidade**: estágio que se caracteriza pela redução do crescimento das vendas porque o produto foi aceito pela maioria dos compradores potenciais. O lucro estabiliza-se ou entra em declínio em função do aumento de despesas mercadológicas para defender o produto da concorrência.

- **Declínio**: período em que as vendas mostram forte queda a longo prazo e o lucro desaparece. Muito provavelmente produtos substitutos superiores passam a atrair os consumidores. Ampliam-se os ajustes no *marketing mix*.

Em cada um dos estágios, o profissional de marketing precisa ajustar o composto mercadológico às variáveis externas, como demanda e concorrência, e também às variáveis internas, como estratégia de marketing, incluindo preço, distribuição e promoção. Ajustes no marketing acabam influenciando o consumidor, como descontos promocionais, ampliação dos canais de distribuição ou propaganda mais agressiva. Por isso, o monitoramento da curva de vendas e da lucratividade, das tendências ambientais e da movimentação da concorrência permite ao profissional de marketing perceber sinalizações de que mudanças na administração do CVP deverão ser efetivadas.

A maioria dos novos produtos fracassa, quer em virtude de avaliações incorretas do potencial de mercado, quer pela concepção de produtos não atraentes para o segmento-alvo. Analisar os fatores que afetam a introdução e adoção da inovação pode auxiliar muito nesse sentido. Cada um deles proporciona aos gerentes uma ferramenta para acompanhar o progresso do produto no mercado e antecipar as mudanças que se podem fazer necessárias nas estratégias de *marketing mix*.

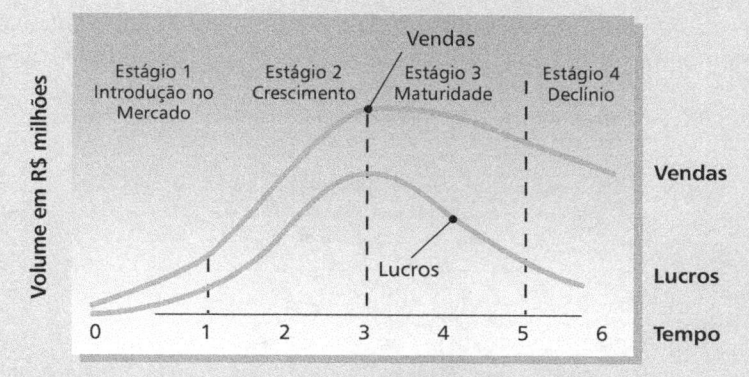

Figura 7.6 Os estágios do Ciclo de Vida do Produto.

Além do Ciclo de Vida do Produto, outro conceito extremamente valioso no gerenciamento do produto é a **difusão de inovações**. Por meio dela, o profissional de marketing pode dispor de uma ferramenta útil para antecipar as mudanças que poderão demandar ajustes ou modificações nas estratégias de *marketing mix*.

Difusão de Inovações

Os consumidores preferem os produtos de melhor qualidade, desempenho e aspectos inovadores. Portanto, os profissionais de marketing devem esforçar-se para aprimorar seus produtos permanentemente. Os compradores sempre estão procurando uma solução melhor para seus problemas. O conceito de *difusão de inovações* fornece uma perspectiva especialmente valiosa para os gerentes porque interliga as tarefas de gerenciamento de produtos existentes e novos.

O mercado evolui de forma dinâmica. A inovação e a diversificação têm sido crescentes nas últimas décadas, sobretudo em decorrência da abundância de informação, do acelerado desenvolvimento tecnológico e das constantes transformações nos hábitos socioculturais da economia global. O consumidor do século XXI se tornou mais exigente, mais consciente e mais poderoso em suas relações de consumo. A natureza evolucionária do ser humano, apoiada em profundas e rápidas transformações ocorridas no final do século passado, trouxe maiores desafios para as empresas contemporâneas: "inovar ou morrer", tem profetizado o guru americano de administração Tom Peters. A Figura 7.7 ilustra um exemplo de anúncio de produto inovador.

Centenas de novas soluções para a melhoria da qualidade de vida da sociedade humana são apresentadas diariamente pelos responsáveis pelo desenvolvimento do produto. Uma estatística americana aponta que cerca de 5 mil novos produtos aparecem a cada ano nas prateleiras dos supermercados, sendo que até 80% redundam em fracassos comerciais (Engel, Blackwell e Miniard, 2000). Componente crítico dos programas de marketing, exigindo cuidadosa administração integrada com outras áreas da empresa, a introdução bem-sucedida de novos produtos é a força vital que impulsiona as empresas, sustentando seu crescimento e agregando valor aos acionistas. Empresas inovadoras tendem a liderar o mercado e, conseqüentemente, a dar maior retorno aos seus acionistas.

Os *gerentes de produtos* descobriram que há um forte relação entre os consumidores, seu comportamento e a maneira como as inovações se difundem pela sociedade. Essa rela-

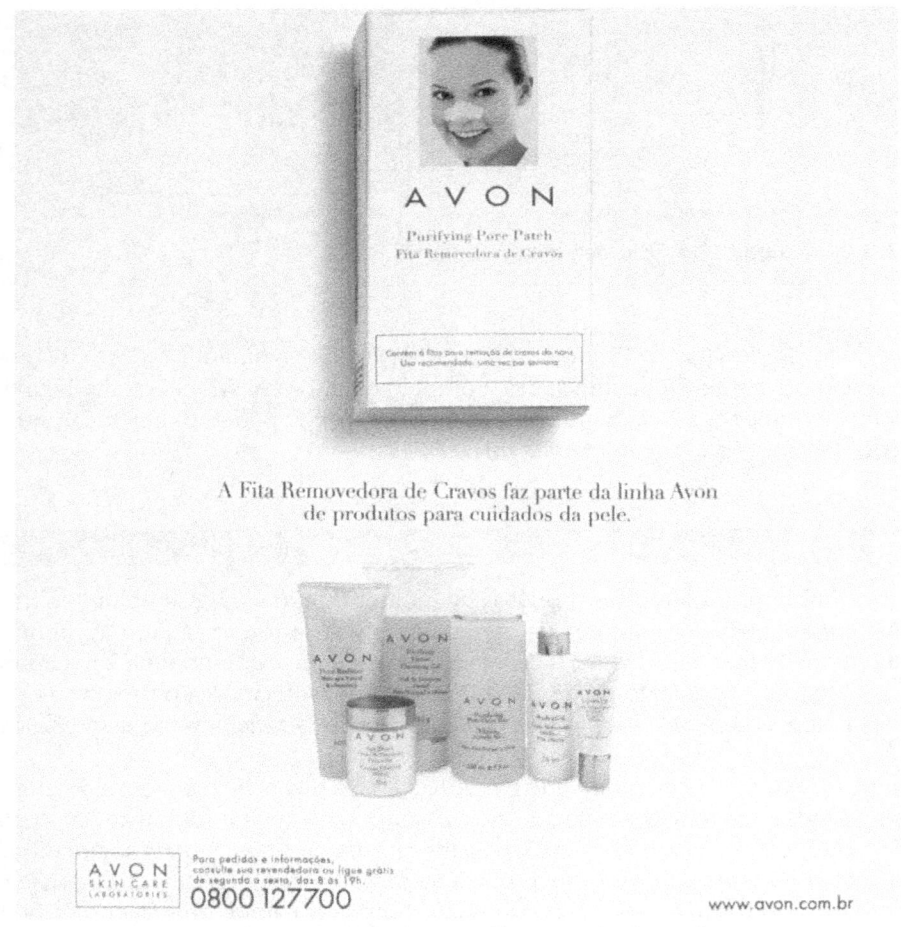

Figura 7.7 Anúncio divulga um produto inovador (fonte: agência DPZ).

ção é representada pelo conceito conhecido como **difusão de inovações**, isto é, o processo pelo qual uma inovação (nova idéia) é comunicada por meio do tempo entre os membros de um sistema social. Segundo essa premissa fundamental, quando uma inovação é introduzida na sociedade, ocorre sua difusão gradual, relativamente padronizada e previsível. Assim, um produto pode existir há um certo tempo, mas poderá ser percebido como novo e ser uma inovação em outro mercado. Os elementos principais desse processo de difusão referem-se às características da inovação (produto) e às características dos adotantes (consumidores) que compram e usam o produto.

Semenik e Bamossy (1996) descrevem cinco *características do produto*, classificadas por Everett Rogers como associadas ao sucesso da inovação, acelerando ou retendo a aceitação e, por conseguinte, a adoção do produto pelos consumidores. A **complexidade percebida** de um produto e a correspondente incapacidade ou falta de vontade dos consumidores de entender sua função e operação retardarão consideravelmente o processo de difusão. Por exemplo, softwares amigáveis serão mais rapidamente adotados pelos consumidores. A **compatibilidade** do produto com normas de comportamento existentes também afeta o índice de aceitação. Os fornos de microondas (à parte alguns problemas iniciais de segurança) eram incompatíveis com o conceito de 'dureza' do trabalho doméstico. Detergentes para lavar roupa que fazem pouca espuma eram e ainda são vistos como ineficazes porque a quantidade de espuma na máquina tem sido tradicionalmente percebida pelos consumidores como indicação de poder de limpeza.

Três outras características do produto referem-se à sua comercialidade e afetam o índice de difusão. A **vantagem relativa** do produto — ou seja, sua superioridade em relação às outras alternativas — é um fator poderoso de influência. A vantagem relativa pode ser obtida por meio de sua superioridade funcional, do preço mais baixo, do design exclusivo ou do apelo emocional. Os caixas automáticos difundiram-se rapidamente na sociedade, pois proporcionam alta vantagem percebida para consumidores que querem disponibilidade 24 horas por dia. A **observabilidade** do valor de uma inovação faz muito por acelerar ou retardar o processo de difusão. Ela reflete o grau em que os resultados da inovação são visíveis para as pessoas. Ficou rapidamente claro para os consumidores que a televisão em cores tinha algo diferente e melhor a oferecer em relação aos modelos em preto e branco. Finalmente, se uma inovação pode ser usada numa **base de experiência**, ou experimentabilidade, o índice de adoção é acelerado. Produtos com preço alto e/ ou que envolvem um compromisso de longo prazo, como microcomputadores, sofrem com esse fator. Muitas empresas usarão demonstrações, amostras grátis ou testes gratuitos em domicílio como forma de lidar com esse elemento (Bamossy e Semenik, 1996).

Os profissionais de marketing e, especificamente, os gerentes de produto mais alertas buscam reconhecer as características de um novo produto relacionadas à rapidez com que ele será adotado e difundido pela sociedade. Se um novo produto apresenta características que violam um ou mais dos fatores relacionados anteriormente, o profissional de marketing deverá desenvolver estratégias especiais de *marketing mix* para superar a barreira de difusão. Por exemplo, se os valores de um produto forem mais intangíveis do que observáveis, então a empresa poderá ter de utilizar resultados de testes, influência de grupos de referência ou experiências gratuitas do produto a fim de demonstrar seu valor para os consumidores. Na indústria farmacêutica, são comuns a distribuição de amostras grátis para os médicos e a divulgação de relatórios de pesquisas efetuadas, bem como a realização de palestras com especialistas sobre os benefícios e os resultados já obtidos com o uso de um novo medicamento.

Outro aspecto importante a ser considerado na análise da difusão de inovações é aquele relativo à natureza dos **consumidores adotantes**. As pessoas reagem de forma diferente às inovações. Alguns consumidores gostam de experimentar novos produtos assim que são lançados; outros preferem esperar até que eles provem que funcionam. Há, portanto, diferente *inovatividade*, isto é, o grau em que um indivíduo adota uma inovação relativamente mais cedo do que outros membros do sistema social. Verificou-se a existência universal desses diferentes tipos de pessoas, que podem ser classificadas em categorias distintas de consumidores adotantes. Essas categorias, representadas na Figura 7.8, são assim descritas:

1. *Inovadores*. São as pessoas que experimentam primeiro um novo produto ou consumidores de renda mais alta e classe social mais elevada que demonstram grande confiança em suas próprias habilidades de compra. Tendem a se informar sobre os produtos por meio da mídia de massa ou de mídia segmentada, como TV a cabo. Seu nível de escolaridade mais alto e a situação financeira segura os tornam liberais em seu comportamento de compra. A demografia bem definida desse grupo e sua confiança nas mídias de massa ou segmentada para obter informações fazem de seus membros um alvo atingível e atraente para lançamentos de novos produtos, apesar de seu pequeno número absoluto.

2. *Adotantes precoces*. Embora também seja um grupo de alta renda e classe elevada, difere significativamente dos inovadores. Mais notadamente, os membros desse grupo recorrem a fontes pessoais de informação e agem como líderes de opinião boca a boca assim que passam a usar o produto. Tendem a ocupar posições de destaque na comunidade e, por conseguinte, exercem uma influência positiva na rapidez do processo de difusão do produto.

3. *Maioria inicial*. Esse grupo representa a abertura do mercado de massa. Uma vez difundido até esse ponto, o produto começa a ser comprado por pessoas ligeiramente acima da média em nível de renda, escolaridade e classe social. Os membros desse grupo usam um grande leque de fontes de informação sobre produtos, incluindo contato com o grupo de adotantes precoces.

4. *Maioria tardia*. Assim que o produto atinge essa categoria de adotantes, já se encontra firmemente estabelecido no mercado. Nessa fase do processo de adoção, os compradores apresentam menor nível de escolaridade e renda e estão numa classe social mais baixa. Esse grupo espera por reduções de preço ou melhorias do produto antes de adotá-lo.

5. *Retardatários*. Esse grupo é formado por consumidores mais céticos com relação a inovações, sendo os últimos a adotar um produto. Podem ser de qualquer classe social ou nível de renda. Seu agrupamento aqui se baseia estritamente no fato de serem os últimos a participar do processo de adoção.

A categorização de adotantes é uma ferramenta útil para o profissional de marketing na administração do produto, pois proporciona uma descrição do tipo mais provável de consumidor a considerar a compra do produto em diferentes momentos no tempo. Entre-

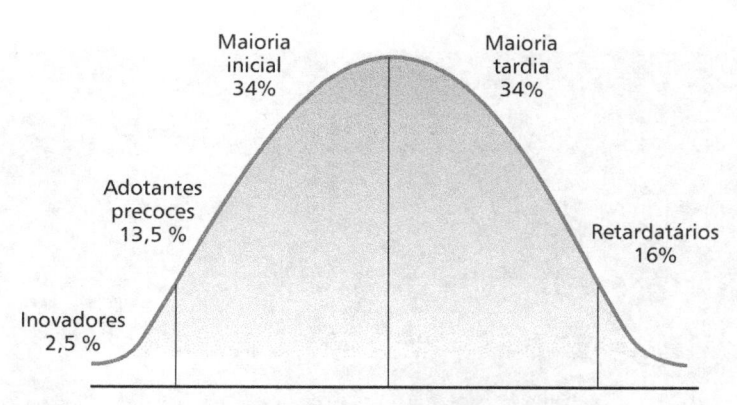

Figura 7.8 Difusão de inovações: categorias de adotantes.

tanto, cabe observar que muitos produtos são desenvolvidos, desenhados e direcionados para consumidores que estão realmente em algum lugar entre as várias categorias de adotantes e não são dirigidos exclusivamente aos inovadores (Semenik e Bamossy, 1996). Nessa situação, a classificação baseada na categoria de consumidores adotantes da difusão de inovações será menos importante do que a segmentação de mercado eventualmente utilizada.

Não podemos deixar de esclarecer que a categorização de consumidores adotantes também é válida para o mercado de consumidores organizacionais. Embora alguns aspectos peculiares possam preponderar na adoção de inovações por parte do comprador organizacional, como o ramo de negócios em que opere (existem setores mais propensos à inovação), o grau de rivalidade do setor, a dependência da tecnologia para o desenvolvimento de produtos e a discussão anterior sobre difusão de inovações podem igualmente servir para o profissional de marketing B2B traçar suas estratégias mercadológicas para adoção de novos produtos. Alguns aspectos importantes, como as barreiras à difusão que podem ser interpostas por algumas empresas, sobretudo as que detêm o padrão de determinado segmento, bem como certos tipos de empresa que podem ser mais propensas à pronta adoção de novos produtos exatamente da mesma forma que os inovadores no mercado consumidor doméstico, devem ser analisados com maior cuidado no ambiente específico do consumidor organizacional. Finalmente, salientamos que os estudos sobre o comprador organizacional no que tange à adoção ainda são pouco significativos em relação a outras generalizações classificatórias.

A Influência da Comunicação na Adoção de Inovações

A comunicação de novos produtos tem papel crucial na adoção de inovações. Os profissionais de marketing têm constatado que, embora a mídia de massa seja responsável pela transmissão da informação ao consumidor e o influencie diretamente, resultados mais eficazes no estímulo da adoção de novos produtos têm sido observados na utilização de outras ferramentas promocionais, como relações públicas e comunicações boca-a-boca, sobretudo com os formadores de opinião. Dois modelos conhecidos auxiliam o profissional de marketing no gerenciamento da comunicação de novos produtos: o *Modelo AIDA* (Atenção, Interesse, Desejo, Ação

Figura 7.9 Anúncio que enfatiza inovação: sensor de estacionamento em um modelo de carro (fonte: Ogilvy).

— veja a Figura 7.10) e o *Modelo de Rogers do Processo de Decisão de Inovação* (Conhecimento, Persuasão, Decisão, Implementação e Confirmação). Com pequenas diferenças, esses modelos de comunicação refletem uma seqüência de ações promocionais diversas desenvolvidas pelo profissional de marketing que induzem o consumidor a conhecer a inovação, a se interessar por ela e a experimentá-la. Considerando o contexto socioeconômico, cultural e psicológico do consumidor-alvo, o profissional de marketing busca estimulá-lo para a exposição e a atenção do novo produto, principalmente por meio de mensagens criativas e diferenciadas que introduzam informações úteis e conhecimento sobre os benefícios do novo produto. Procurando persuadi-lo quanto às características percebidas (compatibilidade, vantagem relativa etc.), ele poderá despertar o interesse e o desejo do consumidor (desenvolvendo atitudes favoráveis ou desfavoráveis) para a experimentação da inovação. A Figura 7.9 enfatiza a inovação em um modelo de carro. Por meio de estímulos da experimentação, como test-drives ou degustações, o consumidor entra em contato com o novo produto, utilizando-o de forma experimental e, conseqüentemente, avaliando sua adoção ou não (decisão). Depois, com a implementação (ao colocar a inovação em uso), ele estará propenso a adotar ou não o referido produto. Finalmente, ele confirmará ou descontinuará, pelo reforço de sua experiência e/ou outras opiniões, o uso continuado do produto.

Consumir ou Não Consumir: Eis a Questão!

Outra consideração significativa que deve ser feita no âmbito da satisfação diz respeito ao significado e à valorização do ato de compra e das relações de consumo no contexto da

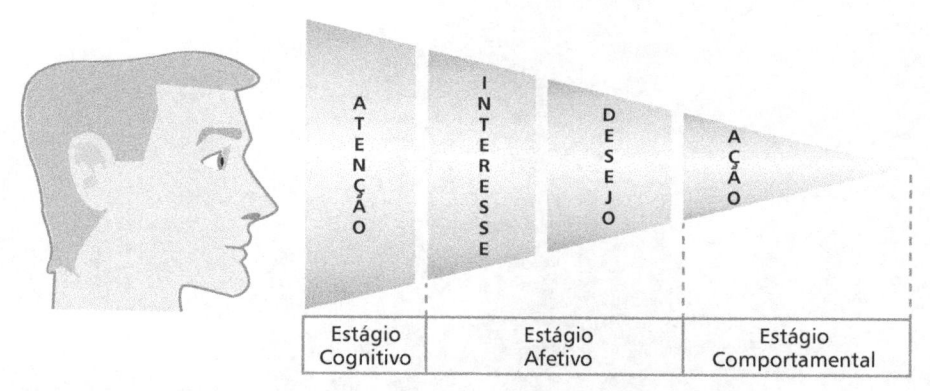

Figura 7.10 O modelo AIDA — Atenção, Interesse, Desejo, Ação.

(Estágio Cognitivo: ATENÇÃO, INTERESSE — Estágio Afetivo: DESEJO — Estágio Comportamental: AÇÃO)

sociedade. Parodiando o clássico dramaturgo inglês William Shakespeare, o dilema existencial do consumidor contemporâneo pode residir na dúvida essencial de *comprar ou não comprar*. Ou seja, sua angústia fundamental talvez não se constitua na dúvida *necessitar ou não necessitar*, mas nos meios para atingir essa satisfação: comprando ou não comprando determinado produto ou serviço. Há um sutil risco de distorção de foco na sociedade consumista moderna. Muitos consumidores são mais fortemente movidos por seus desejos do que por suas necessidades, não raro sendo seduzidos pelos apelos mercadológicos e comprando produtos de que não precisam. Como já vimos no Capítulo 4, esses consumidores (que incluem sobretudo os aficionados pelo consumo e os consumidores compulsivos) acabam consumindo mais do que o necessário para satisfazer suas necessidades. Muitos sentem-se permanentemente insatisfeitos, *criando* desejos incessantes e buscando no consumismo desenfreado um relaxamento temporário para suas tensões. Naturalmente, para eles, o critério de satisfação será elevado a patamares incomuns, e incluirá, predominantemente, parâmetros emocionais e psicológicos muito subjetivos relacionados à alegria, à felicidade e ao bem-estar.

Na sociedade pós-moderna, a experiência de consumo pode expressar mais do que a simples solução de um problema. Ela pode caracterizar, segundo sugerem alguns estudiosos, eventos mais amplos e significativos, como por exemplo uma aventura, uma teatralização e até um ato sagrado ou profano (veja a Figura 7.11).

O Consumo como aventura e prazer — Talvez por sua dimensão experiencial-hedônica, como vimos no Capítulo 4, o consumo tem sido encarado por alguns pesquisadores, principalmente antropólogos e sociólogos, como um ritual embebido de fortes significados sociais e culturais (além de psicológicos), no qual o propósito impulsor vai além da simples satisfação de necessidades ou desejos. No ambiente materialista que divide o mundo entre ricos e pobres, no qual a posse de bens é habitualmente associada às oportunidades, ao poder e à felicidade, o consumo alterou profundamente a dinâmica social da humanidade e representa um traço antropológico significativo da sociedade ocidental pós-moderna. Muitas pessoas compram sem precisar, sem nenhuma razão utilitária (funcional ou tangível), mas simplesmente por razões hedônicas (prazerosas ou intangíveis). Diversos pesquisadores têm estudado as razões subjacentes do ato de compra. Entre elas, incluem-se (Solomon, 2002):

- *Experiências sociais*: ir ao shopping é um programa social ou passatempo comum nas cidades.

Figura 7.11 Dimensões representativas do consumo.

(Aventura e prazer / Teatralização / Ato sagrado ou ato profano)

- *Compartilhamento de interesses*: as lojas especializadas servem como espaço congregador de afinidades.
- *Atração interpessoal*: os shoppings também representam ponto de encontro para adolescentes e lugar seguro para passear despreocupadamente.
- *Status instantâneo*: os consumidores se sentem valorizados e importantes nas lojas pelo tratamento dado pelos vendedores.
- *A emoção da caçada*: os consumidores sentem prazer quando vão às compras e adquirem presentes para si próprios. Muitos conhecem bem o mercado e adoram descobrir lojas novas e produtos recém-lançados, bem como pechinchar, transformando as compras em verdadeiras caçadas esportivas.

Como vimos no Capítulo 5, o consumidor possui estados de espírito antecedentes (humores) que influenciam a compra. Consumidores estressados podem não avaliar corretamente as opções ou consumidores com muita fome podem comprar mais do que o necessário em um supermercado. Duas dimensões, o prazer e a excitação, determinam se um comprador reagirá positiva ou negativamente a um ambiente de consumo. Como mostra a Figura 7.12, diferentes combinações de níveis de excitação e prazer resultam em uma série de estados emocionais que poderão estimular o comprador.

A felicidade, por exemplo, é um estado de espírito (uma combinação de prazer e excitação) no qual há altos níveis de prazer e moderados níveis de excitação, enquanto a alegria é alta em ambas as situações. Para buscar esses estados de espírito positivos e agradáveis, o consumidor é capaz de desenvolver um condicionamento psicológico (como estudamos nas teorias behavioristas) pelo qual estados emocionais, como a alegria ou felicidade, poderão ser procurados e obtidos pelo estímulo resultante do ato de compra ou consumo. Essa motivação poderá, em alguns casos, desencadear um consumo desenfreado e repetitivo (comportamento aficionado de consumo) que, dependendo de sua evolução, poderá se transformar em caso crônico de *consumo compulsivo*.

O comportamento compulsivo de compra, como vimos em *fatores experienciais-hedônicos*, no Capítulo 4, reflete o lado negro do consumo. Embora por algum tempo a compra

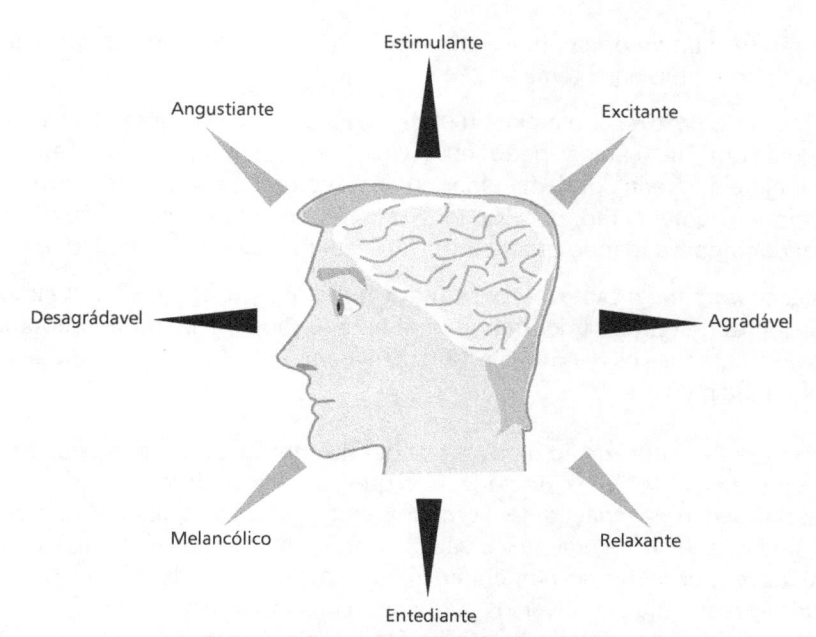

Figura 7.12 Consumo hedônico: as dimensões dos estados emocionais.

compulsiva faça o consumidor se sentir melhor, proporcionando-lhe uma sensação de prazer e felicidade, freqüentemente ela é prejudicial para o consumidor e para aqueles de seu convívio íntimo.

O consumismo, como doutrina econômica, defende o consumo crescente e ininterrupto como vantajoso para a economia e para a sociedade. De fato, a proliferação de novos bens e serviços propiciaram à sociedade melhor qualidade de vida e maior bem-estar. Todavia, o consumismo, como comportamento condicionado, pode representar um risco para o ser humano. Consumir por consumir, comprando em demasia bens e artigos supérfluos, pode provocar uma anomalia prejudicial para o indivíduo. Igualmente, uma sociedade que se caracteriza pelo consumo delirante pode inverter a ordem de prioridades essenciais e fundamentais para o seu desenvolvimento. Embora não seja nosso propósito explorar aqui essa significativa dimensão das relações de consumo, não podemos ignorar que tais questões merecem a reflexão de todos, sobretudo dos profissionais de marketing, para avaliar seus impactos no desenvolvimento humano.

O consumo como teatralização — Pesquisadores sugerem que, na sociedade ocidental, as pessoas imaginam a experiência de consumo como uma representação teatral, isto é, uma atuação (Mowen e Minor, 2003). Estudando consumidores em situações extremas de consumo, como skydiving e rafting em corredeiras, os pesquisadores concluíram que, nessas experiências, os consumidores se comportaram como 'atores', desenvolvendo atitudes e comportamentos para enfrentar e solucionar situações tensas, perigosas e conflitantes. Eles *atuaram* para resolver o problema!

Essa situação, na qual o consumidor e o profissional de marketing, na relação de troca, agem como atores ou como platéias e na qual existem obrigações e padrões, é definida como **atuação do consumidor** e é classificada pelos profissionais de marketing em três tipos (Mowen e Minor, 2003):

- *Atuação restrita*: desempenha-se um papel mínimo e envolvem compras de baixo envolvimento, como detergentes.

- *Atuação interpretada*: a platéia, ou público, reconhece que uma troca satisfatória depende de uma atuação das partes envolvidas, de maneira que o consumidor ou o profissional de marketing podem culpar ou dar crédito um ao outro. Ocorre em compras de grande envolvimento, como a aquisição de um automóvel, em que consumidor e vendedor atuam sabendo que a satisfação depende de seu desempenho.

- *Atuação dramática*: tanto o consumidor quanto o profissional de marketing estão conscientes de que está ocorrendo uma encenação e cada um monitora o papel do outro. São grandes os riscos e o nível de envolvimento é muito alto. Aqui, cada ator é uma platéia para o outro.

Essa metáfora da teatralização para as relações de consumo aborda o produto como "potencial estático para a atuação", caracterizando que os consumidores não só consomem um produto, mas também uma atuação. Costumamos inclusive usar expressões do tipo "bom desempenho" para qualificar detergentes e carros. Conscientes dessa atuação, os profissionais de marketing devem procurar desempenhar o seu papel (função) da melhor forma possível, buscando satisfazer sua platéia (diversos públicos e consumidores).

O consumo como ato sagrado ou ato profano — Recentemente, no Brasil, um casal ficou 'trancafiado' em uma residência para participar de um evento promovido por uma empresa de Internet. O casal, isolado por várias semanas, não podia sair e só lhes era permitido o consumo de produtos e serviços comprados pela Web. Realizada para mostrar o potencial do comércio eletrônico, a experiência revela também quanto nossa sobrevivência está vinculada aos atos de consumo.

O consumo tem significados que vão além do reino das necessidades humanas. Há uma **dimensão sagrada**, que transcende a existência mundana comum, quando nos referimos ao consumo daquilo que é mais significativo, poderoso e extraordinário do que o ego. O consumo sagrado envolve objetos e eventos que são separados das atividades normais e tratados com algum grau de respeito ou reverência. Os domínios do sagrado incluem lugares significativos (nos quais gostamos de ficar ou que adoramos freqüentar e que *integram* nossa personalidade ou estilo de vida) e itens tangíveis (qualquer coisa a que damos valor, como uma peça de roupa ou uma bijuteria). Os próprios consumidores criam essa sacralização pelos seguintes meios (Engel, Blackwell e Miniard, 2000):

- *Rituais*: comportamentos repetitivos, expressivos e simbólicos que ocorrem numa seqüência fixa. Por meio desses rituais — que incluem troca (como presentes), posse (usamos com orgulho o 'meu' para definir um bem que nos pertence), tempo (feriados, eventos esportivos, refeições especiais), cuidados (os bens são perecíveis e temos cuidado com sua preservação) e descarte (sentido de perda) —, as posses tornam-se transformadas e embebidas na identidade de alguém.

- *Peregrinação*: forma comum de consumo sagrado que envolve uma viagem a um local de consumo onde o sacro é vivenciado. Esse lugar passa a ser um santuário de valor elevado para o consumidor. O filme *Os Embalos de Sábado à Noite* mostrava um jovem que todo fim de semana ia à discoteca (o seu "santuário") para dançar e se sentir como um deus.

▎ *Quintessência*: o objeto de consumo é exatamente o que deveria ser, precisamente correto e perfeito. Verdadeiros talismãs com alma própria, como canetas Mont Blanc, e que adquirem um valor maior do que o real.

▎ *Coleção*: quem de nós nunca colecionou alguma coisa? Colecionar objetos é uma prática de consumo sagrada adotada por milhões de pessoas, podendo se transformar num tipo de consumo viciante e compulsivo.

Por outro lado, a **dimensão profana** envolve objetos e eventos de consumo que são comuns, corriqueiros e que não compartilham o aspecto 'especial' dos objetos e dos eventos sagrados. O profano é comum (mas não vulgar ou obsceno) e não tem a capacidade de reduzir experiências extasiantes e de autotranscendência.

Eventos, objetos e até mesmo pessoas podem ser 'sacralizados' (**sacralização**), isto é, quando esses itens, antes considerados sagrados, passam a ser desejados e integram o dia-a-dia de um pequeno grupo de pessoas (como, por exemplo, a camiseta do rei Pelé usada na seleção brasileira). Esses mesmos itens também podem ser 'dessacralizados' (**dessacralização**), isto é, passam a integrar a cultura popular (miniaturas do Corcovado ou pôsteres de Che Guevara).

Estudo de Caso — Habib's: Satisfazendo o Consumidor por Centavos

Três esfihas pelo preço de um café. Era assim que, em 1988, uma lanchonete na rua Cerro Corá, em São Paulo, anunciava em uma faixa de tecido o seu principal produto. Quinze anos depois, 250 lojas distribuídas em todo o país, inclusive no exterior, servem cerca de 600 milhões de esfihas, 28 milhões de quibes, 10 milhões de pratos árabes, 10 milhões de sanduíches e 4 milhões de pizzas por ano para satisfazer o desejo de milhares de consumidores amantes da comida árabe.

Fundado pelo médico português Alberto Saraiva, que decidiu se tornar empreendedor, o Habib's se tornou o primeiro fast-food árabe do país e a segunda maior rede fast-food no mercado brasileiro. Esse padrão de restaurantes de comida rápida, modelo internacionalizado pela rede de hambúrgueres americana McDonald's, em resposta ao acelerado ritmo de vida moderna, se expandiu vertiginosamente no Brasil nas duas últimas décadas. Marcas como Bob's, China in Box, Girafas e Habib's são referências de fast-foods brasileiros bem-sucedidos, competindo de igual para igual com marcas internacionais como McDonald's e Pizza Hut. O segredo: produtos de qualidade, bom atendimento e preços baixos para satisfazer necessidades e desejos dos seus consumidores.

Com 56 itens no cardápio, sobretudo pratos típicos da culinária árabe, a rede oferece ampla variedade de pratos quentes (kafta, charuto de repolho e pizzas, entre outros), porções frias (como kibe cru, tabule, homus), sanduíches (Bib's Burguer, por exemplo) e especialidades (esfihas de carne, frango e queijo, pastéis e fogazzas), garantindo com isso a satisfação de todos os paladares.

A cultura árabe possui forte presença no país. Os imigrantes árabes e brasileiros descendentes de origem árabe chegam a 11% da população. São cerca de 7 milhões de libaneses — 1,5 milhão só na capital paulista.

Num mercado como o Brasil, onde 56,4% dos trabalhadores ganham até dois salários mínimos e 24,4% recebem até um salário, segundo o Censo 2000, a estratégia do Habib's se provou perfeitamente adequada. Por menos de R$ 8,00, o cliente pode fazer uma refeição completa e saborosa nas franquias da rede. Com faturamento de R$ 500 milhões em 2003 e crescendo a uma média de 30 lojas por ano, a receita da rede, segundo seu proprietário, está em oferecer pratos de qualidade, preços extremamente baixos e atendimento diferenciado. Seu produto mais tradicional, a Bib'sfiha, por exemplo, custa R$ 0,46.

Suas sobremesas, todas exclusivas, também são fortes diferenciais para atrair a clientela. O pastelzinho de Belém, por exemplo, famoso doce português, chegou a vender 2,5 milhões de unidades em 20 dias no início de 2002, quando foi introduzido pela rede.

Nos últimos anos, o crescimento da rede enveredou também pelo mercado internacional, com a abertura de sete lojas no México e planos de expansão para Portugal, França e Estados Unidos. A empresa, com uma estrutura verticalizada, conta com cerca de 12 mil funcionários e fabrica seus próprios pães, sorvetes, sobremesas árabes e até o queijo com que recheia suas esfihas em suas Centrais de Produção, geograficamente distribuídas para favorecer a logística até as lojas.

O Habib's oferece serviços, como o Bib Festas, locando suas lojas para interessados em realizar aniversários ou outros eventos. Faz, freqüentemente, promoções de marketing junto à clientela infantil, como a promoção Snoopy Habib's, na qual, ao comprar um Kit Habib's, o cliente podia escolher como brinde um dos três modelos do boneco Snoopy. E ainda desenvolve ações de responsabilidade social, como o Bib's Dia Genial, quando a arrecadação da venda de esfihas é destinada a projetos como o Ação Criança.

Fontes: Kátia Simões, "A Força do Tempero Popular", *Empresas & Negócios*, fev. 2004, p. 35-37; site da empresa, www.habibs-fast-food.com.br.

Estudo de Caso — Poupatempo: Excelência no Atendimento ao Cidadão

Em muitas cidades brasileiras, o acesso a serviços públicos ou a tentativa de solucionar problemas e pendências junto a órgãos governamentais se tornam uma via sacra para o consumidor. Demora, burocracia, atendimento deficitário e ineficiência têm sido algumas das reclamações apontadas pelos cidadãos, que precisaram se sujeitar a todo tipo de dificuldades para solucionar questões referentes a sua relação com o Estado. Mas em algumas cidades, todavia, um novo modelo de atendimento e relacionamento com o consumidor está transformando o conceito de serviço público no país.

Em São Paulo, o governo do estado possui 12 postos de Atendimento ao Cidadão, os chamados Poupatempo, onde diversos serviços de natureza pública são prestados diariamente, com rapidez e eficiência, a milhares de cidadãos — em 2003, foram 19,6 milhões de atendimentos. Reunindo diversos órgãos e empresas prestadoras de serviços públicos em um único espaço, funcionando durante 12 horas de segunda a sexta-feira e 6 horas aos sábados, os postos Poupatempo provaram que é possível ter um padrão de excelência na prestação de serviços ao consumidor.

Inaugurado em 1997, o primeiro posto, na rua do Carmo, ao lado da Praça da Sé, em São Paulo, atende cerca de 12 mil pessoas por dia.

O Poupatempo definiu um padrão de qualidade nos serviços públicos tanto presenciais quanto em meio eletrônico: desburocratização, racionalização e melhoria dos serviços, especialmente no que diz respeito ao padrão de atendimento, ambientação, comunicação visual e recursos de infra-estrutura. Contando com soluções tecnológicas no âmbito da modernização na oferta de serviços, o Poupatempo hoje é uma referência para diversos estados e municípios.

Capítulo 7 • Satisfação

O Poupatempo permite também que o cidadão obtenha informações sobre todos os serviços oferecidos, documentos, condições, prazos e taxas, por meio do *Disque Poupatempo* (ligação gratuita), das 6 às 22 horas, de segunda a sexta-feira. Dispõe, ainda, de um Website na Internet, com informações sobre o funcionamento dos postos e acesso para consultas.

Com o propósito de melhorar a qualidade de vida do cidadão, os postos possuem servidores públicos qualificados que prestam um atendimento ágil, eficiente e com qualidade. Dessa forma, e sem precisar dos costumeiros despachantes e intermediários, os consumidores conseguem rápida e eficientemente resolver suas pendências. Em pesquisa de satisfação dos usuários realizada em outubro de 2003, obteve-se o seguinte resultado, em relação a avaliação geral do Poupatempo Sé:

- Ótimo: 63,4%
- Bom: 34,2%
- Regular: 2,4%
- Ruim: 0,0%
- Péssimo: 0,0%

No mesmo ano, o IBOPE entrevistou 800 cidadãos que realizaram serviços em oito dos nove postos Poupatempo (exceto Ribeirão Preto, recém-inaugurado). O resultado apresentou ótimas avaliações para o atendimento prestado pelos funcionários e para a organização dos postos, pelo terceiro ano consecutivo:

- É um serviço que eu aprovo: 99%
- O Poupatempo respeita o cidadão: 98%
- Dá um bom atendimento ao usuário: 97%
- É um orgulho para São Paulo: 98%
- É bem organizado: 97%
- Tem funcionários atenciosos: 94%
- Tem funcionários bem treinados: 94%

A velocidade no atendimento é um dos pontos fortes do Poupatempo. É possível tirar a carteira de identidade em 2 dias, a de habilitação em 3 horas e a de trabalho em 15 minutos.

O serviço foi citado na edição comemorativa da revista *Veja* sobre os 450 Anos de São Paulo como um dos "450 Bons Motivos para Amar São Paulo" (*Vejinha*, 20/01/04). Entre os 250 serviços que os Poupatempo da capital paulista oferecem, existem alguns inesperados, como o corte de cabelo de graça. Em vinte minutos, pode-se cortar gratuitamente o cabelo graças à parceria com cursos profissionalizantes nos postos de Santo Amaro e Itaquera. Pessoas de baixa renda que não podem pagar um salão têm, assim, uma ótima oportunidade de aparar suas madeixas.

"A grande vantagem é a comodidade. O usuário pode resolver tudo em um único lugar e em um tempo muito reduzido", diz o gerente do posto de São José dos Campos, Ademir Coelho.

Fonte: Site do Poupatempo, www.poupatempo.sp.gov.br.

Consumidor no Cinema — Os Embalos de Sábado à Noite

Elenco: John Travolta, Karen Gorney. *Sinopse*: um vendedor de loja de tintas (John Travolta), no Brooklin, leva uma vida problemática, mas todo sábado à noite se transforma no rei das discotecas.

Cenas recomendadas (6 e 13 minutos):
Tony Manero (John Travolta) veste sua roupa de cores vibrantes, as calças esvoaçantes e os sapatos de plataforma e vai para o único lugar onde consegue se realizar e é considerado um deus, para dançar e encantar a si mesmo e aos outros. Na discoteca, as mulheres querem dançar com ele, secar seu rosto ou beijá-lo. Os homens procuram imitá-lo. Todos seguem os passos do "rei das pistas" ao som de "Night fever".

Exercícios

1. Com base no *Estudo de Caso — Habib's: Satisfazendo o Consumidor por Centavos*, responda às seguintes questões: a) como as dimensões de satisfação racional, emocional e de benefício de uso se aplicam ao caso do Habib's? b) que fatores o Habib's tem considerado para minimizar os custos de aquisição? c) em que fase do Ciclo de Vida do Produto estava o pastelzinho de Belém em meados de 2002? Faça uma pesquisa em alguma loja da rede e veja em que estágio do CVP ele se encontra hoje.

2. As perguntas a seguir referem-se ao *Estudo de Caso — Poupatempo: Excelência no Atendimento ao Cidadão*: a) qual o nível de satisfação do consumidor em relação aos serviços do Poupatempo? b) utilizando os critérios de qualidade do produto e do serviço, apresentados neste capítulo, relacione que melhorias foram introduzidas pelo serviço Poupatempo para garantir a qualidade; c) faça uma pesquisa em sua cidade e verifique que inovações foram introduzidas na prestação de serviços públicos e no atendimento ao cidadão por órgãos dos governos federal, estadual e municipal.

3. As perguntas a seguir se referem ao *Consumidor no Cinema — Os embalos de Sábado à Noite*: a) qual o tipo de satisfação no processo de consumo da protagonista, isto é, ao frequentar a discoteca todo sábado à noite? b) em qual dimensão de significado do consumo podemos considerar a satisfação esperimentada pelo protagonista quando frequenta a discoteca? c) que fatores são essenciais para a fidelidade do protagonista à discoteca?

4. Descreva o processo pós-compra, incluindo o consumo, a avaliação e as disposições (estados de espírito) que você teve em relação a um show ou a uma peça de teatro a que tenha assistido recentemente. O que poderia ter sido fornecido pela empresa para que ocorresse maior satisfação?

5. Pesquise na Internet três lojas virtuais que comercializem aparelhos de DVD. Avalie, para cada uma delas, como são administrados os três aspectos relativos à satisfação e os cinco aspectos referentes ao custo de aquisição na inequação satis-

fação > custos de aquisição. Depois escolha aquela que apresenta o resultado mais positivo.

6. Considerando as cinco formas de reagir à insatisfação, qual o tipo de comportamento de reclamação que você utiliza tradicionalmente? Justifique.

7. Lembre-se de uma reclamação que você ou algum membro da família tenha feito recentemente e avalie como foi a receptividade, o tratamento e a solução dada pela empresa para a situação.

8. Comente com os seus colegas as conclusões abaixo, extraídas de pesquisas realizadas por um instituto de pesquisa junto aos consumidores norte-americanos:

    ▌ "Custa cinco vezes mais conseguir um novo cliente do que manter um cliente antigo."

    ▌ "Um cliente insatisfeito com um pequeno problema fala a seu respeito para outros dez."

    ▌ "Cada cliente que teve um grande problema resolvido de forma satisfatória fala sobre seu caso com mais oito pessoas."

9. Enumere cinco novas ações de relacionamento que uma empresa pode desenvolver para aumentar a lealdade de seus clientes.

10. Pesquise junto a seus colegas de classe quais dos produtos abaixo eles usualmente costumam comprar em mercados alternativos:
    a) móveis
    b) roupas
    c) livros
    d) carros
    e) DVDs ou CDs
    f) antiguidades
    g) outros: _____

11. Analise os perfis dos consumidores que adotam inovações e procure identificar onde se enquadra cada um de seus familiares. Depois, avalie a si mesmo.

12. Comente com seus colegas como as três abordagens sobre o significado do consumo afetam cada um de vocês. Discuta, também, que implicações positivas e negativas o consumismo tem sobre a sociedade.

Capítulo

8

O Consumidor Global

A Globalização e o Consumidor Internacional

A globalização, o fim das barreiras comerciais entre os países e a formação de blocos econômicos, como a Comunidade Européia, forças que se consolidaram nos anos 80 e 90, fizeram surgir um novo tipo de comprador: o consumidor global. Hoje, em qualquer lugar do planeta, marcas e produtos globais, como Coca-Cola, Nike, Sony e Nokia, são constantemente consumidos, fazendo parte dos hábitos e da vida de habitantes dos cinco continentes.

Os países da comunidade internacional possuem sociedades distintas e culturas próprias. As tradições e os valores de uma nação invariavelmente diferem entre si. É comum uma empresa multinacional precisar adaptar seus produtos aos costumes e hábitos locais. "Pense globalmente, aja localmente", diz o chavão de administração do mundo globalizado.

Por outro lado, culturas diferentes podem normalmente compartilhar certos interesses. O futebol, por exemplo, é um esporte cultuado em todo o mundo, e o ritmo *tecno* agita as 'baladas' de adolescentes europeus, americanos e asiáticos. Os conceitos, os princípios e as técnicas do estudo do comportamento do consumidor podem ser aplicados a diversas culturas. A música africana, por exemplo, exerce papel importante nos rituais e nas tradições daquele continente, influenciando o comportamento de seus habitantes. Seu estilo e seu ritmo se integraram a outras culturas, sobretudo a brasileira, a centro-americana e a norte-americana. É fundamental, para uma empresa e para o profissional de marketing que deseje atuar globalmente, conhecer os símbolos de cada cultura e seus significados implícitos.

As diferentes culturas são influenciadas pelo uso transcultural dos símbolos. Isso pode ser facilmente percebido em marcas de produtos e em expressões ligadas ao marketing. Os japoneses, por exemplo, adotam freqüentemente o inglês para dar um status superior aos seus produtos (como *Nissan's Pantry Boy Supreme*). O mesmo acontece no Brasil, onde diversas marcas e produtos adotam vocábulos em inglês (Bob's). Já os franceses, talvez em função de sua cultura nacionalista, não admitem anglicismos. Lá, o tradicional Big Mac do McDonald's é chamado de Le Royal. Os feriados também sofrem impacto das diferenças culturais. Enquanto nos Estados Unidos e na Europa o Natal é celebrado em pleno inverno, em meio à neve, no Brasil, em pleno verão, as roupas quentes do Papai Noel não fazem sentido e já estão sendo adaptadas. No Japão, o mesmo feriado é celebrado na véspera como uma noite de romance entre os jovens.

A comunicação não-verbal também pode ser percebida de forma bem diferente conforme o país. O símbolo de *OK* nos Estados Unidos pode ser mal interpretado em alguns países. O cumprimento japonês difere da saudação ocidental. Essas diferenças culturais afetam profundamente o comércio internacional e o marketing internacional.

Interface — Marketing Internacional

O marketing global é uma perspectiva que enfatiza as semelhanças dos consumidores por todo o mundo, em contraposição a uma estratégia de marketing localizada, que foca a diversidade dos consumidores em países diferentes e suas orientações culturais específicas. Os profissionais de marketing devem conhecer as semelhanças e as diferenças interculturais que podem propiciar vendas ampliadas e oportunidades de lucro e estar sensíveis a elas, prontos para adequar seus compostos de marketing para consumidores específicos de cada um dos países que almejem atingir.

A diversidade de fatores psicológicos, sociais e culturais existente entre os vários segmentos de uma sociedade torna-se ainda maior na perspectiva transnacional. Na aldeia única do mercado global, é imperativo que o marketing internacional promova a análise transcultural (estudo de valores, atitudes, linguagens e costumes de outras sociedades) e o desenvolvimento de produtos adequados ao novo mercado, provendo, assim, o bem-estar do consumidor internacional — que, ao ter contato com bens e estilos de vida de outras partes do mundo, amplia seu leque de opções, enriquece suas práticas de consumo e melhora sua qualidade de vida (veja a Figura 8.1).

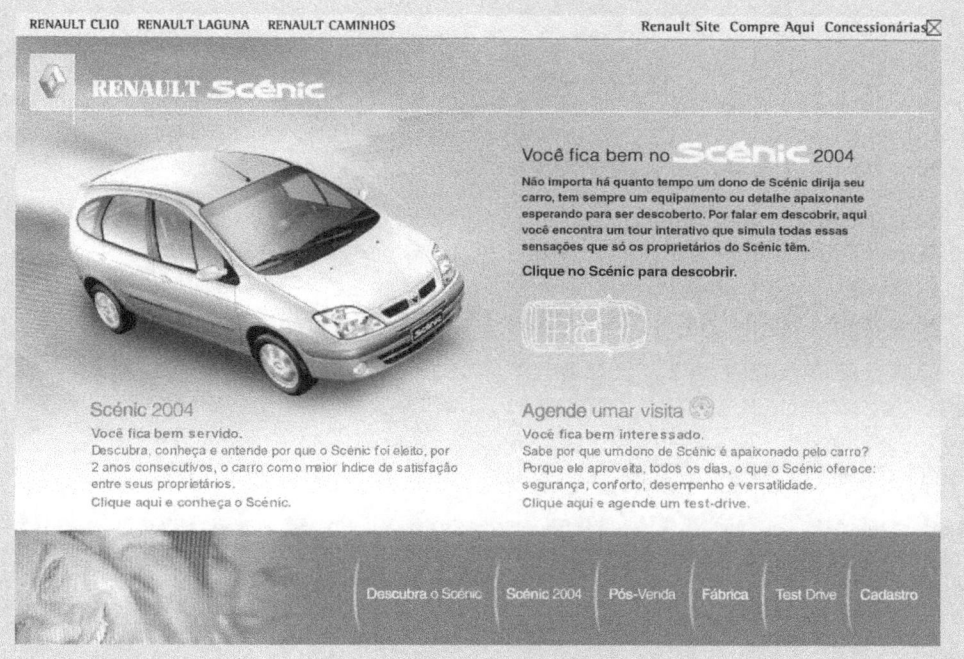

Figura 8.1 Produtos como automóveis são desenvolvidos para o consumidor global (fonte: Ogilvy)

As diferenças culturais podem ser detectadas pela **Análise Intercultural do Consumidor**. Ferramenta necessária para a empresa global, essa análise permite determinar em que extensão os consumidores de duas ou mais nações são semelhantes ou diferentes. Ela inclui, em um contexto mais amplo, a comparação entre grupos subculturais de um país (veja *Consumidor em Close — Miscigenação Global: Subculturas Étnicas, Raciais e Religiosas*). A miscigenação racial, étnica e religiosa, por exemplo, tem crescido muito nos Estados Unidos e influenciado o surgimento de novos segmentos.

Tópicos como diferenças de idiomas e significado, padrões de consumo, oportunidades de segmentação de mercado, condições econômicas e sociais e percepção e atitudes sobre benefícios de produtos devem ser analisados. Enquanto diferentes consumidores espalhados pelo mundo podem ser semelhantes em muitos aspectos (por exemplo, no número crescente de homens que moram sozinhos), quaisquer diferenças de atitudes ou de comportamento podem ser cruciais na determinação de sua satisfação e indicar uma oportunidade específica de segmentação em termos de diferenças culturais.

Um estudo realizado em 1995, por Chip Walker, *The Global Middle Class*, identificou como semelhança entre os países latino-americanos um grande crescimento da classe média nos anos 90. A Figura 8.2 apresenta uma comparação entre o Brasil e alguns países das Américas em termos de semelhanças e diferenças quando se trata de maneiras selecionadas de comportamento de consumo.

	EUA	Argentina	Brasil	México	Venezuela
Compraram roupas para si mesmos	48%	38%	30%	46%	41%
Usaram cartão de crédito	44%	21%	13%	16%	17%
Compraram roupas de criança/adolescente	32%	36%	25%	40%	27%
Levaram trabalho para casa	25%	32%	11%	39%	28%
Compraram fitas ou CDs de música	22%	23%	9%	19%	10%
Saíram da cidade no fim de semana	20%	15%	16%	35%	21%
Enviaram/ receberam fax no trabalho	15%	7%	3%	11%	7%
Usaram carro/ telefone celular	14%	5%	2%	10%	16%
Compraram carro usado	11%	11%	8%	18%	9%
Olharam carros novos	11%	9%	7%	15%	7%
Fizeram ligação telefônica interurbana	8%	11%	4%	18%	14%
Ficaram fora por 4 dias ou mais	6%	14%	8%	19%	10%

Figura 8.2 Diferenças nas preferências de gastos entre consumidores latino-americanos (Schiffman e Kanuk, 2000).

Consumidor em Close — Miscigenação Global: Subculturas Étnicas, Raciais e Religiosas

O fluxo migratório entre os países tornou as subculturas étnicas, raciais e religiosas um fator importante na compreensão dos hábitos de compra dos consumidores, bem como um traço marcante do consumidor global. Especialistas prevêem que, em 2010, o sul da Califórnia, nos Estados Unidos, será essencialmente um 'subcontinente' latino, culturalmente distinto do resto dos Estados Unidos (Solomon, 2002). No Brasil, milhares de imigrantes alemães e italianos povoam as cidades do sul do país, e uma quantidade enorme de imigrantes japoneses forma uma massa de consumidores no estado de São Paulo, incorporando seus valores e tradições culturais à cultura brasileira (por exemplo, o hábito de tomar vinho no sul e a proliferação de restaurantes japoneses em São Paulo). A colônia árabe, por exemplo, representa 11% da população brasileira. Os italianos, 30%.

> Países como Estados Unidos e Brasil formam um mosaico multicultural, abarcando uma ampla diversidade de grupos raciais, culturais e étnicos. Os estilos de vida dos consumidores nacionais são afetados pelas subculturas existentes dentro da sociedade global. Em cidades 'globalizadas' como Nova York, Roma, Paris e São Paulo, moradores locais convivem com pessoas originárias de outros países e usufruem de uma grande diversidade de produtos e de serviços globais. Segundo dados do Itamaraty, atualmente 2 milhões de brasileiros residem no exterior, sendo 800 mil apenas nos Estados Unidos, enquanto quase 600 mil imigrantes latinos, como peruanos e bolivianos, vivem nas cidades brasileiras.
>
> A identidade étnica e racial é um ingrediente significativo do autoconceito do consumidor. Ela se caracteriza por um grupo integrado por elos culturais ou genéticos comuns e que forma uma categoria distinta das demais. Em sociedades heterogêneas, como a brasileira, a representação da variedade étnica e cultural influencia sobremaneira a diversificação de produtos, como a culinária, o vestuário e o lazer. Em Paris, por exemplo, as várias casas noturnas e os restaurantes representam a diversidade de grupos que habitam a capital francesa, desde espetáculos sul-americanos até restaurantes árabes e asiáticos.
>
> Nos Estados Unidos, três grandes subculturas estão moldando os hábitos de consumo: os afro-americanos, os hispano-americanos e os ásio-americanos. Projeta-se que a população hispânica nos EUA ultrapassará a população negra em 2013, chegando a 42,1 milhões, contra 42 milhões de afro-americanos (Solomon, 2002).
>
> A migração global contribui também para a expansão das subculturas religiosas. Nos Estados Unidos, mais de 27 religiões tradicionais, sem considerar novos movimentos religiosos, atraem adeptos e influenciam diferenciadamente as crenças, as atitudes e os comportamentos de seus fiéis. Os judeus, os muçulmanos, os budistas e os hinduístas são alguns grupos que vêm afetando profundamente a cultura e os hábitos dos cidadãos americanos.

A **aculturação** é um método muito utilizado pelo especialista de marketing para adaptar eficazmente seu *mix* mercadológico a outras culturas. Por meio do aprendizado das crenças e dos comportamentos praticados pela nova cultura, em um processo vivenciado pelo próprio profissional de marketing, ele poderá compreender melhor as características psicológicas, sociais e culturais estrangeiras. Diversas empresas enfrentaram dificuldades em mercados estrangeiros, como as americanas Arby's, KFC e Subway no Brasil, por incapacidade de adaptação. O mesmo quase ocorreu com a Pizza Hut nos anos 90 (veja o *Estudo de Caso — São Paulo, Cidade das Pizzas*, no Capítulo 1). A Figura 8.3 descreve o processo de aculturação do consumidor.

Os estímulos de marketing global também têm efeito no processo de decisão de compra do consumidor internacional. O país de origem de um produto, por exemplo, representa uma marca e, como tal, induz associações na mente do consumidor, sejam elas positivas, negativas ou neutras. A atitude do consumidor poderá ser receptiva ou aversiva, dependendo das percepções ou experiências em relação ao país originário. Os produtos japoneses, por exemplo, exprimem qualidade e durabilidade, por associação à cultura perfeccionista do Japão e ao seu modelo de gestão da qualidade total. A Figura 8.4 mostra a campanha da Melissa Tour em um cenário do oriente.

Comportamento do Consumidor

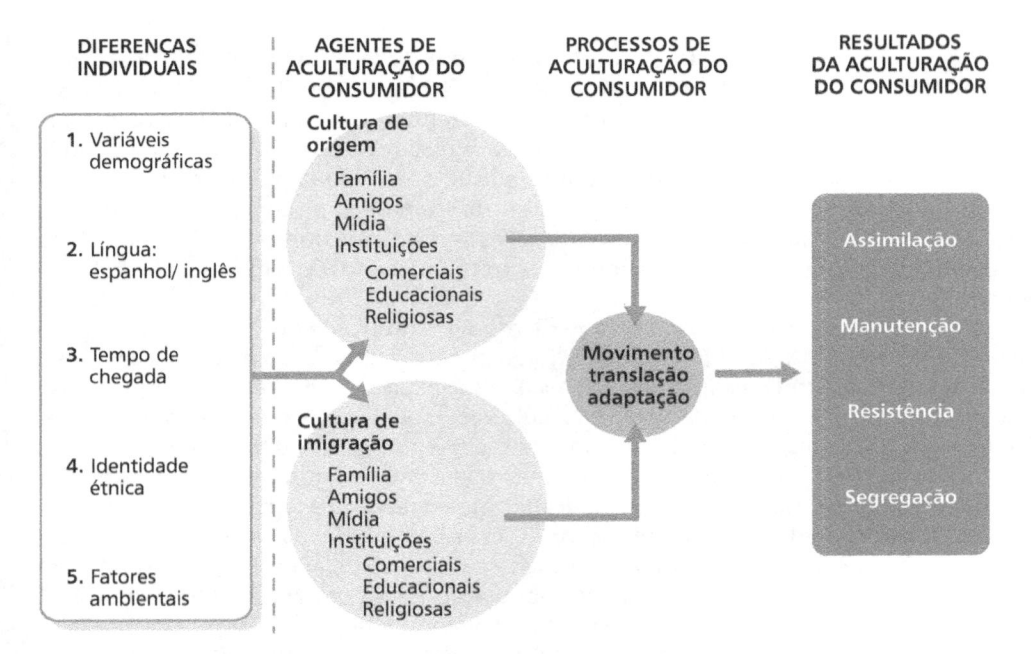

DIFERENÇAS INDIVIDUAIS	AGENTES DE ACULTURAÇÃO DO CONSUMIDOR	PROCESSOS DE ACULTURAÇÃO DO CONSUMIDOR	RESULTADOS DA ACULTURAÇÃO DO CONSUMIDOR
1. Variáveis demográficas	**Cultura de origem** Família, Amigos, Mídia, Instituições (Comerciais, Educacionais, Religiosas)	Movimento translação adaptação	Assimilação
2. Língua: espanhol/ inglês			Manutenção
3. Tempo de chegada			Resistência
4. Identidade étnica	**Cultura de imigração** Família, Amigos, Mídia, Instituições (Comerciais, Educacionais, Religiosas)		Segregação
5. Fatores ambientais			

Figura 8.3 Um modelo de aculturação do consumidor (fonte: Adaptado de Michael R. Solomon. *O Comportamento do Consumidor: Comprando, Possuindo e Sendo*. Porto Alegre: Bookman, 2002).

Figura 8.4 O consumidor oriental possui costumes específicos (fonte: W/Brasil).

> **Consumidor no Cinema — Encontros e Desencontros**
>
> *Elenco*: Bill Murray, Scarlett Johansson, Giovanni Ribisi. *Sinopse*: Bob Harris (Murray) é um famoso astro de cinema em final de carreira que vai à Tóquio para participar de uma campanha publicitária e endossar uma marca de uísque. Em seu hotel, acaba conhecendo uma jovem americana entediada (Johansson), que passa o dia no quarto enquanto seu marido, o fotógrafo (Ribisi), realiza seu trabalho. Ambos passam boa parte do tempo livre e das horas de tédio juntos, conversando no bar do hotel ou passeando pela cidade. Aos poucos, a cidade vai ficando mais colorida e radiante, e a vida deles ganha novas perspectivas, surgindo uma amizade mágica entre os dois turistas.
>
> Cenas recomendadas:
>
> 1. (início do filme): Em vários momentos do filme, os protagonistas vivenciam uma série de situações e dificuldades por causa das diferenças culturais, sobretudo quanto à linguagem e à comunicação. Enfrentam também o problema da adaptação ao fuso horário.
> Ainda nos créditos iniciais, Harris chega ao centro de Tóquio, vindo do aeroporto, e observa os gigantescos letreiros com os indecifráveis ideogramas orientais. Depois, chega ao hotel, onde é saudado gentilmente pelos funcionários. Na cena seguinte, ele está no estúdio gravando o comercial. O diretor lhe explica como agir, e eles discutem a melhor forma de dramatizar a cena, enquanto uma intérprete traduz a conversa. O ator sente uma certa dificuldade no 'diálogo'.
>
> 2. (16 minutos): De volta ao hotel, Harris tenta assistir aos canais de TV, mas a barreira da língua o impede. Na cena seguinte, ele recebe a visita de uma massagista. Ela lhe pede um favor, falando em inglês com forte sotaque: "Lomba a minha meia". Ele não entende e pergunta: "Lamber a meia? Romper a meia?"
>
> 3. (82 minutos): Em um restaurante, Harris e Charlotte não sabem o que escolher. Ela tenta se decidir pelas fotos do cardápio, mas não consegue identificar o prato entre seis fotos com a mesma imagem. Ela mostra um para a garçonete e Harris pede o mesmo.

Ética e Comportamento do Consumidor

Como qualquer outra interação entre indivíduos, as relações de consumo entre compradores e produtores/ vendedores é decisivamente influenciada pelos padrões éticos e morais das partes envolvidas. Expectativas sobre o que é certo ou errado, bom ou mau, estarão naturalmente presentes no relacionamento de troca.

Ética — do grego *ethos* — significa usos e costumes; o conjunto de princípios morais, estéticos e apreciativos é o ramo da filosofia que lida com os valores relativos à conduta humana; o estudo da obrigação moral. Diversas bases e princípios orientam a perspectiva ética.

Como qualquer atividade humana, o marketing, incluindo o estudo do comportamento do consumidor, deve ser conduzido de forma ética. Uma vez que o entendimento aprofundado pelo profissional de marketing quanto às razões que levam os compradores a tomar suas decisões de compra pode ser encarado como uma vantagem injusta, muitos consumidores poderão se sentir explorados em suas vulnerabilidades humanas e desrespeitados na relação de consumo. Desde propagandas enganosas até produtos malfeitos, passando por preços abusivos, quantidades adulteradas, poluição ambiental e vendas fraudulentas, não é raro, entre as empresas, a prática de ações mercadológicas antiéticas e até ilegais. O consumidor, cada vez mais consciente, se sentirá traído em quaisquer um desses casos, o que será suficiente para romper a relação de confiança e levá-lo a não mais consumir os produtos da empresa. Muitos consumidores, como veremos adiante, adotam posturas mais ativas, que incluem denúncias públicas e mobilizações sociais de boicote contra a empresa.

Por outro lado, não é incomum consumidores serem flagrados praticando comportamentos igualmente antiéticos em seus atos de compra, como trocar as etiquetas de produtos, devolver roupas que já foram usadas, copiar materiais com direitos autorais reservados sem permissão (livros, CDs e softwares, por exemplo) e furtar produtos das lojas.

A ética deve ser uma via de mão dupla, praticada tanto pelas empresas fabricantes e vendedoras, de um lado, como pelos consumidores, de outro. As responsabilidades e as expectativas mútuas devem ser contratadas em um relacionamento pautado por padrões morais, como transparência, confiança, honestidade e respeito.

A ética nos negócios e a responsabilidade social das empresas são cada vez mais discutidas em todos os segmentos da sociedade. A maior conscientização e o nível crescente de informação e politização do consumidor têm contribuído decisivamente para essa reflexão.

A consciência ética do consumidor tem influenciado também o crescimento do terceiro setor no país. Muitos consumidores contribuem permanentemente para causas sociais e Ongs. O anúncio da Figura 8.5 mostra uma campanha para doações.

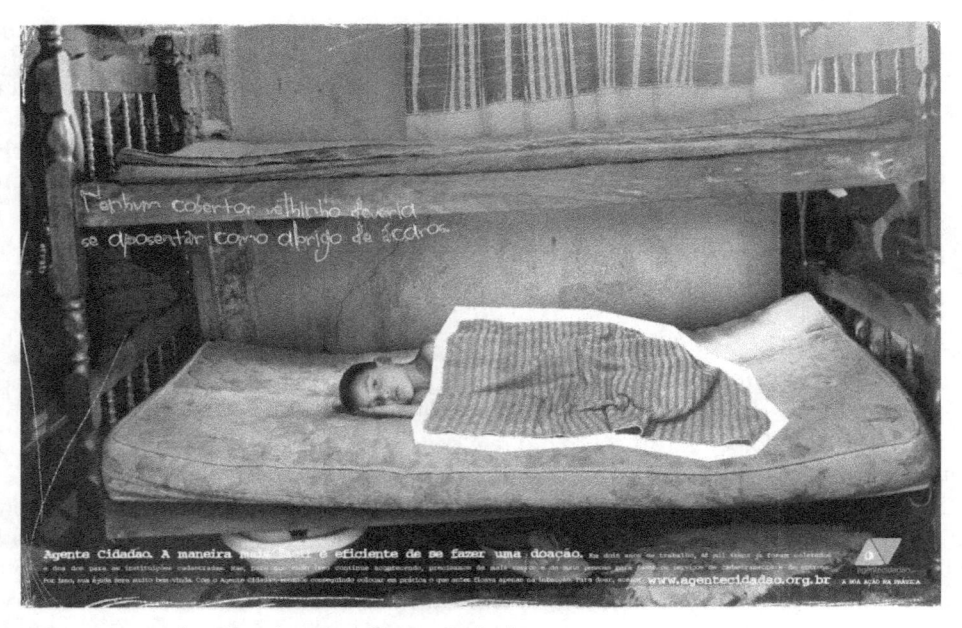

Figura 8.5 Campanha para doações (fonte: Ogilvy).

Consumerismo: O Movimento do Consumidor

Na década de 60, nos Estados Unidos, uma série de movimentos influenciou profundamente a sociedade americana. Um deles foi o consumerismo: movimento de consciência dos consumidores em busca da defesa de seus interesses.

Na época, o descontentamento generalizado dos consumidores em relação a mercadorias malfeitas, inseguras, de baixa qualidade, com garantias inadequadas, bem como a empresas arrogantes e abusivas, levou o Congresso a aprovar um conjunto de leis elaboradas para protegê-los. Em 1962, o presidente John F. Kennedy proclamou os quatro direitos básicos do consumidor, depois expandidos para seis (Engel, Blackwell e Miniard, 2000):

- direito à segurança: proteção contra produtos ou serviços que sejam perigosos para a saúde e para a vida;
- direito de ser informado: fornecimento de dados necessários para uma escolha fundamentada, proteção contra apelos fraudulentos, enganosos ou ilusórios;
- direito de escolha: acesso garantido a uma variedade de produtos e serviços a preços competitivos;
- direito de ser ouvido (reparação): assegura que os interesses do consumidor recebam consideração total e simpática na formulação e na implementação de política regulamentadora; restituição pronta e justa;
- direito de usufruir de um ambiente limpo e saudável;
- direito dos pobres e de outras minorias a terem seus interesses protegidos.

Embora as raízes do consumerismo remontem à Idade Antiga (a Bíblia faz referências a práticas comerciais enganosas e irresponsáveis), foi na década de 60 de nossa era que ele se consagrou. Entendido hoje como as *políticas e atividades projetadas para proteger os interesses e os direitos dos consumidores nas suas relações de consumo,* o **consumerismo** representou um grande avanço nos relacionamentos de troca entre produtores, vendedores e consumidores.

No Brasil, apenas mais recentemente o movimento consumerista ganhou força. O Código de Defesa do Consumidor (Lei nº 8.078/90), em vigor desde 11 de março de 1991, representou um grande passo na melhoria da qualidade nas relações de consumo e trouxe benefícios para toda a sociedade brasileira. Embora algumas empresas já operassem orientadas para o consumidor, muitos produtores e vendedores (agora denominados pelo CDC como *fornecedores*) precisaram se adaptar às novas regras. Estima-se que hoje sejam mais de 7 mil empresas que oferecem aos seus consumidores o SAC — Serviço de Atendimento ao Consumidor —, um canal de relacionamento para esclarecimentos ou solução de problemas.

O consumidor brasileiro também evoluiu em seus hábitos de compra: está mais bem informado, é mais exigente e mais ético em suas expectativas. Igualmente se tornou mais ativo em suas reclamações, não titubeando em recorrer aos órgãos não judiciais, como jornais e rádios (alguns possuem colunas semanais do consumidor), a serviços públicos de atendimento ao consumidor — os Procons (que, por sua agilidade e eficiência, resolvem cerca de 70% das reclamações) e até aos Juizados Especiais Cíveis (órgãos judiciais exclusivamente dedicados para pequenas causas) e à justiça comum. O consumidor pode ainda se apoiar em ações coletivas, por intermédio de uma associação de consumidores, caminho que tem sido cada vez mais usado na sociedade brasileira. O Instituto Brasileiro de Defesa do Consumidor — IDEC, a mais conhecida associação do país, fundado em 1987, publica uma revista especializada, *Consumidor S/A,* com tiragem de 43 mil exemplares.

Consumidor Cidadão

O consumidor do século XXI é um *consumidor mais consciente de seu papel como agente transformador da qualidade das relações de consumo e como influenciador no com-*

portamento de empresas e instituições. Questões como aquecimento global, poluição, degradação do meio ambiente, esgotamento dos recursos naturais, miséria e exclusão social, exploração de mão-de-obra infantil, trabalho em regime de semi-escravidão são alguns dos temas que têm inquietado esse consumidor. Afinal, ele é um cidadão do planeta, um **consumidor cidadão**.

Também chamado de **consumidor consciente**, esse novo tipo de consumidor é um indivíduo politizado, bem informado e ético. Posiciona-se e participa ativamente sobre questões que lhe afetam, luta por seus direitos e exige das empresas e organizações o devido cumprimento de seu papel na sociedade. Ele não só exige qualidade e preço justo dos produtos e serviços que consome, como também demanda interações mais éticas nas relações de consumo e nos relacionamentos de que faz parte e reclama que cada organização cumpra devidamente seu papel na sociedade. O profissional de marketing com consciência social e coerente com essa perspectiva deve estar atento à evolução dos consumidores cidadãos e desenvolver compostos mercadológicos que sejam éticos e socialmente responsáveis. Assim, produtos que não agridam o planeta ou que sejam desenvolvidos de forma sustentável, como embalagens recicláveis, e propagandas e publicidades éticas têm sido práticas comuns das empresas contemporâneas. O filme *Crazy People: Muito Loucos*, inserido na seção *Consumidor no Cinema*, faz uma abordagem divertida sobre esse nível de consciência. A Figura 8.7 mostra um anúncio dirigido ao consumidor cidadão.

O ambiente corporativo ético e a filosofia de negócios socialmente responsável são determinantes cruciais na escolha e na decisão de compra do consumidor cidadão (veja *Interface — Responsabilidade Social Empresarial e o Consumidor*). Pesquisas recentes apontam que cerca de 80% dos consumidores norte-americanos levam em conta a responsabilidade social empresarial como principal fator de decisão de compra quando a qualidade e o preço de produtos concorrentes são iguais. No Brasil, uma pesquisa realizada pelo Instituto Ethos e pela Indicator com 1.002 consumidores de diversas classes sociais e cidades brasileiras apontou o surpreendente índice de 31% de consumidores que prestigiaram ou puniram empresas por realizarem ou não práticas éticas e socialmente responsáveis (veja a Figura 8.6).

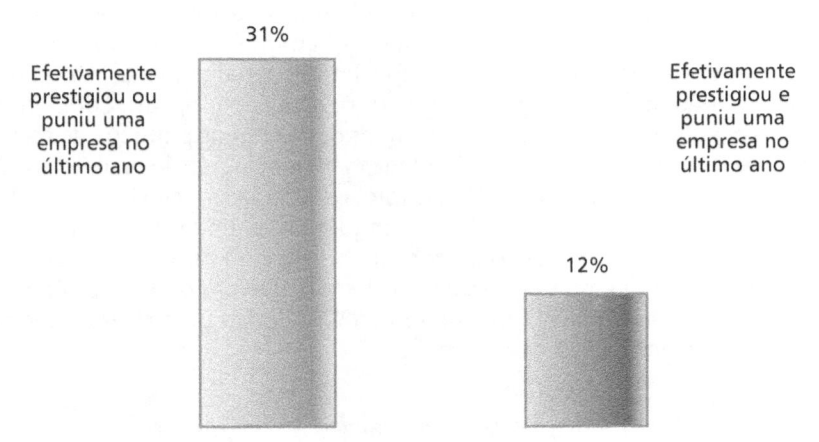

Figura 8.6 Consumidores prestigiam e/ou punem empresas em seus atos de consumo em função da responsabilidade social (fonte: Ethos/ Valor/ Indicator, 2000).

Interface — Responsabilidade Social Empresarial e o Consumidor

A responsabilidade social empresarial é um conceito e uma filosofia de gestão que concebe a empresa não apenas como um negócio de natureza econômica (com função exclusiva de gerar lucro para seus acionistas), mas também como uma organização socioeconômica compromissada com o bem-estar de todos os seus *stakeholders* (partes interessadas): acionistas, colaboradores, consumidores, fornecedores, meio ambiente, governo, sociedade etc.

No seu relacionamento específico com os consumidores, uma empresa socialmente responsável deve considerar, na dimensão social do consumo, os seguintes critérios: estreito diálogo e interação com os consumidores, adoção de políticas de marketing e de comunicação éticas e transparentes, excelência no atendimento, conhecimento e prevenção de danos potenciais de seus produtos e serviços e respeito aos direitos do consumidor.

Para conhecer mais sobre responsabilidade social empresarial, consulte o site do Instituto Ethos, fundado em 1998, que tem como missão disseminar a prática da responsabilidade social empresarial (www.ethos.org.br).

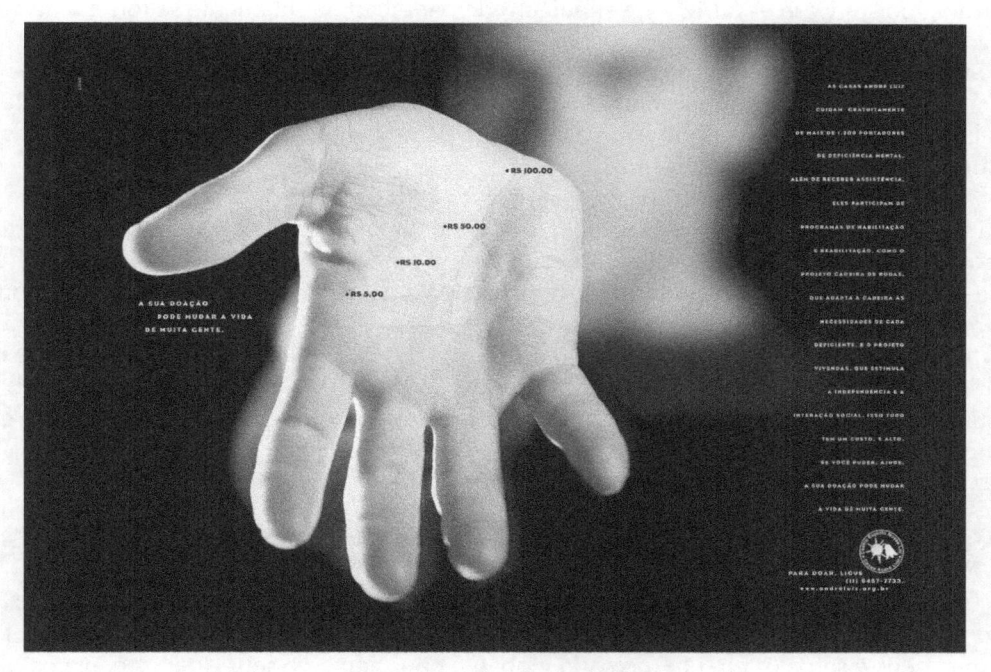

Figura 8.7 Anúncio dirigido ao consumidor cidadão (fonte: Lowe).

O Instituto Akatu publicou, em 2004, uma pesquisa na qual analisa o comportamento do consumidor brasileiro de uma forma inédita: segundo o seu grau de consciência no consumo (veja *Consumidor em Close — Instituto Akatu e o Consumo Consciente*). Apresentada no Dia Mundial do Consumidor, 15 de março, a pesquisa mostrou que existe um alto grau de conscientização em um segmento diferenciado de consumidores brasileiros. Dividindo os entrevistados em quatro grupos (conscientes, comprometidos, iniciantes e indiferentes), o resultado reforçou nossa crença de que o consumidor cidadão é um tipo cada vez mais freqüente na realidade brasileira.

O Consumo em Transformação

O consumo, definido como ato ou processo de consumir, elemento sempre presente na natureza humana, vem passando por profundas transformações nas últimas décadas. Como vimos, desde o avanço na qualidade e na diversidade das opções de produtos e serviços para fornecer maior bem-estar e qualidade de vida ao ser humano até leis protetoras aos interesses individuais do consumidor nas relações de consumo.

Palavra contemporânea e conceito que se desenvolveram sobretudo no século passado, o consumo se notabilizou nos últimos anos, expandindo seu conceito e escopo extraordinariamente. Tudo passou a ser objeto de consumo na sociedade contemporânea, e o entendimento de seus conceitos e princípios alcançou todos os níveis e segmentos. Essa dimensão conspícua é divertidamente explorada no filme *Simone*, de Andrew Niccor, no qual um diretor de cinema, cansado do ego de seus atores, decide criar uma estrela virtual, por meio de um avançado software. A 'atriz', um simulacro de perfeição, rapidamente se torna uma cultuada celebridade, e todos passam a 'consumi-la'. Numa era em que toda uma indústria vive de revistas e programas de fofocas, os implantes de silicone são escolhidos diariamente por mulheres que desejam aumentar sua auto-estima e pequeninos cachorros-robôs têm mais habilidades do que cães de carne e osso, não há nada que não se possa transformar em consumo.

A explosão de consumo trouxe consigo não apenas uma maior prosperidade para a sociedade, mas também uma variedade de questões éticas, ambientais e sociais que têm preocupado muitos consumidores. O efeito estufa ou o desmatamento e a crise potencial de abastecimento de água no planeta, por exemplo, fizeram nascer um consumidor mais consciente e ativista.

Nesse contexto de transformação, um novo tipo de consumidor passou a fazer parte do cenário mercadológico. Descrito de várias formas, como, por exemplo, consumidor global, consumidor consciente (cidadão) ou consumidor pós-moderno, esse novo consumidor, em essência, é um ser nitidamente diferente de seus predecessores.

O Novo Consumidor

O novo consumidor pode ser descrito como um indivíduo que possui múltiplas facetas, como exibe a Figura 8.8, formando um perfil distinto do consumidor do século passado. Ele consome bens e serviços em um mercado global, é consciente de seus direitos e exerce plenamente sua dimensão de cidadão, bem como utiliza a Web cotidianamente para aprender, trabalhar e viver, além de ser mais bem informado. Lewis e Bridges (2004) definem os novos consumidores como pessoas que dirigem seu comportamento de compra com base na autenticidade. Mais preocupados em satisfazer seus desejos, não se deixam rotular pelas tradicionais tipologias apresentadas nos capítulos anteriores, sobretudo as interpessoais. Eles transcendem as barreiras de fatores culturais, étnicos, sociais, de idade e até mesmo de renda. Buscam produtos e serviços originais e personalizados que consideram autênticos.

Capítulo 8 • O Consumidor Global

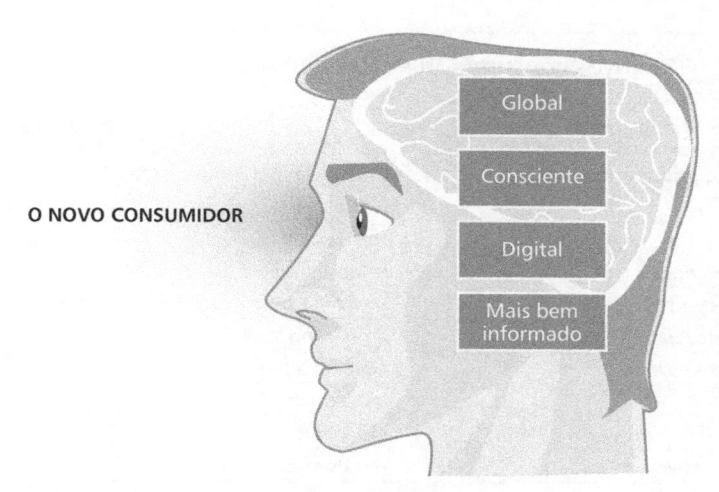

Figura 8.8 As múltiplas facetas do novo consumidor.

Para Lewis e Bridges (2004), o novo consumidor possui as seguintes características: individualista, envolvido, independente e informado.

Ele enfrenta novas formas de escassez, sobretudo de tempo e atenção. Os consumidores agitados do século XXI reclamam cada vez mais da correria diária, com "menos horas" para fazer as coisas, inclusive para comprar. O excesso de informação e o baixo índice de disponibilidade têm ocasionado uma atenção menos concentrada nas pessoas. Vivemos num mundo mais visual, onde as habilidades perceptivas têm se condicionado sobretudo por imagens simples e rápidas. Os próprios filmes cinematográficos se tornaram longos videoclipes, com cores rápidas e movimento acelerado. Os jovens lêem cada vez menos.

Outra escassez é a da confiança. As pessoas mais bem informadas e mais exigentes escolhem melhor e são mais suscetíveis a trocar de fornecedor. A ética se tornou um atributo essencial para as relações de consumo. Mais imediatistas, os novos consumidores consideram normais a alta qualidade e o valor do dinheiro, podendo se tornar insatisfeitos mais rapidamente.

Na era do marketing de relacionamento, como já vimos no Capítulo 7, prover confiança é fundamental para conquistar e reter os consumidores, sobretudo o novo tipo.

O Quadro 8.1 mostra as diferenças básicas na mentalidade e no perfil dos novos consumidores em contraste com os velhos consumidores.

O novo consumidor exige, em conseqüência, novas atitudes e novas posturas do profissional de marketing. Para conquistar e fidelizar o novo consumidor, o marketing também precisa evoluir. O 'novo' marketing vai requerer novas soluções e novas formas de abordar o novo consumidor e de se relacionar com ele. A gestão mercadológica e o relacionamento com o consumidor precisarão ser reinventados continuamente para acompanhar as mudanças e as transformações, sob pena de se tornarem desatualizados e ineficazes. Assim, entre os principais desafios do profissional de marketing do século XXI estão a flexibilidade, a atualização e a capacidade de antecipação para ajudar as organizações a compreender intimamente a evolução permanente do consumidor e fornecer a proposição de valor adequada a suas novas necessidades e desejos.

Quadro 8.1   Os novos consumidores são diferentes

Velhos consumidores	Novos consumidores
mais passivos e pouco empoderados	ativistas e mais empoderados
mais fiéis	menos fiéis
com tempo	sem tempo
predominantemente locais	locais e globais
procura satisfazer necessidades	buscam experiências e satisfazer desejos
menos bem informados	bem informados
buscam conveniência	buscam autenticidade
sincronizados	individuais
conformistas	independentes
eventualmente envolvidos	constantemente envolvidos

Fontes: adaptado de Daniel Lewis e Darren Bridges. *A Alma do Novo Consumidor*. São Paulo: Makron Books, 2004; Susan Baker. *New Consumer Marketing*. Nova York: John Wiley, 2003.

Consumidor no Cinema — Crazy People: Muito Loucos

Elenco: Dudley Moore, Daryl Hannah, Paul Reiser, J. T. Walsh. *Sinopse*: Emory é um redator publicitário estressado (Dudley Moore) que enfrenta crise de criatividade e sugere "falar a verdade na propaganda". Ele é logo despachado para um hospital psiquiátrico por seu sócio (Paul Reiser). Seus anúncios malucos revelam-se um sucesso e ele é chamado para trabalhar, agora com a ajuda dos criativos internos do hospício.

Cenas recomendadas:

Cena 1 (início do filme). Ainda nos créditos iniciais, diversos outdoors e anúncios gigantes mostram o bombardeio de informações que os consumidores recebem diariamente. Emory chega à agência publicitária onde trabalha e é criticado por seu parceiro por estar em crise de criatividade. No dia seguinte, após uma noite de esforço criativo, Emory apresenta diversos anúncios nos quais é franco demais sobre os atributos dos clientes. Um deles, diz: "Compre Volvos. São antiquados, mas são bons. Sabemos que não são sexy, mas não é hora de ser sexy com tantas doenças por aí. Fique seguro em vez dze sexy!" Questionado pelo seu chefe ("Isso é uma piada?") e criticado pelo sócio, Emory defende-se dizendo que os consumidores querem honestidade na publicidade: "Não vamos mais enganar o consumidor. Chega de mentiras. Vamos ser honestos com o país!", ele responde. "Não podemos ser honestos. Estamos na publicidade!", rebate o chefe. Outro anúncio traz a seguinte mensagem: "Esqueça a França. Os franceses são chatos! Venha para a Grécia: nós somos mais simpáticos!"

Cena 2 (21 minutos): Os anúncios de Emory são enviados por engano para revistas, jornais e outdoors. Enquanto isso, o publicitário está no hospital psiquiátrico. O chefe e o sócio analisam os anúncios em conjunto, considerando-os absurdos. No momento seguinte, os consumidores começam a responder positivamente e provocam uma explosão nas vendas dos produtos anunciados. O noticiário fala de uma nova abordagem honesta na publicidade que nunca atraiu tanto os consumidores.

Cena 3. (41 minutos): O chefe da agência vai até o hospício para ver as novas peças que Emory criou com a ajuda dos internos. Mais excêntricas e honestas, as propagandas acabam fazendo sucesso novamente.

Dica: não deixe de assistir ao filme inteiro, inclusive sua última cena, em que se vê mais uma propaganda 'honesta'.

Consumidor em Close — Instituto Akatu e o Consumo Consciente

São 6h30 da manhã de segunda-feira. Em um dos muitos lares paulistanos, a semana tem início, e Bruno, um garoto de 7 anos, prepara-se para mais um dia de escola. Bruno acorda com o seu despertador-CD tocando suas músicas favoritas por 20 minutos, acende as luzes do quarto, abre a torneira do banheiro e corre para a geladeira. Logo escuta a voz de sua mãe, chamando-lhe a atenção: "Bruno, por favor, desligue o despertador, apague as luzes do quarto, feche corretamente a porta da geladeira e não deixe a torneira do banheiro aberta!". Ela continua o seu discurso, informando a Bruno o fato de que, se ele escovar os dentes com a torneira aberta, consumirá 14 litros de água, em vez dos 2 litros necessários, e que se 4 milhões de cidadãos como ele resolvessem fechar a torneira ao escovar os dentes a água economizada em um dia seria suficiente para abastecer por 24 horas uma cidade como Goiânia, com 1 milhão de habitantes. A mãe de Bruno obteve essas informações no site Akatu.net, uma "Comunidade do Consumo Consciente".

Essas preocupações e atitudes são praticadas e defendidas por milhares de consumidores brasileiros, os chamados consumidores conscientes. São consumidores que têm a consciência de que seus atos de consumo cotidianos podem repercutir em sua cidade, em seu país e até mesmo em todo o planeta. Consumidores com esse perfil sabem que têm a capacidade de influir na transformação social e ambiental.

Um exemplo relevante é o do desperdício de alimentos. Se uma família de quatro pessoas desperdiçar 100 gramas de alimento a cada refeição, e supondo que os componentes da família em questão vivam por 70 anos, essa família terá jogado fora, ao longo desse período, 31 toneladas de alimento, quantidade suficiente para alimentar 17 crianças por 10 anos.

Não apenas consumidores, isoladamente, mas também empresas públicas, privadas e ONGs estão abraçando a idéia do consumo consciente e da responsabilidade social.

O Instituto Akatu pelo Consumo Consciente é uma das organizações não governamentais que trata dessas questões. Situado na cidade de São Paulo, foi criado em 15 de março de 2001, o Dia Mundial do Consumidor. A organização defende a idéia de que o consumidor tem o poder de modificar o mundo e seus valores, a partir, por exemplo, de atitudes cotidianas de compra e consumo de produtos e serviços. Um dos objetivos do instituto é despertar a consciência no uso de recursos naturais e no descarte de produtos ou serviços, promovendo o desenvolvimento sustentável.

O instituto, que já conta com inúmeras empresas associadas, como ABN Amro, Gradiente, Bank Boston e Citibank, e parceiros estratégicos, como o Grupo Pão de Açúcar, parceiros institucionais, como Grupo Abril e DPZ, e parceiros pioneiros, como Banco Real, Telefônica, Nestlé, oferece palestras e debates sobre temas diversos relacionados ao consumo consciente.

Em seu site, o Akatu.net, congrega uma comunidade virtual formada por consumidores, empresas e entidades sociais, na qual podem ser encontradas informações que auxiliam o consumidor em suas opções de compra, levando em conta a responsabilidade social das empresas. A responsabilidade social pode considerar, por exemplo, indústrias não poluentes do meio ambiente, produtores agrícolas que não empreguem o trabalho infantil ou madeireiras que atuem ilegalmente em florestas nativas. O consumidor tem acesso a notícias diárias sobre consumo e fatos divulgados na mídia e pode participar de fóruns para troca de idéias. O site oferece também o Teste do Consumo Consciente, no qual o consumidor pode acompanhar o grau de amadurecimento da forma como consome.

"O Instituto Akatu contribui para que a sociedade caminhe na direção de um modelo sustentável, para que toda a humanidade possa consumir, sem consumir o mundo em que vive", informa o site.

Veja no site do livro (www.prenhall.com/samara_br) mais informações sobre a pesquisa realizada pelo instituto.

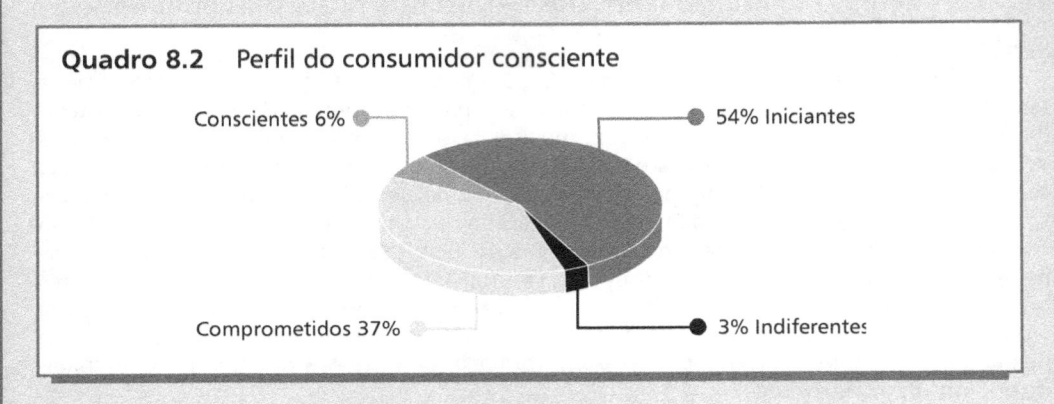

Quadro 8.2   Perfil do consumidor consciente

- Conscientes 6%
- 54% Iniciantes
- Comprometidos 37%
- 3% Indiferentes

Fonte: site do Instituto Akatu, www.akatu.org.br.

Estudo de Caso — Rosa Chá: O Brasil Faz Moda no Exterior

A mulher brasileira sempre foi sinônimo de beleza, simpatia e extroversão no mundo inteiro. E o Brasil, um país tropical, terra de samba, carnaval e futebol, sempre foi referência de cores, praia e natureza. Com base nessa percepção dos consumidores globais, a confecção de moda de praia Rosa Chá se tornou uma das maiores empresas exportadoras do país.

Com uma ampla linha de biquínis e maiôs, repletos de estampas tropicais e desenhos de vanguarda, a grife é hoje conhecida nos Estados Unidos e na Europa como exemplo da criatividade tupiniquim. Desde o final dos anos 80 fazendo sucesso nas diversas praias do extenso litoral brasileiro, as roupas de praia coloridas da Rosa Chá passaram também a ocupar as prateleiras de lojas reputadas como a Saks Fifth Avenue, de Nova York, e a Harvey Nichols, de Londres, a partir do final dos anos 90. Clientes famosas como Madonna, Britney Spears e Naomi Campbell são algumas das seletas privilegiadas que desfilam com a etiqueta, cujos produtos são direcionados para o bolso de poucos. Posicionada como uma grife que se diferencia pela inovação e pela exclusividade, algumas de suas peças chegam a custar mais de 200 reais. Isso não é motivo para, todavia, seus modelos esquentarem as araras das 23 lojas da marca — entre próprias e franqueadas — e dos quase 400 pontos multimarcas no país, sem contar 122 outros endereços no exterior, conforme apurou a reportagem da revista *Empresas & Negócios* de fevereiro de 2004.

Capítulo 8 • O Consumidor Global

Criada no tradicional bairro das confecções em São Paulo, o Bom Retiro, por Amir Slama, cada nova coleção da Rosa Chá é lançada em eventos badalados da moda, como o São Paulo Fashion Week e a Semana de Moda de Nova York. Amir Slama, formado em História, se confessa um apaixonado pelo estudo do comportamento humano e costuma freqüentar a praia, o palco de seus negócios, por obrigação profissional. Segundo o empresário, o conceito da marca foi construído a partir de muita pesquisa de comportamento. "Nosso segredo foi não desviar os olhos da proposta de criar um conceito de moda verão baseado no comportamento feminino", declarou Slama.

Sempre focada nas tendências dos hábitos das consumidoras, a grife tem se caracterizado como uma empresa inovadora e como referência mundial da moda "made in Brazil". Hoje possui duas novas divisões, a Rosa Chá Internacional e a Rosa Chá Europa, para tratar dos negócios e da expansão da marca no exterior.

Sua primeira loja, aberta em 1997 na rua Oscar Freire, inovou ao expor biquínis e maiôs em cabides, integrando um contexto de cores e temas. Foi também a primeira a convocar suas clientes para substituir um lote inteiro de biquínis com problemas de fixação de cor. Encantou as consumidoras e fez muito sucesso entre elas quando ofereceu a cada uma a chance de exibir sua própria foto em um maiô personalizado. Afinal, qual a mulher que gosta de ver um biquíni ou maiô igual ao seu na praia?

Fonte: Kátia Simões, "Ligado no Consumidor", *Empresas & Negócios*, fev. 2004, p. 29-31.

Exercícios

1. As questões a seguir se referem ao *Consumidor no Cinema — Encontros e Desencontros*: a) identifique como as diferenças culturais entre o Japão e os Estados Unidos interferem no comportamento do protagonista; b) lembre-se de alguns traços da cultura brasileira que, nos moldes da cultura japonesa no filme, podem 'atrapalhar' a vida de um turista não familiarizado com o português; c) entreviste um colega ou familiar que tenha tido problemas no exterior ao escolher o prato em um restaurante e descubra como ele solucionou o problema.

2. As questões que seguem se referem ao *Consumidor no Cinema — Crazy People: Muito Loucos:* a) como você interpreta a franqueza do protagonista na mensagem de seus anúncios? b) com base no conteúdo deste capítulo, justifique a receptividade positiva dos consumidores aos anúncios de Emory.

3. Com base no *Estudo de Caso — Rosa Chá: O Brasil Faz Moda no Exterior*, responda as seguintes perguntas: a) que variáveis estão influenciando os consumidores globais a consumir os biquínis brasileiros? b) que traços culturais do país podem ser usados para divulgar a marca Rosa Chá no exterior?

4. Faça uma pesquisa na Internet e identifique alguns produtos brasileiros que estão fazendo sucesso no mercado global.

5. Procure informações estatísticas sobre quais os grupos de imigrantes que vivem no Brasil, colocando-os em ordem por volume de habitantes. Depois, exemplifique, para cada um deles, alguns hábitos e costumes que foram integrados à cultura brasileira.

6. Defina consumerismo e relacione alguns fatos ou notícias recentes para ilustrar o crescimento dele no país.

7. Com base no *Consumidor em Close — Instituto Akatu e o Consumo Consciente*, responda as seguintes perguntas: a) com relação aos resultados da pesquisa sobre o consumo consciente, avalie e comente com seus colegas os resultados apresentados; b) formule 3 exemplos de como as empresas brasileiras podem contribuir para o desenvolvimento do consumo consciente; c) visite o site do Instituto Akatu e busque novas notícias sobre o consumo consciente no Brasil; d) faça o teste do consumidor consciente no site do Instituto Akatu e veja onde você precisa melhorar.

8. Com base no que aprendeu neste capítulo, como você explica o fato de churrascarias gaúchas que abriram filiais em cidades da China incluírem, em seu cardápio, carne de cachorro?

9. Discuta com seus colegas o que você conhece sobre o Código de Defesa do Consumidor. Pesquise sobre ele na Internet ou na biblioteca do campus escolar e destaque os pontos mais importantes para as relações de consumo.

Referências Bibliográficas

AAKER, David. *Marcas: Brand Equity*. São Paulo: Negócio Editora, 1998.

ALBRECHT, Karl; BRADFORD, Lawrence. *Serviços com Qualidade*. São Paulo: Makron Books, 1992.

ALMEIDA, Ricardo; OLIVEIRA, Marcelo. *Mirando Resultados*. São Paulo: Novatec, 2002.

BAKER, Susan. *New Consumer Marketing*. Nova York: John Wiley, 2003.

BAUDRILLARD, J. *A Sociedade de Consumo*. Rio de Janeiro: Elfos, 1975.

BEKIN, Saul Faingus. *Endomarketing: como praticá-lo com sucesso*. São Paulo: Pearson Prentice Hall, 2004.

BOONE, Louis E.; KURTZ, David L. *Marketing Contemporâneo*. Rio de Janeiro: LTC, 1998.

BOURDIEU, P. *Sociologia*. São Paulo: Ática, 1994.

CANCLINI, Nestor Garcia. *Consumidores e Cidadãos*. Rio de Janeiro: Editora UFRJ, 1999.

CHAUVEL, Marie Agnes. *Consumidores Insatisfeitos*. Rio de Janeiro: Mauad, 2000.

CHLEBA, Márcio. *Marketing Digital*. São Paulo: Futura, 1999.

CHURCHILL, Gilbert; PETER, J. Paul. *Marketing: Criando Valor para os Clientes*. São Paulo: Saraiva, 2000.

COBRA, Marcos. *Administração de Marketing no Brasil*. São Paulo: Cobra Editora & Marketing, 2003.

_____. *Administração de Marketing*. São Paulo: Atlas, 1992.

CZINKOTA, Michael R. et al. *Marketing: As Melhores Práticas*. Porto Alegre: Bookman, 2001.

DAVIS, James H. *Produção do Grupo*. São Paulo: Edição USP, 1973.

DIAS, Sergio Roberto et al. *Gestão de Marketing*. São Paulo: Saraiva, 2003.

DRUCKER, Peter. *Administrando em Tempos de Grandes Mudanças*. São Paulo: Pioneira, 1998.

ENGEL, James F.; BLACKWELL, Roger D.; MINIARD, Paul W. *Comportamento do Consumidor*. Rio de Janeiro: LTC, 2000.

ETZEL, Michael J.; WALKER, Bruce J.; STANTON, William J. *Marketing*. São Paulo: Makron Books, 2001.

EVANS, Joel R.; BERMAN, Barry. Upper Saddle River: Prentice Hall, 1997.

FADIMAN, J. *Teorias da Personalidade*. São Paulo: Harper & Row do Brasil, 1979.

FESTINGER, Leon. *Teoria da Dissonância Cognitiva*. Rio de Janeiro: Zahar, 1975.

FISHBEIN, M.; AJZEN, I. *Belief, atitude, intention and behavior: an introduction to theory and research*. Londres: Addison Wesley, 1975.

FREUD, S. *Além do Princípio do Prazer*. Rio de Janeiro: Editora Imago, 1975.

_____. *Obras Completas*, vol. XI. Rio de Janeiro: Editora Imago, 1970.

FROMM, E. *Ter ou Ser*. Rio de Janeiro: Guanabara, 1987.

GADE, C. *Psicologia do Consumidor*. São Paulo: EPU, 1980.

GIGLIO, Ernesto M. *O Comportamento do Consumidor*. São Paulo: Thompson Learning, 2002.

_____. *O Comportamento do Consumidor e a Gerência de Marketing*. São Paulo: Pioneira, 1996.

HARREL, Gilbert D.; FRAZIER, Gary L. *Marketing — Connecting with Customers*. Upper Saddle River: Prentice Hall, 1999.

HUTT, Michael D; SPEH, Thomas W. *B2B: Gestão de Marketing em Mercados Industriais e Organizacionais*. Porto Alegre: Bookman, 2002.

IBGE, Censo 2000.

JUNG, C. *O Homem e Seus Símbolos*. Rio de Janeiro: Nova Fronteira, 1964.

KARSAKLIAN, Eliane. *Comportamento do Consumidor*. São Paulo: Atlas, 2000.

KEEGAN, Warren J.; GREEN, Mark C. *Princípios de Marketing Global*. São Paulo: Saraiva, 1999.

KOTABE, Masaaki; HELSEN, Kristiann. *Administração de Marketing Global*. São Paulo: Atlas, 2000.

KOTLER, Philip. *Administração de Marketing*. 10ª ed. São Paulo: Pearson Prentice Hall, 2000.

_____. *Administração de Marketing*. 5ª ed. São Paulo: Atlas, 1998.

KOTLER, Philip; ARMSTRONG, Gary. *Principles of Marketing*. Upper Saddle River: Prentice Hall, 1998.

KRECH, B. *Elementos de Psicologia*. São Paulo: Pioneira, 1974.

LAMB, Charles W.; HAIR, Joseph F.; McDaniel, Carl. *Princípios de Marketing*. São Paulo: Thompson Learning, 2001.

LENDREVIE, Jacques et al. *Mercator: Teoria e Prática do Marketing*. Lisboa: Publicações Dom Quixote, 1998.

LEVITT, Theodore. "Marketing Myopia", *Harvard Business Review*, set./out. 1975.

_____. *Thinking about Management*. Nova York: The Free Press, 1991.

LEVY, Luiz Fernando. *O Novo Brasil*. São Paulo: Editora Gazeta Mercantil Nobel, 2002.

LEWIS, Bárbara; LITTLER, Dale. *Dicionário Enciclopédico de Marketing*. São Paulo: Atlas, 2001.

LEWIS, Daniel; BRIDGES, Darren. *A Alma do Novo Consumidor*. São Paulo: Makron Books, 2004.

LIMEIRA, Tania M. Vidigal. *E-marketing*. São Paulo: Saraiva, 2003.

LOVELOCK, Christopher; WRIGHT, Lauren. *Principles of Service Marketing and Management*. Upper Saddle River: Prentice Hall, 2001.

MARCONDES, Pyr. *Uma História da Propaganda Brasileira*. Rio de Janeiro: Ediouro, 2001.

MARIANTE, Helio Moro. *O Rio Grande do Sul em Aulinhas*. Porto Alegre: Edições Est, 1993.

MASLOW, A. H. *Motivation and Personality*. Nova York: Harper & Row, 1970.

MCCARTHY, E. Jerome; PERREAULT, William D. *Marketing Essencial*. São Paulo: Atlas, 1997.

McKEENA, R. *Marketing de Relacionamento*. Rio de Janeiro: Campus, 1993.

MOWEN, John C.; MINOR, Michael S. *Comportamento do Consumidor*. São Paulo: Pearson Prentice Hall, 2003.

PARENTE, Juracy. *Varejo no Brasil: Gestão e Estratégia*. São Paulo: Atlas, 2000.

PICHON-REVIÉRE, Enrique. *O Processo Grupal*. São Paulo: Martins Fontes, 1988.

POPCORN, F. *O Relatório Popcorn*. Rio de Janeiro: Campus, 1993.

POPCORN, F.; MARIGOLD, Lys. *Click*. Rio de Janeiro: Campus, 1997.

PRIDE, William M; FERREL, O C. *Marketing: Conceitos e Estratégias*. Rio de Janeiro: LTC, 2001.

REZENDE, Enio. *Cidadania*. São Paulo: Summus Editorial, 1991.

RICHERS, Raimar; LIMA, Cecília Pimenta. *Segmentação: Opções Estratégicas para o Mercado Brasileiro*. São Paulo: Nobel, 1991.

RIES, Al; TROUT, Jack. *Posicionamento: A Batalha pela Sua Mente*. São Paulo: Thompson Learning, 1987.

ROBBINS, Stephen P. *Comportamento Organizacional*. 9ª ed. São Paulo: Prentice Hall, 2002.

ROCHA, Angela; CHRISTENSEN Carl. *Marketing: Teoria e Prática no Brasil*. São Paulo: Atlas, 1999.

RODRIGUES, Aroldo. *Psicologia Social*. Rio de Janeiro: Vozes, 1973.

ROGERS, C. *A Pessoa Como Centro*. São Paulo: EPU, 1977.

SACHS, Ignacy; WILHEIM, Jorge; PINHEIRO, Paulo Sergio. *Brasil: Um Século de Transformações*. São Paulo: Companhia das Letras, 2001.

SAMARA, Beatriz; BARROS, José Carlos de. *Pesquisa de Marketing: Conceitos e Metodologia*. São Paulo: Pearson Prentice Hall, 2002.

SCHEWE, Charles D.; SMITH, Reuben M. *Marketing: Conceito, Casos e Aplicações*. São Paulo: McGraw Hill, 1982.

SCHIFFMAN, Leon G.; KANUK, Leslie Lazar. *Comportamento do Consumidor*. Rio de Janeiro: LTC, 2000.

SEMENIK, Richard J.; BAMOSSY, Gary J. *Princípios de Marketing: Uma Perspectiva Global*. São Paulo: Makron Books, 1996.

SHETH, Jagdish N.; MITTAL, Banwari; NEWMAN, Bruce I. *Comportamento do Cliente*. São Paulo: Atlas, 2001.

SKINNER, B. F. *Ciência e Comportamento Humano*. Brasília: Universidade de Brasília, 1967.

SOLOMON, Michael R. *O Comportamento do Consumidor: Comprando, Possuindo e Sendo*. Porto Alegre: Bookman, 2002.

TAPSCOTT, Don. *Economia Digital*. São Paulo: Makron Books, 1997.

TELLES, Renato. *B2B: Mercados Empresariais*. São Paulo: Saraiva, 2004.

TUCK, M. *Como Escolhemos: Psicologia do Consumidor*. Rio de Janeiro: Jorge Zahar Editora, 1978.

UNDERHILL, Paco. *A Magia dos Shoppings*. Rio de Janeiro: Campus, 2004.

_____. *Vamos às Compras*. Rio de Janeiro: Campus, 1999.

WARD, Scott; ROBERTSON, Thomas S. *Consumer Behavior: Theoretical Sources*. Englewood Cliffs: Prentice Hall, 1973.

Índice

(f = figura; q = quadro)
1984 (George Orwell), 146
4Ps de marketing. *Veja* Composto mercadológico

A

ABA/Abipeme, critério de classificação socioeconômica, 68
ABC, Modelo, de Atitudes, 118–119, 118f
Abordagem do Julgamento Social, 113, 114
Aculturação, 239, 240f
AIDA, modelo. *Veja* Modelo AIDA
AIO. *Veja* Psicografia
Alienista, O (Machado de Assis), 170
Ambiente cultural. *Veja* Cultura
Ambiente físico, 156–158, 157f–158f
Ambiente social, 158–160, 160f
Amostras grátis, 110
Análise de desempenho, 189–190
Análise de Estilo de Vida. *Veja* Psicografia
Análise Intercultural do Consumidor, 237
Análise produto-valor, 185
Análise Psicográfica. *Veja* Psicografia
Analista, papel de compra organizacional, 191
Ansiedade pós-compra. *Veja* Dissonância cognitiva
Apelo emocional, 92
Apelo, tríplice, 136
Apelos de marketing, e necessidades humanas, 105q
Aprendizagem, 107–117, 108f, 111f–112f, 114f–115f
    e fidelidade à marca, 116–117
    observacional (associação), 113
    papel da, na percepção, 128
    teorias behavioristas, 107, 108–110, 108f, 111f
    teorias cognitivas, 111–115, 112f, 114f–115f
Aquisição de produtos relacionados, 37
Associação (aprendizagem observacional), 113
Associados (clientes), 216
Atenção, 123, 127
    e interpretação no processo perceptivo, 127–131, 130f–131f
Atitude(s), 102, 117–123, 118f–121f
    componente afetivo, 118, 118f–119f
    componente cognitivo, 118, 118f–119f
    componente conativo, 118, 118f–119f
    definição, 118
    funções das, para os indivíduos, 119
    Modelo de Fishbein, 122–123
    mudança de, 121
    negativas, 118
    positivas, 118
    propriedades das, 121
Atitudes, Modelo ABC de, 118–119, 118f
Atuação do consumidor, 227–228
    dramática, 228
    interpretada, 228
    restrita, 228

Autoconceito, 102, 141–143
Autodefinição, método para medir uma classe social, 67
Auto-imagem. *Veja* Autoconceito
Avaliação pós-compra, 204
Avaliação, no processo de compra organizacional
    de desempenho do produto e do fornecedor, 189–190
    de fornecedores e serviços, 186–188, 187f–188f
Avaliador, 40, 41, 41f

B

Base de experiência (experimentabilidade), 221
Benefícios de uso e posse, 32, 33, 33f, 207–208
Busca de informação, 30–32
    definição, 23–24
    estratégia de, 31
    tipos de comportamento de compra, e envolvimento, 23–26, 24f, 26f
Busca de informações adicionais, 36–37
Busca por fornecedores, no processo de compra organizacional, 186
Business-to-business (B2B), 165, 180, 181, 182, 191f
Business-to-consumer (B2C), 165, 180, 181, 182

C

Call Centers (Centrais de Atendimento Telefônico), 216
Canais de relacionamento, 213, 216–217
Capacidade perceptiva. *Veja* Percepção
Caráter
    extradirigido, 58
    intradirigido, 58
    social e personalidade, 58
    tradicional, 58
Categorizadores amplos, 114
Categorizadores restritos, 114
Centrais de Atendimento Telefônico (*Call Centers*), 216
Centro de compras, e papéis de compra organizacional, 190–192, 191f–192f
Ciberespaço, 158, 158f, 165
Ciclo de vida da família, 81–82
    estágios do, 82q–83q, 84f
Ciclo de Vida do Produto (CVP), 218–219, 219f
    estágios do, 219f
Cinema, consumidor no. *Veja* Consumidor no cinema
Classe social, 65–70, 67q–70q
    estrutura de, da sociedade americana, 67q–68q
    métodos para medir uma, 67
    renda e fonte de riqueza, 66
Classes socioeconômicas, categorização de, 68
Click (Faith Popcorn), 29
Clientes, 216
    eventuais (compradores), 216
    leais, processo de desenvolvimento de, 216, 217f
    possíveis (*suspects*), 216

Índice

potenciais (*prospects*), 216
preferenciais, 216
retenção de, 215
Código de Defesa do Consumidor (CDC), 213, 243
Cognição, definição, 38
Coleção (consumo), 229
Coleta de informações, no processo decisório familiar, 76
Comércio eletrônico (*e-commerce*)
    e consumidor digital, 165–169, 166f–167f, 168q–169q
    e consumidor organizacional, 194
    evolução do, no Brasil, 166f
Comitê de compras, 190, 197
Compatibilidade, 221
Complexidade da informação, 112
Complexidade percebida, 221
Comportamento de compra. *Veja* Comportamento do consumidor
Comportamento do consumidor
    como função da interação entre determinantes pessoais e interpessoais, 55
    como processo decisório, 22–23
    comportamento de compra, 21–51
        e ambiente, 157f
        empresarial, 182, 183q, 195f
        tipos de, e busca de informação e envolvimento, 23–26, 24f, 26f
    comportamento de reclamação, 212–213
    comportamento de saída, 212
    comportamento pós-compra, 36–40, 39f
        no processo de compra organizacional, 189–190
        satisfação, 203–233
    compreendendo o consumidor, 1–20
    condicionamento do, 109
    consumidor global, 235–252
    consumidor organizacional, 179–202
    estudo do, e gestão de marketing, 6–10, 8f–9f
    ética e, 241–242, 242f
    fatores situacionais, 153–178
    influências no, e administração mercadológica, 8–10, 8f–9f
    influências psicológicas, 101–152
    influências socioculturais, 53–99
    o que é o, 2–3
    psicologia do, nos supermercados e nos shoppings, 143–144
    satisfação, 203–233
    tendências e desenvolvimento do campo do, 10–13
    variáveis que influenciam o, 16f–17f
Comportamento pós-compra. *Veja* Comportamento do consumidor

Composto mercadológico (*marketing mix*), 8, 8f, 10, 14, 22, 27, 35, 36, 44, 86, 149, 181, 208, 218, 219, 221
Compra(s). *Veja também* Recompra
    avaliação das alternativas de, 34–35
    complexas, 23, 186
    contexto de, 154
    de sistemas, 185
    decisão de. *Veja* Decisão de compra
    habituais, 23
    nova, 184
    organizacionais
        centralizadas *versus* descentralizadas, 194
        centro de compras e papéis de, 190–192, 191f–192f
        comitê de compras, 190
        importância das, 186
        políticas e procedimentos, 190
        solicitação da proposta de, 187
    papéis de, 15
    razão de, 161–162
Comprador(es), 41, 41f, 216. *Veja também* Consumidor(es)
    definição, 15, 40, 191
    do varejo, perfis compostos dos, 175–176
    final, 76
    regulares (clientes), 216
    remorso do, 37
Compradores organizacionais. *Veja* Consumidor(es)
Compradores pessoais. *Veja* Consumidor(es)
Comunicação
    influência da, na adoção de inovações, 223–224, 224f–225f
    modelo básico de, 145f
    não-verbal, 236
    processo de, e persuasão do consumidor, 144–145, 144f, 145q
    situações de, 159
Condicionamento Clássico, Teoria do, 109–110
Condicionamento instrumental (operacional), 110
Condicionamento Operante, Teoria do, 110
Confiança, como propriedade das atitudes, 121
Consciência, 112
Consumerismo, 242–243
Consumidor em close
    a compra dos Airbus pela TAM, 196–199, 199f
    a nova família, 79–80
    as empresas mais admiradas, 199–200
    consumidores que adoram voar, 174
    doce vida de cachorro, 42–43
    homens vaidosos ou metrossexuais, 148–150, 150f
    Instituto Akatu e o consumo consciente, 249–250
    miscigenação global: subculturas étnicas, raciais e religiosas, 238–239
    o comércio eletrônico e o consumidor digital, 165–169

o gaúcho: arquétipo dos pampas, 88–91
perfis compostos dos compradores do varejo, 175–176
psicologia do comportamento do consumidor nos supermercados e nos shoppings, 143–144
Consumidor no cinema
　Crazy People: Muito Loucos, 248–249
　Do que as Mulheres Gostam, 200
　Encontros e Desencontros, 241
　Mensagem para Você, 48–49
　O Espelho Tem Duas Faces, 150–151
　Os Embalos de Sábado à Noite, 232
　Um Dia de Fúria, 177
　Uma Linda Mulher, 19
　Você Já Foi à Bahia?, 97
Consumidor(es), 41, 41f. *Veja também* Comprador(es)
　adotantes, 222–223, 223f
　　categorias de, 222–223, 223f
　atuação do. *Veja* Atuação do consumidor
　cidadão (consciente), 243–246, 244f–245f
　como um iceberg, 4–6, 5f
　como uma "caixa preta", 108, 108f
　comportamento do. *Veja* Comportamento do consumidor
　compreendendo o, 1–20
　da melhor idade, 95–97, 97f
　de baixa renda no Brasil, 69q
　definição, 2, 40
　digital e comércio eletrônico, 165–169, 166f–167f, 168q–169q
　digital, perfil do, no Brasil, 168q–169q
　direitos dos, 242–243
　em close. *Veja* Consumidor em close
　expectativa do, 36
　finais, 15, 77
　global, 235–252
　　consumo em transformação, 246
　　globalização e consumidor internacional, 236–246, 238f, 240f, 242f, 244f–245f
　　novo consumidor, 246–248, 247f, 248q
　hábitos dos, de baixa renda, 70q
　influências das cores no comportamento do, 126q
　mercado organizacional e, 182f
　no cinema. *Veja* Consumidor no cinema
　organizacionais, 15–16, 22, 33, 41, 112, 143, 165, 179–202, 223
　　centro de compras e papéis de compra organizacional, 190–192, 191f–192f
　　comportamento de compra empresarial, 182, 183q
　　principais influências sobre os, 192–195
　　processo de decisão de, 183–190, 184f, 186q–187q, 188f
　　versus consumidor pessoal, 183q
　pessoal, 15, 22

versus consumidor organizacional, 183q
principais grupos de referência que influenciam o, 72f
processo de comunicação e persuasão do, 144–145, 145f, 145q
processo de decisão de compra do. *Veja* Decisão de compra
real, 76
resposta do, 109
respostas do, à insatisfação, 211–212
tipologia do, 15–16, 17f
Consumidor, Análise Intercultural do, 237
Consumismo, 11–12, 138, 225, 226
Consumo, 204
　como ato sagrado ou ato profano, 226f, 228–229
　como aventura e prazer, 225–227, 226f–227f
　como teatralização, 226f, 227–228
　compulsivo, 226–227
　consumir ou não consumir: eis a questão!, 224–229, 226f–227f
　dimensões representativas do, 226f
　em transformação, 246
　motivos para, e produtos associados, 135, 135q
　por que consumimos?, 102
Contexto de compra, 154
Conveniência, 57–58, 209–210
Cores, efeito das, na percepção, 125, 126q–127q
CRM (Customer Relationship Management), 216
Cultura, 55–62, 57q, 59f–60f. *Veja também* Subculturas
　componentes da, e exemplos pertinentes à cultura brasileira, 57q
　definição, 55
　elementos abstratos, 55–56
　elementos materiais, 56
　natureza da, 59–61
　　cultura adaptável, 60–61, 60f
　　cultura aprendida, 59
　　cultura incutida, 59–60, 59f
　valores, 61–62
　　culturais emergentes, 61–62
Custo(s), 209–211, 211f
　de ansiedade, 37, 210
　de aquisição, 209
　　percebidos, 38
　　versus satisfação, 204–205, 210–211, 211f, 214
　de oportunidades, 210
　de risco, 210
　de tempo, 209–210
　monetários, 209

D

Decisão de compra, 22–23, 35–36, 35f. *Veja também* Comportamento do consumidor
　papéis no processo de, 15, 40–43, 41f

processo de, do comprador organizacional, 183–190, 184f, 186q–187q, 188f
    avaliação do desempenho do produto e do fornecedor, 189–190
    avaliação dos fornecedores e serviços, 186–188, 187q
    avaliação dos produtos, 185–186, 186q
    escolha do produto e fornecedor, 188–189
    especificações do produto e da programação de entrega, 185
    reconhecimento da necessidade, 183–185
processo de, do consumidor, 22, 22f, 26–27
    estágios do, 27–40
processo de, e envolvimento do consumidor, 24f
Decisor, 15, 40, 41, 41f, 192
Decodificação. *Veja* Interpretação
Defensores (clientes), 216
Definição de tarefa, 161
Depósito(s) (memória), 112
    de curto prazo, 112–113
    de longo prazo, 113
Descarte do produto, 204, 214
Desejo(s), 102
    e necessidades humanas, 2
Desempenho percebido do produto, 36
Dessacralização, 229
Determinismo genético, abordagem do, 132
Difusão de inovações, 219–224, 220f, 223f
Dimensão profana do consumo, 229
Dimensão sagrada do consumo, 228–229
    coleção, 229
    peregrinação, 228
    quintessência, 229
    rituais, 228
Dissonância cognitiva, 36–40, 39f, 108, 209, 210, 211
Distorção seletiva, 127

E

Economia digital. *Veja* Nova economia
Ego, 134, 134f, 135
    ideal, 72
Embalagens, efeitos das cores nas, 125, 126q–127q
Embalos de Sábado à Noite, Os (filme), 228, 232
Emoções, 162
Empresas mais admiradas no Brasil, 200
Endomarketing®, ações de, 3, 213
Endorsement (endosso) do produto, 72, 73f, 74–75, 91–92
Entidade compradora, 2
Envolvimento
    definição, 24
    do consumidor e processo de tomada de decisão, 24f
    tipos de comportamento de compra e busca de informação e, 23–26, 24f, 26f
Envolvimento, Teoria do, 113–114

Era modernista, 11
Especificações do pedido, 188
Estado de espírito, e predisposição, 162–164, 163f
Estados antecedentes, 162
Estilo de vida, 136, 139–141, 140f
Estilo de Vida, Análise de. *Veja* Psicografia
Estímulo(s), 108
    condicionado, 109
    externos, 27, 28, 123–124, 163
    incondicionado, 109
    intensidade do, 109–110
    internos, 27, 28, 163
    sensoriais, 123–124, 124f
Estratégia de busca, 31
    solução ampliada de problemas, 31
    solução limitada de problemas, 31
    solução rotineira de problemas, 31
Estratégia organizacional, 194
Estudo de caso
    Brad Pitt alavanca vendas do Corolla, 91–92
    consumidores da melhor idade, 95–97, 97f
    Cultura, uma livraria sem fronteiras, 169–172, 172f
    Habib's: satisfazendo o consumidor por centavos, 229–230
    Poupatempo: excelência no atendimento ao cidadão, 230–231
    reality shows — você gosta de espiar?, 146–147
    Rosa Chá: o Brasil faz moda no exterior, 250–251
    São Paulo, cidade das pizzas, 17–19
    Shoptime: vendas diretas pela TV, 172–173
    TV paga: canais sob medida para cada consumidor, 44–48
Ética, e comportamento do consumidor, 241–242, 242f
Expectativas do consumidor, 36, 211
Experimentabilidade (base de experiência), 221
Experimentalismo, 11
Exposição (à informação), 123, 127
    e capacidade perceptiva, 125, 127
    seletiva, 127
Extremidade, como propriedade das atitudes, 121
Extroversão *versus* introversão, 132

F

Família(s), 73–84, 77f–78f, 82q–83q, 84f
    ciclo de vida da, 81–82, 82q–83q, 84f
    com os dois pais, 79
    com um dos pais, 79
    de orientação, 76
    de procriação, 76
    definição, 73–74
    extensa, 76
    grupo familiar, 40
    não-tradicional, 80
    nuclear, 76
    papéis contemporâneos da, 79–81
        a nova família, 79–80

papéis do homem e da mulher, 84–86, 85f, 86q
papéis tradicionais da, 78–79
    papéis externos, 78
    tarefas internas, 78
processo decisório familiar, 76
razões por que as, estão ficando mais em casa, 77f
sem filhos, 79
típica, 80
unicelular, 79, 85
unidade doméstica, 79
    familiar, 79
    não-familiar, 79
Fatores ambientais, influências sobre o comportamento do comprador organizacional, 193–194, 193f
Fatores individuais, influências sobre o comportamento do comprador organizacional, 193f, 195, 195f
Fatores interpessoais, influências sobre o comportamento do comprador organizacional, 193f, 194
Fatores organizacionais, influências sobre o comportamento do comprador organizacional, 193f, 194
Fatores psicológicos. *Veja* Influências psicológicas
Fatores situacionais, 153–178
    ambiente físico, 156–158, 157f–158f
    ambiente social, 158–160, 160f
    estado de espírito e predisposição, 162–164, 163f
    implicações dos, 164–165, 164q
    influências situacionais e sua interação sobre o comportamento do consumidor, 163f
    influências situacionais no iceberg humano, 155f
    razão de compra, 161–162
    situações de comunicação, 159
    situações de uso, 162
    tempo, 160–161, 161f
Fatores socioculturais. *Veja* Influências socioculturais
Fidelidade à marca, e aprendizagem, 116–117
Fidelização de clientes, 110, 213, 215, 216, 217f
Filtro ou guardião, papel de compra organizacional, 192
Fishbein, Modelo de, 122–123
Fontes de informações, 30–31
    externas, 31
    internas, 30–31
Formadores de opinião, como influência social, 73
Fornecedores, no processo de compra organizacional
    avaliação de, 186–188, 187f–188f, 189–190
    escolha de, 188–189
Freios, 102, 107
    inibições, 107
    medos, 107
Freudiana, teoria. *Veja* Teoria freudiana

G

Genética, e personalidade, 132–133
Gerentes de produto, 220, 221
Gestalt, psicologia da. *Veja* Psicologia da Gestalt
Gestão da marca (*branding*), 117, 120

Gestão de marketing
    e influências no comportamento do consumidor, 8–10, 8f–9f
    estudo do comportamento do consumidor e, 6–10, 8f–9f
Globalização, e consumidor internacional, 236–240, 238f, 240f, 242f, 244f–245f
    consumerismo, 242–243
    consumidor cidadão, 243–246, 244f–245f
    ética e comportamento do consumidor, 241–242, 242f
Grid de avaliação, 50
Grupo familiar, 40. *Veja também* Família(s)
Grupos de referência, 73, 74–75
    diretos, 71
    família. *Veja* Família(s)
    formas de, 71
        influência expressiva de valor, 71
        influência informativa, 71
        influência utilitária, 71
    indiretos, 71
    principais, que influenciam o consumidor, 72f
Guardião ou filtro, papel de compra organizacional, 192

H

Habilidade cognitiva, 111–112
Hábito, 109, 116
Hierarquia das necessidades de Maslow, teoria da, 103–107, 104f, 105q, 106f
Homem(ns). *Veja também* Família(s)
    papéis do, e da mulher, 84–86, 85f, 86q
    vaidosos ou metrossexuais, 148–150, 150f
Humores (predisposições emocionais temporárias), 162–163

I

Iceberg
    consumidor como um, 4–6, 5f
    humano, 4, 5, 5f, 11, 12, 23, 54, 102, 133, 138, 155, 204
        influências situacionais no, 155f
Id, 134, 134f, 135
Individualização, 96
Influência expressiva de valor, grupos de referência, 71
Influência informacional, grupos de referência, 159
Influência informativa, grupos de referência, 71
Influência utilitária, grupos de referência, 71
Influenciador, 15, 40, 41, 41f
Influenciador, papel de compra organizacional, 191
Influências experiencial-hedônicas, 137–138
Influências psicológicas, 101–152
    aprendizado, 107–117, 108f, 111f–112f, 114f–115f
    atitudes, 117–123, 118f–121f
    motivação (necessidades), 102–107, 103f–104f, 105q, 106f

Índice

percepção, 123–131, 124f–125f, 126q–127q, 130f–131f
personalidade, 131–138, 134f, 135q, 138q
por que consumimos?, 102
Influências situacionais. *Veja* Fatores Situacionais
Influências socioculturais, 53–99
    classe social, 65–70, 67q–70q
    cultura, 55–62, 57q, 59f–60f
    família, 73–84, 77f–78f, 83q–84q, 84f
    grupos de referência, 71–73, 74–75
    papéis do homem e da mulher, 84–86, 85f, 86q
    subculturas, 62–65, 62q, 63f–65f
Infomerciais, 160
Informação, complexidade da, 112
Informação, quantidade de, 31–32
Informações, fontes de, 30–31
    externas, 31
    internas, 30–31
Inibições, 107
Iniciador, 15, 40, 41, 41f
Inovação(ões)
    difusão de. *Veja* Difusão de inovações
    influência da comunicação na adoção de, 223–224, 224f–225f
Insatisfação com a compra, 36
    respostas do consumidor à, 211–213
Instrumental, condicionamento, 110
Interface
    a cara brasileira, 94–95
    a personalidade e o caráter social, 58
    administração mercadológica e influências no comportamento do consumidor, 8–10, 8f–9f
    celebridades ajudam a vender produtos, 74–75
    comportamento de reclamação do consumidor, 212–213
    dissonância cognitiva, 37–40, 39f
    doze temas da nova economia, 87–88
    infomerciais, 160
    marketing de relacionamento, 215–217, 217f
    marketing internacional, 236–237, 237f
    marketing organizacional, 181
    merchandising, 157–158
    necessidades e desejos, 2
    o Ciclo de Vida do Produto, 218–219, 219f
    o processo de comunicação e a persuasão do consumidor, 144–145, 145f, 145q
    os ambientes que nos afetam, 55
    os dois lados do cérebro, 115
    personagens nascidos para anunciar, 92–93
    pesquisa de marketing, 12
    quem sou eu?, 3–4
    responsabilidade social empresarial e consumidor, 245
    segmentação de mercado, 14
    tendências de Faith Popcorn, 29–30
    valor da marca, 116–117

Internet, 165–169, 166f–167f, 168q–169q, 194. *Veja também* Ciberespaço; Comércio eletrônico
    páginas na, 216
    produtos mais comercializados pela, 166f
Interpretação (decodificação), 123–124
    definição, 128
    e atenção no processo perceptivo, 127–131, 130f–131f
Interpretativismo, 11
Introversão *versus* extroversão, 132

J

Julgamento Social, Teoria do, 113, 114

L

Lealdade à marca. *Veja* Fidelidade à marca
Líderes, como influência social, 73
Limiares sensoriais, 127

M

Macroambiente, 55
Marca(s)
    brasileiras mais valiosas, 116–117
    fidelidade à, e aprendizagem, 116–117
    gestão da, 117, 120
    mais lembradas, 117
    valor da, 116–117
Marketing mix. *Veja* Composto mercadológico
Marketing
    B2B *versus* marketing de consumo, 182f
    concentrado, 14
    de relacionamento, 215–217, 217f
    definição, 6, 10
    diferenciado, 14
    e ética, 241–242
    eletrônico (*e-marketing*), 165, 167f
    gestão de. *Veja* Gestão de marketing
    indiferenciado, 14
    internacional, 236–237, 237f
    organizacional, 180, 181
    orientação de. *Veja* Orientação de marketing
    pesquisa de. *Veja* Pesquisa de marketing
    propósito do, 2
    sistema simplificado de, 13, 13f
Maslow, teoria da hierarquia das necessidades de, 103–107, 104f, 105q, 106f
Matriz de avaliação de parâmetros, no processo de compra organizacional, 185
Medos, 107
Meio ambiente, preocupação com o, 62
Memória, 112
    de curto prazo, 12
    de longo prazo, 112, 113
    de trabalho, 112–113
    sensorial, 112

Mensagem, 144
    adaptação da, 145
    formatação da, 145
Mercado(s)
    alternativos ou secundários, 214
    business-to-business (B2B), 165, 180, 181, 182, 191f
    business-to-consumer (B2C), 165, 180, 181, 182
    compreendendo os, 13–14
    de governo, 180
    de produtor, 180
    de revendedor, 180
    institucional, 181
    organizacional (empresarial), 180, 181
        e os consumidores, 182f
        tipos de produtos para o, 181
    segmentação de, 14
Merchandising, 156, 157–158
Microambiente, 55
Miscigenação global, 238–239
Modelagem, 113
Modelo ABC de Atitudes, 118–119, 118f
Modelo AIDA (Atenção, Interesse, Desejo, Ação), 224–225, 225f
Modelo de Fishbein, 122–123
Modelo de Rogers do Processo de Decisão de Inovação (Conhecimento, Persuasão, Decisão, Implementação e Confirmação), 224
Modelos de aprendizagem cognitiva, 111
Motivação, 102–107, 103f–104f, 105q, 106f, 109
Motivos para consumo e produtos associados, 135, 135q
Mulher. *Veja também* Família(s)
    papéis do homem e da, 84–86, 85f, 86q

N

Natureza humana
    complexa, 6
    dialética, 6
    emotiva, 6
    gregária, 6
    racional, 5–6
    social, 6
Necessidade(s), 102–107, 103f–104f, 105q, 106f
    biogênicas, 103, 104
    de afiliação, 106
    de auto-realização, 105
    de crescimento, 106
    de estima, 104
    de existência, 105–106
    de poder, 106
    de realização, 106
    de relacionamento, 106
    de reposição, 27–28
    de segurança, 104
    emocional, 28
    fisiológicas, 104
    funcionais, 28, 184
    hedônicas, 103
    humanas e apelos de marketing, 105q
    humanas e desejos, 2
    psicogênicas, 103, 104
    reconhecimento da, 27–30
    reconhecimento da, do comprador organizacional, 183–185, 184f
    sociais, 104
    teoria da hierarquia das, de Maslow, 103–107, 104f, 105q, 106f
    utilitárias, 103
Negociação, técnicas de, 188
Negociações, no processo de compra empresarial, 187–188
Normas culturais, 59
Nova economia, 165
    doze temas da, 87–88

O

O que é isso, companheiro? (Fernando Gabeira), 169
Objeto (semiótica), 130, 131f
Observabilidade de inovação, 221
Ombudsman (ouvidorias), 216
Organização perceptiva, 128
Orientação de compra, 194
Orientação de marketing, 7
    de relacionamento, 7
    societal, 7
Orientação de vendas, 6–7
Orientação do produto, 6
Ouvidorias (*Ombudsman*), 216

P

Papéis contemporâneos da família, 79–81
    a nova família, 79–80
Papéis do homem e da mulher, 84–86, 85f, 86q
Papéis no processo de decisão de compra, 15, 40–43, 41f
    organizacional, e centro de compras, 190–192, 191f–192f
Papéis tradicionais da família, 78–79
    papéis externos, 78
    tarefas internas, 78
Parceiros (clientes), 216
Patrimônio de marca (*brand equity*), 116
Pedido, especificações do, 188
Percepção, 102, 123–131, 124f–125f, 126q–127q, 130f–131f
    atenção e interpretação no processo perceptivo, 127–131, 130f–131f
    cumulativa, 124–125
    definição, 123
    distorção seletiva, 127, 128
    distorções da, 128

efeito das cores na, 125, 126q–127q
exposição e capacidade perceptiva, 125, 127
exposição seletiva, 127
limiares sensoriais, 127
limitada no tempo, 124
organização perceptiva, 128
processo perceptivo, 123–125, 124f
psicologia da Gestalt, 128–130, 130f–131f
retenção seletiva, 127
seletiva, 124, 125
semiótica, 130–131, 131f
simplificadora, 124
subjetiva, 124
subliminar, 127
Peregrinação (consumo), 228
Persistência, como propriedade das atitudes, 121
Personalidade, 102, 131–138, 134f, 135q, 138q
 definição, 132
 e caráter social, 58
 influências experiencial-hedônicas, 137–138
 teoria de traços de, 137, 138q
 teoria freudiana, 133–135, 134f, 135q
 teorias neofreudianas, 136–137
 tríplice apelo, 136
Persuasão do consumidor, 144–145
Pesquisa de marketing, 11, 12
Pesquisa motivacional (ou qualitativa), 11, 12, 135
Pesquisa qualitativa (ou motivacional), 11, 12, 135
Pesquisa quantitativa, 12
Petbusiness, 42–43
Políticas e procedimentos empresariais, 190, 194
Ponto-de-venda. *Veja* Praça
Positivismo, 11
Pós-modernismo, 11
Praça, 10. *Veja também* Composto mercadológico
Preço, 10, 209. *Veja também* Composto mercadológico
Predisposição, e estado de espírito, 162–164, 163f
Predisposições emocionais temporárias (humores), 162–163
Princípio da realidade (teoria freudiana), 134, 135
Princípio do prazer (teoria freudiana), 134, 135
Processamento de informação(ões) (solução de problemas), 111–112
 relações entre sistemas de memória e o, 112f
Processo de decisão de compra. *Veja* Decisão de compra
Processo decisório familiar, 76
 coleta de informações no, 76
 comprador final, 76
 consumidor real, 76
 decisões sobre produtos e marcas, 76
Processo perceptivo. *Veja* Percepção
Produto(s). *Veja também* Composto mercadológico
 atributos salientes de, 122
 avaliação das alternativas de, 32–33, 33f–34f
 características do, 221
 características funcionais do, 32, 33, 33f

Ciclo de Vida do, 218–219, 219f
 estágios do, 219f
de grife e personalidade dos consumidores, 132
definição, 10, 217
descarte do, 204
desempenho percebido do, 36
e tipos de satisfação, 206f
endorsement (endosso) do, 72, 73f, 74–75, 91–92
gerenciamento de, 217–219, 219f
gerentes de, 220, 221
mais comercializados pela Internet, 166f
orientação do, 6
para o mercado organizacional
 avaliação de, 185–186, 186q
 avaliação do desempenho de, 189–190
 escolha de, 188–189
 especificações de, e da programação da entrega, 185
 tipos de, 181
qualidade do, 207q
qualidade na avaliação dos, 61
relação expectativas-valor, 122–123
relacionados, aquisição de, 37
Programas de fidelidade, 216
Promoção, 10. *Veja também* Composto mercadológico
Propaganda, 145
 como estímulo externo ao consumidor, 8, 9f
Proposta de compra organizacional, solicitação da, 187
Prospects (clientes potenciais), 216
Psicografia, 139
Psicologia da Gestalt, 128–130, 130f–131f
 organização perceptiva, 128
 princípio da ambigüidade, 128, 129, 130f
 princípio da complementação, 129, 130f
 princípio da figura e do fundo, 128, 129–130, 130f
 princípio da similaridade, 129, 130f

Q

Qualidade
 do produto, 207q
 do serviço, 207q
 na avaliação dos produtos, 61
Quintessência (consumo), 229

R

Raça, como tipo de subcultura, 62q, 63–64
Receptores sensoriais, 123, 124f
Reclamação, 212
 comportamento de, do consumidor, 212–213
Recompensa, 109
Recompra
 modificada, 184
 simples, 184
Reconhecimento da necessidade, 27–30
Reforço, 108–109
 negativo, 108, 110

positivo, 108, 110
Relação expectativas-valor, 122–123
Relatório Popcorn, O (Faith Popcorn), 29, 172
Remarketing, 214
Remorso do comprador, 37
Renda, dos consumidores, 66
Reposição, 184
Reputação, método da, para medir uma classe social, 67
Resistência, como propriedade das atitudes, 121
Resolução de conflitos, 188
Resolução de problemas, 188
Responsabilidade social, 242, 244, 244f, 245, 249–250
Resposta
    condicionada, 109
    de terceiro, 212
    expressiva ou verbal, 212
    extinção de, 109
    incondicionada, 109
    intensidade da, 110
    particular, 212
Retenção de clientes, 215
Retenção seletiva, 127
Rio Grande do Sul em Aulinhas, O (Hélio Moro Mariante), 89, 91
Rio Grande do Sul
    o gaúcho: arquétipo dos pampas, 88–91
Risco percebido, no processo de compra organizacional, 186
Risco, custos de, 210
Rituais (consumo), 228
Ruptura, no processo de comunicação, 145

S

SAC (Serviço de Atendimento ao Consumidor), 243
Sacralização, 229
São Paulo, cidade das pizzas (estudo de caso), 17–19
Satisfação, 38, 203–233
    consumir ou não consumir: eis a questão!, 224–229, 226f–227f
    custos, 209–211, 211f
    definição, 204
    descarte do produto, 214
    difusão de inovações, 219–224, 220f, 223f
    do consumidor com a compra, 36
        consumidor empresarial, 190
    emocional (psicológica), 32, 33, 33f, 206–208
    funcional, 206, 207q
    gerenciamento de produtos, 217–219, 219f
    influência da comunicação na adoção de inovações, 223–224, 224f–225f
    produto e tipos de, 206f
    respostas do consumidor à insatisfação, 211–213
    versus custo de aquisição, 204–205, 210–211, 211f, 214
Saúde e boa forma, 58, 62

Segmentação de mercado, 14
    demográfica, 13, 14
    estratégias de, 14
    geográfica, 13, 14
    por benefícios, 14
    por taxa de uso, 14
    psicográfica, 13, 14
Semiótica, 130–131, 131f
Sensações, 123
    as cores e suas, 126q
Serviço, qualidade do, 207q
Serviços, avaliação de, no processo de compra organizacional, 186–188, 188f
Significado, 123
Signo (semiótica), 130, 131f
Símbolos, 236
Simone (filme), 246
Singles, 85–86
Situação. *Veja* Fatores situacionais
Socialização, 59
Solicitação da proposta de compra organizacional, 187
Solução de problemas (processamento de informações), 111–112
Subculturas, 62–65, 62q, 63f–65f
    comunidades regionais, 64–65, 64f–65f
    definição, 62
    étnicas, 62q, 63–64
    étnicas, raciais e religiosas, miscigenação global, 238–239
    grupos etários, 62q, 64
    tipos de, 62q
Subliminar, percepção, 127
Superego, 134, 134f, 135
Supergrifes, 141
Suspects (possíveis clientes), 216

T

Tamanho da organização, no processo de compra organizacional, 194
Técnicas de negociação, 188
Tempo
    como influência no processo de compra, 160–161, 161f
    custos de, 209–210
    pressão de, 186
Teoria da hierarquia das necessidades de Maslow, 103–107, 104f, 105q, 106f
Teoria das rotas centrais e das rotas periféricas de persuasão, 114, 114f, 115f
Teoria de traços da personalidade, 137, 138q
Teoria do Condicionamento Clássico, 109–110
Teoria do Condicionamento Operante, 110
Teoria do Envolvimento, 113–114
Teoria do Julgamento Social, 114
Teoria dos Motivos Humanos, 105, 106
Teoria ERG, 105–106

Teoria freudiana, 133–135, 134f, 135q
  ego, 134, 134f, 135
  id, 134, 134f, 135
  superego, 134, 134f, 135
Teoria psicanalítica. *Veja* Teoria freudiana
Teorias behavioristas, 107, 108–110, 108f, 111f, 132
Teorias cognitivas, 107, 111–115, 112f, 114f–115f
Teorias do condicionamento. *Veja* Teorias behavioristas
Teorias neofreudianas, 136–137
Tipologia VALS. *Veja* VALS
Traços de personalidade, teoria de, 137, 138q
Tradução (semiótica), 130, 131, 131f
Tríplice apelo, 136
TV paga: canais sob medida para cada consumidor (estudo de caso), 44–48

U

Unidade doméstica (*household*), 79
  familiar, 79
  não-familiar, 79
Uso (consumo) do produto, 204

Uso, benefícios de, e posse, 32, 33, 33ff, 207–208
Usuário(s)
  definição, 15, 40, 191
  finais, 15
Utilidade, 204
  pacote de, 204, 206f

V

Valência, como propriedade das atitudes, 121
Valor(es), 61–62
  culturais emergentes, 61–62
  da marca, 116–117
  expressivos, 79
  instrumentais, 79
  para o cliente, 205
VALS (Values and Lifestyles System — Sistema de Valores e Estilos de Vida), 139, 175
VALS 2, 139, 140f
Vantagem relativa do produto, 221
Vendas, orientação de, 6–7
Viés perceptual, 124